編集復刻版

行動する女たちの会
資料集成

第3巻

パンフレット等出版物Ⅰ

六花出版

刊行によせて

編集復刻版『行動する女たちの会 資料集成』編集委員会

今から四〇年前の一九七五年一月一三日に「国際婦人年をきっかけとして行動を起こす女たちの会」は誕生しました。家庭の中で、学校教育の中で、職場の中で、労働組合の中で、マスコミ報道の中で、政治の中で、女を差別していることは許せないと怒る女たちが集まりました。

この年の三月一三日には「私たちは行動を起こします」の声明文を発表し、「社会は男と女によって構成されているにもかかわらず、社会のしくみは男中心に組み立てられ、女の生き方は、はなはだしく制約されています。男も女も一人一人の意思と個性に従って自分の人生を選びとれるような社会をつくり、新しい文化を創造することをめざします」と宣言しました。

翌月五日には、婦選会館で「女の一生を語りつぐ集い」を開催し、女が生まれてから死ぬまでに受けるさまざまな差別体験を語りあいました。あふれるような人の集まりでした。

その年の九月、性別役割分業を象徴するインスタントラーメンのテレビコマーシャル「私作る人、僕食べる人」の中止申し入れ時にも、週刊誌や新聞のバッシングはすさまじく、会は裁判にも訴えました。

会の女たちは、電車の中の吊り広告、新聞雑誌記事や広告でも「これは女性差別だ」と感じるとすぐ電話をかけ、直接会って話し合い、抗議しました。

学校での男女別名簿の使用など、当時は世間の人が「ささいな事」「そんなことに目くじらを立てなくても」と考えたことにも果敢に抗議してきました。また、抗議のみならず、「働く女性の相談室」の開設や、女子学生への就職差別問題への取り組み、雇用平等法をつくる運動、そして日本ではじめての行政へのDVシェルター開設の働きかけなど、会は数多くの提案や実践を行ってきました。

こうした私たちの行動の積み上げや、男女共同参画社会基本法などにより、いま表面的には、女性差別は見えにくくなっているかもしれません。しかしながら、現在の日本社会に生きる女性たちが抱えるさまざまな問題を考えるにつけ、行動する会の運動は、「性別役割分業」や「性差別」の撤廃にこだわり、女たちの中に共感を広げ、具体的な社会変革につなげた取り組みだったといえるのではないでしょうか。

行動する会の活動報告、発行物、チラシや裁判資料等がいま復刻され、日本の女性運動、とくにウーマンリブやフェミニズム運動の流れの中に位置づけられることは、過去の歴史を記録・保存するという意味からも、また今後の運動をすすめていくためにも、重要な意味をもっています。

私たちが四〇年前に願ったことは、まだまだ実現されていません。男女差別がなくなる日まで、行動を共につづけましょう。

編集復刻版『行動する女たちの会 資料集成』第3巻

刊行にあたって

一、本資料集成では、国際婦人年をきっかけとして行動を起こす女たちの会（一九七五〜一九九六年）発行のチラシ・抗議文・パンフレット等出版物（書籍を除く）・機関誌及び関連資料を集め、収録した。

一、第1巻巻頭に井上輝子・山口智美による解説を掲載した。

一、本資料集成は、原寸のまま、あるいは原資料を適宜縮小し、復刻版一ページにつき一面または二面・四面を収録した。

一、資料中の書き込みをそのままとした場合がある。

一、原本はなるべく複数を照合して収録するようにしたが、原本の状態が良くないため、印刷が鮮明でない部分がある。

一、原資料収集にあたっては、左記の方々のご協力を得た。改めて御礼を申し上げます。（敬称略）

坂本ななえ、利根川樹美子、前田知子、水沢靖子、盛生高子、横田カーター啓子

（編者・編集部）

［第3巻 目次］

資料名●発行年月――復刻版ページ　〔　〕は編集部で補足

パンフレット等出版物Ⅰ

AN INTRODUCTION TO THE INTERNATIONAL WOMEN'S YEAR ACTION GROUP, JAPAN●〔一九七五・七〕――3

女の分断を連帯に1年目の記録●〔一九七五・一二〕――21

行動する女たちが明日をひらく2年目の記録●〔一九七七・二〕――187

女と政治●〔一九七七・一二〕――363

◉全巻収録内容

第1巻	チラシ・抗議文・声明書等Ⅰ	解説＝井上輝子・山口智美
第2巻	チラシ・抗議文・声明書等Ⅱ	
第3巻	パンフレット等出版物Ⅰ	
第4巻	パンフレット等出版物Ⅱ	
第5巻	機関誌「活動報告」１９７５年４月～80年	
第6巻	機関誌「活動報告」１９８１年～86年３月	
第7巻	機関誌「行動する女」１９８６年４月～90年	
第8巻	機関誌「行動する女」１９９１年～96年10月	

パンフレット等出版物 I

AN INTRODUCTION TO

THE INTERNATIONAL WOMEN'S YEAR ACTION GROUP, JAPAN

Edited and published by
the International Section,
International Women's Year
Action Group, Japan

CONTENTS

Page

An Introduction to the International Women's Year Action Group, Japan--- 3

General Declaration of the International Women's Year Action Group, Japan: Report from the final meeting, Dec. 1975---- 4

ACT!!--- 6

A Historical Background of Japanese Women's Status-------- 8

Action Group Section Introductions

Education--- 10

Employment--- 11

Homemaking and Family Life------------------------------- 11

Single Women--- 13

Mass Media--- 13

Divorce, Arbitration and Justice------------------------ 14

Opinion Research-- 15

Child Study--- 17

International Affairs------------------------------------- 18

Other--- 18

3

An Introduction to

The International Women's Year Action Group, Japan

The International Women's Year Action Group, Japan, is a private organization established in March 1975 by 500 women. Members include lawyers, teachers, politicians, journalists, homemakers, office workers, engineers, social critics and students.

Our major purpose is to realize equality between women and men. Legally, Japanese women hold low social status with very strictly assigned sex roles--a situation we are working to change to one free of sex discrimination.

Our present 1,000-plus membership is organized into sections dealing with child study, single women, mass media, international affairs, homemaking and family life, employment, education and divorce, arbitration and justice. Each section has two representatives and one treasurer and meets monthly. The organization as a whole also meets monthly to discuss specific areas and problems in the company of field experts. A general meeting is held annually.

Organization fees are ¥500 (US$1.70) a month.

4

General Declaration on the Occasion of International Women's Year 1975: Report from the Final Meeting, Dec. 1975

With the opening of International Women's Year 1975 we began working for the abolition of sex discrimination. Now, at the end of our first year, we feel it suitable to formulate strategies for the long struggle ahead.

Our work has been to
--disclose sex discrimination in the mass media,
--arrange homes for divorced mothers,
--demand daycare institutions where mothers can enroll their children,
--protest the temporary layoff and firing of middle-aged and older women during recessions and
--take up concrete problems of discrimination in our daily lives.

We have sent questionnaires to representatives of all sections of society, in this way working to broaden public understanding of women and women's problems.

To learn what we are up against and to increase our knowledge to advance further, we have arranged studies and investigations. In addition, we have investigated and analyzed protective laws and other inequalities related to women, and how these problems are dealt with legally in other countries.

Most importantly, through these activities we have become fully aware of the seriousness and the urgency with which women's problems must be solved.

We have realized, as well, that we must strive to unite women as a whole. The fact that women have been separated from one another for so long is, we believe, one of the major reasons women did not --and do not--resist discrimination directed against them.

We declare, hereby, our resolution to continue the fight to eliminate sex discrimination until the day that the problems which we presently face cease to exist.

To do so, we will act to
--insure women's rights to work by establishing social welfare provisions and inculcating attitudes insuring the sharing, between women and men, of home and household responsibilities and duties.

5

--establish institutions which support women fighting sex discrimination in the labor market.
--work for and realize women's participation in planning and producing mass media projects.
--criticize and prosecute sex discrimination in the mass media.
--publish bulletins, as one example of women's rights to expression.
--abolish unfair taxation affecting unmarried people.
--realize the right of unmarried women to rent and buy houses and flats built by public corporations.
--establish housing for divorced women.
--establish daycare centers for children.
--totally eliminate sex discrimination from sex education textbooks and write our own textbooks.
--abolish school systems which separate the sexes into single-sex schools and stop compulsory homemaking classes for girls alone.
--prosecute the merchandizing of sex.
--unite with other women's groups and support individuals fighting sex discrimination.

A C T ! !

Nearly 30 years have passed since Japan received a new constitution declaring and guaranteeing equality of the sexes. Traditional discrimination depicting men as superior and women inferior not only has not diminished, however, but continues to flourish in all parts of Japanese society. A tendency even exists today to enforce present discrimination and we feel a strong, deep anger over this. It must be stopped.

Although women comprise half of Japan's population, social structures continue to favor men, thus totally restricting women's lives. Women who bear children must be respected and guaranteed social support and, at the same time, all women should have the opportunity to participate in all areas of society.

To establish such conditions, we must restructure family sex roles and insure that the same opportunities be given women and men, with work results being evaluated regardless of sex.

We aim to establish a society where both women and men can pattern their lives according to individual will and personality.

With this resolution, we are acting to solve the following acute, serious social problems:
--to provide truly equal educational opportunities for all.
--to remove discriminatory features from textbooks and educate children to be aware of the importance of equality between sexes.
--to prohibit publications and broadcasts which discriminate against women, and to produce books, programs and other media products which will enable people to criticize present conditions of sex discrimination.
--to prohibit prostitution and end business activities based on sex discrimination.
--to abolish sex discrimination in the labor market and create working conditions enabling both women and men to live decent lives.
--to remove basic inequality in the home by breaking down traditional sex roles.
--to destroy the commonly-accepted attitude that bearing, delivering and bringing up children is exclusively women's work.
--to establish a system freeing women from the above-mentioned attitude by providing social welfare aid during pregnancy and delivery and by developing an adequate childcare system.

7

--to encourage and enable more women to participate in political organizations where they can act effectively in policy-making.

--to establish public organizations to investigate, consult on and supervise realization of sex equality.

--to exclude all sex discrimination in law.

--to enact new laws regarding prohibition of sex discrimination.

A Historical Background of Japanese Women's Status

"It is the chief duty of a girl living with her family to practice filial piety toward her father and mother. But after marriage, her chief duty is to obey her father-in-law and mother-in-law before her own parents...a woman must look upon her husband as her master, and she must serve him with all obedience and reverence, not despising or thinking lightly of him...."

The above is from the book Greater Learning for Women which, under strong Confucian influence, was used to educate girls during Japan's feudal era and up until World War II.

After the war, U. S. occupation changed Japanese society, particularly improving the status of women. Democracy, symbolized by the new constitution, was enthusiastically supported by women; the new constitution contained an article promoting equal rights for women and men. Women were no longer second-class citizens deprived of political and economic rights. However, societal attitudes toward women, symbolized by Greater Learning for Women, remain unchanged and women have had to fight to narrow the gap between the new constitution's democratic pledges and the reality of lives in which women still suffer extreme discrimination.

During the post-war years of Japan's high economic development, the number of employed women grew drastically. Unfortunately, however, this growth has not been accompanied by corresponding advances in the liberation of women because women's labor has been used by employers for their own gains. The major management concerns are, first, to be able to draw women into the labor force and, second, to maintain an annual economic growth rate. Women have become a reserve labor force which Japanese employers hope to use to overcome growing shortages of unskilled and semi-skilled labor.

The Japanese government recently began developing a particular interest in women, trying to define both woman's femininity and lifestyles. Thus, the government has introduced a "Woman Power Policy for the 70s" under the slogans "Develop Women's Capacities," "Open Up More Jobs for Women" and "Protect Motherhood." This policy appears to advocate the advancement of women, but its basic motive is to recruit large numbers of low-paid workers to solve labor shortages.

The Woman Power Policy basically assumes that working women's most

important job is that of raising the next generation, while, at the same time, contributing to both economic and social development, thus supposedly preserving a balance between work and home life. Such women are given the opportunity to work--based upon conditions of motherhood. Women living the following lifestyle are, then, according to the government, "qualified" to receive benefits under the Woman Power Policy: --finishing school, they work until marrying. Upon marriage, they quit working and become full-time housewives, bearing their first children before the age of 30. Upon finishing the infant-care period, they may begin temporary or part-time jobs. Such women thus hold two jobs, working both inside and outside the home. (Their husbands, incidently, almost never share in either job.)

Women leading lifestyles differing, however, from social expectations, suffer all sorts of discrimination. Companies still practice mandatory retirement upon marriage and/or at childbirth; no seniority system exists for women. Single women wanting to apply for government housing are the last to be chosen; banks do not make loans to single women.

Fundamentally, such anti-women discrimination lies in attitudes accumulated throughout Japan's male-dominated history. That "a woman's place is in the home" and that "her primary role is to raise children" have been used to justify discriminatory treatment of women.

The Japanese constitution pledges equal rights for women and men--women supposedly have political and economic rights--but the gap between constitutional rights and present-day living conditions has not decreased much since the end of the war. It seems that fighting to obtain legal rights is easier than fighting for a change in attitudes toward women. Not only in Japan's women's movement but in many other countries the question remains--which comes first, structural change or consciousness change? We believe both should occur together.

We, as an organization, are trying to involve as many women from as many different social classes and statuses as possible to deal with the above-mentioned problems. One of our major purposes is, as the name of our organization states, to take action to bring about changes in our immediate environment. Our group consists of several sections, each coping in its own way with special problems. All of our activities are carried out with or organization name in mind, and cover child study, single women, mass media, international affairs, homemaking and family life, employment, education and divorce, arbitration and justice.

Action Group Section Introductions

Education

The Education Section in our Action Group is working to abolish sex discrimination in education. To summarize past and present activities:

--Promotion of Coeducation:
The aim of Japanese education has heretofore been to prepare boys to become society's leaders and girls to become wives and mothers. Along with this has existed a strong tendency toward single-sex educational institutions, which not only goes against the equality-of-opportunity principle in education but educates women and men for essentially sex-based social roles. Mutual understanding and cooperation between the two sexes cannot be learned at school. To change these aspects of present Japanese society, with its division of labor based on sex, we must start with the school system. Since education is fundamental to personality building, all schools should be coeducational, both during compulsory elementary and junior high years and non-compulsory senior high years. We are presently compiling information about single-sex schools to be used as data against this type of institution.

--Elimination of Discriminatory Expressions in Textbooks:
Elementary school textbooks are full of sex discrimination. Checking several Japanese-language and social studies texts, we found that a mother's job was portrayed as one of cooking, shopping and caring for children. We met with a publisher, who explained that he and his staff had not purposely presented family roles in terms of what was supposed to be "properly" a man's and a woman's roles, and said that he had been unaware that the expressions were discriminatory. We suggested in our monthly bulletin that parents read their children's texts and, when discriminatory statements are found, that they contact the schools or publishers involved.

--Teaching of Home Economics to Both Girls and Boys:
Homemaking classes were introduced for both sexes after World War II, but within a few years they again became courses exclusively for girls. In elementary school, homemaking is still taught to all students, but in junior high school boys learn shop while girls learn cooking and sewing. In senior high, young women must take home economics classes while young men take PE. To protest this Education Ministry policy, we held a symposium titled "How long will homemaking lessons continue to be for girls only?" While other countries progress toward sex equality, Japan continues to traditionally educate males for work and females for housework.

Employment

Although labor conditions have improved slightly in Japan, women's salaries are still half that of men's. Discrimination also exists in the division of labor, accessibility of careers, retirement age and so on. While labor unions should be striving to improve conditions for their members, many unions, in fact, do not like to deal with "women's issues." Not only that, they often support management if a problem arises which concerns women.

With the aim of improving the present situation and ending all sex discrimination, we set up an "Employment Workshop" in 1975. We have since submitted requests to the Labor Minister about taking administrative action on equal employment for the sexes, and to the Prime Minister's Office about the Internal Action Plan (kokunai kodo keikaku.) We have also had several discussions with the Tokyo Metropolitan Office.

Some agencies, like the Labor Standards Bureau, exist to which women who have been discriminated against can appeal. However, because many women are unaware of these bodies and because such agencies are unable to take legal action, they do not operate effectively. Therefore, in April 1976 we opened a consultation service to help working women with their problems and, at the same time, to be a pressure group for establishing workable bureaus and pointing out imperfect laws. We have studied England's laws prohibiting sex discrimination, as well as American equal employment laws. Now we are working to pass more effective legislation preventing sex discrimination in Japan.

We have also proposed new standards for regulating men's and women's salaries. In the past, employers have only considered the financial needs of men, ignoring those of women. We would like to see equal salaries established for both men and women.

Although labor unions have a large female membership, to end discrimination at work it is necessary for such women to express their opinions--something which, up to now, they have not done. Thus, we are also working to increase the active participation of women in unions.

Homemaking and Family Life

This section has 70 members, the majority of whom are housewives and mothers. We have regular monthly meetings and usually provide free babysitting so that mothers can attend without worry.

12
A newsletter is circulated to those interested in our group but unable to attend meetings.

During the first year, we were mainly concerned with discussing the problems Japanese housewives face due to Japan's traditional marriage system. The problems are often institutional. Housewives in Japan stay within the home and exert little initiative in seeking opportunities for meaningful participation in activities outside, due to lack of childcare facilities, discriminatory employment practices, closed educational opportunities and a lowered sense of self. Despite Japan's rapid modernization after the war, women are still boxed within the traditional institution called ie or "the home." Therefore, our primary objective is to support housewives searching for a way to enter the societal mainstream. Some are interested in securing jobs, others in pursuing personal interests.

In the second year, we encountered more difficult problems. During the first year, we received wide support and criticism from other Japanese women's groups. Criticism was related to more fundamental aspects of the oppression of women in Japan. They complained that even though there are some jobs housewives can obtain, they are not freed from oppression until working conditions at home and in society are improved. We discussed this at our meetings and, as a result, decided to hold a lecture series, open to the public, on such topics as the economic independence of housewives, housework as labor, the welfare system, childcare and housewives returning to work.

Out of these lectures, we chose the following two objectives for our third year:
--to improve lifestyles of both working women and men. Present working conditions involving working at least 8 hours a day, small companies and factories often require overtime, making hours much longer. We are asking labor unions for cooperation in making possible shorter working hours. We are also continuing to ask for a more efficient system of childcare centers and infant-care leave.
--to reach and involve a larger number of rural women. Up to now, the woman's movement has been concentrated in big cities only. The focus has benn on urban problems and has dealt very little with rural issues. We feel we must spread our activities to more areas and relate to the problems of a wider range of women. We hope that, by doing so, the movement will become stronger and more relevant to all Japanese women.

13

Single Women

Since Japanese society is based on a family system, the assumption of which is that women will and must marry, unmarried women suffer numerous disadvantages, although their reasons for being unmarried vary widely--health, family situations, financial conditions, careers, lack of suitable partners, preferences to remain single. Although Japanese women usually consider being unmarried a temporary state, the single women in our group did not choose to remain unmarried, but were forced by World War II to remain so, because they lost their husbands and fiances in the conflict. It is estimated that more than two million such women exist, most of whom are over 45 years of age and suffer from wide social disadvantages.

It is unfair that such women do not have the same social rights as married people. Among examples of discriminatory treatment:

--few government-run apartments exist for single people, especially single women.
--women can seldom obtain bank loans for homes.
--unmarried women are often treated with pity and scorn by the misinformed, a psychological stress which is most unbearable.
--at work, men and women do not receive equal pay for equal work, and layoffs and firing are always more common for women than men.
--taxes on the incomes of single people are high but--unlike men--women receive neither promotions nor the high salaries which go with them.
--social security benefits for single women are very low in comparison with those for women who are, or have been, married. Jobs available to women are generally simple and unskilled, therefore paying low wages and low pensions.

Equality for women and men will be realized, we feel, when people come to understand that each of us is basically alone and single. Last year, we discussed "Living alone without fear" and have published our findings in our bulletin. Creating a world where indivituals can live decent lives is essential for the liberation of women.

Mass Media

None of us is unaffected by the mass media, which permeate our consciousnesses and influence every aspect of our lives. Mass media in Japan are male-oriented and present feudalistic, stereotyped, sexist images of women which must be changed. We must fight mass media stereotyping and create our own images of ourselves.

14

Our section has been checking magazines and radio and television programs, and protesting sexist presentations of women. In a recent Japanese television commercial for an instant noodle product, for example, a boy sits at the table eating while a girl hovers in the background. The girl declares, "I am the one who cooks," while the boy says, "I am the one who eats." We wrote a protest letter to the noodle company and the letter was widely discussed and debated. The commercial has since been taken off the air.

To deal with discriminatory presentations of women in the mass media, we are continuing to protest through letters and telephone calls and to appeal for a greater understanding of the imprtance of such protests through public relations contacts and meetings.

The objectives we are working for are
--to change the attitudes of producers and writers and encourage them to produce programs and articles which we feel contribute to development of women.
--to get greater numbers of women hired into mass media mainstreams.

Divorce, Arbitration and Justice

Among the annually increasing number of divorces in Japan, most are typified by those in which the woman demands the right to escape her husband's violence, yet many women remain home in fear because they do not know where to go. The newspapers carry daily stories of abandoned children, child murders and family murders caused by divorce problems--all of which spring from unhappy, private, women-men relationships which remain hidden from public view until a tragic "solution" makes newspaper headlines.

In line with this situation, the idea of establishing an emergency shelter, or "home", for women was first discussed about two years ago, when it was brought up by a member of our action group who had, herself, fled with her children from her husband. Acknowledging this as a measure most urgently needed by such women, we sent a request to the Tokyo Metropolitan Government, which agreed with the need for establishing such a shelter and which, recently, established a budget for it. The shelter opened this April and is now providing a home for women with children, women seeking divorces, married women, unmarried women, women arrested for prostitution and other women in trouble or needing protection.

Because they live together, it is important for these women to understand one another's situations and build solidarity. For this purpose, one of the home's activities is a women's history study group.

A woman may stay at the home two weeks and, in cases of greater need, longer. The Tokyo Metropolitan Government is in charge of the shelter's administration and has received our plans and ideas in detail. This is the first such institution in Japan and, if it is successful, we will approach the national government about establishing other shelters nationwide. In addition, we have started making plans and collecting funds toward building a private "refuge" of our own.

Opinion Research

A successful women's liberation movement requires that both policymakers and those with access to communications media be properly informed about the movement. To do this and, at the same time, to encourage such people to initiate positive measures toward remedying the injustices women face, we have sent questionnaires to people in the mass media and throughout Japanese socity. This research has been going on over the last two-and-a-half years.

Our first questionnaire was sent to the Prime Minister, other politicians, leaders of major industries, specialists in labor problems and to those in the fields of education and religion. A second questionnaire went to publishers and to presidents of major broadcasting companies. The third addressed editors of monthly journals, women's magazines and other journals. All answers are published by us and made available to the general public. We are now compiling information from a fourth questionnaire we sent to recently-elected Diet members and ministers.

Among questions included in our most recent poll were:

1. Do you think that there is equality for women and men in Japan?

Yes, completely equal	0.0%
Yes, mostly equal	21.1%
No	47.4%
Difficult to say yes or no	29.8%
No reply	1.8%

Most people polled indicated that equality between women and men,

although institutionally realized, is, in practice--especially in regard to labor conditions--unrealized, with blatant inequality still in existence.

2. Do you agree that a man should go out and work and a woman should stay at home and be responsible for the care of the house?

Yes	7.0%
No	40.4%
Difficult to say yes or no	52.6%
No reply	0.0%

Most pollees did not agree with the above opinion as stated in the question, but, at the same time, said that women's personalities should be "respected."

3. Do you agree that, when you are advertising in the help-wanted section, there should be no discrimination in employment on the basis of sex?

Yes	17.5%
No	36.8%
Difficult to judge	42.1%
No reply	3.5%

Most of those against the above made reference to the difference between women's and men's personalities; many also said hiring of female or male employees should be up to the employer's decision.

4. Do you agree that protective labor laws applying only to women hinder equality for women?

Yes	1.8%
No	87.7%
Difficult to judge	10.5%
No reply	0.0%

Seven other questions were included in this questionnaire; of the 124 persons to whom the questionnaire was sent, 57 replied. Six political parties and one partisan politician were contacted, as shown below:

Political Party/ Group Name	No./questionnaires sent	No./questionnaires returned	Rate of answers
Liberal-democratic	47	14	29.0%
Socialist	28	13	46.4%
Komeito	20	17	85.0%
Democratic-socialist	11	8	72.7%

(Poll,continued)

New Liberal Club	13	1	7.7%
Communist	4	3	75.0%
Non-partisan	1	1	100.0%
Total	124	57	46.0%

Child Study

Children, like adults, are affected by sexism in literature, advertising, cartoons, films and education. During United Nations Women's Year 1975, we established a section to study how to eliminate sexism, especially as it affects children. We began by reading the comic books for boys and other, similar publications which have such a wide circulation among children and adults in Japan. In these comics, women are never presented as active or important characters; instead, they are presented solely as sex objects to be subjected to men's pleasure, often with violent and fatal results for the women.

In the spring of 1976, we met to discuss these magazines and subsequently published our findings and opinions in large daily newspapers. This had a great impact on society, and, since then, we have investigated other magazines and protected to authors and publishers of the publications concerned.

The textbooks used for sex education in Japan tend, we found, to reinforce stereotypes about women. They state that women are the sex for bearing and raising children. For example, they carried such statements as, "Girls will be mothers in future, so boys should protect them," and, "During menstruation, girls should remain as still as possible because they have the valuable bodies from which will be born the babies of the future."

Children, instead of learning about the participation of both women and men in home and society, are presented with traditional sex roles. We are continuing to investigate all materials affecting children and working to eliminate such stereotyped sex roles. We also feel it is important to encourage publications which prompt a healthier attitude toward female-male relations.

International Affairs

This section, established this year, has the purpose of exchanging information about women's situations with other countries and working for improvement by both giving and receiving support and understanding from all parts of the world. At present, we are working on several projects and activities:

--to find out how those countries which signed the 10-year plan made at the International Women's Year Conference in Mexico have followed up with plans in their own territories, we have sent questionnaires to 35 countries and 10 different women's organizations.
--we are holding lectures about women abroad once a month. These are being given by women who have lived in other countries, who describe their experiences and give their observations about the status of women in the areas where they lived.
--we are preparing stickers to protest sex discrimination.
--we are gathering information concerning laws promoting the equality of women and men in other countries.

Other

Study groups in the areas of theory, politics and women's sex are in the process of being established.

*Responsibilities for all typing errors lie solely with the typist, Jun Hara.

女の分断を連帯に

1年目の記録

活発な定例会

私たちは行動を起こします

憲法によって男女平等がうたわれて、ほぼ三十年になります。けれども伝統的な男尊女卑の意識は根強く、職場に家庭に教育に、社会のあらゆる分野にいぜんとして女に対する大きな差別がつづいています。最近では差別をますます大きくするような動きさえあり、私たちは強い怒りを感じます。

社会は男と女によって構成されているにもかかわらず、社会のしくみは男中心に組み立てられ、女の生き方は、はなはだしく制約されています。

私たちは新しい生命を生む性が社会的に尊重され、保障されるとともに、社会のあらゆる営みに女が積極的に参加する道が開かれることを望みます。そのためには、家事育児を女のみの責任とする考えを改め、性の違いにかかわらず、同じ意志に対して同じ機会、同じ結果に対して同じ評価が与えられる必要があります。そして、男も女も一人一人の意志と個性に従って自分の人生を選びとれるような社会をつくり、新しい文化を創造することをめざします。

この願いの上に立って、私たちは国際婦人年をきっかけとして、次のことがらの実現に向けて具体的な行動を起こし、完全な実現までやむことなくその行動をつづける決意です。

◎ 教育の機会均等を完全に実現すること。女性に対する差別的な教育内容をなくし、差別の実態と差別撤廃の重要性を認識させるような教育を行うこと。

◎ 女性に対する差別的な内容を持った刊行物、放送番組等をなくすこと。差別の実態と差別撤廃の重要性を認識させるような刊行物、放送番組等を、多くの女が参加してつくりだすこと。

◎ 売春をはじめ、性を商品化する男本位の性文化をうちこわすこと。

◎ 職業に関してあらゆる男女差別をなくすこと。男も女もひとりひとりの生活を大切にできるような労働条件をつくりだすこと。

◎ 家庭生活における男女の本質的不平等をなくすこと。

◎ 新しい生命を生み育てることは女だけの問題ではないという認識をひろめること。妊娠・出産の公費負担、保育所の増設育児をはじめとして、生み育てることを女だけの負担にしないような制度を確立すること。

◎ 政策の形成および決定の場に多くの女が積極的に参加できるようにすること。

◎ 男女平等を実現するための公的な研究機関、相談機関、監視機関をつくること。

法律の中からあらゆる男女差別をなくすこと。男女差別をなくすための新しい法律を制定すること。

一九七五年三月十三日

国際婦人年をきっかけとして
行動を起こす女たちの会

生きる

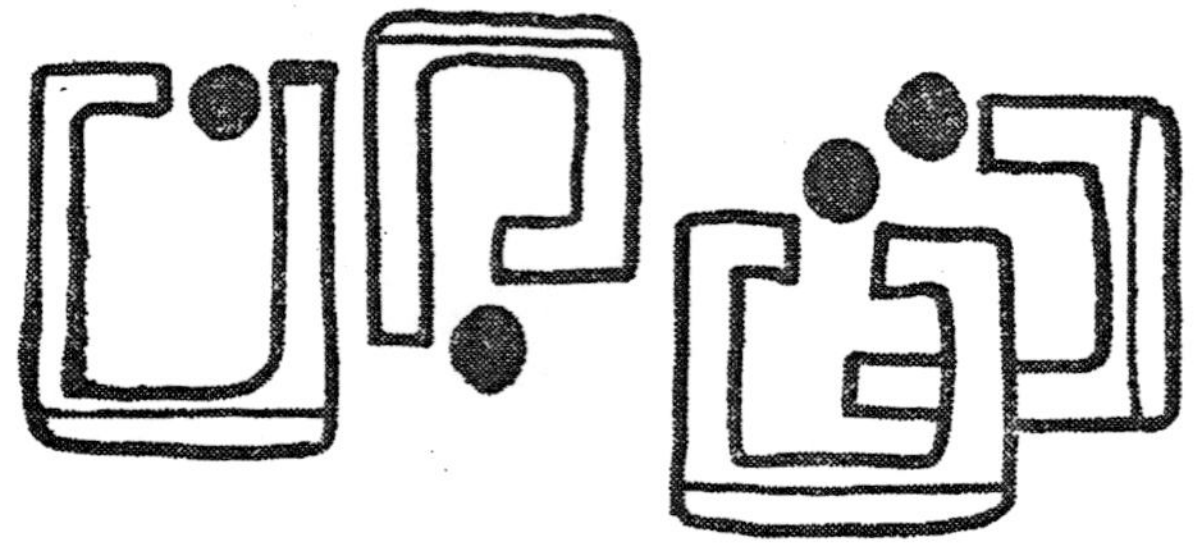

なににもまして憎いやつがいるといったら　あなたはびっくりして私の顔を見た　私がやっと暴力の意味がわかるといったら　あなたは困った顔でだまりこんだ　憎いやつには暴力をふるうしかないと私が結論づけたとき　あなたは傷ましそうに私を抱いた　そして泣くよりはそのほうがよいと　あなたもいった

平和も戦争も私には同義語　愛も暴力も私には同義語　すべてわしづかみの〈生〉

走り出したい　叫びたい　大きく両手をひろげて飛び上れ　私は一人　私は自由　伏せるより飛べ　うづくまるより走れ

女が〈生〉に気づいたいま　知ってしまった今　すべて　わしづかみの〈生〉

目次

◇明日をつむぐ女たち（運動論）……編集委員会 1

Ⅰ 戦後30年の運動をたどる

Ⅱ 手さぐりの中から

◇マスメディアに意義申し立て

男性王国‼NHK……中島里美 19

ハウスCM「作る人、食べる人」……中島里美 26

面白くてためになる裁判へのお誘い……中島通子 29

◇分科会報告

高校の男女別学を洗う……教育 34

働く女性の相談室を開設……労働 43

「離婚の母の家」設立めぐって……離婚 46

◇ずいひつ

ああ！金とヒマ……梶谷典子 52

差別の言葉にいどむ……寿岳章子 58

ミスコンテストにもの申す……久野綾子 61

◇座談会（在日朝鮮女性の証言）…… 64
過去から現在・そして未来へ
◇諸外国にみる女性解放
スウェーデン……ビヤネール・多美子 73
中　国……田中寿美子 78
フランス……田中喜美子 86
イタリア……柴山恵美子 91
イギリス……永岡富雄 96
アメリカ……池上千寿子 107
ラテンアメリカ……井上節子 109
◇アンケート・私の意見…… 118
◇女性の問題に関する
第二次公開質問状への回答…… 142
◇活動年表…… 154
◇編集後記

表紙・松本梅子

明日をつむぐ女たち

Ⅰ戦後30年の運動をたどる

第一章　労動運動の中で

私たちの運動が、戦後三十年の女たちの運動の積み重ねの上に立っていることは、否定しがたい。意識していようといまいと、これまでの運動から取り入れたり、前者の踏んだ轍に学んで、その問題点を克服したりすることなしに、私たちの運動はあり得なかった。

私たちの運動をふり返るにあたって、私たちはまず、戦後の女の運動の再点検からスタートした。その第一が労働組合婦人部の活動であった。

敗戦直後、国鉄首切り反対スト、全逓場放棄などで大斗争の推進力となり、労働基準法制定前に、産休や育児時間確保の労働協約をかちとったり、男女の同一賃金を認めさせたりした（日教組）。この労組婦人部の活動は、女の権利の主張と性差別反対運動の前衛に立っていた。

こうした怒濤のような女子組合員のエネルギーが、なぜ労働運動の中で飼いならされ、現在のように、男性の敷いた路線の中に収吸されるにいたったかについて考えてみた。

婦人部活動制限がもたらしたもの

敗戦直後の女子労働者は五二五万。男性が

（１）

戦場に駆り出されたあとを守って、全産業のにない手であった女性は、戦後も、労働組合運動の中心的な存在であった。しかし、男性が職場へもどってくると、たちまち人員整理の対象にされる事態がおこった。必要な時には駆り出し、いらなくなるとほうり出すという身勝手さに、女子労働者が黙っていられるはずはない。女性たちがこの時期、男性以上の斗争力を示したのは当然である。しかし、占領軍は、女性のすさまじいエネルギーを危険視して、婦人部廃止の方向を打出した。

その線に沿って労働省もまた「婦人部が自主的立場をもつことは組合の統一という基本原理を破壊する。婦人部は、組織の一部門として、女性独自の問題に活動をしぼるように」と指導した。

こうした強制や指導にもかかわらず、かなり多数の婦人部が生き残ったが、この政策は婦人部活動を女独自の問題に狭めていく契機となった。この方向転換が労働運動の中で女性にあたえた影響は大きかった。

母性の権利要求に結集

それ以後の婦人部活動の中心は、労基法の母体保護、婦人保護の規定をもとに、権利獲得の運動にと移っていった。

母性保護の権利は、女性が働き続けるために不可欠のものだから、女性解放の要となる運動にはちがいなかった。この成果として、婦人部の強い公労協系の組合では、勤続年数が伸び、いわゆる「共働き」女性の数が増えていった。また、婦人部活動の中で、自己主張の姿勢、発言の技術、労働者意識などを学んだ女性が、他の運動でもリーダーシップをとる力量をつけた、という教育効果も高かった。経済的自立は女性解放の基本条件である、という考え方も、この運動の中で育った。

働き続けるためのもうひとつの条件としておこった保育所運動の中で、集団保育の積極的評価、育児の社会化という視点も生れてきた。たしかに、公労協の婦人部運動は、一面では戦後の女性解放運動の機関車の役は果してきた。

性別役割分業意識の温存

しかし、労組婦人部の母性保護要求は、「家事・育児を負担している女性」が働き易い条件を作るという側面をもっており、性別役割分業への問題意識が欠けていた。

全電通の育児休職制度や、教組の育児休暇要求なども「育児は女の仕事」という前提に立っていた。同じ保護の中でも、直接母性にかかわる産休などと、時間外労働、有害業務制限などを区別せず、働きやすい条件作りとしての保護の拡大を一率に唱えてきたために、「女子過保護論」などを切りかえす平等要求の根拠や、母性の社会的保障という考え方が構築しきれなかった。

世界行動計画が出てから、性別役割分業によりかかった保護要求への反省も出てきたが、これまでの労組の役割分業型保護要求では、家庭と両立しやすいパートタイマーの激増といった状勢の変化に対応できなかったことをはっきり認識しておかねばなるまい。

労組の男性優位主義

日本の男性に根強い男性優位主義は、労組幹部の意識にも例外なくあった。婦人部を労組の特殊部門に固定して、同志である女性

を、保護を必要とする一段低い労働者としか見られなかった点、性別役割分業を自明のこととしか捕えられなかった点で、労組の体質もまた男性優位型である。

労組の決議機関にほとんど女性が参加していない現実、賃金配分にあたって、「男は主たる家計の維持者だから、多いのは当然」といえる感覚など、労組の男性には大いに反省をもとめなければならないし、また、その労組の男性的体質をつき上げる力を婦人部がもてなかったということも、大きな問題点である。最近の女子組合員の組合ばなれの意識も、この体質と無縁ではあるまい。

男性優位主義の労組の体質では、パート、臨時雇の女子労働者が激増している現在の労働市場の変化に対応することはできないし、女子労働者の組合への信頼をつなぎとめることもむずかしい。

戦後の労働運動をリードしてきた公労協ばかりでなく、企業別組合で組織された民間労組の男性優位主義もひどい。企業は、女性を若年使い捨てにしたい意志を露骨に押しつけてくるから、つい数年前までは、女子といえば未婚。婦人部といえば、生理休暇について話すばかり、という状態がつづいた。組合も未婚の女性ばかりの婦人部を、決して一人前には扱わないできた。ようやく公労協なみに働き続けたい女性が増えてきた今、労組の男性的体質に対して、民間の女子労働者の不満がぶつけられようとしている。公労協の女性たち、民間組合の女性たちがこれからどう手をつないで、組合の男性優位主義、性別分業意識をつきくずしていくかが課題なのだが、組織間の対立もあって、女性同士さえもまだ連帯できないという現実を直視しながら、今後の運動を考えていかねばならない。

第二章　政党系例下の婦人運動

大衆運動の分断

戦後の新しい女性解放運動のひとつのタイプとして、全国組織をもった大衆運動があった。母と女教師の会、母親大会、働く婦人の中央集会など、家庭にいる女性も、女性労働者も、全国、各地方からの代表が一堂に会して話し合う、といったスタイルが一九六〇年までにでき上っていた。しかし、六〇年安保反対斗争の挫折の後、こうした大衆運動に亀裂が生じた。

政党間の対立がはげしくなって、各政党が独自の婦人組織の確立をめざし始めてから、これらの大衆運動のにない手である婦人団体や労組を、それぞれの傘下に組み入れようとする激しい動きが出てきて、女性であることによって結集していた大衆運動にも対立がもちこまれた。

働く婦人の中央集会は二つに分裂し、母親大会は、討論と対話をくりかえしながら、陣容をたてなおしてようやく分裂をまぬかれたものの、もはや六〇年以前の統一的なエネルギーは望むべくもない。

政党の女性支配と分断

革新政党だけでなく、保守政党、中間政党もまた、女性を組織化して戦力にしていこう

という姿勢を見せ、女性が女性自身の問題を主体的に解決しよう、とする以前に、政党が女性を利用しようとする傾向があらゆる局面であらわになってきた。

女性の要求は、保守、革新にかかわらず共通のものもすくないのに、上からの組織化がすすめられると、共斗できる部分までが断ち切られてしまう。男性に支配され、差別されている、という点では一致していたからこそ、全国の女性が立場を越えて一堂に会し話合う大衆運動の場があり得たのだが、今は女子労働者同士でさえ、その所属する組合の政治色や、組織内の対立の渦にまきこまれて分断されてしまっている。

イデオロギーが違えば、女性解放の路線が違い、共に斗えないことがあるのも当然である。しかし、それは女性たち自身が決めることであり、女性たちが話し合って、連帯できるところは連帯し、立場の違うところは徹底的に討論してより正しい女性解放の路線をさぐっていくのが本筋だろう。

私たちの会が個人参加を条件にしたのも、こうした組織上部の圧力に支配されず、女性自身の主体性で運動を創り上げていかなければならない、と信じたからである。異なる組織に属する人も、組織人としての公的立場を離れて、ざっくばらんに個人的な意見を交換し、連帯の糸口をつかむ場としたかったからである。

政党系列化の運動に見切りをつけて、それ以後、要求をもった女たちの多くは、有志があつまり、身近かな地域の問題を解決していく住民運動・消費者運動へと向っていった。

七〇年代をゆり動かした「リブ」運動、ベ平連などの市民運動も、労組に代表されるピラミッド型の組織、政党イデオロギーによる支配を拒否した形で始まった。

私たちの会も、運動の形としてはこの流れの上にある。これらの個人の主体性によって動く、いわば「手づくりの運動」が、これまでの大組織とどう連帯し、補いあっていけるかが、これからの課題であろう。

第三章　ウーマン・リブ

『リブ』の提起とその影響

『ウーマン・リブ』という言葉ほど、この六年間、手垢にまみれ、多様な誤解を受けた言葉はあるまい。しかし、一九七〇年以降、さまざまな場に生きる女性たちが、この思想から強い衝撃を受け、既成の婦人運動にも一定の刺激を与えたことは、「まぎれもない事実」である。

六〇年代後半、アメリカに端を発するウイメンズ・リブ思想の新しさは、第一に女性解放を一般的闘争ないし、その展望の中に解消せず、自立した個としての女性の日常的具体的生活の闘い、としたことである。

従って、女性が全人的な個として生きることを阻む、ステレオタイプな役割分担を断固として拒絶する。この思想が日本に伝わった当初、ある職場で働く女性の言葉が印象に残っている。

「長い間、組合活動をやってきて、産休も

延長したし、生休もとれるようになった。それなのに女はちっとも楽になっていない。職場の労働条件が良くなっても、なぜ女は、生きやすくならないのか、どうして誰かに遠慮していなければならないか、常々疑問に思っていたことが、ようやくわかった、と思った」

第二は運動の出発点も到達点も、自分自身をはじめとする男女の「意識の変革」に置いたことである。日常に埋没したまま伝統となった女性への差別、「女らしさ」への要求を看破するためには、自らの「女意識」がどう形づくられたか、個人の内なる意識を自らの手で写し出すことから始めなければならない。十人前後の「意識高揚グループ」はリブの特徴的な運動形態となった。

第三は、第二に述べた組織上の特徴である。旧来の運動にありがちなピラミッド型の中央集権的組織を排し、地域や職場に意識高揚グループをつくり、人数が増えれば細胞分裂のように別別な小グループをつくる。小グループは、連絡場所としてのセンターをもつが、上下の指揮系統ではない。「組織の拡大強化」を至上とする従来の組織論と全く違う「三人寄ればリブ運動」であった。

第四に、性を根底として女の存在、男女の関係をとらえ直そうとすることである。女の性は「男性のオブジェ」でもなければ、女性解放は「男並」または「せめてなりたやその八分目」でもない。女という性は、あるがままに自立したものでなければならない。これまでほとんど触れられなかった性の問題に、こだわりつづけ、セックスの快感の定義づけからして、女の視点を中枢に据えて見直そうとした。

ウイメンズ・リブ運動のすべてに共通する特徴は、革新的な運動も含めて、現代社会そして既存の組織に貫徹する男性の論理への疑問、否定である。日本でも全学連斗争の中で革新組織にもある男意識への反撥に端を発して、この思想を理念としたいくつかの『リブ』グループが生まれ、折からの優生保護法改悪の動きに対して、最も適確な批判活動をすすめる力となった。しかし日本における『リブ』グループの活動は、各方面に一定の刺激を与えつつも、その運動自身、限界を持ち、本質的には似たような問題を抱える広範な女性の間に広がることができなかったことは否定できない。

『リブ』運動の問題点をどう越えるか

その問題点をあげると、第一に既成の組織論理を拒否することが、労働の軽視、ドロップアウトの思想となったことである。

日本における『ウーマン・リブ』グループが主として若い独身の、いわば身軽な人たちによって担われたことも、職場や家庭の中で生きる女性たちの悩みに、遠いものとなった。

職場で働くことが既成の資本主義に奉仕するというならば、かりにドロップアウトしても、この社会で消費することもまた、既成社会に奉仕することになるはずだ。「労働」という経済的自立の手段獲得の場における女性差別をなくす有効な手段なくして女性解放はありえないだろう。「意識変革」なくして有効な「現実変革」がありえないことは確かだが、意識を重視するあまり、経済的自立の軽視、現実変革への問題提起に乏しかった。

第二に、個の重視は、ある場合に異端の告発となり、閉鎖的仲間意識は強烈である半面、巾広い運動との連帯が十分でなかったことである。もっともこの点は、『リブ』グループ側以上に、既成の運動体の中に『リブ』グループへの拒否反応が強かったというべきだろう。

第三に『リブ』グループは、運動自らが好むと好まざるとに拘らず、マスコミに風俗として喧伝された。リブ合宿、コミューンづくり、それらは一つの「風俗」としてマスコミに伝えられ、季節の移り変わりとともにたちまち風化した。これは『リブ』グループの責任ではないにしても、最初「風俗」としても強烈な主張でありえた運動方法が、固定して法マンネリ化して、閉鎖的となったことも事実である。

根底に共通した問題をもつ異質で多様な女性グループの統一戦線をどのようにつくり上げるか、これからの女性解放運動に課せられた宿題である。

第四章　市民・住民運動を見直す

住民運動と市民運動

政府をオカミと呼び、オカミに対しての異議申立ての行為が犯罪視された歴史の長かった日本において、性別・年令にかかわりなく異議申立ての声がうねりのごとく盛り上ったのは一九六〇年・安保斗争のときである。

日本の歴史はじまって以来のこのダイナミックな国民のことあげは、厚い壁にはばまれ、一見敗退したかのようにみられた。だが、斗争の中で、オカミ意識を自ら拭い去ることの出来た人々、ことに女たちが、それぞれの地域において主体的に、いのちとくらしを守るための住民運動・消費者運動をねばり強く、地道に押しすすめていった。

これらの運動は一括して市民運動と呼ばれてはいるが、げんみつに云えば、くらしに密着した問題と取り組んでいるのが住民運動・消費者運動で国の運命を左右する問題に取り組んでいるのが市民運動と、取り組む対象のレベルの違いが運動体の性格・構成員の違いとなってはっきりあらわれている。

市民運動を日本の社会に定着させたのは、一九六五年に結成された小田実らの〝ベトナムに平和を！市民連合〟、通称べ平連である。

従来の典型的な組織のかたちである上からの指令にしたがって動くというピラミッドシステムから、言いだしっぺがまず動くという平易システムへのきりかえが、多くの人々の共感を呼び〝ただの市民〟が気楽に参加していった。

しかし、この〝ただの市民〟の大かたは男たちだった。中央での集会やデモに参加できる〝ただの市民〟は、言うならば身軽に動ける人たち、つまり家庭の中のさまざまな事情を女にまかせて、地域性をこえることのできる人たちにかぎられていたからである。

こうした傾向は、その後、数々生れた市民運動の中にもはっきりと見てとることが出来る。

したがって、いのち・くらしを守るための住民運動・消費者運動は、斗いの基盤を個々の地域にすえ、地域社会の全日制住人である主婦たちが主体となっているのに反し、地域性をこえた市民運動は男性リード型によって押しすすめられているというのが現状である。

運動の性別分業のひずみ

こうした性の分布図の落差がもたらしたひずみは決して少なくはない。

たとえば、わいせつ裁判で知られる〝四畳半の襖の下張り〟をめぐる表現の自由を守る斗いにおいても、往々にして、女性を市民の一人として認めていないのではないかと思われるような発言が市民運動サイドの男性の口から無意識に、それもかなりひんぱんにくり出されてくる。

また会議の席上では、男も女も市民レベルのつき合いが出来るのに、いざ会議が終ると男は雑談、女はあと片づけと、とたんに男女レベルの関係に変貌するシーンも決して少なくはない。

男中心の市民運動をホモ集団と評した人もいるが、たしかに、地域性を必要とする主婦たちを疎外した従来の運動のありかたを踏襲しつづけている間は、力なき者たちの声を結集して世の中のありようを変えるはずの市民運動が、より力のない人々のことあげを抑圧する団体となる危険性をはらんでいるといってよいだろう。

だが、ロッキード汚職を追求する市民運動は従来の男中心の市民運動の体質を大きく変えようとする動きをみせはじめている。怒りの表現の場の多様化を！を合言葉に地域性を必要とする主婦たちの怒りをつむぐ新しい運動が、意見広告運動といったようなかたちで具体的に企画され、実行されているのだ。今まで、疎外されていた女たちが、これを機にさまざまなかたちで市民運動に参加するようになれば、性の分布図の落差がもたらしたひずみは序々に是正されていくだろう。

命・くらしを守るのは女だけ？

住民運動・消費者運動にもやはり問題が残されている。たしかに、かつて市民権を取り上げられ、いかなる問題に関してもNO！という権利を持たなかった女たちが、声高らかにいのち、くらしを犯すものにたいしてNOと云いつづけることによって、実にさまざまな成果を獲得してきてはいる。

だが、いのちを守る女の手で住民運動を！〝台所を守る女の手で消費者運動を！〟のスローガンをこれ以上あげつづけていくことは、かえっていのち・くらしを犯す元兇の息の根を止める斗いへの発展をさまたげることになるだろう。

夫は生産者、妻は消費者――こうした固定化された性別役割分業をそのまま、運動の中に持ち込み、男つくる人、女かたづける人といったかたちで、かたづけ役としての女ばかりが住民運動・消費者運動の主体になっていく。そして家では、夫が職場で全力投球出来るよう内助の功にせっせとはげむという方程式は、実は、いのち・くらしを犯す男の働きかたを肯定することであり、かつ公害の再生産に手をかすことにもつながってしまっているからだ。

男も生活者として住民運動・消費者運動に

かかわっていかないで、どうしていのちとくらしが守られよう。竹内直一さんらを世話人とする消費者連盟は、性別分業制度を肯定した従来の運動を越えたものとして高く評価されているが、ウイメンズリブ運動にたずさわる人々の主張する性別分業制度のてっぱい論は、実はこうした新しい消費者運動・市民運動の基盤を支えるものなのであり、ここに、さまざまな運動体との接点があるといってよいだろう。

七〇年代の市民運動・住民運動は、組織やイデオロギーによる個の疎外への反撥を特色とするが、運動の中の性別役割分業をまだ十分に克服しきれていない。私たちの運動は、組織やイデオロギーによる支配を拒否するとともに、あらゆる運動の中にまだ克服されずに残っている性別役割分業の意識を変えていく力となりたいものだ。

第五章　女性の意識変革のために

動きたがらない女たち

七〇年代の女たちはリブ運動、市民運動、住民運動など、スタイルはさまざまでも、自らの主体性で運動を創り出してきた。運動のテーマの多様さ、数の多さ――三人よれば運動がスタートする、といわれるほどに、女たちが状況を変えていこう、とするエネルギーが盛り上っている。しかし、それでも、「運動をする女たち」はまだまだ少数派だ。総理府の「婦人の意識調査」などの数字に表われたように、まだ大多数の女性たちは現状に安住して自分からは動こうとしない。

四月に私たちの事務所を訪れたイギリスの婦人記者の人が、「イギリスでは女性解放の運動に、自ら積極的に行動している女性が一割、意識の上で共感し、何かをしたい、と求めている人が一割、まだ二割前後の少数派なのです」と語っていたが、それを聞いた会員の間からいっせいに嘆声が上った。十人いれば、二人は女性解放にむけて行動したい、という意識があるとは……何とうらやましい、という気持だった。

運動している仲間たちと話をしている時には、意気さかんでも、ひと度、世間の中に足を踏み入れれば、私たちは異端である。男はともかく、女がたくさん集ったところで、私たちの願いを話しても、共感を示す人が一人いればよい方で、いっしょにやりましょう、と言う人はほとんどない。都市でさえこの程度、地方では、そんな話を持ち出す女は、変人扱いされるのがおちだ。労組や政党に所属する女性でも、組織上部からのかけ声なしには一歩も動こうとしない女性が多い。

性差別の意識化を

女性の教育水準があがり、都市の若い女性は短大生まで含めれば三人に一人は大学生である。オフィスに、現場に働く女性があふれ、いまは家庭に入っている主婦でも就職経験のない人はほとんどなく、中年の主婦で仕事をもっている女性もどんどん増えている。

状況の変化から見れば、当然もっと多くの女性たちが、性差別や婦人解放への関心をもつはずなのだが、女性解放のガンと言われて

きた現状維持をのぞむ主婦意識、OL意識が、あいも変らず女たちをおおっている。

いろいろの障害で分断されているとはいえ、ともかく、何かの形で行動し、運動している人たちと連帯していく道は今後見つけられそうだ。だが、性差別の中にとっぷり浸りながら、自分のおかれた状況を意識していない人たちを、どうやって仲間にしていくか、それが私たちのいちばん大きな悩みである。

私たちが教育の場・職場・家庭・マスメディアなどあらゆる場での性差別を洗い出す作業を続けてきたのは、まず女性自身に「差別の中にいる」という自覚をもってもらいたかったからである。

私たちの運動は具体的に権利を獲得するとか、法律を改正するとか、施設を設立させるとかの目に見える成果をあまりあげていない、という外部の批判もある。

私ももちろん、それを必要だと思うし、私たちはそうした目に見える結果を生み出してもいる。

しかし、そうした結果以前に、女性自身の意識変革こそが、行動や運動の原動力になると信じたからこそ、私たちはまず性差別の実態の意識化のむけて、行動を開始したのである。

私たちの一年は、まさに手さぐりの連続であった。試行錯誤のために多くのまわり道もした。しかし、他の多くの運動から得た示唆を生かして、自分たちの手で切りひらいたユニークな道を歩いてきたと思う。

次章では、ざっくばらんに失敗も、反省もぶちまけながら、私たちの一年をふりかえって見よう。

＝事務局から皆様へ＝

行動を起こす女たちの会も、まもなく二年目を迎えます。この会はあなた自身が考え、行動し、仲間を集め、創り上げなければならないこと、これが原点です。活動すればするほど〝お金〟が必要になってくるのです。

会の維持費として、会費と定期カンパの納入を心からお願い申し上げます。会費は一ケ月、一口三百円。定期カンパは一口五百円。現金書留か振替用紙でお願い申し上げます。

できるだけ何ケ月分かまとめて納入して下さると助かります。納入の際は、会費、カンパの別を明記して下さい。

運動はいつの間にか誰かがやってくれるものではありません。

会の活動をより大きく発展させ、女性解放のための運動の輪をさらに拡げていこうではありませんか。

事務局　東京都新宿区新宿一の九の四
御苑Gハイツ　八〇六号
中島法律事務所内　行動起こす女たちの会
電話　〇三　三五二　七〇一〇　です
郵便振替　東京〇―四四〇一四

Ⅲ 手さぐりの中から

第一章　会の性格と組織

六〇年代の終りから、『リブ』の問題提起をうけとめて、性差別排除と女性解放に対する新しい関心が、私たちの心の中に芽ばえていた。国際婦人年を目前にした一九七四年の秋から、その想いを何かの形に表わしたいと願う有志が集って準備を進め、国際婦人年にはいってまもなく、この会が発足した。その時集った人たちの間に、運動の方法についてはっきりした考えや、合意があったわけではなかった。

　ただ、この年をきっかけに、今までになかった新しい方法で、運動を創り出したい、という願いは共通していた。また、ともかく、この一年、「行動すること」によって運動を進めたいという点でも一致していた。

　その気持が私たちの会の特色として確認され、会の名前が決定したのである。

　何から、どう手をつけてよいか、わからないながら、まず準備に参加した人の中から世話人が選ばれ、月例で集会をもつことからスタート。

　会員の資格は性差別排除のために、行動したい、と思う人なら誰でも参加できる、とされた。目標は同じでも、会員の具体的な関心はさまざまだったから、分科会に分かれて、個別の問題に取り組み始めた。

　組織については、会長、幹事、一般会員というピラミッド型を避けよう、という点で意見が一致し、世話人以外は何のポストも設けなかった。

　また、労組や政党や他の運動体に所属している人でも、この会へは個人として参加してもらい、他の組織の意向や、その活動の一部をもちこむことはやめよう、ということも話し合われた。

　七〇年代以降、市民運動、『リブ』の運動などでピラミッド型でない、いわば、「平《ひら》場《ば》」の組織の前例が生れていたし、運動の政党系列化の弊害や組織ぐるみの参加によっておこる組織間の対立・摩擦によるエネルギー

の損失の無意味さを誰もが感じていたので、この二点については誰も異論がなかった。

運動体である以上、事務局だけは必要だ、ということになり、事務所を設けて、事務局担当の世話人と、専従の乗務局員を決め、連絡、会計などの事務をお願いすることになったが、代表者をおかないのがたてまえであった。

しかし、外部からは、「組織だから、代表者がいるのは当然」と見られ、マスコミの取材や、会の紹介などの折には、事務局担当者が「事務局長」と名付けられたり、世話人の中の著名な人たちが、会のリーダー、または代表者であるような取り上げられ方をしたことも多く、名前の出た人たちが迷惑したり、会員の中でも、会をリードしているのはそういう人たちである、と誤解していた人もないわけではなかった。

そうした問題点をなくすために三月の例会で、発起人とも言うべき当初の世話人グループから世話人改選の提案があり、討論の結果、当初の世話人に各分科会から二名以上選出された世話人を加えて、世話人会は三〇名を越える大世帯となった。

一年間の試行錯誤の中で、一九七六年、二年目にはいった時に、だいだい固まってきた組織の原則は次のようなものである。

①会は代表者をおかないが、行動するに当って特定の名前を必要とする時は、行動するグループ、またはその中の個人の名前で行う。

②世話人会は、各分科会を母体として、二人以上選出する、（所属分科会のない世話人はおかない）世話人会は分科会と会全体をつなぐパイプの役をする。

③世話人会は公開であり、世話人以外の会員の参加も発言も自由。だれにでも開かれた場である。決議機関ではなく、例会に提案する議事や例会テーマ、行事などの原案をつくる場であり、分科会の情報交換や意見交換の場である。

④例会は、月一回（原則として十三日）開かれ、外部の人たちにも公開される。会の活動や主張を対外的にアッピールする場であると同時に、参加した会員の合意があれば議決もできる。しかし、会員間で意見が分れる問題に関しては、世話人が分科会にもち帰り、分科会員の意見をまとめてから、方向をきめる。

⑤分科会は、会の行動の主体であって、そのテーマにしたがって、独自の研究や行動を進める。会の基本的な方向に沿っているかぎり、研究や行動について、世話人会や、例会にはかったり、全会員の意見をきく必要はないが、なるべく事前に事務局に連絡して、他の分科会員にも情報が届くようにしたい。行動が急を要する場合に敏速に動けるのがこの会の特色だから、事後報告になることも止むを得ないが、次の世話人会に、必らず前月の活動や行動を報告して、他の分科会の意見や批判を求め、軌道修正をしたり、次の行動の示唆を得たりする

⑥分科会に限らず、個人または有志グループが、主体的に行動を起こすのは自由であって会全体、世話人会などの拘束は受けないが、分科会と同様に、事前・事後の報告をし、討論をすることが必要である。

× × × ×

私たちの会は、「行動する」ことを第一義

としているが、行動の局面が多岐にわたっているので、ひとつひとつの行動を全員で討議していては小まわりがきかない。また、性差別を露骨に表わしている事例に出合った時、タイムリーに抗議や告発の行動に出なければならないので、個人やグループ、分科会などの主体性を活かした、柔軟な組織が必要であった。

一年間の行動をふりかえって見た時、この組織形態はピラミッド組織の運動体にくらべて、個人の主体的意志が生かされ、タイムリーに多様な行動ができたという点で、きわめてユニークであったと自負している。

だが、個人、有志、分科会などがおこしたひとつひとつの行動を世話人会を通じて、全員が知り、批判し、討論する機会が十分であったとはいえない。

少くとも、運動内部の人は他のグループの行動に対して、実際にかかわらなくても共感と側面的援助の姿勢が必要だし、他のグループの行動と連動して、より大きな効果を生むように動かなければならない。そのための会員間の内部批判や討論こそが、会全体と個々の行動をつなぐパイプなのだ。

個々の行動への批判が個人同士で、あるいは気の合ったグループだけでなされたりせず、公開の場で、できるだけ多くの人によって出され、軌道修正しながら全体でまとまっていかなければ、この組織のユニークさは生かされない。世話人会、例会をその討議の場としてどう生かすかが今年の課題である。

また意気の合った同士、活発に働ける人たちの積極的活動を大切にしながら、一方、誰でもが分科会や日常活動の中で気おくれせず、できることをやっていく、というムードを創り出していくことも大切である。

分科会の日常活動にしても対外的な行動にしても、当初はどうしても活動的な人が中心になりがちであった。しかし議長のもちまわりや、新しい世話人の選出や、誰でも発言できる世話人会のムードによって、現在は〝リードする人、される人〟といった役割の固定や、〝当初からかかわっている人、新しく参加した人〟〝年輩の人、若い人〟〝有名、無名〟といった上下意識がほとんどなくなり、誰もが対等の立場で卒直に話し合える雰囲気ができたのは素晴らしいことだと思う。

第二章　運動の評価と反省

国際婦人年という好機を得て、私たちの運動は、少数派にもかかわらず一年という短期間に、かなり大きな成果をあげたと思っている。

運動の成果を「何をかちとったか」という従来の「ものとり運動」のものさしで測かることを私たちはしたくない。

この会の行動でもっとも評価されるのは、社会通念として定着していた性別役割分業意識を揺り動かしたことだろう。

世界行動計画にも、繰返し強調されている性別役割分業の意識を変革するために、私たちがＮＨＫへの申し入れや、コマーシャル告発によって引き起こした渦の大きさは、私たちの予測をはるかに越えていた。当時は賛否両論入り乱れて、会員の間でさえとまどい

を起こしたほどだったが、婦人年が終った今、私たちの行動の正当性は、当初批判的であったマスコミの中でもかなり認められるようになったし、何よりも、日常性の中で気づかなかった性別役割分業の問題性を、あらゆる人に意識させた、という点で、社会通念に大きな影響を与えたと言えるだろう。

教科書の中の性差別的内容のチェックと教科書会社への申し入れ、流行歌の歌詞や、児童読物の批判なども、同じような効果を生んだし、公立高校の男女別学調査など、いままで誰も意識しなかった差別を掘りおこしたユニークな活動であった。

成果のあった行動

民間の婦人問題企画推進会議や、総理府の企画推進本部への働きかけは、労組や婦人団体の行動への口火として有効に作用したし、各界要人へ向けての公開質問状の提出は、少くとも、たてまえとしては、男女平等をかかげなければならないという気運を各界に拡げた。

離婚分科会が提起した「離婚の母の家」設立の要請によって東京都民生局は設立を決定し、開設の準備を進めているし、労働分科会の「働く婦人の相談室」はささやかながら、民間人の手で始めてできた女性差別の相談機関として、行政へのつき上げとなっていくであろう。

NHK申し入れ、コマーシャル告発などの行動に対する各種週刊誌の差別意識と、悪意に満ちた報道に対して、「ヤング・レディ」を相手どって起こした裁判（後述「おもしろくてためになる裁判のおすすめ」参照）は、報道の自由をふりかざしたマスコミの女性差別の体質を告発し、言論の自由とは何か、を正面きって論じられる場を創り出した、という意味で、今後のなりゆきが期待される。

また、労働分科会が、十二月の総括集会資料にまとめた「保護と平等」についての考え方は、労働組合婦人部の保護・平等論への刺激となったし本年五月例会のパネルディスカッション「夫の給料はだれのもの」をめぐる討議は、従来の女性解放論を一歩越えた新しい視点を提起した。

一年余りの短期間に、しかも発足早々の試行錯誤に悩まされながら、これだけでも、力量をはるかに上まわる成果を上げた、と言ってよいと思うが、これらの行動はすべて、これからの運動の端緒であり、国際婦人年を終った一九七六年にはいって、いっそう 会員の連帯が緊密になり、行動プランの巾を拡げてきたことは心強い。

こうした会の底力は、この一年間の活動の中で培われたものである。地道な基礎調査や資料集め、あるいは分科会のグループ討論の中で、お互いの意識を高め合う活動が、会員の一人一人を、強力な運動家に成長させていったことも高く評価されてよかろう。後述永岡氏の論文の中で、イギリスの女性解放運動の特色として述べられているコンシャスネス・レイジングを私たちもまた、一年余り絶え間なく続けてきたわけである。

こうした会員の意識は、いつも行動することと併行して進められてきた。行動が意識を変え、連帯を育て、意識の変革が更に強力な行動を生み出す、というパタンを創造したことも、私たちの一年の活動の成果としたい。

さて、私たちは、これまで従来にはなかっ

た新しい運動のアイディアやスタイルを生み出して進んできた。しかし、運動が継続的になると新たな問題点も出てくる。

今までのアイディアやスタイルが、外部の人たちから「また、あれかい」とあきられたり、内部でも慣れた運動のスタイルに安住してしまうと、マンネリ化を引きおこすことが予想される。

運動には地味で継続的な活動と同時に、つねに新しい、アイディアやスタイルが必要なのである。国際婦人年が過ぎて、社会の関心も薄らいだ。今後、もっと効果的でもっと多くの人の共感を得られるアイディアやスタイルを次々と生み出していかなければ、社会にこれまでのような影響を与えることはできないだろう。ショッキングに人々の心を揺り動かした初期の『リブ』の問題提起が、人々の意識に深く浸透しきらないうちに、運動のスタイルの固定化によって当初のような影響力を発揮できなくなってしまったことを考えると、新しいアイディアとスタイルを創造していくことの必要性が痛感される。

会員の意識の向上や連帯の強化だけでは、これからの長い道程をエネルギーを落さずに歩き続けることは難かしい。

さいわい、外国の女性解放運動との交流も進んできたし、外国のお客さまの来訪も多くなった。この夏、相当数の会員が、女性解放をさぐるため、スェーデンへ旅立って行った。

外国の運動の情報に触れる機会が多くなったことを生かして、更にユニークな発想を生み出しながら、行動を続けていきたい。

また、会員は個人の資格で参加しているとはいえ、他の組織や運動体に所属している人が多い。そのため忙しすぎて、この会の運動に全力投球できない、という、嘆きもあるが、一方、他の運動や組織の発想や方法をヒントとして、この会の運動に新しい風を招きいれる利点をも合わせもっている。

これからの課題として、今までの運動を越える新しい行動のスタイル、私たちの意欲をかきたてる「目に見える成果」を獲得する方法などをみんなで考え出していきたい。

第三章　運動とマスコミ

昨年一年の活動の中で、私たちが総括しきれなかった問題として、「マスコミとの関係」というテーマがある。

国際婦人年ということで、昨年は女性の問題が、マスコミに登場することが多かった。私たちの運動も、好意的、冷笑的であるかは別として、たびたび新聞、雑誌、テレビなどに取り上げられ、一面では運動の輪が拡げられ、社会的関心を高めたが、一方ではマスコミにふりまわされた面もないではなかった。

現在の社会のマスコミの影響力を考える時、その力を有効に使いたい、という期待があって、取材にも応じ、集会のお知らせを掲載してもらうなどの協力を求めてきた。

一方、マスコミの影響が大きければ大きいだけ、それを通じて拡げられる性差別意識や、性別役割分業意識を告発し、マスコミを変えていきたい、という姿勢も強くもっていた。

マスコミをどう活用し、どう改善していく

か、という点については、会員間でもまだ、討議がつくされていない。

　マスコミ対策を検討する委員会を作ったら……という案も出たが、そのままうやむやになって現在に至っている。

　会員の中にはマスコミにかかわる人も多いことだし、今後、その情報や知恵を集めて、もっとも有効で、しかもはねかえりの少いマスコミとのかかわり方の研究をしていかなければならないだろう。また、そうした配慮が、マスコミ告発の行動を鈍らせたり、マスコミとのなれ合いを作り出したりしないように、会員一人一人が、マスメディアをどうとらえるか、という視点を確立していかなくてはなるまい。

　しかし、ともかく一年の行動を通じて、私たちはマスコミの影響の大きさを思い知らされるとともに、こちら側がつねに信念をもって姿勢をくずさずに、対峙していけば、やがて少しずつ、マスコミの論潮を変えることができることを知った。また、会がマスコミから誤解や中傷をうけても動じない気持が会員の中に育ってきた。

　世界行動計画も、女性解放にマス・メディアの果たす役割をかかげて一章をもうけている。今後はマスコミにむけて、私たちの主張をもっとよく理解させる説得力のある行動を考えていきたい。

　「ヤング・レディ」を相手どった裁判の場は、私たちのマスコミに対する考え方をアッピールするかっこうの舞台である。この裁判にむけて、会員間でまず「運動とマスコミ」についての討論を深めていきたい。

第四章　金・事務・その他

　運動体ともなれば、いやでもついてまわるお金と雑務。誰もが忙がしいのだから、一番面倒なこれらのことは、できるだけ考えたくない。だが中心になる人と場所がなくては、どうしても継続的な会の運営はできない。

　事務所は中島通子さんの好意やらに甘えて、間借りをさせてもらったから、どうやらやってきたものの、専従者に対する経済保障の面でも不十分だし、雑務がすべて専従の人にかかってしまうことも、専従者に対する会員の甘えがあった。

　事務量は日毎に増えるばかり。会費の整理やニュースの編集・発送など月例の仕事だけでもたいへんな労力だ。まして事務局がすべての対外窓口になるため、電話の応答だけでも、相当なエネルギーがかかっている。

　会員の中から、それに対する反省がぼつぼつ出てきて、封筒の上書き、発送などを自発的に手伝う人たちが出てきたとはいえ、それは、まだ任意の好意といったものにすぎない。

　この辺で、専従の人の分担範囲をしっかり決めて、無限に仕事量が増えていくことを止めないと、特定の人の負担の上に安住して会が進められていく形になってしまう。

　私たちの会は行動面では出来る限り役割分担の個定化・分業化をさけてきたが、事務や会計面での役割分担は、やはり継続的に特定の個人が引き受けざるを得ない。それにしても、他の人でも出来ることまで全部、事務局

におんぶしすぎてきた感がある。

今後は、事務局でしか出来ないことを除いては、ボランティアによる仕事分担がどうしても必要になってくるだろう。

そのため六月例会で、まず会計担当者が決って事務局から会計事務が会員の手に移った。

事務局負担を軽く

会全体の経済状態で長期的展望を考えたり、専従者への妥当な経済保障を客観的に考えたり、会計事務を事務局から引きうけて負担を軽くするために、もっと早くから気づかなければいけないことだった。

その他、ニュースの編集、印刷、発送、例会や行事の準備なども分科会や、有志のもちまわりでできる。今年の合宿計画を有志が実行委員会をつくって引き受けたのなどはその第一歩である。役割固定、分業は事務の面でもできるだけ排除していく方法を作り出したい。

もっとも、そうしたまわりもちの分担を一率に行うことにも、個人的な事情で無理がある。誰もが忙しいのだから、忙しくてダメというのは理由にならない、とはいうものの、やはり時間の余裕をそれぞれが生み出しながら「出来る人がやる」というボランティアの形を取らざるを得ないだろう。

ただ、一人一人が「忙しくて、あるいは個人的事情で出来ない」ことに対する、負い目を感じて「何かひとつでも、出来ることをやる」という姿勢を持つことは会員としての倫理だろう。

雑務は面倒で単純なもの、つまらないものと決めてしまわず、封筒書きに集まったり、ニュース編集に協力したりする機会こそ、楽しく話しながら、会員のつながりを深めるコンシャスネスレイジングの機会ではないだろうか。面倒なことを楽しくする知恵を養っていくことが、運動を長続きさせる秘訣だと思うのだが……。

最後に、いちばんイヤで、いちばん大切な〝お金〟のことを。昨年は会費のほかに個人の〝月極め大口カンパ〟があって、ようやく会計が支えられていたことは、あまり知られていない。二年目に入って、財政は極度に窮迫してきた。会費が一口月額百円、しかも、納めたかどうか、自分でも忘れてる人が多いのだから、納入状況はおして知るべし。

これではとても会の運営がおぼつかない。

六月世話人会で、せめて会費をコーヒー一ぱい分くらいまで値上げしたら、という案が出た。例会でも、新しい会計担当者から、値上げと、大口カンパにかわる維持会員制が提案されたが、時間切れで保留。いずれ世話人会や分科会で相談されるはずである。

何をするにも、先立つものはまずお金。公開質問状のパンフの印刷費も個人負担で、まだ全額回収されていないし、この機関誌の印刷代も、予約金六万円余のほかは個人負担で発注するしかない。私たちは、これまで、会を支える下部構造であるお金と事務のことに無関心すぎた。一年の歩みをふりかえって、この点にもみんなの関心を深め、会の基盤を固めていきたい。

また、運動とは身ゼニをきり、ヒマを生み出してやっていくものには違いないが、会費やカンパ収入だけでは限界がある。

月ごとに決って出るお金は、定期的な収入

でまかなわなければならないが、それだけでは運動の発想そのものが発展しない。

　どうしても余分な運転資金が必要だが、会費やカンパだけに頼っていては〝タコが自分の足をかじっているようなもの〟。もっと外側からお金をかせいでくる方法はないか、という声が、最近会員のあちこちから起っている。だが、お金をかせぐといっても、運動の理念から逸脱した方法はとれない。催しものでも会のイメージとつながらないものでは意味がない。楽しくお金をもうけつつ、さらにそれが運動にもなる一石二鳥のアイディアはないものか。

　これは行動のアイディアやスタイルの創造と同じように、会にとって重要な課題である。

第五章　他の運動との連帯

「分断を連帯に」の旗印を掲げて、私たちは運動を進めてきた。これは女同士の分断を連帯に変えるだけでなく、他の運動体や労組や政党の運動とも呼応しながら、女性解放・性差別排除の目標に向って進んでいきたいという願いでもあった。

　七〇年以降、数多くの運動が生まれ、たくさんの女性がその中で活動してきたが、本稿の前半にまとめたように、運動の中での女の視点は必らずしも一致していない。昨年も、婦人年という好機を得ながら女の運動の連帯は十分とは言えなかった。しかし、メキシコ会議への多数の女性の参加、国内の政府主催大会と併行して行われたグループ連絡会の民間野外集会、NGO国内大会……などで、さまざまな運動の中にいる女性のつながりが拡がったことは、まさに国際婦人年の成果である。

　私たちの会は、特に積極的に他の運動と共斗の行動を取りはしなかったが、会員の中には他の運動体や組織にも所属している人が多く、他の運動の発想や方法からさまざまなものを吸収した。

　またそれ以上に、性差別への問題意識をもたないでいた他の運動体や組織に、会員を通じ、さらに会の行動を通じて、刺激を与えてきたと信じている。

　労組の運動や政党の運動にも、私たちが提起した問題は、かなりの影響を及ぼしたのではないだろうか。労組への積極的な働きかけを、というプランを持ちながら、あまり具体的に進展はしていない。しかし、組合員でもある会員たちが、労組の中へ私たちの運動の理念をもち込んだり、国際婦人年をテコにした私たちの行動に触発されて、労組の運動方針などに女性の問題が意識されるようになった例も少なくないだろう。

　また、私たちの会を通じて、違った組織の人たちが公式の場では、でき難い意志の交流を深めることができたという点でも、この会は運動間の連帯に何らかの役割を果したと言える。連帯とは共通のテーマによる共斗だけとは限らない。運動が発想や方法を交流しあって、お互いの運動に新しい活力を吹きこむことも、また連帯と言える。こうした気運をきっかけに今後、他の運動との共斗の可能性も期待できる。

外国女性との連帯

アメリカ、イギリス、スエーデンなどのいわゆる先進国の女性たちとの情報交換や連帯は、この一年かなり進んだが、メキシコ会議以来、ぜひ進めたいと願っていた第三世界の女性たちとの交流は、ほとんど進められなかった。

この記録を作るにあたって、朝鮮の女性たちから、戦前・戦後を通じた日本の民族差別に対する生まの証言を聞くことが出来たのは、もっとも身近かな、アジアの女性たちとの交流を深める第一歩となるだろう。

アジアに対する日本の侵略・抑圧の歴史を背負っているだけに、私たちがアジアの女性たちと連帯する道はけわしい。しかし、つらい事実から目をそらさずに、私たちは彼女たちに近づく努力を重ねていきたい。

× × × ×

「一年目の記録」の編集方針として、編集委員一同から『一年の運動の経験から得たものを整理しよう』という声が上がった。

戦後三〇年、女性解放をめざす多くの運動があったにもかかわらず、高度成長下のはげしい社会の変化の中で、女性解放の理念も、運動の方法も多様化し、解放を求めながらも女たちは分断されてきた。さらに運動の連帯にいたる道筋もあきらかにされずにきた。

一年間の運動を通じて、私たちは〝女の分断を連帯に〟変える方法を模索しながら、その混迷の出口を求めて行動してきた。不十分であったにもかかわらず、成果の手ごたえはあった。しかし、あまりにも〝手さぐり〟運動のため、廻り道したことも事実だ。

今回、記録誌を出すにあたって、この際、戦後三〇年の運動の歴史をたどりながら、私たちなりの運動論と方法論を創り上げたいと思ったのは、そんな廻り道を少しでも解消して、次の国際婦人年（一九八五年）に向かって会員みんなが考えてゆく〝手がかり、叩き台〟になってくれればという思いからだ。

編集委員を中心に、有志にも呼びかけて、十数回の討議を繰り返したが、とても運動論と銘うつようなものにはならず、ようやく、戦後の運動の問題点を整理し、それと対比しながら、私たちの運動の総括をするのが精いっぱいになった。

多くの批判や異論を承知のうえで、ここに提起することにしたが、これを討論の素材として、「二年目の記録」にこそ、私たちの運動論といえるものが残せたら本望である。

私たちは明日の歴史を女の手で変えるために歩き出した。そのためにも一年間で、つむぎ続けたものを、今後の歩みのなかに生かしたい。

（本稿は編集委員の間で討議され、編集委員有志が分担して執筆しました。なお委員外では淡谷まり子、金森トシエ、中島通子の各会員にご協力いただきました。）

マスメディアに――
――意義申し立て

女とマスコミ――は、私たち女性解放を目指すものにとっては、切っても切れない間がらになっています。一九七五年・メキシコで開かれた国連主催の婦人年世界会議においても、この問題は大いに討議をされました。その結果、採択された「世界行動計画」の中にも、具体的にマスメディアのあり方、今後の方向性がうたわれています。

――その一つを読んでみましょう。

（略）男女についてよりダイナミックなイメージを描き出し、婦人の役割の多様並びに社会に対する婦人の現実の、及び潜在的な貢献を考慮に入れるよう要請されるべきである。この実現をめざして、私たち行動する女たちの会は、一つ一つ地道に戦いを続けています。

男性王国!!　ＮＨＫ

中島里美

ＮＨＫの「スタジオ一〇二」の途中でスイッチを消して、出勤のために立上るのが、ここ数年の私の日常である。

今から五年近く前、ある事情で私は友人の家に一ケ月ばかり滞在させてもらっていた。その時も、その友人と食事をしながら、「なあにこの『スタジオ一〇二』の女の司会者ったら、うなづいたり、笑ったりするだけじゃあない、まるで飾り物ね。」と憤慨しあった。その年の文化祭の討論会に生徒達が、「女の自立は何故必要か」のテーマを取上げることになり、その討論資料にこの番組についての私の感想を書いておいた。

「……スタジオ一〇二には男の人と女の人と

二人が出る。ところがそこに出ている女のアナウンサーたるや全くの飾り物にすぎない。

ほほえんだり、伏目がちになったり、悲しげな表情をしたりで、全く口なし人形のようである。ニュースを交替でしゃべるのならいざ知らず（今は交替でやっているので、以前の方がひどかったように思うが）、よくもまあ、あんな風な仕事に耐えているのかとあきれる。みていて、ニュースどころではない。あの一事をみただけでNHKなるものがいかに男性王国であるかが知れる。私はだまってうなづいたりしていれば、男のアナウンサーの二倍の給料をくれるとしてもいやである。

そのニュースのあと、中国の国連代表団がニューヨークの飛行場についた。どんな人が降りてくるか興味であった。彼等は質素な服装で降りてきた。代表団には婦人も入っている。さらに医者らしき女性も降りてきた。何と中国の婦人と日本の婦人は対象的な存在であろうかと思った。

そして、昨年の九月二十三日、私達の会の有志十数名で、この「スタジオ一〇二」のこともふくめて、放送の中の多くの男女差別に関して、小野吉郎会長をはじめ四名の幹部に要望書を手渡し、私達の意見を述べてきた。

それから半年近くたった今、再び「一〇二」に目をやる。ロッキードの問題は相変わらず男性、各地の花だよりなどは女性。そして最近一つ気がついたこと、それは女性アナウンサーがしゃべっているのに耳を傾けている男性アナの態度が、なんとなくぎこちなく不慣れであること。男性はもっと女性のアシスタントになることも学ぶ必要があるし、女性のアナウンスの仕方ももっと堂々としていてよいのではないか。

最近スエーデンの教育についての話を聞いたが、スエーデンでは、「女性にはもっと政治にかかわる能力を、男性には、もっと家庭問題にかかわる能力を」がスローガンになっているという。日本も一日も早くこうなるようにしたい。

一回や二回の要望では駄目だったら、一〇回か二〇回、とそれが駄目なら、百回か二百回と腰が少々曲っても出向いていこう。雨だれだって石に穴をあけることが可能なのだから。仕事の合間、家事の合間をぬってチビリ、チビリの行動を続けようではありませんか。

要望書作成

昨年八月の鹿島での合宿の二日目に、マスコミ分科会の世話人宮崎さんから、マスコミへの要望を出してほしいと提案され、その場でもいくつかの要望が出された。続いて九月十三日、婦選会館で開かれた定例会のテーマの一つが「マスコミに対する行動」であった。吉武さんが提起し、会場からさまざまな意見が出された。

定例会のあと、具体的な行動を練り、先ず行動開始は、マスコミの中でも大きな影響力をもっているNHKと、以前から会の中で問題になっていた「僕食べる人、私作る人」のCMにしようということになった。九月二〇日に、要望事項の最終打合わせをし、印刷が出来上ったのが九月二十二日であった。

九月二十三日の三時から四時までが会見時間であった。紫色で統一された会長室に、これまた黒で統一された背広を着た会長を含

め、五人の男性に出迎えられた時は、何やら異様な感じであった。〃「大奥」男版〃というイメージが浮んだ。日頃、男だけの集団というものとなじみが薄いこともあろうが、会長が男で、幹部もみな男、という姿そのものが不自然なのだ。

田中寿美子さんから国際婦人年のことや、世界行動計画全般、およびマスメディアの項目について説明していただき、要望書の中味に入った。

私達の質問に対して彼等が何回も繰返したことは、NHKは男女差別をしていないということだった。能力があれば女性も男性と同じように扱いますよ。但し、女性の場合は、労基法上の禁止事項があるので、男性ほど思う存分には働いていただけないのです。女性カメラマンも以前にはおりましたが、カメラが重いということで女性の方から配置転換を求めてきました。朝の連続テレビ小説というのは、女性が多くの困難をのりこえて、堂々と生きている姿を描いているものです。多くの女性シナリオライターにお願いしております。「ニュースセンター九時」の磯村君よりすぐれたキャラクターの持主は今のところいません。すぐれた女性が出てくれば勿論使いますよ。女性の場合は転勤をいやがりますのでねェ。解説者には、女性では東浦メイ君がいますし、管理職にも女性はいますよ。（女性の増員計画をきかせてほしいに対して）財政上からいろいろと合理化を迫られているんですよ。（だから、中々女性は増員しにくいんですよという感じ）、（歌謡曲でも女性を男性の従属物としているようなものは採用しないで下さいに対して）歌謡曲不毛の時代ですね。（小野会長）—記者クラブで聞くと会長は歌謡曲ぎらいで落語が好きだとのこと。後日回答の約束をもらい会見を終える。

日放労書記局、記者クラブへ

「このメンバーに上田哲が加われば、最高のメンバーですよ」という一役員からの紹介に続いて、日放労はいかに女性差別と闘っているかを精力的に説かれ、私達は中々口をはさめない。市川房枝さんが「ベストメンバーの中に女が入っていないことはおかしいじゃあないか」と問えば、「おたくの方からの昨日の電話では、ちょっと挨拶に寄るぐらいのことだったから、声をかけておかなかったんですよ。市川先生それはいいがかりですよ」とまたまた男性役員が大声を張り上げる。

「差別がない差別と闘っているというけれど、女性職員は一割にも満たないのは、あきらかに差別じゃありませんか、女性をもっとふやさなくては」、「その考えは甘いですよ、女性をふやすためには、男性の半分の首を切れとはっきり主張して下さいよ」とおっしゃる。その他いくつかのやりとりも、どうもかみ合わず、騒然とした感じ。記者クラブでの予定もあり、何やらお互にチグハグなのでこれ以上続けていても損なので、「また、日を改めて意見交換をしましょう」ということにして早々に席を立つ。それにしても男性役員達なにやら構えた応待ぶりだった。

記者クラブでは、記者達に要望書をくばり、私達が小野会長らと話合ったことを伝えた。歌謡曲の話になった時、記者の一人から、「山口百恵の歌なんかもだめですか」と質問があり、私達の中に山口百恵の歌の歌詞

について十分知っているものがいず、はっきり答えはしなかったのだが、その後でた週刊誌等には〃「百恵チャンも女性の敵」という堂々たる女権運動（リブ）の論理〃（週刊朝日）という風に使われてしまった。たしかにその頃山口百恵の人気は相当なもので、それにひっかければ、多くの人の関心を引くという記者の魂胆であったのだろうが、記者会見等では大いに言葉に注意した方がよいという教訓を得た。

　山口百恵の問題が出るまえに、「あげる、とか、ぶって、とか、うばってなどという文句が歌謡曲に多すぎて問題だ。イヤラシイ」ということを私達がいい、記者の一人が、百恵の「ひと夏の経験」の「あなたに女の子の一番ッ、大切なァものあげるわ」を思い出したからだと思うのだが、去年のあの段階では、まだ歌謡曲の全歌詞にまで私達の目が届かなかったとしても仕方があるまい。こういうこともあったため、私達は今年の三月の定例会では、「歌謡曲の中の女、男」を問題にすることになった。

NHKより回答来る――性差別の基本的認識欠く

　十月二十五日にNHKより回答が来た。言葉の上では、アナウンサーについても女性に門戸を閉ざしてはいない、司会の役割りについても男女の区別ではなく、適性、能力、演出上のバランスで主たる司会者をきめているとか、「ニュースセンター九時」の性格から考えても、磯村記者をしのぐ女性キャスターがいれば願ってもないことですが、現在は残念ながら、ご趣旨にそいえません、というように一見差別とは無縁だという言葉を述べているが、その実あきらかに性差別が一体何であるかがわかっていない言葉や数字があらわれている。

　例えば、私達の要望の「放送に於ける男女の仕事の役割りを変えて下さい」の中の「アナウンサーの問題」―午前七時、正午、午後七時、九時等のニュース担当のアナウンサーはみな男です。これではニュースは男性が担当するものという意識を視聴者に与え、従来の男女の役割を肯定してしまっていることになります。ニュースは男女のアナウンサーが担当するようにして下さい――に対しては……

「ご指摘のニュースを担当しているアナウンサーは二〇～三〇年のキャリアをもち、内外の動きに精通した〃ニュース専門家〃です。

　これらのニュース・アナウンサーはニュースの他に、いろいろな報道番組、泊り、早朝、深夜勤務による定時のテレビやラジオのニュース、国際放送など幅広い業務を担当しています。この業務を遂行するためには、日々の自己研さんに裏付けられた豊かな経験が必要であり、同時に目まぐるしく移る〃追込みニュース〃をさばく精神力と体力とが要求される結果、きわめて自然な形で男性アナウンサーの担当になっているものです。したがって、女性に門戸をとざすものではなく、将来適格者が育てば、女性アナウンサーの担当とするのにやぶさかではありません。」

　さまざまな反論が浮ぶ。

　先ず、二〇～三〇年のキャリアをもち、内外の動きに精通した〃ニュース専門家〃が女性にいないのはどうしてなのか、最初から男

性だけを〝専門家〟に育てるべく教育してきたのではないのか。早朝、深夜を除いたとしても巾広い業務を女性にも平等に担当してもらおうという方針が最初からなかったのではないか。日々の自己研さんに裏付けられた豊かな経験がもてるように男女共に平等に扱ってきたのか。――

こういうことに一切ふれずに、「きわめて自然な形で男性アナウンサーが担当するようになった」とぬけぬけとおっしゃっている。私達に言わせれば、「きわめて自然な形で女性を差別して男性アナウンサーが担当するようになった」と正直に答えてもらいたいところである。

「『スタジオ一〇二』の司会でも女性はアシスタント的存在であるので変えて下さい」に対しては次のように答えている。

この役割にも、決して男女の区別でなく、テーマやアナウンサーの経験、能力、適性、によるものであり、あくまでもみなさんに最善の放送をおとどけするというNHKの立場からきめているものです。」

NHKの女性アナウンサーから直接聞いた話だが、経験を積んだり、能力を生かす機会は男性と同様には与えられていないそうである。そういうことには一切ふれず、経験、能力、適性とは全くひどい。さらに「みなさんに最善の放送をおとどけするNHKの立場」というものが次のようなものである時、私達はもっと声を大にして、NHKの性差別を改めさせなくてはならない。

アナウンサーを内側からどう とらえるか――分会員による討論 会

J (スタジオ一〇二)を見ている人が、要求しているんだと思うんですけど、あそこに座っている女の人っていうのはネ、私じゃない、っていうか、見ている人の、あるイメージの女性が座っているわけなんですね。何ていうのかなあ、多数決で決めて、あの時間にあのテレビを見ている大多数があそこにいて欲しいと思う様な人が座っていなくちゃあいけないんです。そういう人間像に対して、私はあまり好きじゃないなあというところもあるし、だから、とても居心地が悪いっていうこともあります。

司会 どういう人に座っていて欲しいと要求されているんですか。

J 一歩さがって、井川さんをお助けするっていうか……

司会 つまり、つつましい女性ということ？

J つつましい面と、いかにも女らしい女性といわれている様な……。

二六才といえば、ものすごい年なんですけどネ。でも二六才、人間、一個の人格というよりも、まだ半分子供みたいな……。女性って、いくつになっても、ほんとうに、一つの個人として認められないところがあるでしょう。それを、そのまま、社会的に見て要求されているような気がして。

司会 そういう女性にいて欲しいという要求があるわけですか。

J いわゆる台本に、私の喋ることが書いてあるんです。非常にバカげたことを聞いたりするようになっているんです。（日放労発行放送白書'75より）

さらに、私達はＮＨＫから回答をもらうことにより、ＮＨＫにはなんと女性職員が少ないのかをはじめて数字で知らされた。ＮＨＫは一体女性の労働権をどう考えているのであろうか。

マスコミ分科会から

日常生活と切り離せないマスコミ。ごく自然に私たちの意識に入り込み、生活を犯しています。女性が人間として自由な選択をし、生きてゆくには、現在の社会通念を変える必要があります。そこでテレビ、ラジオ、雑誌等のマスコミの内と外から取り組む計画でいます。

①内側からは製作者側の改善です。現在の男性中心のマスコミ界では彼らのみ都合のよい女性像が作られています。より多くの女性を製作者側に追り込み、少しでもよい番組、記事となるように働きかけたいと思います。

②外側からは、テレビ、ラジオ、雑誌ＣＭ等、性別分業を決めつけたり、女性が社会生活をする上に防害となる個々をチェックし、抗議をしていきたいと思います。また、数は少ないでしょうが、(あるいはないのかも！) 好ましい番組記事等に対しては激励していくのも重要だと思います。さらに、マスコミの範囲方法手段が問題点として残っていますが、今後検討しながら、私たちの真意を少しでも理解してもらうためにも、連絡をとり合って行動をしていきたいと考えています。

一人でも多くの会員、会員外の皆様と手をとり合ってまいりたいと思います。

全国では事務一般を除いた放送職はわずか四％にすぎない。こうした放送内部の著しい男女のアンバランスを変えない限り、テレビやラジオにあらわれてくるものが、男性の目で描かれ、従来の男女の役割分業が固定化されて描かれても不思議ではない。

「女性職員を増員して下さい。一つには男女平等の視点から、もう一つには男性が女性の立場を代弁するのは不可能に近いことです。両性の立場が十分に尊重されるためにも男女のバランスがとれていることが必要です。」に対しては、

「ＮＨＫはかなりの女性プロデューサー、女性アナウンサーを配置しておりますが、女性転職員をさらに増員することは前に記しましたような制約による限界があること（早朝、深夜、重量物の運搬に、制限があること）、また、ここ数年来、効率的な事業運営が強く要請され、男女を通じて増員が全く期待できない状態にあること等、きわめて困難な実情にあることをご理解下さい。」との回答だ。

五〇年度の採用数をみても、女子は大変少

ない。効率的な経営の名のもとに、今後増々女子を少なくする危険性はないだろうか。採用時からのこうした差別は決して認められない。また取材をする放送記者もこれまた全員男性である。これに対してＮＨＫの回答は「女性職員には事実上の転勤の制約があるため、異動による幅広い業務知識の習得や視野の拡大のチャンスが少ないので……」とあるが、女性のすべてが異動を拒否するわけではないだろうに、最初から全員男子とは一体どういうことなのか。

第二次要望書発送

十一月五日、さきのＮＨＫからの回答を私達は0回答と評価し、ＮＨＫ記者クラブの人達にもその旨発表し、第二次要望書を作成、発送した。要望書の一部を紹介したい。

一、基本的な問題として、次のことをはっきりと認識されるよう要望します。

○これまでの社会は性差別に満ちみちており、差別をなくすために、特に意識的、積極的な努力が必要です。

○職員の数における男女のアンバランス能力ある女性が少ないようにみえること女性を増やすと経営効率上マイナスだと思われること等は、いずれもさまざまな性差別がつみ重ねられた結果であり、そのかなりの部分はあなたがたの責任だといえます。これを是正するためには特に意識的、積極的努力が必要です。

○女性が法に違反しなければならないような労働条件は男性にとっても望ましくありません。男性も家庭生活について十分責任が持てるよう男性の労働条件を改善することが必要です。

二、あなた方が性差別の基本的認識を欠いている以上、ＮＨＫの中には実質的な差別が満ちみちているはずです。それらを総点検して下さい。次の点についても、こまかく点検して下さい。

○差別意識をもった男性を放置してはいませんか。

○個性を考えずに「女性向き」ときめつけていることはありませんか

○「こういう仕事は女には無理だ」ときめつけてはいませんか。

○みんなのやりたがる仕事について、いつも男性を優先するということはありませんか。

○男女で仕事をする時、男性にばかり責任を持たせていませんか。

○女性により多く雑用を押しつけていませんか。

○ちょっとした失敗ですぐに、「女はだめだ」ときめつけてはいませんか。

○結婚したり、母親になったため仕事の上ではもう期待できないときめつけたりしていませんか、等々。

これらに対する回答を十二月五日までに求めたがついに来なかった。広報部に電話でたずねたところ、第一次で十分回答したので、第二次に回答する必要はないとのこと。

これに対してどう抗議するかを十二月二十四日に検討し、十二月三十一日、紅白歌合戦の時に、抗議のビラをまくことに決定。二千枚のビラを印刷し、九時に始まる紅白に七時頃から会場に入るために長蛇の列を作ってい

る入場者にまく。手持ちぶさたのせいもあってか、よく読んでくれていたようだが、反応はさまざまであった。ビラの後半の部分には紅白で歌われる「歌詞」の問題点も書いておいた。

今年もまた、そろそろ行動を開始しなくてはなるまい。先ず、日放労の人達の意見をよく聞いてみたい。

ハウスＣＭ「作る人、食べる人」

中島里美

ＣＭ中止とマスコミの反応

私達がＮＨＫに要望書を手渡したこと、及び、「作る人、食べる人」のコマーシャル中止要請をしたことについては、数多くの週刊誌や、テレビ、ラジオが取上げてくれた。個人で同様な行動をしても、マスコミは全く取上げないだろう、もっとも取上げられたとしても、ヒステリックな批判や、ちっとも性差別の何たるかがわからぬ男性作家達の言葉や、悪意丸だしの作家夫人のコメントがずらり。

「売名行為ではありませんか」と上坂冬子さんのほか、「だから女は馬鹿にされる」（週刊読売）「男と女は犬と魚ぐらいちがうものです。——高島忠夫」（女性セブン）「台所こそが女の職場…だからこそ逆に男はそこに踏み入るべきではない—江上トミ」（女性セブン）「まるで女の側からの言論統制」（週刊読売）「正義の味方ぶってるのが嫌いよ—井上ひさし夫人」（ヤングレディ）「ＣＭを中止しないと不買運動等の対抗手段を検討すると通告するにいたっては、リブもゲリラも同断である」（宮沢柊二『ＣＰ時評』）。このようなタイトルや、コメントにうんざりして「もうやめた！」なんていう言葉が出かかるかもしれないけれど、私達は会員六百余名の『会』としてやったので、一人で一誌に反論を書いても十分たちうち出来る力をもっているし、性差別の何たるかがわかっていない人が何と多いかを再認識して、ますますファイトが湧いてくる。

朝日新聞の取上げ方を追って

十月一日朝刊「なぜ女が〝作る人〟なの」——「差別ＣＭ」とリブが抗議——として、私達がハウス食品工業を訪れ、十月いっぱいでＣＭ中止を要請し、その姿勢がない場合は何らかの行動をとるということを申入れたことを報道していた。

同日の「声」の欄には一女子学生から『ぼく食べる人、私作る人』のＣＭが果して子供に悪影響があるのか、ましてや不買運動にまで発展させるべき問題ではないと思う。……私も一人の女性であるが、彼女らのように、むきになって抗議しようとも思わないし、またその必要もない」——。これに対して私達の会から反論を書いたがついにのせられなかった。「声」欄には両方の見解をのせてもらいたいものだ。大阪版では、二つの見解が掲載された。

同じ日の夕刊「素粒子」では、「差別CM」に抗議。「言葉狩り」が「魔女狩り」などに至らぬよう願い上げ奉り申し候――とあり私達の趣旨を曲解している。もっとよく事実を調べるべし。

二日の「天声人語」では、Nの要望の方は高く評価しているが、コマーシャルのようにすぐ消えるものに騒ぐと、かえって相手の宣伝をしてやるような効果になると批判している。私達にとってはどちらも緊急かつ重要な問題。あのコマーシャルが一日流されれば、その分だけ男女の役割、分業からの解放がおくれるということなのだ。天声人語子も、もっとこの辺を勉強していただきたい。ああ、それにしても朝日新聞で「天声人語」担当の女性はなぜいないのか。不思議なことだ。

三日朝刊の電話コーナーでは二人の女性から反論あり、一つは全く無茶苦茶「あれをみて、女が作り、男が食べるものだという発想は起こりません」とここまではまあ良い。問題は次の個所、「お年寄りのひがみ、という感じがしないでもありません。あれもこれもいけないというのでは、まるで封建時代の全体主義に逆戻りではないでしょうか」（主婦四〇才）

お年寄りというのは一体誰をさすのか。抗議にいったのは、みな若い人たちばかりなのに。「封建時代の全体主義」とは恐れ入る。こうした電話をのせる朝日さんの気持はどこにあるのか、おくればせながら伺いに行くつもり。

もう一つは、「自分の娘は『女らしく』、『かわいらしい女』に育つよう教育しているので、あの告発が理解出来ない」とのこと。（二児の母二八才）

理解出来なくてもいいが、自分とは考え方のちがう人達がいることを知って欲しい。その上で比較しながら自分の頭を使ってお考えいただきたい。

三日夕刊「素粒子」―男女差別用語が問題にされるが「私女王バチ」「君働きバチ」と高然たる令夫人もいる。―案外、朝日新聞男性記者の家庭かも知れぬ。男性達もたまには、「王様バチ」になることも考えてみたらどうか。世の中新鮮にみえてくるでしょう。

十月四日朝刊「かたえくぼ」『新CM』
〃夫―ボクかせぐ人、妻―ワタシ使う人〃

三日の夕刊、「フジ三太郎」「レストランでパクパクと食べる女性、財布に手をやる男性、ワタシ食べる人、ボク払う人」も同じタイプ。これらは一つの現実であろうが、この現実をなんとか変える程の勇気が男性には欠けているのではあるまいか。「ボク食べる人」になっても、「自分の分だけ払う人」になってもいいのです。男性諸君よ、無理して女性におごる必要はありません。女性が経済力を持てることをまず望んで下さい。

上坂さんへの手紙

十月十二日朝刊「論壇」に上坂冬子氏が「『行動計画』正しく認識を」というタイトルで「ウーマンリブのグループがラーメンのCMを告発して話題を呼んだ。女の子が『私作る人』といい男の子が『ボク食べる人』というのは両性の役割を固定し平等の精神に反するという趣旨である。告発自体は噴飯なものと思うけど、論拠として『行動計画』があげられている点が見のがせない」と述べ、

「一部の人の趣味的引用によって（行動計画を）イメージダウンさせるのは残念であり、あえて一文を寄せた」として、私達の行動計画の引用の仕方が的をはずれているかのような印象を与えた。

　私達が会員の中でいくつもの反論を書き、一つにまとめようと練っている間に、安達倭雅子さん（主婦）から、私達の立場を十二分に代弁してくれる「上坂冬子さんへの手紙」――「どう考える両性の役割固定化」が「論壇」に掲載された。

　「私はずぶの素人ですから、今まで女の評論家とは、女の感覚を持ち、女の現実の生活の中の痛みを痛みとして知り、人並み以上にすぐれた論理をもって、鮮明な形で世に問いかける能力と場をもっている女の代弁者だと思っていました。しかし、そうでない場合もあるかも知れないと、私はあなたの文章を読み考え込みました。

　今回のラーメンCM告発における『私作る人』『ボク食べる人』の両性の役割固定の問題を噴飯ものと呼び、座興といい『世界行動計画』からの趣味的な引用だと指摘される上坂さんは、現実の私たちの生活の中での両性の役割の固定をどうお考えですか。……ラーメンCM告発の問題を、ユーモア企画などと称して、茶化して面白がる週刊誌などの男性的感覚にも、私は立腹しますが、女である上坂さんが、『世界行動計画』を正しい認識でといいながら、この告発の核心の正面に立つことをしないために、結果的には、この告発のみならず、『世界行動計画』のイメージダウンにも一役買っている。」と反論してくれた。

男性の役割分業意識は？

　十月二十二日の論壇には、池田弥三郎氏が「男女差別用語の指摘について」―方向は正しくとも性急さは禁物――というタイトルで男ことば、女ことばの変遷について述べられ、「不健全な男女差別のある世の中の現状を打破するために、それが背景にあって生まれて来た語を指摘して、これを追放しようという行き方は方向としては間違ってはいない。『女子供』『女だてらに』『女の腐ったような』等、確かに封じ込めた方がいい。しかし、健康な社会での、健全な男女関係は、何も宿命的に対立関係にあるわけではない。女性の側からの男女差別語の摘発が性急すぎて、女性自身の側での困惑を招かない用心は必要だ」と結んでいる。

　上坂、安達両氏のやりとりの中心点は、CMとからめて、役割分業にあった。勿論それと池田氏の述べている「言葉」の問題は大いに関連のあるところだが、私達は、男性の側から、性による役割分業に正面から取組んだものを期待していた。

　池田氏のは投稿ではないので、編集者がこの論議に終止符を打つために、池田氏に原稿を依頼されたものと想像するが、CMが提起した問題からは少しそれすぎている感じを否定できない。

　まともに取上げたら、男性自身の生き方が矢表に立つという危惧があってこのようになったのだろうか。

ハウス食品工業への要請文とその結果

　一九七五年九月三〇日、私達はハウス食品工

業を訪づれ、次のような文書を手渡した。

ハウス食品工業㈱社長殿

貴社のテレビコマーシャルに対する異議申立て

私達は男女共に働く権利があり、男女共に家庭責任があるという考え方をしております。これは男女平等の考え方にもとずくばかりでなく、人間がより巾広く豊かに生きるためにも必要なことと考えております。

そのために日本社会に伝統的にある男は仕事、女は家事、育児という役割分業を改める必要を痛感しております。そしてこうした役割分担を変えるべく、さまざまな行動を起しております。メキシコで採択された国際婦人年世界行動計画でも政府は率先して男女の平等や固定的な従来の役割分業をかえるようあらゆる場に働きかけることを義務づけられています。

しかるに貴社のCM〃女性が「私作る人」男性が「僕食べる人」〃という内容は従来の男女の役割をますます強固にする働きしをます。食事作りはいつも女性の仕事という印象を与えます。私達はこうしたコマーシャルが多くの意識を作ることをとても否定出来ません。事実、貴社のコマーシャルはさまざまな問題を投げかけています。私達は、すみやかにこうした従来の男女の役割を固定化するようなCMが変えられることを強く要望します。五〇・九・三

「行動を起す女たちの会」

○ 五〇年十月二十七日、ハウス食品工業より「私、作る人」、「僕食べる人」のCM、十月一杯で中止する旨回答あり。

面白くてためになる裁判へのお誘い

中島通子

本質からはずれてる?

NHKへの要望やCM告発に対して、「でも本質からはずれているのでは?」と、女性週刊誌「ヤングレディ」が批判。本質からはずれている?じゃあ、あなたのおっしゃる本質とは何ですか?と問いたくなるではありませんか。

そこで編集長鈴木茂次さんと、編集次長高橋克章さんの二人の男性を、わが事務局にお招きし教えていただくことになった。昨年十一月十九日のことである。

あの記事を実際にお書きになった方にもお出でいただきたくてお招きしたけれども、あれはお二人が全責任をもって作ったのだからと、お二人だけでお出でになった。

「それでは、あなたにとって男女平等の本質とはどういうことですか?」いろいろ大変面白い問答を経て質問は核心に、「まあ、ふだんあまり勉強してませんからねえ」などと逃げていたが、本質からはずれていると批判なさったからには、お答えいただかなくては。

本質からはずれていると批判する以上、本質についてのお考えがあるわけでしょう？私たちは、丁重に質問を重ねる。言い逃がれできなくなった編集長のお答えは、実に「女性も男性と全く同等に仕事をするようになること」でした。

　まあ、ほんと！では、そのためにはどういうことが必要だと思われますか？

「女性の意識の持ち方が重要ですね。早くお嫁に行きたいわという女性。結婚までだからこれでいいという意識」（?!）

　それでは、女性は、結婚したり子どもが生れてからも働き続ける意識を持つべきだとお考えになるのですか？とお尋ねしたら「そうですね」という答えが返ってきたのには感激！

　でもあの記事には、「本質からはずれているのではない？」に続いて冒頭に、大きな活字で次のように書いてある。

「世間には、いろんな分野で男顔負けの仕事をしている女性もいれば、男性に尽くすことに喜びを感じている女性もいる。すべての女性が前者のようになることが、男女平等になることなのだろうか？」これを「ケシカケ」というのだって。「仕事よりも男に尽くす方のがしあわせだよ、男より仕事、なんていう女は女の敵だよ。」と読者をケシカケていた編集長のことだから「仕事より男性に尽くすことに喜びを感じている女性」との讃美者と思っていたけど、それは私たちの誤解だったのか。

　この二つは対立するものとは考えない？

「では、職場で男性と同じように働くことと、家庭で男性に一生懸命尽くすことと、どうしたら両立するとお考えになりますか？女は職場と家庭で二人分働くべきだということですか？」これに対してはなんと、「男も家事をやりますよ」という答え。まあ、われらの賛同者！ほんと？問答はいよいよクライマックスに。

「では、あなたも何かやっていらっしゃるんですか？」

「やってますよ。庭の手入れを。毎日、雨の日も風の日も一日もかかさず、私も四〇越してから、松の木のてっぺんに登って、風が吹いて、ふらふらっとなってこのまま落ちて死んでしまうのじゃないかと思い、非常に苦痛だけど、ハウスキーピングの重要な部分として、毎日やってます。」

　途中でYさんが席を立つ。青い顔にあぶら汗をかいて、必死に、突拍子もない「家庭責任の共同分担」を語る鈴木編集長の姿に、生理的嫌悪耐え難くなったとのこと。彼女ほど神経が細くない私は、悪いけど可笑しくて可笑しくて、笑いがとまらなかった。

「ヤングレディ」の作り方

　しかし、この男性たちが、私たちの行動を本質からはずれていると批判したのである。さらに、「ヒステリック」「目にあまる売名行為」という大見出しをつけ、新聞の広告や電車のつるし広告で、全国津々浦々に、ヒステリックイメージをまき散らした。

　こういうものが、どんな人間たちによって、どんなやり方で作られているのか、これについても、私たちは彼らから教えてもらった。つじつまを合わせようと、苦しまぎれに、心にもないことを口にし、弁明している彼らの徹頭徹尾の無知さ加減。

彼らは、毎日全部の新聞に目を通すと言いながら、昨年六月メキシコで行なわれた国際婦人年世界会議で何が行なわれたかについて、全く記憶してなかった。彼らがたったひとつ思い出したのは、「森山っていう局長がつるし上げられた」とかいうこと。（これがまたあきれたまちがいであることは皆さんおわかりでしょう）。その彼らが、メキシコで採択された行動計画に基づく行動を批判するのである。取材記者が持ち帰った『世界行動計画』に、ちらりと目を配るでもなく。

あの記事を企画したときの鈴木編集長の気持は、「これ（NHKへの要望やCM批判）は大衆に反感をもたれるな」というのだったそうである。これはもちろん彼自身の反感に他ならないが、その「大衆」の気持にそう記事を作る方針のもとに、（これがヤングレディの編集方針であるとのこと）直ちに七〜八人の取材記者に取材を命じた。記者たちは、同時にばらばらに行動する。だから、会事務局の波田さんたちが、一時間以上にわたって会の主張とこれまでの行動を説明しているとき、他の記者は上坂冬子さんに原稿を依頼した。

同時にその他指定のコメンテーターのところに電話がかかり、彼らは正確な情報も与えられないまま、見当違いの非難を並べたてる。これらが一日のうちにそれぞれデータ原稿となって集ってくる。これらの断片をつなぎ合わせて、名前を明かさないアンカーが、ひとつの文章を作り上げる。そして、データ原稿さえ読まない編集次長らが見出しをつけ、ケシカケを書いて印刷所に投げ込む。これが週刊誌の作り方だそうである。

あゝ！

こういう男性たちによって、こんな風に、女性週刊誌は作られているのかという思いは、可笑しさだけで終ることを許さない。いま私の目の前で、しどろもどろ弁解しているこの男が、マスメディアを操作する人間であるという事実。その力の強大さ。そしてその男たちの徹底的な無知と、理解能力そのものの完全な欠除。そもそも女を理解する能力を全く持たない男たちによって、大量の女性向け週刊誌が作り出されているという事実に、やがて心底から怒りがこみあげてきたのだった。

交渉決裂—これで面白い裁判が

しどろもどろの脂汗のあげく、編集長及び編集次長は、あの記事の非を認め、会の名誉を回復するためできるだけのことをする旨約束した。これに対し、私たちは、あの記事と同一紙面数を私たちに提供するよう要求した。見出しを含め内容については完全に委せること。ただし、売上げが増えることは保障しましょう。

ところが一週間後、「ヤングレディ」は私たちの提案を拒否。「あれは、論評というべきものだと思います。（言論の自由は守られなければなりませんという調子）万一、裁判ということにでもなれば、うちの顧問弁護士の伊達先生にお願いするつもりです。」

これで面白い裁判がやれる、と私はうれしくなった。私の最も尊敬する伊達秋雄先生が相手方の代理人になるなんて、こんなに楽しいことはないではないか。野坂昭如氏の四帖半裁判の弁護人でもある先生は、まかりまちがっても、言論戦の展開に反対なさるはずはない。ここで、本当の論争が展開できると期

待してもいいのでは？

ただちに席を立って、裁判を起した。原告は事務局だった波田さん。

講談社と鈴木茂次編集長を被告として、名誉毀損による謝罪広告と慰謝料請求の裁判である。慰謝料請求は、訴訟上の技術的配慮にすぎない。裁判の目的は論争である。テーマは、

「男女平等の本質とは何か」

「マスコミ文化はどのように人間を支配しているか」

そんな論争ができるのか、というご心配の向きもおこりでしょうが、この事件の場合条件はそろっている。ふつう、名誉毀損の裁判は事実無根のことを書かれたという場合が多い。

そういう場合は、その事実があったのかどうかだけが争点になるわけだが、事実無根の場合に限らず、不当な論評による名誉毀損も損害賠償の対象となる。

表現の自由との関係で、刑罰の対象としての名誉毀損罪の成立範囲は制限されているが、私人間の紛争を解決する民事上の責任追及は、かなり広く認められる。

この場合争点は、その論評が正当か否か、なのである。私たちの行動に対し、「本質からはずれているのでは？」とか、「ヒステリック」と論評することが正当か否か。これが争点となる以上、「男女平等の本質とは何か」、という論争を展開せざるを得なくなる。

次に、名誉毀損の裁判をするためには、ある言論が他人の名誉を毀損したとして、それは不法に、つまり故意または過失によってなされたのだ、ということが証明されなければならない。

「ヤングレディ」のこの記事が会の名誉を毀損したとして、それはどうしてそうなったのか、つまりあの記事はどうやって作られたのかということが次の立証事項となるわけである。

それにCM批判まで出てくるのだから、テーマ2の論争は不可欠となる。おまけに相手は言論の自由の大立者伊達秋雄先生。民事訴訟において、裁判所も、両当事者の合意に反して裁判を進めることは難しい。

論争の場として――
書かれる側の言論の自由

「裁判所に訴えるなんて、やっぱり言論の自由を侵すのでは？」と言う人がいる。言論の自由って何だろう。対等に言論戦を展開できることではないか。ところが、今、言論戦を展開できる場所はあるか。発行部数三四四、五三〇部と新聞広告、電車の中づり広告読者を含めた数百万人の人間に影響を与え得るメディアを所有している「ヤングレディ」と、それを所有しない私たちの間に、どうすれば対等の言論戦が可能か。

この問題を考えたあげくの私たちの要求が、同一誌面の提供だった。これは、「アクセス権」という名で、最近アメリカでは盛んに議論されている新しい人権である。マス・メディアの巨大化・独占下によって、国民の〝表現する〟自由が失なわれている状況、現代における言論抑圧の最大の主体はマス・メディアであること、この抑圧者に対し、一方的な情報の「受け手」の立場を強制されてきた国民が「送り手」としての復権を要求す

ること、これが「アクセス権」である。具体的には、個人がマス・メディアを利用する権利、あるいは、反対意見を同じマス・メディアで表明する権利である。これは、まさに言論の自由のために必要な権利として主張されているのである。

その要求が、「ヤングレディ」によって拒否された段階で、アクセス権の確認を求める裁判も可能であった。それは今後も検討の余地がある。しかしとりあえず初めは名誉毀損でスタートした。それは、同一誌面だけではできない論争を展開したいからである。女性解放の動きに水をかけるため、いたるところでしゃべりたてている人びとと真正面に向き合って、時間や紙数の制限のないところで、ノン・ストップの論争を展開してみたい。もちろん論理がすべてと思わないが、論理好はきの男性たちの論理が、女性問題にどこまで耐え得るか、闘志かきたてられるテーマである。ホンネとタテマエの使いわけを許されないとしたら、男性たちはどう出てくるか。鈴木編集長のおそまつさをくり返さないために、どうぞ慎重に作戦を練って下さい。

お誘い

ヤングレディ裁判のためにこんなことをやって下さる方はいらっしゃいませんか。

1、論争のための理論的準備への参加
とくに、女性差別用語の歴史、マス・コミ論の研究などをやっていらっしゃる方のご協力をお願いします。

2、週刊誌・テレビの中での、女性差別の実態に関するデータを集めて下さる方。とくに、今後証人としてご登場いただくく予定の次のコメンテーターの言葉を集めて下さると助かります。
井上好子、入江徳郎、藤本義一、安江泰雄、なかにし礼、藤原いさむ、上坂冬子の各氏

3、裁判記録を本にするための編集。
今すぐの仕事としては、昨年の鈴木編集長との会見のテープおこし。

高校の〝男女別学〟を洗う

教育分科会

男女共学の必要

教育基本法　第五条には

「男女は互に敬重し協力し合わなければならないものであって教育上の男女の共学は認められなければならない」と明記されています。では共学とはどういう状態をいうのでしょう。それは教育の中で男女が同一の授業を受けること、すなわち、同じクラスで文字どおり机を並べて勉強することをいいます。

したがって、一つの学校の内部で男女により学級編成を別にしたり、男子棟と女子棟とに校舎を分けたりするのは男女共学ではありません。さすがに義務教育である中学までは別学を持込むことはしていませんが、高校となると日本の各地に別学校が大分みられます。公立校にもかかわらず基本法に違反してまで別学にしようとする意識、これは何でしょう。

日本には歴史的に別学を良しとして来た背景がありました。

明治のはじめ、初代文相は日本の近代化のため数々の方針をうち出しましたが、その中で男子は「エリート」と「肉体労働者」に、女子は「良き妻、良き母」となるべく教育されました。

すなわち、女子教育は、「誰かの妻、誰かの母」という観点のみで、独立した人間としての教育ではなかったのです。

戦時下においては、軍事教練を強化する必要も加わって男女別学は一層強化されて、敗戦まで延々と続いて来ました。

戦後男女平等が唱えられても、それが与えられた権利であったためか、戦前の意識が色こく残り現在まで、根深く生き続けているのです。では別学校ではどんな問題点があるでしょうか。

第一、男子校と女子校では教育内容、授業の難易度が非常に異るという傾向があります。これは男女差別であり、現実に女子の大学進学の道を狭め、就職に際しても職種を選択する上で、また賃金の上で差別の原因となっています。

第二、個人の能力、個性よりも性別に由来する特性を強調して、女子が全面的に伸びようとする可能性を奪う危険性が共学より大きい、といえましょう。

第三、男女共学になると性関係が乱れるといわれますが、こうした考えはいたずらに性的側面ばかりを強調するものであり、あらゆる面で男女が協力するという姿勢を育てることを忘れたものといわねばなりません。

第四、共学にすると進学率が下るといわれますが、これとても、古くから、「女子に高い学問はいらぬ」といった偏見のため、男子なら経済的にむりして進学させても、女子の場合ははじめから大学に進学させようとしない親の意識、及びそのために意欲を持ち得なくされた女子の意識により、進学希望そのものが低いという実状を無視したものです。

第五、現在のように教育が生活から遊離している状態を改善するために、家庭料を男女共に履習することが大きな意義を持っていますが、そのためには学校そのものが共学である必要があります。

女子のみの「家庭科」は男女のコース分け差別選別教育の一環というべきでしょう。

要するに男女共学は

・教育の機会均等を保償するためにも
・両性の相互理解と協力の経験のためにも
・男女別分業意識を克服するためにも
・婦人の参政権への自覚を確立するためにも
・男女労働者の同一労働、同一賃金を確立すためにも、何としても確保して置かなければならない教育的条件なのです。

福島県での体験

昭和四八年の春、小学校を卒業した次女をつれて、数年前から夫が単身赴任していた福島県に転居した際、都市

（35）

部の県立普通高校はすべて別学であるのに大変驚きました。

それ以前、東京、名古屋と住みましたが、公立校には別学はなかったと記憶していましたので大変奇異に感じ、中学の先生に尋ねましたところ、いろいろ〝けしからんことども〟がわかってきました。

県当局は文部省の指導要項通りにしているのだから違法でないといい、試験成績は良くても校長の裁量権で不合格に出来るとか、だから不安で女子は男子校を受験させられない。本校には入れないが分校なら許可する、といわれて通学が遠すぎて辞退するより仕方がなかった、等々。

これでは怒らざるを得ません。

PTAで訴えてみましたが「他県は共学なの？」と逆にビックリされる始末。高校や県当局に申入れても真面目に応答する気さえない。

母親大会、教育を考える集会など、あらゆる場をかりて懸命に働きかけましたが、地域になじみのない他所者のせいもあって、ほとんど、かえり見てももらえず、全く途方にくれる思いでした。しかし、ひどい実態を知れば知る程とても許しておける問題でない、と怒りが燃え上るばかり。何とかして本音をおさえて、今後の戦いの資料にしようと、四九年春、新聞に投書してみました。

『本県の都市部の普通高校が男女別学なのはどういうことなのでしょう。

教育基本法でも、男女共学は認めなければならないと定められていますのに。

聞くところによれば教科書も男子校は程度の高いBを、女子校はやさしいAを使っているとか。

県教育庁に尋ねると「どの高校にも募集要項に別学の規定はない。入学しないのは希望者がないだけ」といいますが、たとえば安積高校では「現実には困る」といっています。

「校長の裁量権で入学させないのか」と県教育庁にただすと「そこまでは介入出来ない」という返事が返って来ました。

男女とも別学では正常な人間的発育が阻害されます。生徒も圧倒的に共学希望と思います。関係者がもう一度考え直し、男女共学の道を開くよう望みます。』

教育界の本音

この問題をとりあげた、新聞（取材記事）によると、

『県教育庁の高校教育課長は「本来すべて県立高校は男女の区別なく入学出来るが、実際問題として男子ばかりの学校に一人二人の女子が入っても、必修の家庭科や体育などの時間割編成が困難。それに本人にとってプラスとはいえないので、志願者が出た場合、中学校の段階で志願先変更を指導することになろう」と答える。（筆者傍線）

では二、三十人とまとまって入学するようなケースが出てくれば――「その時はそれに対応した教員配置、予算措置をとる」との見解を示す。

県内でも福島高など戦後一時期、男女共学だったが、いつのまにか女子の入学者がななくった歴史的背景がある。だから県教育庁が指導しても同じことの繰返しになってしまうのではないか」（高校教育課長）という消極姿勢が当事者の本音のようだ。

県立高教組の書記次長は「郡部の男女共学校も実際には、男女別クラスにしている〃併学〃が圧倒的に多い。男女別がまかり通っている理由は表面的には便所など設備がないことを一番にしているが、実は『進学率が下る』『男女関係がからむと生活指導が難しくなる』といったところのようだ。教師集団の内部にも男女共学の基本理念が浸透していないといわざるを得ない」と残念がる。

一線の校長の意見も、それを裏付けている。「現実には女子を受け入れる余地がない。少数の女子を入れても共学の実は上らない。福島市内には、女子の優秀な学校がありましょう」（福島高校長）

「東北地方は戦後の男女共学化の際、進駐軍の指導が弱かった。福島高のように三年ほどで共学が解消したところもある。それに男女共学が思春期の教育に優れているかどうかはまだ学問的評価が下されていない。私は女性の特性にあった教育をする学校があるのはいいと思う。ただ教育上からは、県が人材や設備を充実させ、男女共学の有力な進学校を育てていくことは価値があると思う」（福島女子高校長）現在、男女共学をしている喜多方高の校長も「このところ進学率がふるわないため地元では分離を希望する声が出ている。私は進学がふるわないのは共学のためではないと考えているんだが、ただクラブ活動などで女子が入ると男の気迫がそがれる欠点はある。もちろん男女の助け合いや、クラスがなごやかになるなど利点も多い。しかし東京都などでは女子が理科、数学などについていけないといった悩みを聞いており、無理に共学にする必要はないと思う」とこれまた消極的だ』

以上の記事はまことに見事に無知と、偏見と、ずるさに

満ちている県教育界の本音をとらえていると思います。

「少数の女子」「優秀」「進学校」「男女関係」

「いつのまにかいなくなった」「志望先変更指導」「思春期の教育に云々」「女性の特性」「女子が理科、数学についていけない」等々、どれもこれも全くあきれてしまいますが、これはまさに、本音なのです。そしてただ福島県の本音というより、日本の教育界の底にぬけぬけと生きつづけている差別意識そのものなのです。

女子校の実情

今ここに、福島県双葉郡で唯一の共学校である県立双葉高校で実施された男女共学に対する生徒の意識調査があります。

	1年		2年		3年		
	男	女	男	女	男	女	
良いと思う	24	21	18	18	19	28	128
良いとは思われない	18	2	20	3	4	1	48
わからない	19	2	20	8	14	10	93

「良いと思う」「良いと思わない」それぞれに理由も調べてありますが、まことに健康的で、毎日接している先生のコメントにも、「本校において生徒達の姿をみていると男女共学制というものを特別意識していないと言える。調査の中で何人かの生徒達は〃別学になったことがないから意識したことがない〃と書いていた」とあります。


それにひきかえ、教組のパンフレットの一節に、こんな一文がのっています。

「男子クラスがとなりの共学クラスの窓をこわしたり、男性と歩くのは、おかしなことと、女子学校の教師が注意したり……」


これでは本来健康な男女の間がらをことさらに陰湿なものにしてしまいます。

「学生通信」という高校生向の雑誌の中から、別学に苦しむ女子高校生の声をいくつかひろってみましょう。

「私はこの学校に入学して三年生の今日まで高校生の男子とロクに話したことがありません。別学王国、郡馬県に生まれたためです。


テレビなどで、よく共学校のほほえましい光景がみられます。そんな時私はいつも指をくわえんばかりのうらやましさで、いっぱいです。いつも女子ばかりの中で生活していると、変に男子を意識してしまい困るときがあるので

す。もっと自然に男子とつきあいたいのです」（群馬）
「女子校にきわだって文通希望者が多いのは、男性の考え方を知りたいという欲求の現われだと思います」（福島）
「独身か否かを問わず男の先生が非常にもてる。それに先生の視線がすごく気になる。うわさも絶えない」（千葉）
「たとえ男子と交際できるチャンスに恵まれたとしても、教師の目を盗んで隠れて交際しなければならないから、自然に、明るく、健康的なんてほど遠い」「ボーイフレンドができるとその人がすべてであるかのような錯覚に陥ってしまう」（愛知）

　このような欲求不満が、大久保清事件のような異常性犯罪の起る素地になっていないと言い切れるでしょうか。

　また女子校だから、と安易に考える教育軽視も重大な問題です。

　男子校より程度の低い教科書を一方的に使ったり、無自覚な生徒をも甘やかしたり、旧態依然の良妻賢母主義をおしつけたり、で自立した人間をめざしての教育に欠ける危険はないでしょうか。

　異性との自然な交際を絶たれた欲求不満は男子校生徒にとっても当然ですし、女子校の教育軽視は逆に男子校の進学競争の過熱となって男子生徒を歪めていると思われます。

　共学は男女のいづれにとっても望ましいあり方として確保されるべきものと考えます。

教育分科会の調査から

　教育分科会では、家庭科の男女共修、教科書の中の男女差別、女教師をめぐる問題、進路指導の差別等の問題と共に、この「高校の男女共学をかち取る行動」を目標の一つにいたしました。

　先づ運動の基礎資料として、全国の公立の全日制普通科の本校について別学状況を調べ始めました。全日制普通科を選んだわけは、意識的、制度的な別学を調べるのに適していると考えたからです。

　全国の多くの支援者から送られた資料により表を作製しましたが、資料の具合によって普通科がはっきりしないものもありましたので、商業工業等の名称のついていない高校は普通科とみなしたり、併置校かも知れない場合も普通科として数えましたので、正確には普通科の別学はもっと多いと思われます。

S49年又はS50年度の資料による

県名	共学	併学	別学	計	女教師率(公立全校)	備考
福島	24	8	20	52	不明	
埼玉	48	0	20	68	15%	
栃木	2	21	18	41	20%	共学がたった二校であるのに注目
長野	41	不明	14	55	11%	
静岡	47	〃	13	60	6%	女教師率の低さが目立つ
神奈川	60	〃	7	67	17%	
山形	51	〃	6	57	14%	
新潟	67	〃	5	72	14・5	
大阪	86	〃	4	90	不明	
石川	24	〃	3	27	〃	
兵庫	94	〃	3	97	15・6	
鹿児島	46	〃	3	49	10・3	
大分	32	〃	2	34	10・7	
東京	115	〃	1	116	17	別学の十校は全寮制秋川学校
北海道	133	〃	1	134	6・9	
山梨	14	〃	1	15	15	
岡山	36	〃	1	37	10・6	併学もよくあるとのこと
熊本	31	7	0	38	11	
広島	71	不明	0	71	13・2	
愛媛	40	〃	0	40	15	
香川	17	〃	0	17	23	
佐賀	15	〃	0	15	11・4	
福井	17	〃	0	17	11	

未完成の表ですが、噂のとおり北関東と東北の一部がひどいことがわかります。まだ全国の資料を入手出来ず、ことに、悪名高い群馬、宮城などが入っていないのは、とても残念で、なるべく早く全国のものをまとめるように努力しています。

この表の作製途中にわかって来た問題点をいくつかのべてみましょう。

①四八年あたりから別学校がふえる傾向がみられる県が多々あります。進学競争のためと一口に言われますが、女子の特性教育をうたった中教審答申(四一年)女子のみ家庭科必修の通達(四八年)と、はたして無関係でしょうか。

②女子高校と名づけるのは、もっての外ながら、東校、西校の如き呼び方で、実際には女子校を作っている県は多い。生徒、父母の誤解をむしろ助長して、ことさら別学校にしているふしが見られる。

③男女共に入学させたら、ことさらに別クラスの、いわゆる併学にする意識は何か。

④旧制の男子中学が男子進学校になっているケースが、別学のある県のどこにも見られる。進学といえば女子を除外する思想がある。

有名進学校は共学であっても男女数がきわめてアンバラ

ンスで女子が少い。

⑤④のような学校には女教師が0か、又は極端に少い。このような状態で教育されては、「女性なんかと同等に協力は出来ない」「女性の上司なんて」「たとえ相手が正しくても女にだけは負けられない」などとあわれな虚勢をはる男性を再生産してしまうでしょう。

⑥別学の多い県、少い県に於ける女教師率は、一概にこれといった相関関係はないように見えるが、男子校及び有名進学校と思われる学校には女教師が少く、逆に女子校には多い。したがって女子校のある県の方がかえって女教師率の高いところさえある。ここにも女教師の力量や特性に対する偏見がうかがえる。

⑦女子高校と名づけ、はっきり制度的に別学にしてあるのは、すべて普通科ですし、男子進学校の近くには必ず女子校（西校、南校などと名づけても）が置かれています。今後、別学がふやされてくるとすれば、普通科をわけてくると思われるので、進学率などにまどわされて父母がまきこまれないようにすることが必要でしょう。

◇　◇　◇

これからに向けて

問題点はまだまだ沢山ありますが、このような分析の上に立って分科会は次のように行動してまいりました。五十年粕谷照美参議院議員に他の教育問題と共に別学の実状を訴えました。粕谷議員は真剣に応対され、後日、議会にて「国際婦人年にあたり教育に於ける差別」として文部省の見解を質されました。今後とも変らず支援して下さることと思います。

同じく五〇年、永井文部大臣に面会して教育分科会は多くの教育問題の一つとして、次のように質問しました。

「公立高校で別学校がかなりあります。教基法五条では共学は認められなければならない、とうたわれていますのに三十年たった現在これほど別学が行われていることについてどうお考えですか」

これに対し、文相は大体次のように返答されました。

「私は行動計画や憲法や基本法で平等をうたっているから、それを守る意味で男女は平等だというのはおかしいと思う。むしろ男女はもともと平等だから、そうしたものが出来ているんです。しかし、男女平等ということが必ずし

も全く同じことをやるという事にはならないのではないですか。」

「男女共学大いに結構。しかしそれは受験競争と無関係ではないので、まず受験競争を緩和し教える内容を精選しながら進めていく以外に方法はないのではないか。また共学にするのは各自治体の考えにもとづくので、その辺が要ではないか」

大まかにみて、文相はやはり根底に特性論をかなり持っていて、現実に対する認識が失礼ながら甘すぎるように思われました。例えば、男女はもともと平等といわれるが、実状をどう認識されているのか、受験競争が原因だとしても、そのために女子が除外されていくこととのつながりをどうとらえておられるのか、教える内容を精選しなければ共学にならないという考え方も納得出来ない。また、自治体の考えに対する文相自身の批判はないのか？　等々。強行採決のあった日で議会の外があわただしく面会時刻も急に三十分くりあげられたりしてゆっくり問答出来なかったのが残念ですが、後日文書で解答してもらう約束をとりつけて参りました。

五一年三月八日総理府婦人問題企画推進本部に要望書提出。総理大臣官房審議室（婦人問題担当）古賀暁子氏が応対され、こちらの理念も実情も、すべて経験的に理解されて、やはり女性なればこそ実感として受取って下さった、と嬉しく思いました。こちら側の調べた資料をコピーされたり、今後の働きかけに対してアドバイスや、はげまし等も受け、力強い味方を得た思いでした。

文相の言葉にもありましたとおり、何といっても各府県の教育当局の考え方が先づ第一ですので、この調査のための資料あつめの段階で、各府県に理解ある協力者が出来たことが何より力になると思います。最近も福島の支援者から最新の情報を送ってもらい、有効に使わせてもらいました。このような支援者の助けをかりて、分科会としてはこれからもパンフレットなどを作って巾広く呼びかけていくつもりです。一人一人のささやかな願いと行動が大河となって、全国に別学が皆無となるよう、それぞれの府県で看視し要望していって下さい。

表に抜けている県の資料をお送り戴ければ幸でございます。

（文責　盛生高子）

働く女性の相談室を開設

労働分科会

公的機関にはムリ

「何とか男女差別がなくなるように努力したいと思っているのですが、国際婦人年の今年ですら実際に働いている女性からの訴えが殆んどない。このような状態では、なかなか手を打つことができないのです」労働省婦人少年局のある課長は、私達との会見中にこうもらした。

確かに、労働基準監督署や婦人少年局のような公的な救済機関への性差別に関する訴えは少ないようだ。それは女性達が差別を感じていないためなのだろうか？それに対する一つの解答として、昨年、板橋区内の婦人団体が区内の女性を対象に実施した意識調査がある。これによると、定職を持っている人で四五、一%、パートタイマー及び内職をしている人で三三、八%、職を持たない人で二八、一%の女性が、男性と差別された経験があると答えている。その場所も「職場で」とするものが圧倒的に多いという(一九七五年一二月一五日・朝日新聞朝刊より)すなわち、職をもっている女性の半分近くが「職場で」男性と差別された経験を持っているのである。女性達が差別を感じていないわけではない。

その女性達がどのような行動をとったか、又はとろうとしたかという調査はされていない。しかし、多くの女性達は影で不満を言いながら、訴える場所、手段を、知らぬままに世の中とはこういうものだと悟ってしまい、やがては職場を離れていくと考えて間違いないのではなかろうか。

(43)

初任給、昇給、昇進、職種、雇用形態等のあまりに多い男女差の前に多くの女性達は差のあることをあたり前と考えてしまう。たまたま、勇気のある女性がいて労働組合の集会で訴えても、多勢の沈黙の前に無視されるだけという例もよく耳にする。それは、ある意味では日本の代表的労働組合であるといえる鉄鋼労連のモデル賃金を見るだけでもなる程とうなずけよう。そこでは、男性が結婚して、妻子を養い、マイホームを建て、マイカーを持つという姿を平均的労働者の一生としてとらえ、女性が働き続けるという感覚は薬にしたくともないようなので。

自己を主張すること、中でも女性のそれは悪徳であるとされる風潮の中で、労働組合へ持っていくのですら負担となる状況では、公的機関へ訴えるということは、それこそ清水の舞台からとびおりる程の決心を必要とするものなのだろう。

このような状況下で、女性の労働条件を改善し、待遇面の男女平等をうちたてるための一手段として公的機関への訴えを増加させるにはどのような方法が考えられるだろうか。労働基準監督署や婦人少年局、労政事務所等はあたりまえの女性達にとって日常的には無縁の存在である。相談に行こうとしても、「一人では……。こんな事でも取り上げてくれるのだろうか。どこへ行ったらよいのだろう。手続きはどんな風にするのだろう。会社に知れたら首になるのではないだろうか」といった不安がつきまとう。本来働く人間にとって最も身近な機関であるはずの監督署も公的機関となると考えどうりにはいかないものである。「一人で行けない人には誰かが一緒に行ってくれる。相談にのり共に考えてくれる人がいる。公的機関の手続きや内部に明るい人がいる」そんなことをしてくれる民間のボランタリーな組織があったら、公的機関を私達のものと出来るのではないか。それならそんな機関を私達でつくってみよう。これがこの「相談室」をつくるきっかけとなったのである。

二つの目標かかげて

この「相談室」は大きく分けて二つの仕事を行う。一つは雇用の機会、賃金、待遇の面で性による差別を受けている女性からの相談を受け付け、援助することであり、もう一つは、ここで取り扱う種々の性差別の「実例」をまとめて、性差別撤廃のための法律や機関をつくらせるための運動に利用することである。

(44)

一、個人の救済の援助

相談してきた人の内容により、最も適した公的な救済機関を選択し、そこへ訴えるための必要資料を作成する手助けを行う。更に手続きなどが複雑であったり、本人が気遅れして、一人では訴えに行きにくいときは、その人の希望によって担当者が同行する。現在のところ、男女で異なる賃金表を作っていたり（例、秋田相互銀行）、男性のみに特別手当がついていたり（例、日本信託銀行）というように、就業規則の中で性による差別が明文化されている場合（労基法第四条、男女同一賃金の原則に違反）は、労働基準監督署に訴えるだけでもかなりの効果をあげることができると考えている。そして大企業ですら、明らかに労基法第四条に違反する賃金形態を維持しているところが、未だかなり存在しているのではないかと思われるふしがある。

二、性差別撤廃のための法律や機関設立用の資料作り

憲法第十四条で男女は法の下で平等とされているが、具体的にそれを実行していく法律は労基法第4条の男女同一賃金の原則のみであり、それも限られた範囲にしか適用できず、雇用平等については全く救済される法はない。（国際婦人年総括集会討議資料、三二ページ、一九七五年）という現状の中で、一の個人の救済の範囲は自から限られたものとなってくるだろう。そこで、立法を含む制度要求が必須のものとなってくる。その際一で集められた多くの切実な「実例」が要求を通すための強力な武器となることは間違いないであろう。

最後に、「相談室」の場所、電話番号、受付時間を書きしるします。

（文責　斉藤）

名称：「働く女性の相談室」
場所：〒一六〇　新宿区新宿1－9－4
　　　御苑グリーンハイツ八〇六号室
　　　中島法律事務所内
電話：〇三－三五二－七〇一〇
受付時間：日旺、祭日を除く日の一〇：〇〇～一八：〇〇
相談日：毎週水旺日PM六：〇〇～八：〇〇

「離婚の母の家」設立めぐって

裁判・調停・離婚問題分科会

耐え忍ぶつらい日々

「東京都婦人相談センター」建設に寄せて近年、離婚の件数は上昇の一途をたどっているといわれている。

年、あたかも国際婦人年であった昨年一年間の離婚件数は史上最高を記録したという。

離婚理由のなかでも、とりわけ夫の暴力が原因とされる率の高さは、統計上の数字からも読みとることができる。ひとたび離婚となると、いかに多くの障害が自立への道を歩き始める女の前に横たわっていることか。暴力となるとことさらである。家庭の日常生活のなかに暴力が巾をきかすようになると、夫と妻との間には信頼関係がなくなり、人間としての尊厳すら失なわれ、ただひたすらに、子どものためを想い、耐え忍ぶ辛い日々を送るうち、生命の安全さえもあやぶまれるという極みに達し、とうとう子を連れて家を出るというケースが多いのである。金銭の持ちあわせすらなく、その日泊まる所もなく、途方にくれる。暴力から逃避するのであるから、すぐに見つかってしまう。親、きょうだい、親戚を訪ねるわけにはいかない。何としても、着のみ着のままでも駆け込める「家」が必要なのである。

私たちの離婚・裁判・調停グループでは、その必要性にかんがみ、「離婚の母の家」(仮称)設立のための要望書を作成し、昨年、十月十七日、「――行動を起す会」の諸グループの方達や、イギリスの「バタードワイフ」の取材をして帰られ、私たちに勇気と助言を与えてくれた永岡富雄氏等の参加を得て、東京都民生局にて、美濃部知事に次なる要旨の陳情書を手渡した。

(46)

（「離婚の母の家」設立の要望）付記1参照

美濃部知事はじめ、民局生側の誠意ある対応に、実現への可能性を感じとり、思いを託したのである。

たびたび申し入れを行う

それに先立つこと五か月前の五月十日にも、「――行動を起す女たちの会」の代表十数名で、民生局に清水婦人部長を訪ね「駆け込み母子寮の増設」「母子寮の充実」「離婚女性のための貸付資金」「家事・炊事の共同設備」「生活保護をもとに共同住居をつくるのを認めてほしい」「緊急の相談にのれる窓口の開設」などを口答で申し入れ、今後も話しあいの機会をもつことを約束してくれたのであった。

功が奏してか、年の暮れには、「婦人相談センター」設立に要するための予算として、三千七百万円が計上された。詳しく言うと、新宿区河田町にある児童相談所が戸山町に移転することになったのを機に、児相を改装して、「婦人相談センター」（仮称）とし、同敷地内に隣接した婦人相談所をそこに移し、私たちの要望する緊急一時保護所もくみ入れて同時に事業開始すべく、その改装費としての予算ではある。十月一日より着工し、来春四月開所に寄せて、「売春問題ととりくむ会」「都母子福祉協議会」「全国未亡人団体協議会」「新宿リブセンター」などの七団体の代表をまじえ、五月十七日、一堂に会した。私たちのグループでは、独自の要望書を再び提出した。

（緊急母子宿泊施設の内容と運用に関する要望書）付記2参照。

話しあいの結果、あくまでも売防法にもとずく婦人相談所の運用の中での保護所となるため、制約はあるし、なかなか要望書通りにいかない部分もあることが確認された。なかでも、どの法律を適用するのか、心理判定や、食堂、風呂などの問題とからめて、討議された。

構造運営にも要望

翌、六月十五日には、第二回目の話し合いが、民生局と同諸団体との間でなされた。今回は構造面についての要望が主で、鉄筋三階建てのうち一階を事務所に、二階、三階をそれぞれ婦人相談所と緊急一時避難の家とに分け、個々の適用法律の違いをどのように構造面に反映させたらよいのか、多様な意見が出された。売防法に触れて収容される女たちにしても、「家庭」の重圧からいのちからがら逃げ込んで助けを求める女たちにしても、歴史的、社会的要因では共通した面が多々あるように思われる。母に連れられて来る子ども達への教育的な配慮も勿論無視できないが、

話しあいの原点に共通認識が生かされるなら、きっといい青写真が出来上るものと信じている。

着工を前日にひかえ、民生局では、再度、話しあいの機会を設けてくれた。予定の七月十九日には、今度は現場で直接仕事にたずさわっている職員の方たちの貴重な経験を生かして、さらに私たちの要望を加味したものを基調にして、最終段階をむかえることになっている。

このように行政側と民間との協力関係のなかで、着々と構想がねられ、具体化されるということ、たとえ不充分な点があったにせよ、感謝せずにはいられない。東京都のみならず、国の福祉予算が拡充され、全国各地にこのような施設が沢山できることを願ってやまない。

離婚・裁判・調停グループ（文責須藤昌子）

付記１

陳情書

「離婚の母の家」設立の要望

戦後、私たち女性の地位は、かなり改善され、社会福祉も発達しつつありますが、まだまだ不備な点が数多く存在します。

なかでも悲惨なのは、家庭が崩壊する時の母子の姿です。母子寮があるとはいえ、手続きにも時間を要し、入寮資格にも制限があります。離婚に直面しているすべての母子がはいれるわけではありません。おおむね、離婚がすでに成立した場合に限られます。

しかし、現実には、一組の夫婦に離婚が成立し、母子家庭になるまでには、夫婦間の話しあい、調停、裁判の結論が出るまでに相当の時間を要します。

その間、大部分の夫婦は、別居を余議なくされる状況におかれます。にもかかわらず、別居を援助する社会福祉機能がないために、夫に暴力をふるわれ、生命の危険にさらされている母子が数多く存在します。毎日のように報道される〝離婚話のもつれから刺殺〟などという事件は、ほとんどこのケースです。

「出てゆけ」といわれても、行く先のない女性もたくさんいます。ましてや、こどもを連れて出て行ける先は、めったにありません。都市化と核家庭化、住宅難が、それに拍車をかけています。そのため、泣く泣くこどもを手離して、緊急に一時避難する女性がいます。その結果は裁判などの際、不利益を蒙り、生涯、こどもを奪われてしまう場合が多いのです。

私たち「国際婦人年をきっかけとして行動を起こす女た

ちの会」は、女性の身上相談、母子寮、福祉事務所、裁判・調停などの実態を調査、研究した結果、未婚、妊婦、既婚、既婚母子、あらゆる立場の女性と子どもが、緊急にかけ込め、しかも宿泊出来る施設が必要だと痛感しました。

しかし、現状は、そのような施設は、東京都に皆無といっていい状態であります。

売春防止法に基く婦人相談所の宿泊施設と、母子寮のごく一部がその機能を代行しています。が、婦人相談所は、母親だけしか宿泊できず、こどもは分離されます。それでなくても精神的に動揺しているこどもを、母親から引き離すことは見るにしのびない処置です。

また、婦人相談所は、根拠の法律が一般婦人のためのものではないという点も問題です。売春防止法に基いているために、一般婦人にPRすることができず、かりにPRしたとしても受入れ態勢が充分でなく、都民もそのような施設を利用することにためらいを持っています。

そのため、追いつめられた女性が、母子心中をしたり、こどもを殺したり、自殺したり、夫の暴力に苦しんで、地獄のような日々を送っている現実は、目をおおうものがあります。

私たちは、英国の女性救援センターの実情も調べました。英国には、暴力亭主から女性を守り、かくまう家が、全国に二七ケ所もあり、公費で運営されています。同センターでは、着のみ着のままで、こどもの手をひいてかけ込んだ女性を、暖かく迎え、心と体の傷をいやし、離婚の手続きを助け、さらに自立のための手助けや、こどもの保育まで総合的に援助しています。

日本には、児童福祉法に基く母子寮と、売春防止法に基く婦人相談所しかありません。そのほかのすべての立場の女性を、緊急に一時保護する法規も、専門の施設もないのです。

私たちは、要求します。

未婚、妊婦、既婚、既婚母子など、あらゆる立場の女性が、いま困ったとき、すぐ救いの手をさしのべてくれる宿泊施設を。私たちは欲しいのです。いま困ったとき、どんなことでも相談でき、こどもと共に自立の道に歩き出せるような施設を。

私たちは、残念に思います。

この広い日本に、この広い東京に、ただの一か所も、その目的のための女の家がないことを。

早急に「離婚の母の家」を設立されるよう要望いたしま

す。

昭和五十年九月

東京都知事　美濃部亮吉殿

陳情者

国際婦人年をきっかけとして

行動を起こす女たちの会

付記2

緊急母子宿泊施設の内容と運営に関する要望書

このたび設置されることになりました〝緊急母子宿泊施設〟の内容と運営について私たちは、次のことを要望いたします。

一、**適用法律について**

従来の売春防止法による一時保護と区別するため、売防法を適用しないこと。未婚女性、妊婦、こどものいない既婚婦でも駆け込めるような法的措置を考えていただきたい。

二、駆け込み施設の機能、性格上、受け入れは、一切無条件で、かつ、暖く受け入れること。

三、当座必要な一時金を、即座に出せるよう配慮すること。

四、必要な場合は、緊急に生活保護を適用すること。

五、宿泊施設の内部構造は

A、駆け込んだ人のプライバシーを守る部屋の確保

B、入居者同士が話しあえる部屋をゆったりと確保する

C、こどものための遊び部屋、あるいは屋外の安全な遊び場所の確保

以上の三点に、特に留意していただきたい。

六、宿泊期間に、きびしい制限を設けないこと。かならず、本人の同意が成立した行く先が決まってから、出所させること。

七、緊急母子宿泊施設の場所を公表しないこと。PRに際しては、〝駆け込み一一〇番〟的な電話を設置し、電話番号だけをPRすること。

（入所も、電話を中継にして、原則として直接の出入りを防止する）

八、外部の人の出入りをチェックすること。（マスコミの写真取材に対しては、特に慎重であること）

九、職員に対する要望

A、管理者は、できれば、入所者と同様の経験を持つ人を配置してほしい。

B、モラル、価値観を押しつけないこと。

C、入所者の行動の自由を制限しないこと。

D、管理者の人選に関しては、民間人の意見・要望を入れてほしい。

十、カウンセラーの定期的派遣

入所者は、いずれも複雑な悩みを抱えているので、優秀なカウンセラーを必要とする。週何回という形で、定期的にカウンセラーを派遣してほしい。

十一、病気の治療は、本人の意志を尊重しておこなうこと。

十二、住民登録、こどもの学校手続きは本人の事情を考慮して、柔軟適切な措置を考えること。

十三、就職、離婚手続、住居、資金貸付、学校手続、保育所等、入居者に必要な問題解決に、緊急かつ、全力をあげて援助すること。

十四、本人の事情により、他府県の宿泊施設へ斡旋ができるよう配慮すること。

十五、居入者と、民間ボランティアが定期的に話しあえる機会と雰囲気を確保すること。

十六、運営、管理については、民間人の参加を認めること。

以上、現段階で、私たちが考えることを要望いたしますが、今後もひき続き、当局との話し合いの機会を、できるだけ多く持ち、民主的で、明るい宿泊所が実現することを、切望いたします。

昭和五十一年五月十七日

東京都関係者各位殿

ああ！金とヒマ

梶谷典子

一、カネもなければヒマもない

運動って、カネとヒマが要るもんです。でも運動したいって思う人はカネとヒマがないもんです。大体、カネとヒマがたっぷりあれば今の世の中だって結構おもしろく暮らせるもんで、問題につきあたって「何とかしなくちゃ」と思うのは、カネとヒマがない人間なんです。

「何とかしなくちゃ」と思ってカネとヒマの要る運動に足をつっこんでしまったら、持ってるカネとヒマをゼーンブ運動につぎこまなくっちゃ……っていうことになると……運動できるのは本当にエラーイ少数の人だけになってしまいます。

一度しかない一生ですもの、普通の人間ならいろんなことをやりたいんです。運動だけやるってわけには、とっても……。

お金と時間を全部運動につぎこめる少数の人を、私は心から尊敬します。ありがたく、そういう人を本当に大事にしたいと思います。でも、その人たちだけの力では、やはり運動は力強いものにはならないでしょう。普通の、いろんな角度から世の中を見ている人たちのチエと力を集めることが必要

でしょう。一人一人では乏しいカネとヒマを、何とかうまく集めて有効に利用したいと思うんです。

カネとヒマの要る運動に足をつっこもうとするとき、まず自分はどれだけのカネとヒマが提供できるのかよく考え、仲間に正直に話しましょう。そして言った通りのカネとヒマを提供するよう、最大限の努力をしましょう（見込み違いってことはありますけど）。

仲間からどれだけのカネとヒマが集められるか十分考えた上で、そのカネとヒマに応じた計画を立てましょう。カネとヒマが続かないためのザセツは、乏しいカネとヒマのむだ使いです。

運動にザセツはある程度つきものだとも言えますし、「ザセツしてもいいから、とにかく始めた方が」と言える場合もあるでしょうけど、ザセツの繰り返しによる意気沮喪は極力避けたいものです。

二、力もなければ数もない

一人一人では乏しいカネとヒマも、大勢集まれば……と言っても、今運動をしようなんて思っているのは圧倒的少数派。できるだけ有効に集めたところで知れたもんです。

カネとヒマが少くても物理的な力があれば……バクダンだ飛道具だというわけじゃありませんけど、肉体をぶっつけて行く力があれば（中ピ連はリッパです?）……でも、それもいくらもないんです。相手を脅かす力って、ほんとにないんです。

とすれば頼れるのは説得力……と言いたいんですが……。説得力ある論理を展開するためには、一人一人が勉強するだけでなく、情報を交換し合い、十分議論をたたかわすことが必要です。ところが十分議論するには、ものすごくヒマが要るんです。だから説得力さえ十分持つことができないもんです。あゝ……。

三、やらぬ阿呆にやる阿呆

力もなければ数もなく、説得力さえ十分ない運動なんて、阿呆みたいなもんです。
でも、阿呆みたいなもんならやらない方がいいなんて言ってたら、何もできやしません。
大体、十分考えたからって、いっぺんで世の中を変えてしまうようなスバラシイことができるわけじゃないし、不十分な状態でやったからって、取り返しがつかないようなドエライ大失敗ができるわけでもないでしょう。

いくらかでも役に立つことを根気よく積み重ねて行くことが運動なのでは……。とにかくぶつかってみることで、説得力も少しづつできて来るし、カネトヒマの使い方もだんだんうまくなって来る――そういうことは言えるんじゃないでしょうか。

「何とかしなくっちゃ」と思っているんだったら、不十分なことしかできないからと言って何もしないのも阿呆だということになります。同じ阿呆ならやろうじゃありませんか。少しは役に立ちそうで、今あるカネとヒマでやれることなら、やりたいことをどんどんやろうじゃありませんか。

「もっとも重要なことがあるんじゃないか」「もっといい方法があるんじゃないか」と考え続けることはいいことですけれど、考えこんでしまったら何もできなくなります。今何かをやる気になったら、「重要だからこそやる気になれるんだ」と思っていいんじゃないでしょうか。

「もっと重要なことがあるのでは」なんて言って、運動してる人にブレーキかけるのもナンセンス。もっと重要なことがあると思ったら、その重要なことを自分でやればいいんです。

四、運動する者の字引に「やるべきだ」というコトバはない

自分が重要だと思うことを自分でやること。運動は「やる」もんなんです。「やる」か、「やらない」か――運動ではそれが問題です。

やりたくっても今それだけのカネとヒマがないのなら、それはつまり「やらない」ってことなんで

す。「やるべきだ」と主張して、それである程度やったみたいな気になっちゃいけないんです。「やらない」時は、「やらない」ことの痛みを十分噛みしめるんです。（「べきだ」ってコトバはわりと言いやすくて、私もつい口をすべらして使っちゃいますけど）

「やる」というコトバにはまた、必ず主語が要るんです。誰が「やる」か、それが問題です。続いて、いつ、どこで、どうやって、ということ、どれだけのカネとヒマが要るかが問題になります。それらのことがはっきりして初めて本当に「やる」ことになるのです。

「やる」の主語が「私」でないとき、またその痛みを噛みしめるんです。

やりたくってもそれだけのカネとヒマがない時、カネとヒマが作れそうな人にやってくれと頼む――それは運動のうちでしょう。でも「やるべきだ」というだけだったら、運動じゃないんです。

「やるべきだ」と主張することがいけないっていうわけじゃありません。主張も、批判も、意味のあることではありますけれど、運動とは違うということをはっきりさせておきたいんです。

五、笑われて怒られて

批判は運動じゃないけれど、運動に批判はつきもの。やる阿呆になったからには、笑われ叩かれるのはあたり前なんです。女の解放のためには社会通念の変革が必要――ということは、これまでの常識に挑戦するということです。常識からみて、滑稽な、腹立たしい、嘆かわしいことをやるってことです。笑われも、怒られも、嘆かれもしなかったらその方がフシギじゃありませんか。

こと女の問題となると、まじめで、論理的で、よくものわかったような男でも、しばしば極めていい加減で、非論理的で、感情的で、バカバカしいことを言い出すものです。ましてもともとまじめでも論理的でもない人びとが、女の運動をメチャクチャに叩くのはあたり前です。といっても、一見極めてバカバカしい批判の中にも、しばしば考えなければいけない問題は含まれているものです。

どんな批判にもまずすなおに耳を傾けてみましょう。そしてマジメな批判にはまじめに反応し、フマジメな批判には時に厳しく、時にはユーモアをもって反応しましょう。反応するのにもカネとヒマは要りますけれど。批判にビビることはないんです。

それに、今やっていることの意味が本当にわかるのは、ずっとずっと先のことなんです。

六、誰方様でもお情さえかけてくださいますならば

カネとヒマの要る運動を、カネとヒマのない少数派がやるんですから、いっしょにやってくれる人が一人でもふえることは大歓迎。手を出してくださる方なら、誰方とでも手を握り合いたいんです。

考え方に違うところがあっても、これまでやって来たことに賛成できないところがあっても、今ある目的に向って一致できるならば、カネとヒマとをうまくつなぎ合わせて、同じ目的に向っていっしょに進んで行きたいと思います。○○党だ、○○派だ、○○主義者だなんて言いっこなし。「○○○○の女」なんていうレッテルも貼りっこなし。足の引っぱり合いをするヒマがあったら、そのヒマを一歩でも二歩でも前進するために使いたいものです。

へたに手を握って利用されては……いいじゃありませんか、それだって。利用されたために運動そのものがダメになってしまっては困りますけれど。運動がうまく言って、その結果誰かが得をするというのなら、得する人があったっていいじゃありませんか。人間ならば私利私欲があってあたり前、私利私欲のために運動するとしても、運動しないよりいいじゃありませんか。

とは言っても、運動って本来シンドイ、カッコワルイもの、普通の人にとって得になるものじゃありません。シンドさ、カッコワルさを引き受けずに利用だけするなんておよそ無理なはなしです。

なるべくなら、運動も楽しく、カッコ良くやりたいとは思います。そうした方が、長続きする運動を大勢でやることができます。工夫すれば、ある程度は楽しくカッコ良くすることも不可能ではない

でしょう。でも、運動ってやっぱりアソビとは違うんです。シンドさ、カッコワルさに耐えて行く覚悟はどうしたって必要なんです。

私利私欲ぬきで、シンドさカッコワルさに敢然と耐え、すべてを運動に捧げつくす人には……何といったらいいんでしょうか……限りない賞讃……心からの感謝……そんなコトバも何て空々しく響くことか……。

七、カネとヒマとがあるならば

手を握り合うためには、誰がどっちの方に手をさし出しているかわからなければなりません。誰がどんな運動をしているか、あるいはしようと思っているか、そういったことについての情報センターがほしいとつくづく思います。

それだけのカネとヒマがひねり出せれば、女の運動の情報センターをつくりたいと思います。ですけれど、私は今、それだけのカネとヒマは提供できません。私は情報センターつくりを「やらない」のです。「やらない」痛みを嚙みしめながら、「誰かそのためにカネとヒマを提供してくれないかなあ」と思っているだけで、運動につながって行かないのです。あゝ…………。


それにつけてもカネのほしさよ………

それにつけてもヒマのほしさよ………


でも、こんなこと書くヒマだけはあったわけですね。

差別の言葉にいどむ

寿岳章子

言葉も一つの行動である、ということは時には忘れられる。不言実行、口ばっかしで、何もしない、などという表現は、どうかすると言葉の世界はむなしいものだ、それよりはナッパの一本でも作れという発想になる。

浮薄な評論家、あるいは公約だけはハデにするが、ソンナコトイイマシタカイナァと当選後はすましている政治家先生などをみていると、言葉などは実につまらんものだ、どうでもいい、それよりは何か一つでも実際にせよといいたくもなる。

しかし、まさしく言葉がもっとも重く、その存在の意義を発揮する時、言葉自身がすぐれた行動そのものとなる。韓国における金芝河のたたかいなど最高にそう思う。その意味で、私は日本において、日本語が女に関する思想の表現をおこなう時（大ていはマイナスの方向において）、それをてきびしく批判することは、単に「言葉尻」とらえたり、揚足をとったりしているのではないと考える。「言葉なんぞどうでもいい、それより実際に愛してさえいれば、お前といっても主人といってもかまわない」という立場に対しては、だからあえてコメントをおこなうのである。「僕食べる人。私作る人」はそうした意味あいから、十分論ずるに足りる問題であった。こういうコマーシャルは決してたかが「コマーシャル」ではない。

私の母は本年七十四才、もはや完全に老人の域に入っているが、それはそれなりに誠実に明治・大

正・昭和と生きぬいてきた。明治生まれというような年代でいながら特に結婚式というようなものを一切せず、夫との新家庭を営んだというくらいはっきりした人間である。また夫に「お前」と呼ばせず、みずからも「主人」という言葉を拒否してきた。しかし、現在のリブ運動などをまるまる認めるというような立場もとってない。その母は最初からこのコマーシャルは不愉快だと言いつづけてきた。

こんな人に出会った。神戸であった国際婦人年行事の集会で、開会のあいさつをした中年の女性である。長年、不幸な女性の相談相手として地味な仕事をしてきた。一見実にいわゆる「女らしさ」にあふれた雰囲気の持主であったが、静かな落着いた挨拶の中に、「作る人、食べる人」の批判がきちんと入れられているのを聞いて、私は「行動を起す会」の「行動」の確かさを客観的に感じとった。

もう二十年以上も前から、私は「愚妻」だの「主人」だのを攻撃し続けた。夫が妻に言う「お前」が、いいかげんになくなってほしい（なくなるためには、なくす主体的行動が必要である）と言ったり書いたりしつづけた。私としても国語の研究者だから、カッカ口調ではなく、かなり冷静に分析的客観性を持たせて、しかも「主人」なる語をボクメツせよ！と旗をふったわけでもないのだが、多くの人から常に冷やかな反応を受け取るばかりであった。

ある男性は「言葉なんてどうでもいいではないか、どうしてそんなことにこだわるのだ」と言った。また別の男性は「主人主人と言いたい主婦の心理を考えたことがあるのか」と冷笑した。ある女性は「結婚していない者にはそんな話をする資格はない」と言った。

ああ、この密室の、いやらしいニチャニチャ感情！それは論理の名に値いしないのはもちろんのこと、思考とさえ言えない。しかもそれが実際のところ、この種の問題を論義してゆくなかでもっとも手強い。そしてそれゆえに絶対に乗りこえねばならぬ障害である。それは私たち女性にとっての、内と外にまたがった克服されねばならぬものである。

最近、あるヤキソバコマーシャルに「おそばに居させて云々」が出てきた。性こりもなくと思う。

「作る人」は一応ひっこめられたとしても、しょせんはそれは「誤りでした」の意志表示でなく、「オバハンたちがうるさいし、それこれだけ騒がれればコマーシャルの初期の効果以上に効果ありシメシメである」にすぎなかったのであろう。また実際にそう言って、行動を起す会の人たちをせせら笑う人間も多い。しかし、かりにそうであっても、我々は言いつづけなくてはならない。たたかいとは本質的に空しさとの対決なのだ。「おそばに居させて」というコマーシャルの不愉快さは、「作る人」の問題の本質が全く理解されていないからだ。「そばめ」という語がすぐ連想されるし、特に最近の私は国際婦人年の私のささやかな記念事業として、歌謡曲、演歌、フォーク等の中の「女」を調査したてのため、とりわけこのコマーシャルには神経を尖らせるのである。それは憲法十四条がほんとうにくらしの中に根づくためにはどんな長い歳月と、絶えざる「しんどい」たたかいが必要かを、我々に考えさせる一つの貴重な糸口であった。

たとえば、それらのうたの中の女たちの行動は、と言えば、傷つく、心を捧げる、泣いて一生暮す、いじらしい笑顔を作る、しのび泣く、散る、あなたにあげる、男の小指を口にくわえる…女の姿態は、長い髪、かわいい、夢二の絵の少女、小鳥、小鹿、小犬みたい、やさしい姿、洗い髪、流し目・……・その主体性喪失具合は占う、泣けてくる、待つ、耐える、つくす、捨てられる、愛される、男の枕になる、あなたしだい、男の影、甘える、すがる・・・他にも色々の調査項目を作ったが、とにかく「歴史の重味」をいやほど感じてしまった。よくもよくもと言葉もない。ありとあらゆる建前をひっぱがして、社会の本音をあからさまにすれば、かくの如しなのである。そしてその湿潤の世界にどっぷりつかっている女性も又多い。「作る人」に立ちむかえれば、ずるずるとこのような世界がくっついてくる。言葉がひっ下げる領域は暗く果てしなく広い。

ミスコンテストにもの申す

久野綾子

一年間で九十二回の記事

最近一年間（一九七四年十一月から七五年十月まで）の中日新聞では、ミスコンテストに関する記事は合計九二本。このうち中日新聞主催の中日ミスカメラに関しては六八本。その他中日新聞主催、後援のものは十一本。中日と無関係のもの十三本。中日ミスカメラの記事六八本のうち、中日ミスカメラ募集や「中日ミスカメラと〇〇を写す会」のお知らせなどの「社告」は二三本を数え、写す会開催の模様、写す会入賞者発表という記事のパターンを繰り返しています。ミスコンテストを新聞社が自ら主催・後援し、報道するということは、他紙には全く見られないことであり、記事量、本数ともに他紙に比べきわめて多く異常な過熱ぶりです。中日ミスカメラは、単にアマチュア・カメラマン育成のための被写体に過ぎないという弁解があるかもしれません。しかし新聞紙上を見る限りにおいて、あきらかにミスコンテストであり、アマチュア・カメラマン育成という美名のもとにわずかの賞金とひきかえに、中日新聞社に寄与を要求されるわけです。

ミスコンテストは、女性の美を競うとか、催し物に花をそえるためとか称し、女性の人格を無視して単なる美的対象、観賞物として見せ物と化し、まるで牛の品評会、豚市並みとなっています。ミスコンテストは単に美を競うにとどまらず「ミス」ということにこだわり、ほとんどの場合、年齢も十八歳から二十三歳までと限定し、女性が結婚するまでは処女であること、「バージンらしさ」を不必要なまでに強調し、旧来の処女第一を最高の価値観としています。私たちをとりまく社会の状況は多様化し、より真実と公正、進歩を求めて価値観は洗い直されつつあります。例えば処女第一の風潮はまだ根強く社会に浸透していますが、女性を「処女」に封じ込めておくことの不当性が、近年、女性をはじめ多くの人から指摘され、処女第一の神話をくずしつつあり、ミスかミセスかの違いを重大視するのはおかしいではないか、という社会の傾向にあります。ミスコンテストは、女性を美しい人と美しくない人に選別し、結果として女性を美しい人と美くない人との群に分断し、バージンらしさに裏打ちされた旧来のモラル、道徳と結びついて差別を助長する女性のイメージがつくり出されています。

美人トトカルチョか

最近の新聞報道によれば（朝日新聞一九七五年十一月十三日付朝刊社会面）、「あなたの審美眼で選んで下さい。賞金二十万円を贈呈します」と十人の美女を水着姿でずらり並べたパンフレットを配り、はがきで一位から三位までを当てさせる「美女トトカルチョ」が全国規模で行われ、多くの人のひんしゅくを買ったミス日本コンテスト事件がありました。また本人の知らぬまに、美人トトカルチョに並べられ、人権を侵害された女性とか、コンテストに参加したところ、ある程度わかってはいたというものの、審査員たちになめまわすようにじろじろ見られて、恥ずかしさと屈辱感でいっぱいだった、などの告白もあり、ミスコンテストは人権侵害をはじめ、さまざまな弊害を生んでいます。

(62)

募集をすれば応募してくる女性がいるじゃないかとか、新聞に報道するのは、このニュースを知りたがっている読者がいるから、という言い分もあるかもしれません。しかし、この記事を見て、極めて不愉快になる多くの読者がいる事実を絶対忘れないで下さい。ミスコンテストは、女性の姿、形を見せ物にし、コンテストに入賞した女性は、賞金という名のもとに、実質は身柄拘束契約金で主催者の商売にその身をさらけ出し、寄与せねばなりません。女性が売り物にされるわけです。この事実は、人間が人間としての生き方を追求して行くとき、女性にとって重大な侮辱と障害であり、著しく女性の品位を下げ、屈辱を強いられていることになります。この点から、ミスコンテストの主催、報道をあえて続けるということは、マスコミ自らが「女性を売り物にする」ことをそそのかし、あおることになります。女性を売り物にするという低俗性や、人権侵害におよぶ事実からも、ミスコンテストの主催と報道は、中日新聞社の格調高い社是「真実、公正、進歩」から著しく逸脱しているといえます。

婦人の地位下げるもの

一九七五年、メキシコで開かれた国連主催の国際婦人年世界会議で採択された「世界行動計画」の中で「現在、マス・メディアは婦人についての旧来の観念を助長する傾向を示し、しばしば婦人の品位を下げ、屈辱をもたらすような婦人像を描き出しており、かつ変化しつつある両性の役割を反映していない」と指摘し、さらに「メディアの管理運営者は、男女の変遷する役割と家族、地域社会、社会全体にかかわる重要事項について、男女が共に真剣な関心を持っている事柄について、社会一般の意識を高めるよう努力すべきである」と断言しています。

中日新聞社が、私たちの真意を理解いただき、良識ある判断によってミスコンテストの主催と報道をただちにとりやめるよう、強く要請します。

(名古屋在住)

在日朝鮮女性の証言

過去から現在・そして未来へ

日本軍国主義の爪跡

G—Aさんは、何頃、どのような理由で日本に来られたのですか——

A—一九三二年に留学するために女ばかり四人で日本にきました。当時の朝鮮は封建性が強く、女学校四年生までの学校しかなかったので、日本に行けば高等師範でも大学でも行けると思ったものですから。わたしたちは日本に来るまでは、同胞たちはみんないい生活をしていると思っていました。そういうふうに聞かされていたのです。ところが、日本に来てみたら天と地ほどの差があった。朝鮮人の生活はここでは語れないほど、涙ぐましいみじめなものでした。

わたしたちもあらゆる苦痛を味わいました。食べるために押し売りまでしましたが、その時分は朝鮮人と名乗ると部屋一つ借りることが出来なかった。差別の一番ひどい時でしたから、もうその辛さは言葉で現わせないものがありました。

二十四才の時、結婚しましたが夫もやはり苦学するために日本に来た人です。

当時、朝鮮は日本の軍国主義の支配下に置かれていたので、日本人がドンドン朝鮮にやってきて、土地を片っぱしから奪ってしまったでしょ。だから農業をしたくても出来ないし第一、居る場所もない。そんなことで、ずい分たくさんの人たちが満州から北の方、南の方、日本に流れていったんです。そんなふだったから朝鮮で勉強するなんてことは大変だったんですよ。税金ではしぼられるは弾圧を受けるはでね。

わたしたちが日本人にナメられたころをあなたたちは知らないから解らないですよ。

あのひどく、ナメられていた頃をね。

Q—その当時は日本に行けばなにかいいことがあると思っていたのでしょうか—

A—わたしたちのケースはそうですけど、一般同胞はほとんど強制労働のためにムリヤリ連れてこられた。日本に現在いる六十三万同胞は、その99%が全部大東亜戦争のときに強制連行された人たちばかりです。

B―そのあたりまでの経過を補充すると一九一四年に日韓併合条約が結ばれた。この時から日本の朝鮮に対する侵略がはじまるわけです。

その時に土地調令が発布された。だいたいの人が字が書けなかったので土地の申請書が出せなかったり、また出したとしても税金のがれのために少なく申請したのだろうと疑われたり、ともかくあらゆることを理由にして、ほとんどの土地が没収されてしまったのです。そうした人たちが日本に行ったら、なんとかなるんじゃないかと考えた。その人たちの数が現在約十万人ぐらいになるんです。

それで、一九一五年あたりは三七八九人朝鮮人がいました。一九二〇年になると三万一七五人、五年間で約十倍になるわけです。一九二四年になると一日平均一〇〇七名の人たちが日本や満州、ソ連の方に流れて行った。

ともかく、一九一〇年から二〇年の一〇年間は、土地の略奪があり、それから穀物や朝鮮文化の遺産の略奪があったわけです。

一九三七年に日華事変が始まりますでしょ。この時に中国を侵略するための基地とするわけですよね。ついで国家総動員法が発布され、それから国民徴用令。これが朝鮮人にも適用されて日本名に変えさせられたり、皇居を遙拝させられたり、勅語を暗記させられた。

一九三〇年代から人間略奪、つまり強制連行が始まるのです。一九四二年の大東亜戦争勃発以後はますます激しくなり、戦争期間中に軍属として強制連行されたのが六百万。この中には北はソ連、満州、南は東南アジアの方まで従軍慰安婦として引っぱられていった女性の数が推定で六万五千人含まれています。

一九四四年つまり解放の一年前はなんと一年間で男女合わせて三十九万人の人が連れて行かれたのです。

畑で働いている人をトラックにつんで、そのまま連れて行ってしまう。まだ結婚して二三日しかたたない夫を連れていかれた女の人もいる。召集令のない文字通り人間強奪であったのです。解放直後に日本にいた朝鮮人の数は二百万人でした。

炭坑や軍事工場で殺された人たちもいた。解放直後の浮島丸事件をご存知ですか。舞鶴でもって、軍事工場で働いていた朝鮮人を国へ帰すということで浮島丸に乗せて、事故に見せかけて秘密がばれないように殺したと云われている。三千七百人の人が乗っていました。

この他にも敗戦のドサクサにまぎれて、徴用や徴兵で引張られて来た人たちを南方の海深く沈めた数が二万四千人。

沖縄には看護婦という名目で一、〇〇〇名の朝鮮女性が連れていかれたのですが、それらの人々にろくに食べるものも与えず、慰安婦や紡績女工としてこきつかった。その一〇〇〇名はほとんどが行方不明で、たった一人、おばあさんが生き残ってはいますが慰安婦をしていたという事以外に口を閉ざして語りません。

もう一つ、これも沖縄で一九四五年の八月十五日の解放後五日目に起った事件です。

沖縄に偶さんという人が住んでいましたがこの人には十才を頭に五人の子どもがいた。この偶さんの家に日本の兵隊が戦争に負けたということで復讐をしに来たのです。

偶さんと六才の次男は一早く逃げることが

できた。でも奥さんと四人の子どもは兵隊たちに囲まれてしまったのです。兵隊たちは赤ちゃんを負っている奥さんを後から日本刀でつきさして殺し、四人の子どもたちも次々にめった切りにしてしまった。その後で偶さんと次男を捜し出し偶さんの両手両足を縄でしばり上げたうえに、首に縄をかけて三〇〇メートルはなれた海まで石のデコボコした道を引きずっていったのです。その途中で偶さんの命は絶えてしまったのだそうです。

息子はまだ生きていましたが、その子を死んだ父親の上にのせた。子どもが泣き叫ぶと、上官が「ダマラせろ」と命令を下し、その命を受けて兵隊が日本刀で斬り殺した。一家八人みな殺しにされてしまったのですが、解放以前ならともかく、解放後にこんな悲惨な事件が起きるなんて。

先の浮島丸事件もそうですが、あなたがたの知らない、こうした残酷な事件がかなりたくさんあったのです。

強制連行の原地調査の中で、次第にあかるみにされはじめていますが……。

関東大震災の時には六万四千人が殺されています。戦争中は危い仕事はみんな朝鮮人にやらせ、終った後は秘密がばれてはと思い、朝鮮人に穴をほらせて「そこに入れ」と云って石油をかけて焼き、証拠を消していったんですよ。

今、日本に残っている人たちはその子孫であり、実際、苦しい目に会った人たちもいる。現在六十三万人で20才以上の女性は十八万六千人です。

さっき、結婚して三日目に夫を連れ去られた女性の話が出ましたが、それによく似たエピソードがあるんです。

結婚して五日目に夫が引っぱられてしまった。その夫が六年目に妻を日本に呼びよせたんです。当時の朝鮮では恋愛結婚なんて許されなかった。母親が決めてしまって本人の意志なんて尊重しやしません。ですから五日間くらいじゃ顔もロクに見ていない。それが六年目に住所を書いてある封書を手に東京にやってきた。迎えに夫が来ているのに本人はそれとも解らず、トランクを必死に握って立っている。夫はおかしくて「そのトランクを俺にくれないか一緒に行こう」とからかうと、盗られるのではないかと思ったらしく怒って受けつけない。そこで「俺だ、俺だ」と何回もくり返したところ、やっとその男が自分の夫であることが解ったというんですね。今、その人たちは共和国に行っているけれど、わたしたちは、そしい話をしながら笑いたくても笑えない。奥底で涙ぐんでしまう。

でも、今の朝鮮の女はちがいますよ。みんな力強く、どんな風が吹いていても動ぜず、どんな自然の中でも生き抜く女性であることを、みなさん解らなくてはいけないと思います。

在日朝鮮人の教育と福祉

Q—現在、子どもたちは、日本でどのようなかたちで教育を受けていますか。

B—日本には朝鮮人を立派な朝鮮人に教育する学校がなかったので、解放後しばらくの間は寺小屋式の教育をしていたのですが、今では学校が一六一校あります。共和国から教育援助費が年三回送られてきます。一九四七年以降の総額は二〇六億四四〇〇円です。

Q—そのお金ですべてをまかなっているのですか。

B—学校を建てるときはカンパを集めます。
一六一校中、大学が一、高校が十一、中学が五十八小学校が九十一。幼稚園が六十九。

Q—就職のさい、差別がありますか。

B—日本の会社ではいっさい使ってくれませんので、わたしたちの朝鮮総連の機関に配置しています。

Q—たとえば中学卒業の資格を必要とする調理士とか美容師とかいった職業にもつけないのですか。

B—ええ、すべて各種学校としか認められていないので、日本の大学にも進学出来ないんです。それが日本の政府のやり口です。韓国籍の人は大学へ入れるんですよ。

Q—今、あなたがたの学校に通っている子ども数はどのくらいですか。

B—約四万人です。少しづつ増えています。でも保育園まではムリですね。なぜかと云えば朝鮮人は日本のアチコチに散在していますでしょ。だから、どこへ保育園を作ればいいか決められない。

　日本の保育園はまったく入れてくれませんね。個人でやっているところは入れてくれますが、都立、市立、公立などの安いところには入れません。そうなると自分の働いたお金を全部、保育の費用のために出さなくてはならなくなってしまう。わたしたちは愛国事業に従事しているので、たいした賃金はもらっていない。だから高いところには、とても預けることが出来ません。子どもがいると仕事をするのは難しいですね。

　わたしたちの国には三万七千程の保育所があるんですよ。

Q—子どもが生れても、働くのはあたりまえであるという考えが徹底しているのですか。

北鮮にみる福祉と女性解放

B—キムイルソン首席が一九四六年七月三〇日に男女平等令を発布した。とは云っても法令だけで女性が解放されるわけではない。そこで女性が家庭に縛られることなく働けるように具体的な措置がいろいろと取られています。

　保育所、幼稚園の増設もその一つですが、家事からの解放を目的としたおかず工場、ごはん工場も出来た。会社に行くときにその夜に食べたいものを注文しておけばカゴの中に全部おかずが入っている。ごはん工場で暖かいご飯をもらって帰れば、すぐ食事が出来るようにまでなっているんです。

A—わたしは子どもが共和国に五人います。高校の頃に行った者、卒業して行った者、男三人に女二人ですが、わたしは国に一銭も送ったことはありません。みんな国家負担で立派に大学を出て、自分の趣味や能力を生かして仕事をしています。

　一番上の娘は教育部門にいます。二番目は軽工業大学の教授をやっています。

Q—大学には女の教授は多いのですか。

A—多いです。各部門に八十%。専門部門で働いている女性が一六万一五六七人。女性の社会進出率八〇%です。

　共同農業管理委員長は九〇〇名います。最高人民会議の会議員が一一三名。地方人民会議員が六九三五名、専門家、技師一六万二五六七名。

　社会に進出していない女性の場合は人民班というのがあって、家の中で仕事が出来るようになっています。

Q—日本のように扶養手当てはありますか。

A—いいえ、老人になった場合、女は五十五才から男は六十五才から老令年金が出ます。自分の生活が十分に出来るだけの金額です。

日本の社会福祉とはぜんぜん違いますね。治療は無料、教育も無料、家はみんなアパートです。

それに託児所がすばらしい。一週間に一回連れて帰る週託児所、月一回連れていく託児所、これはたとえば外国で公演旅行をしている芸術家たちの子どもを帰ってくるまで、あずかってくれるのです。

平城には少年宮殿がありますが、ここにはあらゆる部門の500の教室がある。課外活動をするところなんですが、学校から帰ってくると、ここへきて技術を身につけるんです。おどりを習ったり、歌を習ったり……。

開城にもありますが、ゆくゆくはいろんな地方につくられることになるでしょう。

一五七〇年の統計では託児所が三万九五三七ケ所、幼稚園が二万三〇五〇。そこにいる子どもの数は二五〇万人。まったく無料です。

子どもの数の多いおかあさん（三人以上）には労働短縮があり、労働時間は六時間。お乳を飲ませる時間は五回あり、午前中三回、午後二回。これを入れると六時間にもならない

Q—託児所は職場の近くにあるのですか。

B—ええ、ですからお乳をのませることが出来るのです。どんな工場であろうとも、すぐ側にある。住宅も近いんです。

アパートの中にごはん工場、おかず工場、洗濯工場それに託児所があるのです。

産前産後は七十七日休ませる。体がわるければいくらでも延期出来ます。

Q—保母さんの労働条件はどのようになっていますか。

B—二十四時間子どもの世話をするのですから保母さんは三交代です。週託児所の場合は一年六ケ月からあずかります。

そこの保母さんは有給休暇をとっている。日数は四〇日。家族同志で療養所に行くことも出来ます。

A—キム・イルソン首席は女性を社会に進出させるために国家的施策をいろいろと講じているわけですが、女性を労働に駆り出すことが目的ではないのです。施設をつくるにはたくさんのお金がいりますが、そのお金より女性が働き出すお金の方がまだまだ少ない。国家的負担の方がはるかに多いのです。

けれども問題の出発点が女性を真に社会に進出させることによって、権利を獲得させ、一人の人間として男性と対等に生活して行けるようにするというところにある。つまり人間解放の思想が流れているのです。

私だったら、もし働かせるためであってもあれぐらいやってくれれば家に坐ってはいないでしょう。家にしばられて、子どもたちとああだこうだと喧嘩しているよりはどんなにいいかわかりません。知能は発達するし技術は憶えるしね。

朝鮮がかかえる女性問題

Q—現在、あなたがたの女性解放運動はどのようなかたちで行われているのでしょうか。

B—今までの共和国の話をまとめてみますと共和国における女性解放運動は三段階に分けられるのではないかと思います。

一つは植民地であった関係上、民主主義的な革命団体における婦人解放。これは婦人を植民地的及び封建的な抑圧から解放するための斗争であったと思います。

解放後は男女平等令を発布して、女性同盟を一九四五年十一月十八日に結成する。それで、わたしたちが女性解放運動を進めていくわけですが、そういう中で社会主義革命の時代に入って行くわけです。婦人たちも当然、社会主義共同化運動に参加していく。そこで得たものは婦人の社会的な解放。搾取と圧迫から解放されるという段階をふまえて社会においての女性解放問題が提起されるわけです。

女性を真に解放するという段階ですけれども、その段階での女性問題というのは人口の半分である婦人たちが自分の役割を充分に果してこそ社会を健全に発展させることが出来るということなのです。

婦人の役割りはなんであるかというと、すなわち人口の半分であるから車輪で云えば、片方の車輪を担当していることになる。このような重要な役割を補っている女性を解放するためには、まず家事労働から解放して社会に進出させるという斗争を押しすすめていく必要がある。そこで、女性同盟が託児所は全部責任をもって運営しているのです。

現在は、北と南を統一し、全朝鮮の女を解放するという段階に入っています。

Q—ここらでCさんに韓国の女性の社会的地位について教えていただきたいと思います。

C—一つは政治的な地位ですが、南朝鮮の女性は現在、政治的な権利を代弁する政治団体を持っていません。

解放後、自主的に四十五年十二月に朝鮮婦女同盟を結成したんですけれども、それが解体されて大韓婦人会が結成されて後、名前を変えながら今日に至っているわけです。

七〇年現在、女性団体数は四十七ですが、いずれも少人数で政治的な活動は何ひとつ行ってはいません。

まあたとえば去年もそうですが、日本では妓生観光反対の運動が盛り上った。南朝鮮でも梨花女子大学の生徒がデモをしましたが、女性団体の中で反対したのは一つだけでした。

それ一つみても、いかに南朝鮮の女たちが自分たちの権利を主張する団体を持っていないかがあきらかです。

それに女議員は一人か二人。定員数二百名中一人か二人なのですから、ほとんど比率は問題にはなりません。

もう一つは法的地位ですが、まだ儒教思想の段階でとどまっている点が多い。

たとえば戸主相続権は真系の長男、或は孫にありとされて、女性には権利が認められていません。男子がまったくいない場合にかぎり女性が相続することになっています。

親子関係にも不平等がみられます。再婚を例にとると女性の連れ子の場合は入籍のさい夫の内意が必要であるのに、夫が子どもを連れてくる場合は妻の同意を必要としないというふうになっています。

私生児の場合でも、夫は妻に同意を求めることなく入籍出来るのに、妻は絶対に許されない。

親族の場合も夫の方はいとこのいとこまで親族にするが、妻の方はいとこまでしか親族として認めないことになっています。

財産の相続権も女性にはありません。嫁入

りすれば他人だということで一銭も貰えない。男がいなくて親の遺言でもあれば別ですが。

それに妻の持ってきた財産は妻のものにならない。嫁いだ先の家のものになってしまうのです。

南朝鮮は昔よりも男女の不平等がひどいですね。それは民法作成のさいにも日本の残していった支配構造をそっくり受けついでしまっているからです。だから戦前の日本での女性の地位の低さがそっくりそのまま残ってしまっているのです。

C—さきほど、妓生観光のはなしが出ましたが、売春問題についてもう少し詳しく教えて下さい。

南鮮女性と妓生観光

C—日本でもGHQが入ってきた時に一部の日本女性を占領軍に与えましたね。それと同じなのが妓生観光なのです。

解放前は八万人の慰安婦がいましたが、そのうち六万五千人が朝鮮女性でした。解放後の売春婦の数は朴政権の発表では二万ですが、六十六年に調査したところ実数は三十三万四〇二三名です。ソウルでは年間二〇%ずつ増加している。女性十五人のうち一人は売春をしていると云われています。

朝鮮戦争が休戦になる少し前の一九五三年五月三十日現在で、アメリカ兵を相手にした売春婦は二万五四七九名。そのときに生れた混血児が約一〇万人ぐらいいます。

南朝鮮では、こうした混血児を受け入れる体制が出来ていないので結婚や就職の問題が彼らたちの上に大きくのしかかっています。

現在、妓生がホテルに自由に出入り出来るためには証明書がいるのですが、ワイロをつかわなければ、この証明書は手に入らない。証明書を持っている妓生がソウルには二〇〇〇名いますが、ワイロの使えぬ妓生は証明書がないので道端で客を拾わなければならない。

一口に妓生といってもチャンと階級別になっているんです。でも、いずれも大巾に稼いだ金を搾取されています。

わたしたちは、こうした売春問題を本当は語りたくないんですよ。朝鮮女性は昔から貞操観念が世界でもっとも強いと云われていたんですよ。

この前、朝鮮女性という本を書いた人がいましたが、日本が朝鮮を侵略したとき伊藤博文が朝鮮女性は貞操観念が大変強いときかされていたので、なんとかこれをくずそうと、あらゆる手段をこころみたが結局は目的をはたせなかったということを書いていました。本当にその通りだったんですよ。

それが今、南朝鮮では、いいえ、悪いヤツがいて日本にまで連れていって売春をさせている。新宿に行けばみられますよ。あちこちで働かせてピンハネしたり。

南朝鮮の女性も日本に来たら、なんとかなると思って日本人と仮りの結婚までしてやってくるんですよ。それでいて、仮りの結婚の相手に働いた分をほとんどピンはねされてしまうからお金はたまらない。南朝鮮では親も子どもも送金を待っている。涙ぐましい話しがたくさんあります。

Q—妓生がそんなに沢山ふえたのは、いつ頃からですか。

C—一九六一年八月に遊興観光振興法を朴政

権が成立させ、売春観光の事業体である国際観光会社を設立したのです。このときから売春が国家的な企業として外貨獲得のために盛大に利用されることになったのです。

　一九七三年十月に朴大統領が日本のある高官とあったのですが、その時云った朴大統領のことばが記録に残っています。

「妓生観光は資本も施設も資源材料もかからない外貨獲得策であり、また、競争者のいない独占企業である。将来が有望な人気産業、これからも売春観光を国家企業として積極的に奨励していく方針である」と云っているではありませんか。

　一九七二年には妓生観光に行っている日本人は約十九万。一九七三年になると日本人五十二万人、諸外国の観光客を入れると年間約六〇万人。日本人であろうが日本にいる朝鮮人であろうが、週に一回は南朝鮮に通っている人さえいる。そして、二号、三号を作っている。

　妓生はソウルで約一万人いますが、その半分が観光客を相手にしているのです。

在日朝鮮人の生活

Q—はじめの方で、在日朝鮮人にたいする差別の問題が出ていましたが、もう一度その問題をくわしく伺いたいのですが。

B—職業問題がどうなっているかというと、法務省の外国人登録に掲載されたデータしかありませんが、このデータによると十八才以上の在日朝鮮人一八三八六人中技術者十六人。美容師、床屋五七六人、教員二八三人、これは全部朝鮮学校の教員です。

　生産工程の従業員が三八五八人、事務従業者が三九七三人。この人たちは朝鮮の銀行関係に働いている人たちで日本の企業で働いている人はほとんどいません。

　朝鮮人は使わなくていいという労働省からの通達があるから、これは差別ではないと企業サイドでは云っています。

　職業だけではなく朝鮮人だからということで、まず公営住宅の入居資格がない。七五年度になってようやく自治体の判断によって朝鮮人を公営住宅に住まわせてもよいということになった。去年のことです。

　東京都では、もう少し前に許可が出ましたがいまだに、朝鮮人を入居させない自治体が、いくつかあるのです。

　そうそう、児童手当ももらえない。墓地を買う場合も、わたしたちは規定の5割ましなんですよ。

　進学の場合、文部省がどのように指導しているかというと、たとえば愛知県の例を引いて説明すると、私立のC高校では日本人の生徒は平均点3あればいいが、朝鮮の子どもは三・五ないと入学出来ない。そのうえ素行が良いという証明書がなければダメだし、高校卒業のさい、就職の世話をしないという諒解事項までがくっついているんです。

　日本人生徒五人に対して朝鮮人一人を抱き合せにしている学校もある。都立高校の場合は朝鮮系の中学を出ても検定試験にパスさえすれば入学が許可されます。

Q—税金はチャンとはらっているんでしょ。

B—ええ、むしろ、日本人より多くとられているんじゃないでしょうか。日本人には税金が還元されるのに、わたしたちの場合はなんにも戻ってこない。わたしたちのために使っ

てくれたことは一度もない。

役所の窓口で税金をチャンと治めているのに「なぜ保育所に入れられないのか、児童手当てがもらえぬか」と問ってみても「日本人ではないから」と言われるだけなんです。

朝鮮の人たちの生活水準は日本人に比べるとまだまだ低いですねェ。

職場が閉ざされているので、やはり家内工業で働く女性が多い。ケミカルシューズを作っている人の話しを聞くと、朝の8時から夕方の6時まで働いて、やっと、その日その日の生計を維持しているとか。

夫がダンプの運転手とか鉄クズ回集や廃品集めをしている場合は妻が助手席に乗って共働きをしているケースが多いようです。

日本の企業では、絶対に働けないとみんな諦めているんです。

しかし反対に朝鮮人の企業家がいる場合、そこで働いている人は百人いるとすれば、それはみんな日本人なんです。

日本人につかってもらえなければ自立して経営者になろうとする人たちが、かなりいるわけです。

彼らたちは、自分たちが虐げられてきているので、かえって働く人たちを差別しない。だから、みな十年十五年と働いて短期でやめてしまう日本人はほとんどいませんね。

Q－一般市民の中にも、いわれなき偏見を持っている人が少なくないでしょうね。

B－朝鮮人はニンニク臭いとか汚たないなんて云う人が結構いますね。

最近、わたくしの娘が民族服を着て、友人と二人で定期を買うために並んでいたら、その後に並んでいた四十才ぐらいの女性が、ロの中で朝鮮人がどうのこうのと文句を云っていたそうです。

まだ、まだ、なにか一つことがあると、朝鮮人、朝鮮人と正当なことをやっていても、こうしたカゲロを聞かれるのが現状です。

こうした日本人の差別から逃れるために、帰国した人は九万三千人います。逆に日本人に同化するために帰化した人が一九五二年の時点で約一〇万。帰化する傾向が段々に強まってきていますね。

ですから、わたくしたち、女性同盟では女性の民族意識を向上させるために、お母さん学級をつくったり、文化サークル活動をひろめたりしているんです。

A－わたしたちは、帝国主義時代の日本が朝鮮に対してやったことの恨みは胸の奥底に今も残っています。だけど、今の日本の人たちにはなんの恨みも持っていない。

わたしたち共和国では男女平等になりましたが、在日朝鮮女性は、人種差別と女性差別の二重苦を背負って生きている。でも、わたしたちは負けてはいられません。

日本の女性ともっと親しくなり、もっと連帯しあって斗っていかなければというのが、わたしたちの終始一貫した方針なのです。

（文責吉武）

スウェーデン

社会に進出する女性たち

ビャネール・多美子

「長年、主婦生活を送り、子供も学校へ行くようになって手がかからなくなったので、外に働きに出たいと望むお母さん達への忠告」こんな記事がスウェーデンの社民党系新聞、アフトンブラーデット紙に載ったことがある。

「主婦である自分も独立した人間であること、家族の為ではなく、自分自身の為に職業を持ちたいと思っていることを家族と話し合おう。これからは、家事は家族皆が分担してやらなければならないことも説明しなさい。この時、家族が急に、ママは料理がうまい、家事がうまいなどといい出しても耳はかさないこと。最初が何より肝心、新しいことを成し遂げるには家族の理解が必要、それは貴方の出かたしだいです。

仕事を探すには職業安定所に行き、申請しなさい。家で待っていても、だれも仕事を持ってきてはくれませんよ。

家族のだれかが掃除などをしている時に、あー、わたしがやった方が早くいくのになあー、と手がモゾモゾするよ

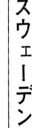

うだったら、両手を後に組みなさい。これからは家族があなたとは違うやり方で掃除をすることを認めなければなりません。

また次のことは家事の一部ではなく、めいめいが自分でやるべきことなのです。

寝床の片づけ、・洋服のつくろい・新聞のかたづけ・灰皿ゴミ箱を空にする・靴みがき・ズボンのアイロンかけ・洋服の始末・医者への予約電話・旅行時の荷物のまとめ」

記事はそれから職につきたいと思っている人の例をあげ、終っていた。

確かに、子供がいても外に働きに出る女性は非常に多い。友人のマリーは五人の子持ち、歯医者夫人であるが、「あなた何しているの」と聞かれ、ただ主婦よと答える時、何ともいえない後めたい恥しい思いがした、と云っている。結局、彼女は一番下の双子が八才になった時、看護婦として朝八時から夕方五時迄、毎日働き出した。マリーいわく「最初は他の人に能なしに見られるのがいやで、働きに出たけれど仕事を持って本当に生活に張りが出来た。家族も喜んで協力してくれるし、二度と主婦専業にはもどりたくない。」といっている。またエンジニアを夫にもつサンデルさんは二人の子持ちだが、ここ五年間、三時起きで、子供の小さな頃に使った乳母車を利用して、新聞配達をしているという。理由は「自分で得るお金は何ごとにもかえがたい。出来るだけ長く続けたい。」といっている。そして新聞配達にはかなりの女性が働いているともいっていた。

◇　◇

わたしは昨年の夏、ストックホルム郊外の島にある学童達の夏休み村に取材に行ったが、その時、子供達の会話で何度か耳にしたのが「君のママ、何してるの。」「どこに勤めてるの。」であった。何か非常に強烈な印象を受けて、先生に聞いてみた。「一昔前だったら、パパ何してるの、が普通だったけれど……七才を対象にした最近の調査だとその親の四割は独身の親ですからね。ママ何してるの、は少しも不思議ではないですよ。」ということだった。

また、職を持った女性達は、その職がどんな種類のものであろうと、職を持っているということに非常な誇りを感じているのも話してみるとよく分る。二年程前に起きた掃除婦達のストライキもいかにも堂々としたものであったこ

とがそれを証明する。

一九三〇年代には職業を持つ既婚女性はただの十％弱であった。五十年代には十五％、それが、六十五年には一挙に四十七％、七十年には五十五％、七十三年には一七才以上の子供を持った職業婦人は六二％、その数字は増加の一途を辿っている。

共産圏を除いては世界でも女性の地位が最も認められているといわれるスウェーデン。なぜ、これまでになったのであろうか、見てみたい。

まず、一九六〇年代に労働力不足で、女性の職業進出が叫ばれ、多くの門戸が女性に開かれたが、何といっても、五十年も続く政府与党、社会民主党の一貫した平等政策に負うところが多い。人間平等を目指して、あらゆる点が改正されつつある。例をあげれば、男女平等で大きな改正は一九七四年の新婚姻法で、夫婦共、独立した人間として認められ、離婚する場合も今までのように性格の不一致など苦しい言いわけをしなくても、至極簡単に出来るようになった。またそれまで、女性だけしかとれなかった産休育児休暇が、一九七四年からは父親でも母親でも仕事の都合のつく方が七ケ月間もとれるようになった。また、家庭にいる夫婦であっても、ある程度の金銭的補助がその期間受けられる。子供が病気になった場合も十日間の看護休暇がとれるが、これまた父母どちらでも都合のつく方がとる。

また、職場においてはパートタイム（臨時ではなく、労働時間の短縮）、パートナーワーク（二人三脚で、二人で一つの仕事を受け持つ、労働時間など、全て二人で決める）、自宅職場労働分担（例えばオフィスで六時間、自宅で二時間と労働分担する）など、経営者側の協力を得て、労働時間に柔軟性をもたせているのも特徴だ。そして、これらの制度を利用するのに、まわりに気がねなどしない。当然の権利としてとっているのは当り前のこととはいえ、たいしたことだと思う。だから男性議員であっても育児休暇をとって、奥さんは職場になんてこともさして珍しくなくなってきている。そしてこれら休暇をとった男性の感想は子供と一緒にいられることの素晴らしさ、大切さを経験から語っている。

◇　　◇

これらの理由の他に、生活の合理化が女性を職場に進出させている大きな原因の一つになっていると思う。平均生活水準が世界で最も高いといわれ、住いの構造をみても広

々として使いよく、物の整理がしやすいように出来ている。お湯もどの家でも出るから、掃除などもいたって容易、広いからあまりほこりも溜らない。ゴミの整理もアパートだったらダストシュートへ、一軒家であれば、一週間分はゆうに入る大きな紙袋をゴミ屋さんの方でゴミ立て器にたてていってくれるから、そこに捨てておけばよい。買物も大きなスーパーに行くと、業務用かと思う程とてつもない大きなパック入りで食料品、日常品が並んでいる。それらをまとめて買って冷凍庫につめておく。夕食は冷凍のミートボールに、これまた冷凍のフライドポテトなんていうのはウィークディのかなり一般的な食事のようだ。見ていて味気ないなあ、と思うことも事実だ。ベビーフードの種類の多いのも世界有数だそうだが、スープ、主食、デザートまでフルコースで瓶づめであるから、暖めさえすればよい。おムツももちろん紙オムツに使い捨てのプラスティックカバー。布地のおムツを探しまわって見つからなかった経験がある。このように生活が合理化されているから、主婦専門でやっていたら時間が余ってしまう。だから多くの主婦が乳児がいても、夜間など語学講習などに励む人が多いし、出来れば仕事を持ちたいと思うのは当然のことである。

しかし、家庭を持つ女性の多くが、社会制度や家族の協力を得ながらも、家事と仕事の二重労働を強いられ、能力がありながら、パートタイムなどの仕事を余儀なくされているうえ、女だからの理由で低賃金で働かなければならないような差別が次のリストでもはっきりしている。

- パートタイムの八十八%は女性
- 女性の独占的な職業は給料の安い、伝統的に地位の低いとされる看護婦など看護関係の仕事、ウェートレス、店員などのサービス業、事務員
- 職場で指導的な立場で働く女性は男性の十分の一
- 男性と同じ仕事をしても給料は平均十五%安い。
- 婦人の国会議員は全体の十四%
- 地方自治体では百人のうち女性議員はただの七人
- 給料の安い保母や低学年教師の九十九%は女性

このように厳然たる差別の現実を出来るだけ早く平等化しようと一九七二年十二月に男女平等化促進委員会が総理大臣直属として結成された。メンバーはオール女性十二人で、全国に現役として働いている工場労働者、電話交換手看護婦、助教授、主婦などからなっており、月に二回程定例会議を設け、平等化問題に関する市民運動、広範囲な情報研究活動機関と協力して、当局や自治体、経営者側に圧

(76)

力をかけ、政府に具体案を提出する仕事をしている。委員会の目標は次の通りである。
・女性にも男性にも全ての人に職を
・性差別のない職場を
・組合や職場での政治力を女性に
・平等な家事分担
・男性の役割り分担に柔軟性をもたせる
・マスコミには現実的な女性像の紹介

◇　◇

一九七三年と七四年にはまず男女の労働市場に立ちはばかる壁をとり除くことに力をいれ、次の三点に力がいれられた。
・典型的な男の職場に女性起用、反対に女性の職場に男性を起用したり、職業訓練を受けさせたりする経営者には特別補助が与えられる。
・会社が国の地方補助を受ける場合、どちらかの性が最低四〇%でなければならない
・職業安定所では百人の人員を増やし、女性に良い職業を紹介する仕事に専念している

この他、高校では技術科に進む女子は四～五%という現状なので、現場で技術面で働く女性グループが自分達の経験を通して、女子や経営者、学校側に女性も技術職業にむくということを知らせる。実際に今までは男性の独占的職場にあったクレーン車の運転手など、女性がやって、その報告結果によれば、女性の方が注意深く、仕事熱心と出ていた。

その他、これからの委員会の目標としては、労働時間の短縮、一日六時間労働にする。これは子供がある人はより多くの時間を子供と過せるように、また一般には講習や社会的な仕事により多くの時間が使えるようにとの意図である。また保育所の増設やマスコミの協力も拡大するなどである。このように前向きの政府や社会組織の姿勢と平行して、「男女差別をなくす具体案は男性からは聞けない。だからわたし達の手で」という一般的に女性の意識が非常に高いということで、女性の地位は女性自の手でだんだんと男性に近づいているが、それだけにスウェーデンの女性は人一倍、努力していることを見のがせない。教員組合の女性部長であるヨハンソンさんのことば「女性はすぐそれだから、といわれないために、男性の二倍は働きます。」にも同様のきびしさは感じられる。

（フリーライター）

中国

批林批孔と婦人解放

田中寿美子

一　中国における階級斗争の進行の中で

私は一九六六年十月、プロレタリア文化大革命のはじまったばかりのときに訪中したことがある。当時は紅衛兵のあらしのような立ち上りで中国中が騒然としていた時であった。当時紅衛兵のさきがけをした北京の精華大学や、大字報第一号をかかげた北京大学を訪れて、若い紅衛兵たちからプロ文革の意義を聞いて、どえらいことが始まっていると驚き、中国は真の革命をやり直しているのだと考えたものである。

八年後の一九七四年九月、久しぶりに日本婦人会議の編成する代表団をひきいて中国に入ったときは、プロ文革は一応収拾し、静かにおちついていた。あくまでも社会主義政権の下で革命を進行させるという「継続革命」の理論に基いて、もはや毛沢東主席の巨大な肖像や巨大な文字のスローガンの垂れ幕や、壁にべたべたと貼りつめた大字報は見られなくなったかわりに、ひろく潜行する革命は中国人民のきびしい生活の姿勢にみなぎっていた。

中国の指導者たちによれば、労働者階級が政権をとり、革命政府ができたらそれでよいというものではない。人民の思想にのこる長い歴史の伝統でつみ重ねた古いものを一掃するためにはイデオロギーの革命をやらねばならない。すなわち思想など上部構造を積極的に革命化しないと、下部構造（生産力と生産関係）すらも後退し、反動化しやすい。上部構造と下部構造は相互に作用するものである。それを見抜くのが弁証法的思考ではないかというのである。

したがって社会主義政権をうち立て、社会機構を変えても、人々の思想にのこる封建性や資本主義の遺物を一掃するための文化革命が必要だったのである。このようなプロ文革を遂行する過程で批林批孔はみちびき出されてきたものであるということも、その旅の間に私は認識することが

できた。

中国で階級斗争をやると言えば、社会主義国に階級があるのか、と不思議に思う人もあるだろう。これも唯物弁証法に則って具体的に事実を見なければならない。たとえば北京大学や精華大学その他のエリートの大学をとってみると、それらは解放前の中国の上流階級の子弟が入っていた学校である。解放後といえどもそれらの大学を卒業したエリートの子弟が上級官僚となり、大学の当局の主要な地位を占め、各種の国家機関の指導層をしめてきた。人民公社の管理部門すら、かつての地主の子弟の大学出によって占められたていた。それというのも大衆はほとんど文盲だったからである。また旧資本家も残っていて生産部門の枢要な職についていたり、技術者としてのこっているし、小資本家は公私合営の企業の管理者となった。その他、台湾や外地から帰国する華僑なども、いる。こうしたエリートや小ブルジョワジーの人々を指導層においておくかぎり、革命が変色しないと誰が言えようか?

そのような資本主義や封建主義、あるいは買弁資本家に残っている古い思想の残りかすを一掃する斗い、それが階級斗争なのである。こういうことをやらない社会主義国は革命を行っても変色し反動化するだろう、というのである。

このごろ反右派斗争が再び中国に起っていると報道されている。それはプロ文革の延長線上にある階級斗争なのだといわれる。プロ文革の初期に批判の目標とされた鄧小平氏が副首相の地位に復帰し重要な役割を果していたが、その彼が再び批判の的のようである。私は周恩来氏亡きあとの若き後継者と目されている王洪文氏のつぎのような言葉を思い出す。

「プロレタリア文化大革命とは、資本主義の道を歩む実権派を斗争でたたきつぶし、ブルジョワ階級とすべての抑圧階級のイデオロギーを批判し、教育を改革し、文学、芸術を改革することである。——そしてこれは社会主義の条件の下での政治大革命である。」

二　批林批孔について

ところで私たちの七四年九月の旅行は批林批孔運動のたけなわの時であった。世界の四大聖人の一人孔子の思想は、中国だけでなく朝鮮、日本でも儒教思想として二千年来支配階級がよりどころとした思想であるが、それ故にまた民衆にも浸透させられていたものである。年配の日本の有識者はしばしば論語の言葉を引用するくせがある。そ

れほど深く入りこんでいる思想を批判するということは重大なことのように思える。しかし思想的立場を唯物弁証法におくものであるなら、この世の中に絶対的な価値などというものはないはずであるから、考えてみればこれも驚くにはあたらないのである。これは思想の革命であるところのプロ文革の当然の帰結でなければならないのである。イデオロギーに革命をもたらそうとするならば、これまでのイデオロギーの基礎となり、二千年来の価値の基準とされてきた思想をひっくりかえさない限り、不可能であろう。

中国ではすでに大分以前から孔子批判ははじまっていたが、一九七三年八月の第十回中国共産党中央委員会大会で、はっきりと孔子批判が打ち出され、またこの年毛沢東の後継者とみなされていた林彪の失格も公式に確認された。それ以来、孔子の思想は支配階級の思想であり、奴隷制擁護の思想であると公けに非難された。右翼日和見主義者や修正主義者は好んで孔孟の思想を使ってきたものである。今やこのパターンを破壊せねば思想革命は成功しないとさとったのである。

さらに七四年一月からは林彪批判と孔子批判とを結びつけた「批林批孔」のキャンペンがさかんに行われるようになった。北京大学、精華大学の批判グループは七四年二月の紅旗に論文を掲げ、つぎのよう言っている。

「孔孟の道は二千余年にわたる我国封建社会と半植民地、半封建社会の支配思想となり、歴代反動支配者の勤労人民奴隷化の精神的カセとなり、また復活をはかり、共産主義に反対するあらゆる反動派の思想的武器となった。歴代反動支配者が孔孟の道を大いに提唱し、強引に押し進めたため旧中国の社会生活の各領域に浸透し、多年の伝統的観念となった。」と。

林彪が好んでつかった言葉として度々指摘されていたもののにつぎのようなものがある。「心を労する者は人を治め、力を労する者は人に治められる」。これは肉体労働を軽べつし、精神労働を重視することであって社会主義革命の階級斗争に反するものとされた。また「女子と小人は養い難し」という有名なことばがある。私たちが度々聞かされてきた言葉である。これはどれいとともに女性蔑視のことばである。「上智と下愚は移らず」、これは天命論で、生れつき賢明な者と生れつきばか者とはとりかえられないということで人々に宿命観を植えつけ人間の進歩をおさえるものである。また彼が好んでつかった孔子の「中庸の道」は修正主義に通じ、徹底的な革命の遂行に反する。また孔子のいう「仁」は人類不変の愛のことであるが、唯物

弁証法によれば何事も不変のものはない。労働をすべて発展の過程でとらえるという唯物弁証法に真向から反するものである。「己れに克ちて礼に復る」というのは、旧体制に帰ることを意味しているというわけである。林彪はこういう言葉を愛用して何とも思っていなかったほど、反動派だったというのである。

ひとり林彪だけでなく、中国の人々はしばしば孔孟の言葉を引用していたと思われるが、そのこと自体がいかに既成の道徳や概念にとらわれていたかを示すものであって、この点を反省したことは重大なことである。こうして何千年来中国を支配した思想家としての孔子批判は修正主義路線に走った林彪批判とむすびつけられ、断乎として社会主義革命をやり抜くものはこの思想ととり組まねばならなくなっていた。

三、婦人解放には批林批孔が不可欠

とくに批林批孔で私たちに関係ふかいのは孔孟の教えにある男尊女卑の思想を否定したことである。この点では私たち日本女性にも批林批孔は共感できるものが多かった。日本に根づよくはびこった「三従七去」の教えは孔孟の教えが儒教思想となって日本につたわって日本の社会にひろめられたものである。中国では三従四徳と云って、女の男への隷従を規定し、また、「女児経」や「三字経」などでこまごまと尨大な量に上る戒めの規則をつくって、女のしてはいけない教えを並べたて、女はその下でしつけられてきたということである。現在、男尊女卑の思想を一掃せよということで、これらの教えの批判の学習会が工場でも農村でも、あらゆる場処で行なわれている。これは中国の女性解放を現実に押しすすめる原動力になりつつあり、あらためて各方面への女性の進出を意識的にすすめているのが見られた。私たちの訪ねたところではどこでも共産党や政府機関、大衆運動体、その他企業の各機関の幹部に女を抜てきする運動が進められており、新しく幹部を撰ぶ折には候補者のリストに女性の数が一定数入っていないと承認されないという説明をうけた。こうして最近目立って重要なポストに女性が進出している。

最近の中国の党や政府の中央機関にも労働者、農民の新人や女性が重要な地位に抜擢されているが、これは批林批孔運動とともに目立ってきたものである。やはりそのような思い切った運動がないと自然のままでは労働者、農民、女性が中枢部の指導者となるのには時間がかかるものと思われる。中国はそれを思い切って実行しているのである。

(81)

例えば私たちがよく知っている李素文さんは、瀋陽の青物市場主任だった。彼女はいまでは中国共産党中央委員で、隙寧省の革命委員会主任であり、国連婦人の地位委員会の中国代表である。それでも中国では革命の幹部も一般労働者農民もみな一様に労働に従事することになっているので、李素文さんも公務の合間に瀋陽の市場に働いている。模範的な社会主義農場として知られる大塞人民公社は二十七才の女性、敦鳳蓮さんが革命委員会主任となっている（主任とは委員長のこと）。大塞人民公社を今日あらしめたものは陳永貴氏という農民指導者の下に若い女性から成る「鉄の娘隊」をはじめ成人の農婦たちの革命的活動である。私たちは大塞で女性で枢要な地位についている人が多いのをみて感心した。昨年来日した中国の訪日婦人代表団の一人、大塞人民公社の宋玄英さんは、四十三才の根っからの農民で、解放前には地主の家にどれいとして売られてきた人で、文盲だったのである。彼女の手はどれい当時の苛酷な労働ですり切れて第二関節からなくなっている指があった。そして文字をあまり書かないが、私たち十名余のものがつぎつぎと質問を出すのを頭の中におさめ、順序よく整理して答える能力には感心してしまった。彼女は地主によってどれい同士結婚させられたが、夫とともに反日武装斗争に参加して勇敢にたたかったのである。このような人たちが優れたリーダーとなっていることは驚嘆に価することであり、またそのような底辺の女性たちが仲間のリーダーとなっていることこそ女性解放の具体的な姿ではないだろうか。

現在中国共産党の中央委員の中には一五％の女性がいるが、中央委員候補では二〇％あり、やがてもっと増えるだろう。最高人民委員会（国会にあたる）では女性は四〇％ちかくになっている。これらは批林批孔運動の展開以来一層女性の抜てきがすすめられた結果でもある。昨年（一九七五年）一月に開催された第四期全国人民代表大会第一回会議では中国の新指導部の中に多数の労働者、農民、女性が進出していることが発表された。中でも副総理に西安の若い労働婦人呉桂賢さんが入れられていたことは画期的なことである。また閣僚には水利電力相と衛生相に二人の女性が入っている。批林批孔運動が婦人解放にもたらす成果は目をみはらせるものがある。

四、現在婦人がくりひろげる批林批孔運動

かつて毛沢東主席が揚子江を遊泳したとき、女性にも泳ぎをすすめて「男の同志のできることは女の同志にもでき

る」と言ったと言われ、それ以来女が男と同等に活動することをすすめるときよくこの言葉が引用される。しかし今日では批林批孔運動の進展とともに、家事育児の負担を働いている妻にのみおしつけることは不可とされ、男性の家事育児への参加が奨励されていた。今では「女のすることは何でも男もする」という言葉にかわりつつある。現在、家族ぐるみ、街道（町内）ごとにあるいは職場で班をつくって批林批孔の学習会がさかんに行なわれている。工場などでは孔子批判の壁しんぶんの絵などが描かれている。

このことは孔孟の教えがいかに民衆の生活を支配してきたかを意味し、今後相当の期間にわたってこの運動はつづけられねばならないだろう。人間の思想はつねに社会構造の変革よりもおくれるものだからである。私たちが訪れた各地の工場では、以前とちがって工場主任（工場長）が男性の場合には必ず女性の副主任や組合代表が同席して工場内のことを報告したが、その際必ずといってよいほど批林批孔運動の報告があった。

西安市の近くの紡績工場では一人の女子工員半さんの家族がそろって出てきて、半さんの家庭での批林批孔の学習会のやり方を見せてくれた。家族は本人、夫、夫の父、息子と娘二人六人である。そのやり方は、半さんが先ず林彪と孔孟の反動的な思想を「三字経」、「女児経」、「弟子規」などによって批判を加える。その中には超階級的な人生論、唯心論、中庸の道論が展開されており、勉学すれば官吏になれるという心構えが宣伝されているという説明であった。

この日は主として「弟子規」の中の思想を批判した。夫の父（半さんの舅）は孔子の「仁愛」について人間みな愛しあえるという支配階級への奉仕が説かれていることを指摘する。しかし孔子は人を殺している。どこに「仁愛」があるものか、また林彪は孔子の忠誠な弟子で毛主席に対し表面お世辞を云いながら暗殺を企てた。「仁愛」はどこにあるのか。階級社会には人民の愛はない。階級敵は自分らを愛するはずがない―と。

夫は「天命論」と「天才論」を批評した。それは「上智下愚」の思想である。林彪はこれを宣伝した。初等中学二年の息子は孔子の「口数は少い方がよく、自分とかかわりのないことにかかわるな」という教えを引用してたべること寝ること一切に規則を作ったことを批判した。自分は学校で批林批孔運動をしていると言った。

一才ちがいの娘は「学習に優れれば役人になる」という林彪のことばは「孔孟の本を読まねば聖人になれない」と

いう孔子の教えと同じであるといって、この思想は青少年をブルジョワジーの手先きにすることである。自分らが学校で学ぶのは役人になるためではない、将来よりよく人民に奉仕するためである、自分はプロレタリア階級の頼りになる後継者となりたい、と述べた。

一番下の十才の小学三年生の娘は「孝悌」の教えをとって、これは人々に古い秩序にそむくなと教えるもの、造反や革命を許さなのものだ。だが自分は毛主席の言葉に従い、流れに逆う精神をもってプロレタリアートの後継者となりたい、と。そして批林批孔のうたをうたって踊ってくれた。

最後に半さんは「弟子規」が婦人を束縛している教えであることを批判した。それは人はみな平等というが男尊女卑、女子は無用のもの、男が運命をきめるとする。女が家にとじこもって古い規則に束縛されていたのでは革命はできない。いま自分たちは立ち上っている。自分はまだ学習不十分なのであくまで運動をつづけたい。副総理になった呉桂賢さんはこの工場出身の模範的な労働婦人であると一。

半さんはそのあと私たちとの質疑の中で、このような家族の学習会によって男たちの考えがかわりつつあると言った。男尊女卑の思想は人々の中に深く入っているので斗わないと古い思想はふたたび根づく危険がある。自分の家でも食事の支度、せんたくは妻がやった方がよいのではないかと思われていた。批林批孔運動を通じて思想が変えられていった。いま家族は団結して、愛情と協力の雰囲気をつくりあげつつある。今では先きに帰宅したものが誰でも家事やせんたくをするようにしている。家庭学習会は毎週土曜日にしていると。

いま、中国婦女連合会では全国的に批林批孔運動をくりひろげている。北京ではちょうど全国から集まってきた地方の婦人代表が学習会をしているところだった。職場や行政政治の部面で女が対等になるには、物質面だけでなく思想を徹底的に変革させる学習運動が必要であるとしてそれを起こしている。農村の人民公社の各級の単位―生産隊、生産大隊に、また工場や企業に、街道（町内）に、その際のテクストは孔孟の教えを収録してある「女児経」や「三字経」である。現在それらは長文のテクストから部分的にとり出して印刷してつかわれていた。それは女性の思想を深めるものである。北京市婦女連合会の徐光さんの話では、婦人が今日ほどマルクス・レーニン主義や毛沢東思想について学習したことはなかったという。

家庭での批林批孔の学習は先きの例のように家庭内の団結をつよめている。家族の男女、姑と嫁は話しあい、学習によって同志であることを悟るのである。北京市では大衆の教育宣伝に当っている理論部隊が一七万人いるが、そのうち六万人が女性である。北京市街道の革命委員会（日本の区役所に当る）でも女性の幹部が六〇％以上をしめていた。

以上、私は見てきたこと、聞いたことを報告したにすぎない。あれから一年以上たっている。批林批孔運動の成果が中国の婦人解放にさらに大きく寄与しているだろうと想像される。国際婦人年で婦人問題を大きくとりあげるようになった世界の婦人運動の中で、社会主義革命をすすめている中国の婦人解放の姿は私たちのとりくみ方とはちがった異彩を放つものである。もっと研究してみる必要があると思う。それは社会主義革命さえ進めれば婦人解放なんてとりたてて論ずる必要はない、といった形式論ではすまされない実態を示しているからである。

フランス

女性解放の現在と未来

田中喜美子

フランス女、という言葉から私たちがごく通俗的に連想するもの、それはおそらく、ヴォーグの表紙をかざる青白く、繊細な美女であり、ゲランの香水のかおりであり、鳥のさえずりのようなフランス語のひびきである。

しかし少しでも深くフランスを知っている人々は、パリの消費的な華やかさの底に、この国の人々の農民的堅実さが今もなお生きつづけていることを身に泌みて知っている。

夕暮になると窓辺に席を移し、さらにうす暗くなると戸外に出て編物の手を動かしつづけるのがフランス女、うすら寒い日にも、アメリカ人のようにすぐにヒーターのスイッチを入れず、セーター一枚を重ねて凌ぐのがフランス女である。

実際的な面だけでなく他のあらゆる面においても、日本人やアメリカ人のようにすぐに〝便利な〟ものにとびつかず、昔ながらの流儀を頑固に守り続ける、あっぱれ?な保守主義がフラインス人の特徴と云える。

一方、知的、芸術的な感受性の鋭さ、デカルト的分析と演繹をことする明晰な――あまりにも明晰な論理、言葉と行動における熱しやすさなどが、フランスに他の国に先がける、自由と革新の荷い手の性格をを与えていることも否定できない。保守と過激の独得な共存――それがフランスの社会なのである。

婦人問題も例外ではない。一部の女性たちの新しさと、一般の女性のあいだの断層は、おそらくかなり大きなものであると思われる。なぜなら日本のように、一見近代化された社会の各分野に、よくよく見れば近代的個人はほとんど存在せず、実は昔ながらの「ムラ」意識がはびこっているという新旧の混淆状態とは異り、すべてが余りにも明確に表現されるこの国では、建前と本音の差などはほとんどなく、各人が自分自身の価値観をふりかざして激突するか

らである。

七四年十一月に合法化された妊娠中絶の自由化をめぐる賛否両論の沸騰ぶりにも、カソリックに代表される保守主義と、女性の選択権を第一に押したてるウーマン・リブ派との、思想的対立のはげしさが見てとられる。

根強いのはカソリックの伝統ばかりではない。ナポレオン法典によって確立されてきた家族制度の精神もまた、脈々と生きつづけている。一九三八年の夫権の停止以内、約四十年を経た現在においても「上院議員A及びマダムAは、長男Bが、×大学教授C及びマダムCの長女Dと、結婚いたしますことを謹んでお知らせいたします」といった類の、日本より数等格式ばった封建的？通知状がまかり通っているのを見ても理解される。もっとも、その娘が、勉学に励む学者の卵で、長年外国で研究をつづけたしっかり者であったり、フリー・セックスを実行している〝解放された〟女性であったりすることも、また珍しくはないのであるが。

ここで、フランスの女性の現状を統計面から概括してみよう。

周知のように、一八〇四年のナポレオン法典は、家族制度の強大な権威をつくりあげ、親権、父権を強化して、夫に家長としての支配権を与えており、妻は相続権も親権も持たない完全な法的無能力者として規定されている。

一九三八年、一連の立法によって、妻の無能力者としての位置づけは漸く終わりをつげるが、選挙権ははるかに遅れて一九四六年、ド・ゴールによって与えられた。一説に依れば、左翼の進出を怖れたド・ゴールの、保守票の増加をねらっての対策だったとも云う。

このように法的な面を通じてみる限り、フランス女性の地位は、さほど恵まれたものだったとは云えないのであるが、日本の新憲法の男女同権が、実はいっこうにわが国の現実を反映していないのと同様に、フランスの女性の現状は、法律の歩みから見るよりもはるかに進んだものと云うことができる。

まず教育の面でみてみよう。日本の高校にあたる後期中等教育の段階では、就学率はつねに女子のほうが数％ずつ高く、十六才では女子の約65％、男子の57％が、十八才では女子約24％、男子約22％が就学している。

大学教育になるとさすがにこの数字は逆転するが、しかし日本のような大巾な男女差はなく、大学生の総数のうち実に45％がが女子という驚異的数字を示している。これはアメリカ合衆国の41％を抜いて先進国中第一位。日本はわ

る）

ずか18％にすぎない。（以上いずれも七〇年の統計による）

次に婦人労働の現状はどうだろう。一九七五年、働く女性の数は全労働者の48％にのぼっているが、彼女たちは、賃金面ではどのような待遇を受けているだろうか。

男性のペイを100としてみた場合、フランスの女性は87％でこれも先進国中第一位。日本は50％にすぎない。（七二年の統計）実際にフランス女性にたずねてみても、男女の賃金格差についての不満はほとんど聞かれず同一労働、同一賃金の原則はかなり一般化しているように思われた。この点に関しても、フランスの女性は先進国のうちでも恵まれた立場にあるといえよう。

ところで、フランス政府が、婦人問題への取組みのために、一九七四年にあらたに「婦人の地位担当庁」を発展させ、長官にフランソワーズ・ジルーを据えたことは、わが国でもよく知られている。ラディカルなウーマン・リブグループからは、体制内改革によって、女性をからめ取り、いっそう巧妙に利用するに過ぎない、と攻撃され、ジルー長官も名前の下にエットをつけてジルエット（風見鶏――つまり日和見主義者）などと皮肉られているが、日本の役所のだらしなさに比較すると、この庁の活動は、つねにフランス的明晰さに貫かれている姿勢が、さすがと感服させられる。

母性保護のための法的経済的保障、官庁、企業及び教育機関における性差別の禁止あるいは改善勧告、保育所の増設、ベビーシッター制度の開設など、この庁の活動はまことに多彩なもので、「行動をおこす会」が昨年行なった、ハウス・シャンメンへの性差別広告の摘発に類似した活動さえ行なっている。

さらに特殊な政府の機関としては、七二年に発足したC・I・F（女性情報センター）があげられる。このセンターは、離婚、親子関係などでの法律問題、就職、職業教育、住居などの情報、社会保障や生活扶助、さらに趣味のサークルやスポーツクラブの世話にいたるまで、生活のあらゆる面に関する女性からの問い合わせに、テレフォン・サービスを行なっている。

パリ以外の県にも全国で十二にのぼるセンターがあり、利用者も年々増加して、七四年には発足当時の二倍半にのぼる二万五千件の利用者があったという。

このように、政府側は、女性の地位向上のために大いに熱のあるところを見せているが、これに対し、ウーマン・リブの諸団体はどのような活動を行なっているだろうか。

（88）

一九七〇年に発足したＭ・Ｌ・Ｆ（女性解放運動）は、中絶禁止法はじめ、女性差別のさまざまな現状に対して抗議の声をあげつづけ、差別の実態に社会的関心をひきつけて、無視することのできない実績をあげてきたが、七四年三月、ボーヴォワールを中心にあらたに「リーグ・デュ・ドロウ・デ・ファム」の名の下に、再発足している。

リーグの内容は、「意識改革」「新聞」「法律」「教科書」「売春」「劇場」「賃金労働」などの分科会にわかれ、週一度の無料法律相談、教科書における男女差制の告発、小学校の校門前でのデモ、ジャーナリズムに現れたセクシズム論者の批判、夫の暴力に悩む女性への避難所の用意など、多彩な活動を行ない、ボーヴォワールを発行人とする、「ネヴェル・フェミニスト」なる月刊誌を発行している。

その他、パリに本拠のあるものとして、「ル・クリフ」「ラ・スピラル」「ムジドーラ」「レ・ペトルローズ」「フロン・レズビアン」など十指に余るリブ・グループがある。このうち「ムジドーラ」は、女性の手だけで、セクシズムに汚されていない映画製作を、というあつまりで、同時に同傾向の内外の映画の紹介、普及のためにも働いている。「レ・ペトルローズ」は階級斗争の色彩がつよく、婦人労働の問題を主として取り上げ、現在は失業問題に取り組んでいるという。各地域、各地方に支部を持ち、二年前の大会には約千人の参加者があったと云われている。

最も特徴的なのは「Ｇ・Ｌ・Ｉ・Ｆ・Ｅ」（女と子どもの連携と情報のグループ）である。セーヌ河のほとりのプルヴェール街に、会議室、読書室、本や玩具の売店、カフェテリアなどを備えた本拠をかまえ、各ウーマン・リブグループの連絡センターの役目をはたしている。思想的傾向のそれぞれ違う各リブグループの連携、連絡は容易なことではなく、経済的不安定にも悩まされつづけているが、すべての女性、すべてのグループに対して開かれているその姿勢によって、国内、国外からインオフォメーションを求め、連帯を求めて立ち寄る女性が跡を絶たない。

さて、これらのリブ・グループの機関誌に目を通すと、女性の状況が、洋の東西を問わず余りにも共通点が多いのにあらためて驚かされる。

女のみの責任とされる育児。単調で、価値をみとめられない家事労働。快楽の対象としてのみ女を眺め、社会的には抑圧する男たち。強姦犯人に寛大な法廷。女性問題を茶化し、矯小化する男性ジャーナリスト。男女の役割を子どもの頭にしみこませる教科書……。

フランスのフェミニストたちは、これらの差別の現状を告発し、弾劾する。彼女たちの強烈な「個」の意識、権利の自覚こそ、女性解放の古典とも云うべき「第二の性」の著者ボーヴォワールを生み出し、フランス女性の地位を今日にまで高めた原動力と云っても間違いではないだろう。

しかし彼女たちの前途は多難である。

ある高等学校でのアンケートに、女子のほとんど全員が、女に生まれてよかった、と答え、その原因として、楽な生活ができるから、と答えたという事実。現在の日本にも共通する頽廃現象が目立ち始めているのである。

一方、カソリックの根づよさにも拘らず、性の解放はかなり進んできている。十年前にはスキャンダルであった未婚の母も、今ではある程度社会的に容認されたものとなっており、未婚の母の、子どもの保護者としての法的な地位も確立されている。

さらに政府サイドでは、女性を家庭に戻す政策として、専業主婦への手当の支給などを考慮していると云われる。

その上フランスには、ラテン系の各国に共通する男女間の特殊な状況がある。

「日本では、男が女を眺めないのにはびっくりした。おしゃれの意慾がそがれるわ」と語ったのはあるパリジャンヌであるが、まさにその通り、恋愛なしでは夜の明けぬ、日の暮れぬ国、それがフランスである。この国では、結婚生活に失望した妻は、ウーマン・リブに走らず、他の恋人に走るのがまず最も一般的な解決法と云ってもよいだろう。

女性解放の動きに対する大きな障害の一つは、わが国では母親神聖視の思想ではないかと思われるが、フランスではおそらく、恋愛が生活の中で占める比重の大きさではあるまいか。婦選運動がイギリスで最もさかんであり、ウーマン・リブの最初の大きな波がアメリカでおこったことは、私には偶然とは思われないのである。フランスのフェミニストたちは、これらの状況をどうとらえ、どう対処しようとしているのか。

アメリカのウーマン・リブにはプラグマティクな色彩が強いのに対し、フランスのフェミニストには、男性中心の社会がつくり上げた既成の価値体系に対するラディカルな否定と反逆の匂いがいっそう激しいように感じられるのだが、働く女性と家庭の主婦の地位が、現在の体制内で一応男性と対等なものになったとき、彼女たちはどのような新しい社会を、新しい価値の原理をめざそうとするのだろうか。

（わいふ編集部）

イタリア

女性・保育所・家内労働

柴山恵美子

イタリアの一九五〇年代は、労働運動や民主主義運動にとってきびしい時代であったが、一九六〇年代には、あらゆる分野で統一の努力が試みられた。いわゆる、イタリアの〝熱い秋〟として世界に知られた一九六九年の労働攻勢は、CGIL(社・共系)、CISL(キリスト教民主党系)、UIL(共和・民社系)の、三大労組の統一行動が生んだものであり、全土もゼネスト状態にまきんだ。

こうした三大労組の統一行動は、産業別の労働協約の獲得をはじめ、あらゆる分野で進展しており、他方婦人運動の統一行動も進展している。一九六〇年代末から一九七〇年代にかけて、婦人に関係の深い旧い法律がいくつか改革されて、新しい法律がでたのもこうした背景がある。

たとえば、男六〇才、女五五才から最終所得の八〇%を保障する年金に関する法律、国家と企業が資金を出し、市町村が民主的に運営する〇才から三才までの保育所を、五年間で三八〇〇ケ所設置する保育所法、産前二ケ月、産後三ケ月、八〇%の所得保障、生児が一才になるまでの育児休と暇三〇%所得保障、その他を内容とする母性保護法、仲介を禁止し、工場内で働く労働者と家内労働者(内職もふくむ)との間の所得の均等保障などを内容とする家内労働保護法、結婚しても女が姓を変えなくてもよくなったこと、などを含む夫婦、親子の民主的権利の改革を内容とする家族法、離婚が比較的容易にできるようになった離婚法などがある。

ここでは、紙数の関係から、日本の働く女性にとって比較的関心の深い母親労働者保護法、保育所法、家内労働保護法を中心に、その大要を紹介してみたいと思う。

母親労働者保護法

〔**産前産後休暇**〕

出産予定日前二ケ月、実際の出産以後三ケ月。三大労働組合は、統一して産前三カ月、産後三カ月を要求したが、

(91)

やはり力関係で新しい法律（以下新法）では、二カ月に規定された。

しかし旧い法律（以下旧法）では産業関係で働く婦人には産前産後合せて約五カ月、商業関係には約三カ月と、働く分野によって約二カ月の待遇上の差があったが、新法ではどのような分野で働いていようと五カ月の強制休暇が保障された。

〔**産前の強制休暇の延長**〕

二つの形がある。ひとつは、妊娠につれて作業が難儀になったり、体に害を及ぼす場合には、一カ月の産前休暇がプラスされる。他のひとつは、軽作業に移る条件がない場合などに症状によってその都度休暇がとれる。

〔**産後労働の任意休暇**〕

産後休暇が終って生児が満一才になるまでの間に六カ月任意休暇がとれる。これは三カ月の産後休暇に引続いてとってもよく、仕事を再開してからでもよい。

〔**生児の病気休暇**〕

三才以下の生児が病気になった場合、生児の医療証明書を使用者に提出しさえすればよい。

〔**授乳時間**〕

人工、母乳いずれも一日二回一時間ずつ。

〔**妊娠・出産と労働権**〕

妊娠から生児が満一才になるまで解雇を禁止している。季節的労働をしていて産休に入った場合、次の季節労働の再開には優先的に雇用される権利がある。

〔**経済待遇**〕

産休には所得の八〇％が疾病保険で保障される。産前の産休延長にも八〇％保障される。生児満一才以内の六カ月任意休暇には三〇％保障される。三才以下の生児の病気休暇は、三大労組が要求したにもかかわらず、新法では何ら保障がない。出産入院は、本人も、労働者の妻も無料である。

保育所法

この法律は、三才以下の乳幼児をかかえて働く母親の要求をもとに、婦人諸組織と三大労組が統一して、一〇余年ものねばり強い運動の結果獲得したもので、三才以下の保育所不足の緊急解決を目的とした五カ年計画とみることができる。その内容は、

・一九七二—七六年、三才以下の保育所を三八〇〇カ所設置する。

・そのために、国は社会公庫を通じて市町村に出資する。

（92）

出資金には次の二つがある。

(1)保育所の建設、設備と備品にあてる一時金四〇〇〇万リラ（約二〇〇〇万円）

(2)保育所の管理、運営と維持にあてる固定額二〇〇〇万リラ（約一〇〇〇万円）。

(2)の出資金は、(1)の出資金を受けない市町村の保育所にも適用される。

・保健省に保育所特別基金を設け、毎年各州と分与する。各州は市町村からだされた保育所建設運営計画を検討し、緊急を要する市町村にこれを分与する。

・使用者は、この五カ年の財源のために、社会保険団体に払込む強制保険額を、〇・一％引き上げられる（要求は〇・八％だった）

・保健省の保育所特別基金は、次の財源によって五カ年運営される。

(1)社会保険公団が、国家予算に払い込む使用額から徴収した保険料。

(2)五年間の総額七〇〇億リラ（約三五〇〇億円）の国家の出資金。

　この出資金の年次別金額は、一九七二年に一〇〇億リラ（約五〇〇億円）、一九七三年に一二〇億リラ、一九七四年に一四〇億リラ、一九七五年に一六〇億リラ（一九七六年に一八〇億リラとする。

・各州は、保健所の建設、運営および管理に関する一般的基準を定める。その場合州法には、次の規準をもり込むことが義務づけられる。

(1)保育所は、場所も、運営形態も各家庭の要求に応えること。

(2)保育所は、管内の社会諸組織と各家庭の参加によって運営されること。

(3)保育所は、乳幼児の衛生的保育と心理学的、教育学的保育を保障するために、充分な資格をもった職員が当ること。

(4)保育所は、乳幼児の調和のとれた発育を保障するために、建築上、技術上および構造上の必要条件を備えること。

以上。

　この法律の成立は、「母性は社会的機能」であるから社会的に保障せよ、と一貫して主張した革新勢力側の基本路線が、世論の支持を受け、優勢になったことを意味した。この法律の特徴は、保育所特別基金の財源を、国家予算だけでなく、企業側に求めた点にある。つまり企業にとってみれば、保育所は企業活動を補佐するものである以上、社

会的保育費を負担するのは当然であるという革新勢力の主張を反映している。ＩＬＯの母性保護に関する第九五号勧告は、育児施設又は託児施設が、「可能な場合には……団体又は強制的社会保険から資金を受け、又は少くとも補助金を受けることに関して規定を設けるべきである」としているが、この点では、イタリアが資本主義国で初めて立法化したといえる。

第二の特徴は、日本でも保育所は「保育に欠ける子のもの」という非常に時代錯誤的な観点で法規定が行なわれているが、イタリアでも同様であって、この法律によって貧民救済型保育観から近代的保育観へ一歩近づいたことになる。

手許の資料では、二年間で二〇〇〇カ所の財政措置がおこなわれたが、物価高騰による建築費の値上りで、弱体市町村では保育所建設が延び延びになっている。そこで三大労組は、五年間で三八〇〇カ所の保育所実現に全力をあげている。

この法律の適用のために保健省には直属で、ＣＧＩＬ、ＣＩＳＬ　ＵＩＬ、各州および保健省の代表によって、適用検討作業グループができたが、三大労組は、各市町村のさまざまな実情に適した方法で建設費、運営費を分与すること。建築費の値上りに見合った出資金に増額すること、などの要求を出し、各州もこれを支持し、国会でも革新議員によって、この問題がとりあげられている。

企業レベルでも、労働組合が保育施設費の獲得を斗争目標にして斗うところもでている。例えばカステッランツァのポミエ・ファッレルの労働者は、労働協約改定ストのとき、企業協約として三年間に五五〇〇万リラ（約二七五〇万円）の保育所出資金を獲得した。それによれば、一九七四年に一五〇〇万リラ（七五〇万円）、七五、七六年にはそれぞれ二〇〇〇万リラで、これは賃上げ分の〇・八％に相当する額である。

革新のボローニア市では、最近の地方財政の深刻化にたいして、企業への課税を重くし、福祉行政の充実を計っている。ローマでは、二年内で二七カ所の保育所が作られたが、保護者、労働組合や民主組織による直接民主主義的運営と開所を、市当局は拒否した。同様なことは、保守的市町村でおきており、住民の抗議を受けている。ヴェロナ市では、すでに開所した五保育所のうち、住民の要求に譲歩して、コロンバレー保育所だけを実験的に直接住民の運営に切り変えることになった。

最近、労働攻勢の強化と対処して、先進資本主義国で

は、資本の側が〝工場を持たない生産化〟を進めている。つまり従来工場内でやられていた工程を、機械を買わせて家内労働にまかせるやり方である。身分保障もなく、組織も持たないこうした家内労働者こそ、資本の搾取の犠牲になっており、そのほとんどが家庭婦人で占められている。三大労組がこの保護のために斗いとったのが、この法律である。特徴点をあげると、

・家内労働者は、企業内労働者と同一の権利を有するという原則が確立された。労働組合は労働協約を結ぶ際に、家内労働者のために賃金と同等の請負い工賃表を協約することになった。

・企業内労働者の一時帰休、または解雇におよんだ不安定企業は、一年間家内労働に依存することができなくなった。

・仲介業者の介在を禁じた。

・企業内労働者の年二回のボーナスに合せて年二回、州労働事務所長令により、工賃がスライドされることになった。

・疾病保険、老令年金や子供、両親、配偶者（男も可）を扶養する場合の家族手当など、社会保険と福祉に関する権利が拡大された。

（イタリア婦人問題研究）

◇参考資料　（編集部記）◇

諸外国における産休の状況について。国際的にはチェコスロバキアの二六週間が最高で、カナダは一八週間、ハンガリーは五ケ月、そしてこの原稿にもある通りイタリアは五ケ月、ルーマニア、ウクライナ、ソ連が一一二日、アメリカワシントン州では産前四ケ月、産後六週間、ユーゴスラビアは一〇五日。

また所得保障について。オーストリー、西ドイツ、アルゼンチン、ブラジル、キューバ、オランダその他の一〇〇%、アルバニア七〇～九〇%、チェコスロバキア七五～九五%、イタリア八〇%、ルーマニア七〇～九〇%、となっています。

イギリス

英国の女性解放運動

二年間のロンドン生活の中で

永岡富雄

男の私が英国の女性運動について書くという僭越な試みに関して、少なからず戸惑わずにはいられません。この思いは私自身が性差別の問題に関心を持ち、その問題の絶望的なまでの大きさを知るに従って芽生え、脹らんできたものです。差別する側に属する私が、差別される側のことを書くという傲慢さこそ、女性解放運動が根源的な問題の一つとして告発しているのですから。

しかし、このように戸惑いと苛立ちを感じつつも結局は書いてみることにしました。なぜなら、私が英国に滞在したおよそ二年間にその思考と行動の両面で、私に最も強烈な印象を与えてくれたもののひとつがウィミンズリブの運動であり、そして、いまなおリブの女たちの生々とした姿に接することができたことに大きな喜びを感じるからです。

ですから、ここでは英国の女性運動を書くという大それたことではなく、私が英国社会の中で一生活者として自ら見聞し、体験したことをできるだけ素直に書き留めるつもりです。

さて、前置きが長くなってしまいました。私が住んでいたのはロンドン。それも大英博物館から五分とはかからない街のど真ん中という便利な場所でした。友人の紹介で訪れた古いマンションの一角には、当時二〇代のイギリス人の男一人、女三人が暮していました。唯一の男であるＰは☆1ポリテクニックの生徒で、そのガールフレンドであるＨは大学卒業後、法律専門学校へ再入学した学生。Ａの論文作成中兼パートタイムの大学講師、そしてＣは語学教師。彼らは学生時代からの古い友人同士であり、このフラットは英国でよく見られる☆2ミックスフラット的な共同生活とは違って相互の結びつきは非常に強く、各論的には主義主張に距たりがあるものの、総論的にはニューレフト

反体制といった強固な共通基盤を持った一種の☆3左翼共同体でした。

このため、彼らはフラットにおけるメンバーの移動には細心の注意を払っており、私が約一ケ月半の居候をした後、物置きに使っていた寝室を改装して住み着くということに関して、彼らは全員で数日間何度も話し合いを繰り返していました。その結果、まだ言葉も不自由だった私は幸運にもこの安くて便利、そして素晴しい仲間にも恵まれたフラットの一員に迎えられたのです。

この寝室五、台所、便所、洗面所兼浴室、物置、そしてかなり大きな廊下といった間取りのフラットでの共同生活、法律事務所での仕事、さらに私のガールフレンドが学んでいたヨークシャーの工業都市リーズへの訪問と滞在を核に、私は生々しい日常生活の中で否応なしに英国の女性問題やリブ運動とかかわることになったのです。

家事の平等は当然のこと

私たちのフラットでは掃除、買物、その他料理を除いたあらゆる家事を平等に分担していました。料理については、各自の食事の時間帯がまちまちなので一人一人が勝手に作っていました。もちろん、いっしょに食べるとき作業は男も女も平等に行ないます。また洗濯に関しては、すぐ近くに洗いから乾燥まで簡単にできる☆4コイン式のランドリーがあったので、ありがたいことに誰れもがいやがる洗濯も何ら問題にはなりませんでした。

このように私たちの生活は合理的で簡素、しかもできるだけ沢山の物事を分担して行なったので、当然その分だけ各自がより多くの自由な時間を自分のやりたいことに費やせたわけです。フラットの生活の中でよく印象に残っているのは、けっして広くはない薄汚れたキッチンで繰り広げられた井戸端会議ならぬ台所会議でした。そこでは政治から日常茶飯事まで、ありとあらゆる事柄が話題にのぼり、毎日のように訪れる友人たちとともに夜遅くまで語り合ったものです。ここでも男女のわけ隔てはほとんどなく、どんな種類の論議にも、リブ運動に関係あるなしにかかわらず、女たちは自らの意見を堂々と主張していました。彼女たちは連れの男たちの一言一句、一挙一動に頷き従うといった、いわゆる淑やかで可愛いという男たちによって作られた女性像とは無縁でした。口紅はおろか化粧らしい化粧もしていない彼女達の生き生きした表情、伸び伸びした動作は美しく、その外見が魅力に満ちていたことはいうまで

もありませんが、それ以上に私が魅かれたのは、彼女達の誰れにも従属しない自立した性としての存在でした。

　もうひとつ興味深く感じたことは彼らの率直さです。かなりプライベートな問題がグループの中で語られ、あるときはガールフレンドの目の前で友人たちと彼女自身がいっしょになって、彼女のボーイフレンドをこっぴどく批判したり、その逆をやったり、そこではカップルとか特定の友人同士という単位で相互の関係をみるのではなく、個々の人格を尊重した上での是々非々を論じていました。生身の人間ですから集団の中でなんでもぶっちゃけて話すことは極めて難しいことです。もちろん、そのために様々な問題が起ったのはいうまでもありませんが、それは私たちに関する限りあまり大きな問題にはなりませんでした。というのはお互いの立場の違いを認め合いつつも、できるだけ相手のことを理解し、相互関係をより緊密なものにしていこうとする善意と優しさが根底に流れていたからだと思います。

コンシャスネス・レイジング

このなんでもぶっちゃけて話すということに関して、私が知っている限りではウィミンズ・リブの女たちがそのことを最モラディカルに、かつ建設的に行なっていました。これはリーズのことですが、私が散歩を終えてガールフレンドの家（ここも他の男女五人と赤ん坊一人の共同体を形作っていました）に戻るやいなや居間から女の怒号が聞えてきたのです。台所にいた男の友人に一体何事だと尋ねると、リブ・グループがミーティングをやっているという、そっけない返事が返ってきただけでした。しかしながら、私が彼と紅茶を飲みながらいろいろ世間話をしている間に、隣りの居間からはミーティングの進行につれて、叫び声やらすすり泣き、そして笑い声など実に感情豊かな音が入り交って聞えてきたのです。

　随分すごいミーティングがあったものだと驚いていると彼はさらに説明を加えてくれました。すなわち、それはコンシャスネス・レイジング（Consciousness Raising）と呼ばれている、四〜五人が集って個人のあらゆる体験を語り合い、批判し合い、そして意識の底に眠っている、あるいは眠らされている女性差別の根を掘り起こして、自己と社会の変革の力に変えていくというウィミンズ・リブの重要な活動のひとつであるということでした。

　やがてミーティングが終わり彼女たちが居間から台所へ

やってきました。私の予想に反して、彼女たちの表情のすがすがしかったこと。今でもその光景がはっきり瞼に焼き付いています。中には真っ赤に泣き腫した目に、今度は笑いをいっぱい浮かべた一人の女が他の二人の女と肩を抱き合って、なにやら楽しそうに話している姿もありました。差恥心と闘い、それを乗り越えた自信と、新しい自分を発見した喜びとを顔満面に浮べた彼女たちの姿に、私は圧倒されずにはいられませんでした。

このコンシャスネス・レイジングの活動はもともとアメリカのウィミンズ・リブの中で始まったものですが、英国においてもこの活動は女性解放運動を草の根運動に広げるにあたって大きな役割を果たしていたようです。グループの中で自らを徹底的にさらけ出すという行為を通じて、彼女たちは男社会の産物である権威主義やエリート志向などの差別構造から自由になり、何のレッテルも飾りもない丸裸の人間同士という意識を養っていったのですが、この反権威主義や反エリート志向は、コンシャネス・レイジングの実践の中から出てきたもので、これこそ新しい女の論理の基盤と団結の力を作っていくものだと切実に感じました。

そして彼女たちは、たとえば、日常の家事労働、セックス、化粧などあらゆる行為、行動を詳細に分析し、理論付けを行ない、ついに政治的課題へと発展させていったのです。その過程と内容を知れば知るほど、差別構造に胡座をかいて人間のプライドとは全く関係のない富や名声にうつつをぬかしている男どもには、到底計り知れない大変なこ

とを女たちがやろうとしているということがわかってきて、ますます身がすくむ思いがしたものです。

また、このように、率直に話し合い、素顔の関係を保つということは、運動論的にいっても重要な意味を持っていると思います。差別をなくすとか、人間の解放をめざす闘いは単なるスローガン、土旺・日旺毎のデモや集会という点の闘いではなく、それは日常の一つ一つの行為、足元の人間関係のなかで直面する差別や搾取と面的あるいは立体的に、闘っていくものだと思います。差別するのはいやだし、されるのもいやだという主張を生活レベルでいかに実践していくか、このことがすべての解放運動の出発点でなければならないはずです。しかし、これは日本に限ったことではありませんが、差別撤廃や解放を叫ぶ人たちの中には自分の足元の差別も搾取を棚上げしておいて、華やかで、一般的にはより政治的意味あいの強い（この規準は男中心に決められたものですが）運動を重視する人が、少なくありません。差別をなくす運動に加わる人が運動にランクを付けるというイロニーは、その人の中にすでに差別の根が宿っている証左です。二律背反を人の常といってしまえばそれでおしまいですが、それではいつまでたっても差別をなくすことはできません。このことを乗り越えるキッカケを作ったのも、やはりコンシャネス・レイジングだったようです。丸裸の自分を見せるというこの活動は、外と内、運動と日常のプライベートな生活という二面を極端に近付ける、あるいはいっしょにすることによって、仲間同士が素顔で付きあえる場を作ったのです。人が二つの顔を使い分けるということが少なくなればなるほど、個人的な関係や運動においても外部から分断される余地は小さくなり、またお互いに誤解や疎外に苦しむこともずっと減るはずです。とくに女性解放運動のような大衆的基盤と広汎な連帯が要求される運動にとって、お互いの日常生活が見えない、すなわち二つの顔を持つということをなくしていくことがいかに大切なことなのか、コンシャスネス・レイジングの活動はそのことをよく示していたようです。

リブ運動にも大きな落差

さて、いままで述べたことは平均的な英国の生活や習慣とはかなり違っています。というのは私の周囲の友人達はほとんどが☆5高等教育を受けており、英国では日本のような超学歴偏重社会がないとはいえ、やはり彼らが意識していようがいまいが世間から見ればエリート階級に

属していました。確かにリブ活動家の精力的な闘いの結果、いまでは英国社会においてリブ運動は市民権を得たようですが、しかしながらこの運動の中心となっているのは、学生、知的労働者、中産階級☆6の高等教育を受けた女たちで、いわゆる労働者階級や移民☆7などの最も差別や抑圧が大きい階層の女たちの参加はごくわずかです。実はこの落差こそ英国のリブ運動の突き当っている大きな障壁なのですが、それはさておき、ここで少し私が働いていた法律事務所の女たちや私の知っている一般の主婦について書いてみます。

事務所にはおよそ四十人の男女が働いており、半数は女性。彼女たちのほとんどがタイピストか秘書で、年令は十六才～六十才代までと幅広く、大部分が既婚者でした。労働組合関係を主に扱っているこの事務所は非常に進歩的で、堅苦しさを一切なく、男女、年令、身分などの差に関係なくお互いを☆8クリスチャンネームで呼び合っていました。このような雰囲気の中で、私は約一年半親しく彼女たちと仕事をし、語り合いました。彼女たちは例外なく労働者階級か中産階級の下の出身で、義務教育を終えてすぐ仕事についたり、職業学校でタイプや速記などを学んだそうです。彼女たちは十代の若者も含めて保守的で、ウイミンズ・リブに関しては無関心、あるいは批判的でした。彼女たちのすべてが結婚と家庭を人生や生活の中で、一番大切なもののひとつだと考えているのですから、ウィミンズ・リブの主張する反結婚や一夫一婦制否定等と意見が合うはずがありません。彼女たちは社会の善良な市民であり、妻であり、母であり、そして女らしい女でありたいのです。これがまさに英国の平均的な女性像で、私が知る限りでは日本の一般的な女性の意識とあまり大差がないようです。

強い自己主張と権利意識

しかし彼女たちやその他知り合いの主婦などを見て強く感じたことは、個人主義的な伝統からかもしれませんが、自巳主張や権利意識が強いということでした。家族や夫や子供のことを離れて、彼女たちは自ら一人称で語れる精神的空間を自分の内に持っていたように思います。我慢はするが犠牲になるのはイヤ、家庭も大事という割り切った考え方なのです。家庭のため、夫のため、子供のため、といった滅私型の多い日本の主婦の意識と相当開きがあると思います。このことは女性解放運動と直接関係がないように

みえますが、実はこの辺が大切なところで、英国の一世紀以上にもわたる長い婦人運動の伝統があったればこそ、一般的な主婦でさえも自らの権利を自然に自覚できたのであり、一見、リブ活動家の主張と天地ほど違う彼女たちの考えが、解放運動の最も基本的な部分では重っているのです。

すなわち、差別され、従属を強いられる側の人間にとって、まず自らをその鉄鎖から解放するためにすべきことは、〝私〟の意識を持つことです。他人の従属物でない〝私〟の確認こそ、差別する側や抑圧する者の発見をもたらし、これが自らを解放する第一歩となるのです。この意味で、彼女たちは家族に対して、夫に対して〝私〟という意識をすでに対置させていたわけですから、まだ〝私〟人間〟の権利の意識化は充分なされていないにせよ、すでに解放への第一歩を踏み出したといっても過言ではないでしょう。とはいっても、彼女たちはいまだに男中心の差別社会に対して〝私〟を対置し得ないでいるのですから、女性解放への長い道程を考えた場合、むしろ日本の状況と五十歩百歩だという反論が返ってくるかもしれませんが、この〝私〟の意識が平均的な婦人の中にあったればこそ、ごく一部の女たちの運動にすぎないウィミンズ・リブが、リブ活動家の勇敢な闘いもさることながら、久しく英国社会の中で市民権を得ることができたのだと思います。

英国のリブ運動をまとめると…

さて、ますますまとまりがなくなってきました。英国の女性解放運動そのものにもっと詳しく触れるべきだったのでしょうが、どうも私の個人的な感慨ばかりが先に立ってしまったようです。しかし、英国の女性運動を最もよく語ることができるのは、もちろん運動の当事者ですから、より英国の女性問題、女性運動を知りたいときは、言葉の違いがあるにせよ、当事者から直接聞くことが最善の方法であることは言うまでもありません。

それはさておいて、最後に蛇足になるかもしれませんが、参考のために英国のリブ運動を簡単に要約することで、このまとまりのない一文にまとまりをつけておくことにします。

一、英国のリブ運動は、☆9リベテリアンの影響を強く受けており、社会主義を理論的支柱とし、徹底した非中央集権化を目指しています。

(102)

二、非中央集権化の結果として、全国各地に何百という小グループがあり、各グループは普通は独自に活動していますが、ヨコの結び付きはきわめて強く、各グループ間の人的、物的交流は盛んです。☆10

三、一年に一回全国大会が開催され、毎回千人以上の参加があるようです。また大会は各地のグループが持ち回りで開きます。たとえば今年はロンドン、来年は五百キロ離れたグラスゴーというように、これも非中央集権化の一環で、運動の地域格差、不公平の是正とより幅広い人的交流を促進するのに役立っているようです。

四、各地で盛んに女性センター作りが進められています。自力の募金活動とともに、行政機関への働きかけも強力です。そして、ときには空屋や取り壊し予定の建物を不法占拠(スクォティング)して設立することもあります。センターでは、通常各種集会、勉強会、そして無料法律相談、中絶相談、またパンフレット作り、出版活動等が広く行なわれ、リブの地域活動の重要な拠点になっています。さらに、女の体は女で管理するというウィミンズ・ヘルスセンター、暴力亭主から妻子を守る緊急避難所の設立も、盛んです。

五、女性解放運動理論の発展やリブ活動家によるすぐれた研究が出るにしたがって(実はこのこともリブ運動が市民権を得るのに大きく貢献しました)、一般ジャーナリズムによるリブ関係の出版物も急増しています。しかし、既成のジャーナリズムにあきたらないリブ活動家たちは、自ら出版社を設立、リブ関係の月刊誌や単行本の出版を意欲的にやっており、それらの本や雑誌は市中にも広く出回っています。その他、映画、ビデオTV、演劇、各種文学活動等、広範な文化運動も活発で、ウィミンズ・リブは男文化に対する文化革命であるという声がますます高くなりつつあるようです。

六、戦術として、デモなどの大衆行動とともに議会でのロビー活動も活発に行なっており、また英国社会の中で非常に信頼が高く、権威もあるとされる進歩的なNCCL(人権評議会)にも何人かのリブ活動家を送り出すなど現体制を内側からゆさぶる努力もしています。この成果が最もよく現われた最近の例は、中絶法改悪反対キャンペーンの成功、ザル法的な色彩が強いものの、性差別禁止法や、同一賃金法の成立でした。

七、まだ大きな広がりはありませんが、メン・アゲンスト・セクシズム(Men against Sexism＝性差別に反対する男たち)というグループとの共闘も行なわれており、こ

のメンズ・リブのグループはウィミンズ・リブのグループから高い評価を受けています。

八、最近、女性解放運動内で小さなグループ単位でなくて、既成の左翼組織（ＩＭＧ＝国際マルクス主義者集団＝Internationl Marxist Group'ＩＳ＝国際社会主義者同盟International Socialist'ＣＰ＝共産党＝Coammunist Party）の傘下に属するリブ・グループの力が強くなってきており、セクト化が進む可能性が出てきました。また、ラディカル・フェミニスト（レスビアニズムを唱える男性不用論者）のグループの台頭もみられ、いまのところ深刻な分裂の危機はないようですが、今後の成り行き次第で、英国の女性解放運動がどのように変化していくか注目される状況になってきました。

★注釈

1（Polytechnic)英和辞典では工芸学校と訳されていますが、実際には準大学化しています。主に成人教育を行なう高等教育機関ですが、最近では単なる成人教育の範囲を越えて、大学卒の資格が得られるコースがますます増えてきています。参考のために、英国の大学はポリテクニックも含めてすべて国立です。

2（Mixed flat）男女同居の共同住宅。日本のアパートやマンションと同じ意味です。ただ、一戸当りの単位が大きい（部屋数も多く、部屋も広い）ので、住宅事情の悪い都市部ではとくに若い独身の労働者や学生などが一部屋だけを借りて住みます。いわゆる間借りです。純粋に経済的理由から出てきた共同生活形式ですが、日本のアパートや間借りなどに見られる単に一つ屋根の下に住んでいるという感覚より一歩進んで、台所、便所、風呂、居間等の共同使用だけでなくて、生活必需品の共同使用、購入なども広く行なわれています。いわば準生活共同体ということもできます。ですから、居住人間の結びつきは比較的緊密で、より幅広い人間関係の形成に大いに役立っているようです。

3、一九六十年代の後半から活発になった反体制の活動家たちの新しい生活形体の一つで、西欧ではますますこの共同体形式が広がっています。ミックスフラットと共通する経済的、空間的（何人もが共同で住める大きなフラットや家が容易に探せる）理由から、この形式が選ばれたということもありますが、真の目的は、主義主張を同じくする者たちが目的意識的に生活と闘争の場を一つにして、より現実と密着した政治活動の拠点を作ることでした。彼らが反体制であるということから、社会的に独立したり、中傷や妨害を受けたりすることも多く、それに対して個人では闘い切ることは難しく、また大きい組織は微妙な個人の内面の問題に対処し得ないという矛盾が出てきます。そこで、この矛盾

を止揚する形で、小さいながらも外からの圧力には団結して闘い、人間としての悩みにはスキンシップでお互いに考え、助け合うという生活共同体が作られたわけです。イデオロギーが人間をリードするのではなくて、彼らはあくまでも血の通った人間が主体の変革を目指しているのです。とくにリブのグループやリベテリアンたちに、この種の共同体が沢山あります。ところで、このような共同体では結婚制度は否定されており、またカップルで住むことも避けるようにしています。というのは友人同士ならいざしらず、カップルだと日常生活では二人の間の依存度がより強くなり、家事雑用となると、たいてい女の方に負担がかかってしまうからです。ですから、カップルはできるだけ別居し、独立した個人として生活するとともに、必要に応じてお互いに通い合うわけです。

4　英国ではどの街角にもあります。使用料も安く、洗濯機、乾燥機とも大型なので一〜二時間で一世帯三〜五人家族の一週間分の洗濯ものを済ますこともできます。このため一般家庭で洗濯機を持っている家庭はほとんどありません。

5　少し古い統計になりますが、一九七〇〜七一年の統計によりますと、英国の一八〜二〇才の男女の約六・二%が大学教育を受けているにすぎません。男と女に分けますと、男の七・五%に対し、女は四・九%です。これは五年前の数値ですから、もっと昔は大学教育を受けた者は大変なエリートだったわけです。ところで厳密に高等教育というと、各種学校やポリテニックなどもその一環を担っているわけですから、成人教育の盛んな英国ではこれらの学校で学んでいる者も含めると約三四%とかなり高くなります。これも男女別では、男四三・八%、女二四・五%と男女間では相当な差が出てきます。

6　英国では、いまだに階級区分が強く残っており、貧富の差はもちろんのこと、言葉使い、服装、教育等、衣食住や意識面においても階級の違いがよくわかります。各人の上流、中産、労働者階級への帰属意識は強く、各階級に属する者が互いに他の階級の悪口や皮肉をいい合ったりしている光景もよくみかけます。アカデミックな意味での階級という概念はあいまいになってきていますが、英国人の階級意識そのものはなかなか消えそうにもありません。

7　英国には、アイルランド、インド、パキスタン、西インド諸島やブラックアフリカなどの旧植民地からの移民が少なくとも一二五万人はおり、言語、生活習慣の違い、そして人種差別などのために苦しい生活を強いられています。政府も様々な保護対策を講じているようですが、彼らの失業率は失業率の高い英国においてもことさら高く、また仕事があるとしても、ほとんどがダーティ・ジョブ（肉体労働や清掃などの仕事）か、低賃金の店員や臨時工等の一般の人がいやがる仕事です。彼らは労働者階級の下に位置付けられる新労働者階級＝ルンペンプロレタリアートとして、差別と搾取の真っ只中に取り残されており、これは、まさに英国が自国内に植民地をかかえていることを意味し、今後移民

たちのより激しい差別撤発闘争が展開されるものと思います。英国が犯した植民地搾取のツケがいまや国内でまわってきたというわけです。

8　英国人は初対面とか公の場所以外では、ミスターやミスなどを付けた姓（Surname）でお互いを呼び合わず、名（Christian name＝洗礼名）を使って親しく相手と話します。個人的な関係だけでなく、会社等でも男女、年令を問わずこの光景が多くみられます。また英語には複雑な敬語もなく、男言葉、女言葉の違いも全くありません。この意味で、言葉による男女のイメージや役割の固定化がないことは、英国の女性解放運動にとっては大きな救いといえるでしょう。

9（libertarian）社会主義に依拠し、権威主義、官僚主義、中央集権を否定する行動的なグループ。

10　英国では運賃は高く、そしてあまり便利ではありません。その代り高速道路網はよく整備されていて、通行料もいりません。このような条件なので、ヒッチハイクが盛んに行なわれており、リブの活動家たちもこれを大いに利用して、相互にグループを訪問し合って親交や情報交換を行なっています。また宿泊場所もお互いに自分の部屋を提供し合うので、時間さえ都合がつけば、寝袋一つかついで会いたい人やグループのところへ行けるという気軽さが感じられます。ですから、グループが何百とあっても各グループ間に顔見知りが多くて、コミュニケーションは非常によくとれているようでした。

女が女に魅かれる時

現在ほど女が女に魅かれる時代はなかったのでは、ないだろうか。朝、満員の通勤電車でとなり合わせに肩を触れる女。昼、交差点ですれちがう急ぎ足の女。夕刻見上げ、団地のベランダで洗たく物をとり込む女。今ほど女が女に声を掛けてみたい衝動にかられる時はなかったのではないだろうか。

あなたは、いま、何を考えていますか？あなたは、いま、なにを支えに生きていますか？仕事ですか？子どもですか？それとも愛？なにが苦しいですか？なにが楽しいですか？（略）人間の半分は女。（略）

分断から連帯へ――。（略）

女恋しい女よ、集ろう。

女恋しいときに集ろう。あなたと同じ思いを、近くの、遠くの女が持っていて、すでに歩き始めている。

一緒に歩こう。女は、今、人間文化の読みかえ作業を始めたのだから。

――総括集会討議資料より

アメリカ

「ミズ」・CIA問題は試金石

池上千寿子　（サンフランシスコ在、女性問題研究家）

「アメリカ合衆国またはいかなる州も、性を理由としての法の下の権利の平等を拒否したり、奪ったりしてはならない」――この完全平等法案が上下両院を通過して以来、女たちの職場進出は、確実に拡がっている。従来の職場における男女の偏在をただすために女たちを積極的に雇用する方針がうちだされているからである。これは、マイノリティと呼ばれる少数民族についてとられた政策を長年かけて女たちにも適用させたものである。

「失業率は高いですが、今は女とマイノリティのチャンスですよ。我々は比較的職が得やすい」というインドネシア系アメリカ人の言葉ではないが、消防士、電話架設工事、運転手、など従来、女はとらぬとされていた職場が次々と開放されてきた。ローカルTV局のニュース番組にも「飾り」ではない本格的女性キャスターが進出している。ウェイトレス、スチュワーデスといったサービス業分野では若い女性より、中高年の女性がめだってきている。

さらに、新しく開発されている職業分野としてコミュニティ活動があげられる。アメリカの大都市は各国からの移民たちがそれぞれまとまって居住し、宗教や文化、言語、習慣を守り、英語に不自由な人々のためにバイリンガルで奉仕活動がなされてきた。老人たちへの医療や各種の社会保障の相談にのったり、手続きを代行したり、五〇セント程度の極めて安い値段で暖かい昼食を作り宅配するといったような老人対策から、青年たちへの就職斡旋法律相談など、所謂、住民サービスが中心だが、これらの活動は、主に六〇年代後半の学生運動を経験した若者たちによってボランティアで始められたものである。この中には、女たちのための情報活動やヘルスクリニック、保育所なども含れている。これらの活動が、女たちや、コミュニティ活動家たちの度重なる政府との交渉、運動によって次第に基金を獲得し、ボランティアから資金的裏付けのある活動へと変わってきているのだが、こうしたコミュニティ活動の多

くが女たちの新しい職場となっている。

アメリカ最大のリブ系雑誌といわれている「ミズ」の編集長、グロリア・スタイナムがCIAと関係があるとすっぱぬいたのはリブ急進派レッド・ストッキングである。レッド・ストッキングによれば、「ミズ」はリブを体制内改良運動へ解毒させられ手先として使われているようである。建前としてはアメリカ社会はレイシズムとセクシズムを否定している。そして体制の許容しうる限度ギリギリまで要求をとりいれるポーズをとりながら、運動を分断してしまうというのがやり口なのである。ニューヨークにある「ミズ」編集部を訪ねれば一目瞭然、こぎれいなオフィスにファショナブルなスタッフがエリート風を吹かせて闊歩している。マスコミは「ミズ」をもってリブの代名詞にしようとしている。「ミズ」もまた、避妊手術を福祉とひきかえに強制されているマイノリティの女たちやラテン・アメリカの女たちのことを真剣に論じることを避けている。

三月八日の国際婦人デーは毎年各都市で女たちの組織によるデモンストレイションがくりひろげられる。保育所の要求、中絶解禁、職場差別の撤廃、同性愛を認めようなどというのが、NOWを初めとする白人グループに多く、マイノリティのグループはそれぞれのエスニックにかたまって、女として人種としてうけている抑圧との斗いをうたいあげる。女たちが、実際上、経済力をつけてきているとはいうものの、彼女らの運動はアメリカの差別体制から脱け切ってはいない。「ベティ・フリーダンの本は確かに私を変えた。けれど白人たちと問題が違うのよ」というメキシコ系フェミニストは、差別体制に根ざす故に、差別の構造をより鋭く把握する可能性を秘めているのではなかろうか。

「セクシズム」は「レイシズム」と同じくアメリカでは人口に膾炙された言葉である。セクシストと言われることはレイシストと呼ばれることと同じく困ったことなのである。言いかえれば、本音はともかく、レイシズムとセクシズムと斗う、というのは、入り組んだ差別構造に支えられたアメリカの格好の運動スローガンであり、それだけ体制側も巧妙なあの手この手をうちだし、運動を内側から分散させると同時に相反目させる。「ミズ一がこの一翼をにない、「エリートの贅沢運動」とみなされるものであったことは確かである。

現実的に、かちをとっているものを、女全体の解放に結びつけてゆくには絶え間ない運動と斗いとが必要である。「ミズ」、CIA問題がリブの中でどのように分析され、学習されるか、まさに運動の試金石といえるだろう。

ラテン・アメリカ

女性の実情と日本経済

井上節子

一、ラテン・アメリカ社会の女性の実情

七三年九月十一日は、チリにとってばかりでなく、全世界にとって壮大な実験の悲劇的結末の日となった。ピノチェット指揮下の軍部クーデターによるアジェンデ人民連合政権の崩壊は、チリ女性にとって救いのない抑圧の日々の幕明けであった。（注1）家計赤字の累積により、国立衛生機関で働くある女性は、昼に職場で出される給食を口にするだけで、朝夕の食事を抜きにして家計を守っている状態という。サンチャゴ市の一地区のみで、二才以下の子供九千人が栄養失調状態であるという。このような生活難に加えて、父親が左派というだけで三才の女の子を逮捕するほどの厳しい思想弾圧下で、女性政治犯の受ける性的拷問はエスカレートする一方である。七五年十月チリ政権の弾圧の実態を暴く国連報告が出されたが、性器への電気ショック、銃剣や棒による腟破壊、酒ビン挿入、父親や兄弟の面前での集団暴行等、戦慄を覚えずにはいられない拷問が日常化しているのである。七二年十月、チリの首都サンチャゴでは、七五年の国際婦人年世界会議へ向けて、その予備会議としてのラテンアメリカ女性会議が盛大に開催されたのであるが、軍靴が街を制圧するこの国で、こうした会議はもはや決して開かれることがないであろう。

チリの政治犯の受ける拷問は、単にチリばかりでなく、ラテン・アメリカ社会全体にルーティン化しているという見のがせない事実がある。（注2）拷問のテクニックは、米軍、CIA、FBIがベトナム民族解放闘争との対決の中で向上させたものを、パナマの海兵隊訓練所で、各国の兵士、警察官を集めて教示する一方、ラテン・アメリカの独裁政権に、北アメリカから軍事、警察顧問を派遣して教育するといった形で伝わり、中でも「ブラジルは、白色テロの組織化と拷問技術の『開発』の一大センターとなっており、当該分野のエクスパートをウルグァイ・ボリビア・

パラグアイに派遣している」（注3）という。政治的抑圧の極地ともいうべき性的拷問を試みる為政者（注4）のもとでの政治とその社会が、民衆にとってどれほど過酷で生き難いかは容易に想像できる。外国資本と手を結んだ特権的寡頭派によって政治を牛耳られ、ユナイテッドフルーツ社やITT（国際電話企業）ダウケミカル、その他の砂糖、石油資本などの外国独占企業体（ほぼ北アメリカ）によって国内の富を持ち去られるラテン・アメリカ社会の女性の実態については、一九六三年ハバナで開かれた「アメリカ女性会議」で各国代表により詳細に報告された。（注5）具体的に述べられた彼女らの生活は毎日を貧困の沼のただ中で、洗濯、掃除、料理、農業の手伝いなどであけくれる。生涯を他者の世話、つまり娘時代は小さい弟妹をのちに夫と子供を、最後に孫の世話をして終るのである。家計を助けようと都市に出ても低賃金の工場労働者になる以外は、ブルジョア家庭の家事手伝い、街の売春が彼女らの選択できる数少ない職場であった。女性に対するこうした抑圧は、当然のことながら彼女らの夫や子どもをもみまっており、貧困、文盲、医療の欠如、失業、飢餓が彼らの非人間的日常生活の内容であった。悲惨な現実のもとにあっては、女をも含めた人民全体の解放、つまり、外国の経済支配から脱却し富の配分の不平等是正によって、まず食える状況を生みだすことが、さし迫った課題なり要求になっていくことは当然であろう。ブラジルのある女性革命家はこう語る。（注6）

「現在、警察や軍部などのあらゆる抑圧機構の活動は、一層残酷さを増しています。肉体的、精神的拷問が止むことがありません。かつて、刑務所内での犯罪は隠蔽されました。今は公然とやっています。私たちは大変な損失を蒙りました。今は死者のために涙を見せる時ではありません。前進し続けなければならないのです。ですから私は、女として闘争に参加することについて質問されるのは嫌いなんです。私にとって最も重要なことは、私が一人の革命家であるということなのです。」

これはラテン・アメリカの女性で反体制運動に加わる人々の一般的意識である。女性の闘争は、全被搾取者の統一戦線において階級闘争と協力すべきだという考え（注7）によって、ラテンアメリカにおいては、女性解放闘争は民族解放闘争として闘われている。現実の悲惨な生活が、民衆の現状変革のエネルギーの源となっており、北アメリカ帝国主義反対、新植民地主義廃止の運動は、民族解放運動、二十世紀の革命としての社会主義革命をめざす運動と

してラテンアメリカ社会の反体制運動の底流となっている。その先駆的闘いがキューバ革命であった。革命前のキューバをみれば、今日ラテン・アメリカ社会に普遍的な貧困や失業、医療の欠如などが、ここにも共通して存在し、それが革命の口実となったのだということは、五三年のフィデル・カストロの弁明「歴史は私に無罪を宣告するだろう（注8）」を一読すれば明らかである。カリブ海に浮かぶ緑の島キューバは、今日自らを「アメリカにおける最初の解放区」と呼ぶ。北アメリカ資本を一掃させ、プラヤ・ヒロン侵攻撃退エスカンブライ掃討によってCIA指揮下の反革命分子の侵略を敗退させたキューバは、革命建設のプロセスの中で、南北アメリカで唯一、文盲を約四%に激減させた。（注9）贅沢にはできないが、衣・食・住の最低限必要なものは、人民の一人一人が等しく得ている国。いつでも教育、労働の機会が開けている国。安心して誰でもが医療を受けられる国。このような国としてのキューバは、女性問題においてはどのような地平に到達しているのか。

二、社会主義キューバの悩み

メキシコの国際婦人年世界会議に参加したキューバ代表のビルマ・エスピンは（注10）、女性問題において革命が果たした業績を誇り高く演説した。（注11）社会主義革命がキューバの女性問題解決に、その他の種々の問題解決についても大きな貢献をしたことは疑いをえない。しかし、ビルマ・エスピンの演説では触れられていないが、キューバが現在、解決すべき問題を抱えていることも事実である。人民の名の下に進められる革命の経済建設は、勿論ブルジョアにイニシャティブをとられた経済発展とは異なる社会環境を生みだすが、今までのすべての社会主義革命は「後進国」型革命としてあり、まずは封建的なるものを一掃する「近代化」が当面の仕事となる。だから土地改革や教育の普及、医療保障、保育所設置、住宅普及、生活水準の向上は、いわゆる「先進国」の近代化過程の中でも、一定の限界性を持ちながら実現されてきている。実際、現在のキューバの女性の就労率は、女性の労働可能人口の三十四%（注12）程度であり、これはいずれの「先進国」よりも高い率とはいえない。この原因は、まだ女性が外へ出られるだけの物質的条件（保育所や交通機関、公共食堂など）が整えられていないと同時に、男女の古い意識が障害物となっている。しかし労働の権利、教育を受ける権利、性を商品化することのない社会、労働と配分の平等からうまれる共同体意識。これらは決していずれの「先進国」に

もみられない。
　女性解放にとって、社会主義キューバの最大の課題は、伝統的な男女の意識の克服である。国際婦人年に先立って行われた七四年キューバ女性連盟の第二回大会におけるフィデル演説でもそのことが言われている。（注13）意識の改革は、キューバの場合、国家的必要度合から唱えられている面が非常に強い（注14）にせよ、女性の力を種々の分野に発揮させようとする時、物質的条件を整理するだけではだめで、意識を問題化したということは、キューバ革命が女性の全的解放のプロセスの端緒についたということに他ならない。（注15）
　キューバに限らず、ラテンアメリカ諸国全体にみられる男女の伝統的意識、女性にとっての抑圧的なイデオロギーは「マチスモ（注16）」である。マチョ（雄）という言葉から派生するこの言葉は、騎士道的男らしさ、つまり力と強さと礼儀正しさ、保護者としての権威を意味している。マチスモ意識では男女の性による分業が肯定され、男が家事、育児をやるのはとんでもないことであり、逆に女が外へ出て働くことはみっともないことであるとみなされる。このマチスモの克服こそ、革命キューバの女性解放にとって最大の課題であろう。七一年三月八日の国際婦人デーに、郵政大臣が記念演説をしたが、その中で女性に向く労働として教育やサービス業をあげていたが、これとてマチスモから免れていない。キューバ保育園に保母さんはいても、保父さんがいない由縁であり、カーニバルのエヌトレジャ（星という意味、かつての女王）コンクールがあっても、男性のコンクールがない由縁である。しかし、一方ではすでに民間において、女の子に人形を男の子に自動車をといったおもちゃの与え方の見直しや、街頭における男女のやりとりなどにマスチモへの公然たる攻撃の開始がみられる。（注17）
　ラテン・アメリカ女性解放の先進国としてのキューバをこのように眺めた時気付くのは、社会主義キューバのぶつかっている「常識の問題」というものが、工業先進国の女性解放運動の抱えている問題に非常に似かよっているということである。とすれば、現在、民族解放が最大課題となっているキューバ以外のラテン・アメリカ女性たちにとっても、「意識の問題」は遅かれ早かれ直面せざるをえないものとしてあるだろう。先に引用したナティ、ガルシア論文は、ラテン・アメリカ女性の運動に、意識革命の視点をもちこむことによって、ラテン・アメリカ女性解放運動は新たな質を獲得するだろうととらえている。さらに、しば

しばマチスモ的な革命政党に属する合法的な女性運動とは自律的な、女性運動を創設する革命的意義を説く。彼女の言葉を借りれば次のようである。（注18）

「ラテン・アメリカの女性全てが自らの疎外を自覚し、子供のころからそれにあらがうすべを知るなら、女性は、新たな心理的・性的、政治的関係を伴なって、日常生活の変革のためのものともダイナミックで革命的な要素となるであろう。このことはまた、ラテンアメリカ社会総体の変革を引き起こすことになろう。」

三、日本とラテン・アメリカ

ラテン・アメリカの女性の運動が、帝国主義との闘いと、マチスモとの闘いの二つを課題にした時、ラテン・アメリカ女性の解放は、より速く確実にそして新たな社会構造を生む形で彼女らの手の内に入るように思える。しかし、現実には「帝国主義打倒」が声高に叫ばれており、それはラテン・アメリカ社会の歴史的事情によるものであることを先に眺めてきた。国際婦人年世界会議のトリビューンでラテン・アメリカ女性の激しい「ヤンキー帝国主義」批判を眼のあたりにした日本からの参加者は、ふりかえって日本を眺めて次のように述べる。（注19）

「もし、会議がアジアのどこかの国で開かれたとしたら、恐らく、日本が攻撃のマトになったであろう。反日感情が爆発しただろう。メキシコを初めとする中南米諸国が米国の経済侵略の犠牲になっているように、東南アジアや韓国は、日本の経済侵略にさらされているのだから。日本のアジアへの経済侵略、それに伴う性侵略が、最も長い歴史と侵略のえげつなさできわだっているにしても、侵略が決して、アジアのみにとどまらないのが今日の日本の帝国主義である。アフリカ、ラテン・アメリカへもすでに着々と地歩を固め、もし、このままでいけば十年後の国際婦人年の世界会議で、ラテンアメリカ女性の批判の矛先は、北アメリカと日本になりかねない。第三世界の女性解放なしに、私たち日本の女性解放は無いとみるならば、あるいは、第三世界の女性との連帯を主張するならば、アジアばかりでなく、アフリカ、ラテン・アメリカと日本の帝国主義との関りを暴露していく必要があると思う。しかし、ラテン・アメリカ女性の置かれている現状をつかもうとする姿勢は、日本の女性解放運動内部において、きわめて弱いように見受けられる。（注20）ラテン・アメリカの抑圧される女性に対して、私たちが今なすべきことはいろいろあろうが、まず日本の資本の進出状況を正確につか

み、どのような富の収奪、労働搾取を行っているかを知ること、が第一に思われる。

現在、ブラジルだけでも五百社以上の日本企業が進出しているが、例えば、富士製紙のようにヘドロ公害批判が高まっている日本では企業発展がのぞめないとして進出しているし、武田薬品は日本で製造販売の禁止されているBHCやDDTを売りこんでいる。企業進出イコール公害輸出という姿をとっているのは東南アジアに対してと全く同じである。

現在ブラジル軍事政権はアマゾン開発のための横断道路を、北アメリカ資本の大援助のもとに建設中であるが、道路予定地に強制移住させつつ、あるいは抵抗するインディオを虐殺しながら行っている。七四年九月、田中・ガイゼル会談が行われたが、その内容は、水力発電、アルミ精錬を中心としたアマゾンの総合資源開発穀物、牧畜などの食糧資源開発、ウランと原子力の共同開発と協力、イタキ製鉄所、カラジャス鉄鋼山の開発、トヤンチンス川水力発電計画などの相互協力についてであった。（注21）米帝と同じく、日本もインディオ虐殺に加担しようということなのである。このインディオ虐殺はエスノサイド政策と呼ばれ、日本の新聞に載ることは稀であるが、六四年以来敢行され、三百万以上のインディオは今世紀三分の一に減少、さらに今日では一万人程度といわれるほどである。経済「開発」が、自然破壊と人間破壊を伴って、現れている典型であろう。

ブラジル以外の国で、先進国の資本援助のもとに「開発」を行おうとする政権は、メキシコ、チリなどを筆頭としている。国際婦人年世界会議が開かれている頃、福田蔵相がベネズエラ及びブラジルを訪問していることは、日本と中南米がより接近しつつあることの証拠である。

私たちは、アジアに対してと同様、日本帝国主義のラテン・アメリカの侵略をも決して許すわけにはいかないし、ラテン・アメリカ女性との連帯も、その地点からなされていくように思う。

注1　「現代の眼」（現代評論社）七五年七月号、山崎カヲル論文「チリ牢獄国家の弾圧と抵抗」参照

注2　「今日のキューバ女性」マーガレット・ランドール著、七二年キューバ出版局参照六二ページ

注3　山崎カヲル前掲論文より引用

注4　国際婦人年世界会議開幕の日に演説を行ったメキシコのエチェベリア大統領とて、抑圧的な為政者という点で例外でなく、六八年、彼は国務長官としてこのオリンピックの年に起こったメキシコシティ三文化広場での五百人以上にも及ぶ学生大虐殺の直接の責任者の一人である。カルロス・フエンテス著西澤龍生護「メヒコの時間」（新泉社）二二一ページ以降参照

注5　マーガレット・ランドール著「今日のキューバ女性」五一〜五三ページ

注6　「今日のキューバ女性」六五ページ

注7　「情況」（情況出版社）七五年八月号ナティ・ガルシーア・グァディジャ著、山崎カヲル訳「ラテン・アメリカにおける女性解放運動の現実と理想」

注8　「五つの資料」七一年、キューバ出版局

注9　革命前キューバでは十人に三人が文盲。六一年文盲一掃運動の成果で文盲率減少。七五年十月三十一日付朝日新聞によれば、いわゆる「先進国」であるアメリカ合州国でも五人に一人は読み書きができないというテキサス大学の調査が発表された。

注10　キューバ女性連盟（ＦＭＣ）議長。革命戦争時、現夫ラウル・カストロと共にオリエンテ第二戦線（最初に農民に対する文盲退治教育を行った。）で斗い、解放区を拡大させた。

注11　「思想運動」七五年八月号

注12　七四ＦＭＣ第二回大会におけるフィデル演説。パンフレット「革命は今日、キューバ女性の中に、力強い政治力を得ている」九ページ

注13　前掲パンフ三七〜四八パージ

「さて、我々の語りえる意識面の他の障害物がある。これら意識面の障害は何であるか。古い文化、古い習慣、古い精神構造、古い偏見の問題である。例えばある理由でいつでも男に仕事をやり、女に仕事をやらない管理者がいる。彼が職員配置の問題やら、母性の問題、労働へ参加するにあたって女性が抱える困難性を考慮するからである。口実やら理由はありすぎるほどだ。しかし、事実は就労機会において、女性を差別しているのである。（中略）

偏見については、我々はシェラ・マエストラで『マリアナ・グラハーレス』部隊を組織しようとした時起こったこと、つまりあの

女性隊に武器を持たせる考えに、ものすごく強い抵抗があったことをいくどか語ったことがある。我々は何年か前には、非常に遅れた考え方をしていたものだ。大方の男たちは、女は戦えないと信じていた。事実は隊が組織され女性同志、たちは我々の兵士の中で最も勇敢戦ものがやるように、非常な勇気をもって素晴らしくよく戦った。（中略）

我々はよく言葉の用法、言語上の形式に関して女性の差別をみる。ここに労働者の名において話をした同志がいる。アガピート・フィゲロアは使用されている差別的用語について語った。我々はその点についてまで注意しなければならない。しばしば我々は、とてもきれいに聞こえる言い習わしを使うからだ。つまり、『女性は男性のパートナーでなければならない』と。しかし、またこうも言えるだろう。『男性は、女性のパートナーでなければならない』

男を中心にすえる言語習慣があるが、それはいつも不平等だ。あるいは不平等を反映しているし、思考習慣を反映している。最も重要でないものが結局は言語であり、最も大切でないものが言葉であるにしても、言葉がすでに意味を失っていても、過去のものを思い出させる時があるのだ。」

注14　前掲パンフ、三九ページ

注15　マーガレット・ランドール著「今日のキューバ女性」八四ページ。

「全国ＣＴＣ女性戦線の責任者、ディグナ・シレは最近（六八年）次のように述べた。『それは、イデオロギーの問題です。実際革命的な人々にもその他大勢にも、女は家へ男は外へと考えている人が今でもなお居ります。しばしば女性の完全な解放のために残っている唯一の枷が男性である場合があります。男性にこの問題をつきつけるため私たちが女性労働大衆に働きかけなかったら、この面における一層の前進はありません。現在私たちは職場で論じあっております。男性と論じあい彼らの意見を求めております』」。

注16　マチスモの由来、歴史的役割については、まだ研究の余地がある。マーガレット・ランドール著「今日のキューバ女性」一一四〜一一六ページにはマチスモの由来についてのかなり詳しい記述があるが、マチスモについての規定については、ナティ・ガルシーアによるものが、最適と思われる。

「マチスモとは、性的抑圧イデオロギーであり、なかんずくラテン系諸国を汚染し、ラテン・アメリカに根をおろし、女性の劣等性を強調することで、その感性的・性的・文化的搾取を正当化し、維持している。マチスモの根拠は、男性が自らへの信頼を欠いていることから生じる、圧力的で攻撃的な生理的、心理的構造である。また、マチスモは、男性の側での（能動的な意味での）所有感

と、女性の側の受動的依存感とにも、基づいている。」

注17 「カサ・デ・ラス・アメリカス」七五年八八号、マーガレット・ランドール著「一九七四年のキューバ女性」六三〜七二ページ

注18 「情況」七五年八月号、ナティガルシャ「ラテン・アメリカにおける女性解放運動の現実と理想」

注19 「女性解放とは何か」松井やより者二三八ページ（未来社）

注20 最近訳出された「リベレーション・ナウ」三宅義子訳（柘植書房）訳者あとがきに次のように書かれている。

「本書の構成は、原書ではここに訳出した六つの柱の他に、もうひとつ〝革命の中の姉妹たち〟というタイトルで、アジア、アフリカ、ラテン・アメリカの被抑圧民族の女たちの闘いを取り扱った章から成っていた。本書の編者がアメリカ帝国主義の影響下に苦しむ被抑圧民族の闘いと連帯してゆこうとする姿勢を示すものであるが、紙数の関係上割愛した。翻って日本とアジア諸国との関係をみたとき、資本侵略国となっている日本の女性解放運動にとっても、この視点は看過できない重要な課題であるが、それは日本の女たち独自の闘いの成果によって代替すべきものであると考えたからである。」

私は日本の侵略先にアジアのみを考えるこのような姿勢に疑問を感じる。現在のアメリカ帝国主義は、明日の日本帝国主義となる可能性が大きく、私たちに今必要なのは、第三世界の女性に関するすべての情報であろう。

注21 「ボレティン・インフォルマティーボ」十二号、十六号（ラテン・アメリカ行動委員会）

アンケート・私の意見

「行動を起こす会」は、記録集作成に際して、幅広く意見を募集しました。

三つのテーマについて、たくさんの御意見が寄せられました。原文のまま、全員掲載させていただきました。順は不同です。

質問内容は左記の通りです。

(一)女性解放運動の方法について

国際婦人年も後半に入りましたが私達日本の女達は依然として差別の壁にとり囲まれています。

本来、政府、政党、労働組合などが差別解消に向かって積極的にとりくむべきなのに、婦人年を単なる行事としか受けとめていない政府、婦人政策の違いによって連帯できない政党、女子労働者の問題に関心のうすい労組などのあり方に歯がゆい思いをしている毎日です。

こうした日本の現実を変えるためには、まず私達が一人一人問題意識を深め、連帯し、強力なパワーとなって運動をすすめていくのが先決です。

私達の機関誌は「女性解放運動の方法」をメインテーマとし、今後の婦人運動の方向と効果的な運動の方法を探っていくことになりました。そこで会員の皆様に体験や知識を活かした具体的な提言をしていただき、討論の材料として、あるいは今後の会の活動の指針として活用していきたいと思います。質問に対する回答というにとどまらず、さらにユニークな御意見を歓迎いたします。

(イ) 現代のあらゆる婦人問題で、あなたが最も許しがたい差別と思うことはなにですか。

(ロ) その差別をなくすために、これから具体的にどのような運動をしていったらよいと思いますか。

(ハ) 女性解放運動をすすめるにあたって、大きな障害となるものはなにですか。

(二)「第三世界」の女性との連帯について

さる六月メキシコでおこなわれた国際婦人年世界会議においても、アジア・アフリカ・ラテンアメリカなどの発展途上国、いわゆる「第三世界」といわれる国々の問題が大きくクローズアップされました。

新植民地主義や人種差別に反対し、政治的、経済的独立をめざすこれらの国々にとっての女性解放と、性差別主義(セクシズム)反対を強調する立場から女性解放をとらえる工業先進諸国との間に意見の対立とすれちがいが会議中にもみられました。

「第三世界」がわの案によるメキシコ宣言の採択や世界行動計画の審議に「第三世界」がわの修正案が多く通ったことは、単なる数の上の問題だけではなく、婦人問題解決のためには「第三世界」を含めたグローバルな視点の必要性を認めざるを得なかったともいえます。

そこで、この際私達は今後運動の展開のために個人として「行動を起こす会」のメンバーとして、各自が第三世界の問題をどう考えどう連帯していけるのかを自分自身に問いかけてみたいと思います。(イ) 今、あなたは「第三世界」の女性との連帯の問題をどのように考えていますか。(ロ) メキシコ世界会議以前においてはどうでしたか。(ハ) 連帯の方法について、具体的な意見をお聞かせ下さい。

飯島恵子

〃まえがき〃

「びりぼろだらけの過去をひきずりつつ、泥濘の道の中から」

今、私は丁度十年前に、渋谷の風月堂で、初めて油絵の個展をした時のことを思いかえしてみています。

テーマは、「女の絵本」「或る街」で二十代のある一時期にかけてあちこちの街を放浪した折のスケッチのいくつかをもとににして、油絵としたものでした。

「養老院の庭」「塀はいらない」「競馬場」「歴史の中の女達」「女の歌は平和の朝、胸をはって公園を横切って行く」。——etc。

この絵の展示以後、私はある目にみえない組織に、絶えず監視され、尾行され、日々を本当に息苦しい思いで生きてきたという感じでした。その頃より、神経症がひどくなり、いく度も、作品化した油絵を切り裂き、捨ててきています。十四、五年にわたる日記の保管場所をどこにも見出すことができなくて、登山リュック一杯にそれをつめこんで、ぶざまなかっこうよろしく、街の中を歩いたこともあり、あげくのはては、自ら燃やしてしまったり、一部は盗まれ、掠奪されたのです。

そして、今なお、現在ですら、おちついた気持では、日記をつけるという心境をもつことが少い日々にいます。

そのように、追いつめられた心理状況にいた時には、女性のための駆けこみ寺(現代版〈さまざまな形で、女性の個々人の背負いきれないほどの、重荷をわかちあう場〉)があったら、どれほどかいいと希ったでしょう。

現在、私は41才。昨年の九月にある男性から、離婚資金をもらうことなく別れ、約一年がたちます。六月のメキシコの婦人会議にちなんで、日本橋近くの画廊で「絵」を展示しようと、あるいは病気の折のためにと十七万円近い資金と、よいたくさんの書籍と、テレビや、タンスやを売ったお金と、ペン字の浄書というバイトといった仕事とで、何とかして、この都営住宅に住む母との生活は維持してきています。

昨年の婦人年には、実にさまざまな場所での婦人問題についての意見募集が多くありました。少しでも自活の道をひらきたいものと、こうした募集にも応じ、婦人問題にも、もっとより確かな関心をもちたいとの試みの日々でした。

九月の初め、自宅での「個展」をもちました。誰とでも、気楽に、垣根をとりはらい、宗教の違いを超えて、政治色を超えて、絵の世界を通して、人と人との交流の場をもち、平和を求め、愛する人と共に、よい生活の在りかたを、創りあいたいと。

孤立を余儀なくされ、たこつぼのようなところにおちこんでいて、却々心ある女性との結びつきをもちあうことができずにいたために、平和愛好の広場を、この国際婦人年にちなんで、アトリエ開校という形で掮示したのでした。

女性の一人一人に、重くのしかかる悪条件をどうのりこえて、いかなる形で、女性との結びつきの場をもちあえるのかと、日々考えていた折でしたので、この意見募集に参加できることを、歓びとし、感謝しています。

で、此の度の意見募集についての編集の二本の柱は、日頃から、とにかく、やりにくい条件下にのみ在る私達にふさわしい問題をとりあげて下さっていますが、でも今回の場合の問題は、とても大きすぎるので、このうちの㈠の㋑と(ロ)(ハ)にのみ、焦点をしぼった上で記すことにします。

㋑　婦人問題での許しがたい差別について、婦人問題は、人権問題と同じで、人間のいのちの尊厳ということから、発していなくては、解決できないことでもあり、この日常生活の中で、差別について語らなくてはならないといった状況がひどすぎるということなのです。

卑近な例をいくつかあげることで、それを差別＝（ちがい（をつける））けじめ（をつける）（とりあつかい）

の中の（とりあつかい）の点で試してみます。

労働省と日本国際連合協会主催の、「男女の平等のために」「婦人の社会参加のために」——という中から「男女の平等のために」を選んで、七月に応募しました。

入選作は、国際婦人年意見集として、集録するということでしたが、その意見書は、いつ頃できるのかといった通知ひとつないままです。婦人年の、よびかけの行事の、ひとつとしたのですから、多くの女性の声の反映した集録集は、いつできるか、どういう形で、という、方法がとられなくてはいけないと思います。

もう一つ、ある論文は、日本新聞協会の「新聞広告に対する提案」という題での募集でした。

これは、毎年、新聞広告週間というのが十月にはあり、その時には、これらの応募者の声をあつめた本をつくり、どのような広告についての、いかなる意見がとりあげられたのかが、人々の目にふれるようになっていました。

それが今年は集録の本もできないということでした。日頃広告について、関心と興味とを抱く人々にとっては、全く物足りないことです。

新聞を愛し、好む人にとっては、大切にされる新聞で、あってほしいから、様々な形での提案に応じるのですが、そうした個々の人の意見集を読むことすら、できないでいるというのは、おかしいことだと思われます。

(ロ)　差別をなくすための、具体的な運動について、三つの提案をします。

(1)　政府や、公共機関のみに働きかけるというのみではなく、企業に働きかける。よいアイデアがありますが、生産していただきたいといった（売りこみの方法）をもつこと。

このことは、公害問題を批判すること以上に、先に手がけたいことで、現代人の生活にあいふさわしいものを生産することの可能な新しい素材に着目する。

その素材をよりよく、生かすという点で、生産する側も、使用する側も共に利益となるようにという点にたち、アイデアのチームづくりを提案したいと思います。

(2)　女性文化協会をつくりたいこと。

女性史のための資料室、また女性の伝記についてのしっかりとした記録の保持、やファイルづけ、また絵画などの展示場では入場料をとり、協会の資金ともし、しいてはかけこ

み寺現代版の資金ともなしたい。

(3) 女性との、折々の断続的な形での共同生活をもちあうことで、似かよった条件下におかれている女性との相互の助けあいをもつ。また身内の人たちの、祖母の歴史などをきき、知ることで、多くを学ぶようにする。

(ハ) 運動をするにあたっての障害について。

一九七五年、この記念すべき国際婦人年という年、いかなる形でもよいから、婦人年の行事の一つを、私なりにもちたいとする考えから、身近かなところから初めようと、知人、幼友達に声をかけて、「不用品の交換」「ムジンの方法をとりあうことで話し合いの場をつくりあう」「よい品物の共同購入」といったことなどを、手紙に書き、よびかけたのでしたが、それらは、よい形にとみのることがなかったのです。そのみのることのなかった原因というのは、個々の女性のおかれている条件のちがいがまずあって、政治色や、または宗教やの違いからくる垣根があり、一つの運動としての、よい交流とはなりえなかったこと。

同じように、悲惨な境遇にあることはかわりがないのだが、結局はお互いに、弱いもの同志の足のひきずりあいや、競争心をもちあうというだけの、侘しい状況をしか生み出すことができなかった。

そして、このことについてなお、深いため息をしているのが現実です。

(東京都葛飾区　家事手伝い)

谷合規子

(一)(イ) 母親が子どものめんどうを見るのは当然だという思想

差別は社会的弱者に最も強くしわよせがいくという現実

・昭和五十四年度の全員就学義務制にむけて教育界は体制づくりを始めているが、東京都と一部の地域ではこれに先がけてすでにどんな障害児も学校に入学させるようにした。これについての報告によれば、障害児の子どもと共に母親も通学しなければならなくなる。(程度が重くなればなるほどこの可能性は大きい) 現在各市町村にある障害児のための通園センターも母親の多大な労力で成り立っているのが現状である。普通児よりも手がかかる上に通学区が広いため、登下校の際の援助から校内でのオムツ交換、食事の介助等教師では手が足りないので親の付き添いは当然とされている。特別の子をもった母親の責任としてそれを半ば当然と考える母親自身、一般人、教育関係者は、母親が子どものめんどうを見るのは当然という考えに立っているのではなかろうか。

心中等すれば日本の母親は子供を社会の者と思わず、私物化しているなどと批判し、現実には母親の私的労力で子育てをすべきだという福祉行政の貧困さ。子供は社会が育てるべきだという発想をすれば、保育園も障害児用施設も当然認めざるをえないはずである。

子供がどんな障害を持っていようと、母親には、職業を持つ権利があるはずである。

・無責任世論の単純思考

どんな障害のある子も従来のように施設に入れて隔離するのではなく、暖い家庭で育てるべきだという世論が盛んになり、最近はほとんどこの種の意見で統一されてしまった感

がある。こういう意見は真の重度児の世話どころか様子すら知らない素人とか、軽度児しか知らない親や教師（この種の人々については本人は特殊児を知りつくしていると信じているので一番始末が悪い）がヒューマニスト然として発言していることが多い。

一見人間性に満ちた意見の様なので、世論の支持は受けるし、重度児のための施設予算をとりたくない政府にとっても好都合で、従来の施設が保母や指導員でもめんどうの見れる軽度児のためにあったことを棚にあげて、どんな子も家庭にという人は厳しい現実については何も知らないのである。

重度児を持つ母親は生涯、美容院にも、デパートにも医者にも行けないという生活を送っているのである。

家族の者すら識別できぬ子を育てる施設が家庭よりも環境が悪いというのなら、まず施設自身の環境改善をするのが任務ではなかろうか。

(ロ)　福祉予算の大巾増額を

どんな重症児でも学校教育の中に受け入れるということは、母親の力をあてにしないということが前提である。特殊教育には多くの人手が要することを配慮した予算を全員就学制にもりこむべきである。

精薄児に限れば軽い子には訓練を、重い子には保護をの基本精神を変えずに、重度児用のコロニーを作るべきである。また希望により在宅する重度児のためにはヘルパーを派遣するなどして、母親も人間らしい生活が出来る制度を考えるべきである。

これらを訴える母親は、障害児からのがれようとする単純な弱い者いじめではないということもあわせて世間に訴えるべきである。

(ハ)　母親は子どもの手がかからなくなった時初めて人間として生きる自由が与えられるという伝統的母親役割の思想が問題。保育園の設置がすすまないのもこの理由ではなかろうか。

子どもは社会が育てるという思想に立てば母親依存の幼児教育、障害児教育のあり方は変わってくるはずである。

・一見かっこいい表面的な意見にすぐに流される国民性と、大勢を占める意見に異論が出しにくい社会は、戦争を経験した国民としていましめなければならない。

・生産性のあがらぬ人間を蔑視する国家の思想、老人問題も含め、出産休暇をとる女性を差別する思想等、根は一つである。

「第三世界」の女性との連帯について

(イ)　国内で日本婦人が差別されていることと日本が第三世界から経済的搾取をしていることとは同じ所に原因があると思う。経済の二重構造が国内に於ても国外においても見られるからである。ＧＮＰをあげることだけにつっぱしる国家機構は国内で母性保護をしなければならない非能率的な婦人を生産の場からしめだしたり、あるいは不当な低賃金で働かせることになる。その精神が海外に向けられた時は、開発途上国の労働力を不当に搾取することになるのである。従って我々の解放運動は、発展途上国の人々、なかでも婦人達との連帯なしには達成しえないであろう。

メキシコで第三世界の婦人達の訴えを聞いてきた日本女性として、彼らへの搾取の現状をまず国内で告発し、日本の社会機構を変革していく使命を負わされた感じがした。

現在、第三世界の貧しい女性達のために

も、日本の経済機構の誤りを訴えていかないということは、戦時中に戦争反対の声を出さなかった女性達と同一の罪があると私は思う。

(ハ) 国内では婦人があらゆる分野で男性と同等に、責任ある立場につかなければならない。政治、経済等の政策決定の場に婦人がつかなければ、責任もって第三世界との連帯を具体化することは難かしい。

しかしこの現実のためには相当に長い年数を要するので、当面可能な範囲ということで海外進出企業の搾取状態の情報をつかみ、それを我々が国内で告発していくことをやるべきである。

戦争責任と同様、だまっていることは罪であるの意識に立とう。

飢えている三分の一の地球上の同胞のために、残飯世界一の我々はまず足元の生活から反省すべきである。

ムダな食料を減らし、それにみあったカンパをたった今餓死寸前の同胞に大至急送っていきたい。(トッピかもしれませんが、毎日炊くお米の一割をへらす運動を提案します。一割の米の量をへらして飢える日本人は今いないでしょう。そしてその分の金額の品なり何なり国情にあわせてカンパしたらどうですか。月五千円の米代を払っている人は五百円のカンパということです。少し空腹を感ずる時にビアフラを思うことは無意味でないと思います。さもなければ食費全体の一パーセントでも良いと思います。食べることは、生きることの原点だからです。)

(埼玉県新座市　主婦)

斉藤千代

▼おちこぼれた女たち▲

女性解放!と言って、今、私は声を大にして言えるのだろうか?と自問してみる。それは、単なる戯言として私の中に位置づけられ過去のあれほどの怒りに燃えたことが風化してゆくのではないかと、怯懦している今の私では…。

しかし、現時点の何もしていない私の状況を、それらの怒りの風化寸前の思いで堀り起してみると、次から次へと、被害妄想かと思われる程、現在の私にも、様々な女の問題が露呈して来るのである。即ち、女がどの様な立場におかれても、現代日本社会において、女は女であるが故に、被差別者ではないということは決して過言ではないのではあるまいか?

例えば、社会に直接出て働いている人間はその身近かに痛い程の差別を感じながら、自ら血の出る思いで歯をくいしばっていると想像出来る。或いは、今の私の如く、社会には直接結びつかぬ労働(家事と9ケ月児の保育)に追われている者には、働きたいという欲望がうごめき乍ら、又、母と子のワンセット保育過程が子供に悪い影響を及ぼさぬかと心配しながら、完全に安心して預けられる保育所(ここで示す私の理想保育所は、零才児へのその児に応じてのマン・ツー・マン程の完全離乳と生活の基本的しつけ、排便、排尿等が行われる集団生活の可能なもの)のない点、又、一度離職し、夫たる会社の組織力の傘下で転居したこと等、更に〃嫁〃という日本の家族制度に包含されつつある点などが、身動きのとれぬがんじがらめの閉塞状況へ追

い込まれている。けれど、ここに一つの大きな穴、食べられるという点を源としている事は実際被差別者としての女を規定するには、早計なところがあると思われるので、この事は後に少し考えたいと思う。

さて、女にとって最も許し難い差別は、男と同等に努力して同等に生くべき道の閉ざされている事である。且つ、どの様な職種にも門戸が解放されていない事。それは又、女だけの職とされている事も男に門戸解放をすべきだという事をも含めてである。

「教員か公務員にならぬ以外は、女は大学に行くべきではない」という暴言はそのまま企業の姿勢に通じる。即ち、専門職に就かぬ多くのOLを、心より採用する企業の存在する事の少なさを物語っている。実際のところ企業としては、若年女子労働者を職場の花と散る事を想定し、女十羽ひとからげ式に安い賃金を組んでいる。男は入社すれば本仕事に専念出来るシステムが築かれ、定時出社の中で、社内訓練は仕事そのものへの直接指導が殆んどである。それに対して女の場合、補助労働（郵便発送、コピー取り、接待、お茶汲み、印刷、旅費精算、切符の手配など）であり、男が総括する仕事の下受け作業（＝実はそれが事務の場合、本質をなすことが多い）又、早朝出勤の無賃サービスとしての、清掃、お茶汲みなどはたいてい常識だし、男と同種の仕事をしても能力差いかんを問わず、残業をも含めて、労賃は低い。又、労組の規定する考課査定に依れば男性能力最低給と女性の最高級とが等しい。それでいて組合費用は、同率を求めて来るのだから、大てい労組は企業丸がかえとなり、男だけの賃金斗争のみに奔走して行く訳だ。

そうした中で、女は個々バラバラの顔に分断され、男は努力しなくても当然として権利が存在し、女は人一倍努力しても、その権利をかちとる事が出来ないのである。結局、最終的に吐かれる言葉「こんな仕事を、続けても馬鹿らしい」が出現し、あきらめにも似た気持が年と共に追い討ちをかける。だが、女の側にも男の側にも歴史的な精神構築がなされ、女の中に一つの人生観、男の中に一つの女性観が固定し、「たいした仕事をしていないのに、これだけの給料をもらって有難いと思わねば」という声も、前述と同様の大きさで聞こえる。すべて、これで女たちはもちろんのこと、男たちも、そして女と男の間も、バラバラになり、怒りの芽は、強力の連帯という肥料なき土壌に、見事恥しい思いで枯れてしまうのである。

忘れられた　おちこぼれの職種　OFFICE・LADY・OLD　LADYとしての名に変化し、その上に男が、その上に企業が、あぐらをかいて居すわっているのである。

女は選びとることが出来ない。
女はがまんしなければならない。
女は無能力者である。
女は専門職以外は家に帰れ！

様々な顔をもった女たちの行く末は一つとなる。多面の道はそれなりに厳しい。けれど、何故？厳しさが、男より、より厳しいのは……？——ここに、社会的ハンディとして妊娠、出産があるという事は言うまでもない。けれど、この母性保護の問題は詳しく論及せず、前述の完全なる保育所への実現を望むことに留めておきたい。

▼おちこぼれた女たちから男たちへ▲

現代日本に於いての男・女差別は、又、別の差別をも教えてくれる良き原点である。下図は、ほんの頭の中でパターン化した社会参加への差別システムである。

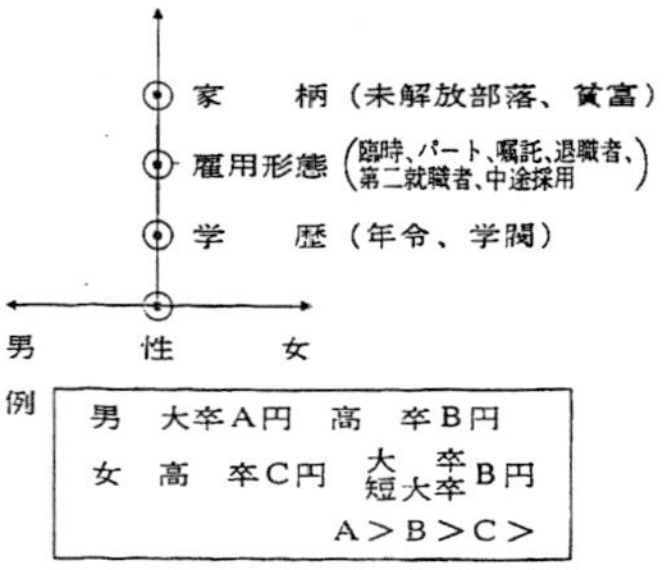

中根千枝氏の言葉を拝借すれば、語義は異なるが、性差別はあらゆる差別の原点を持ち、ヨコの差別形態、そしてータテーに構築されているものが、学歴、雇用形態、家柄（出身とすべきか）、等ではあるまいか。且つ、このタテは、男女問わず存在する差別である。こうして、私なりに差別を図式化して考えてみると性差別を原点として広がる諸々の差別状況は、逆に、原点をがんじがらめに固定しているのではないだろうか？そして、その現実を直視した時、女性解放の真の認識をタテ、ヨコの差別相互の鎖にスポットをあてる事だと思われる。それは、単に女性のみの女性解放ではなく、人間として男も女もわが身の真の自由への道を考えた時に己への自由への認識をはじめ得べく、人間の為の人間解放として出発すべきなのである。それは、女性解放に対する誤った認識によって足をひっぱる同性、或いは無理解な男性への視点に対する一提言である。

さて、話をもっと広げて、短絡的ではあるが考えてみるとする。即ち人間が、或いは、女が、被差別者であるならば、必ず、同時に差別者となっている事を思わずにはいられない。即ち、底辺に女をおく日本自体が、第三世界への政治的、経済的問題を含めた差別である。即ち、日本社会内に存するタテ、ヨコ差別構造をそのまま、開発途上国に持って行ってもあてはめる事が出来るという事である。第三世界を底辺として、その上にあぐらをかいた工業先進国の姿が、きっと見える筈である。こうした意味で、私は、日本社会内の様々な差別構造を内なる第三世界と規定し、これらを打破してゆく事が、何らかの形で、日本の社会構造、或いは体制までをも変革し得る基点となるのではあるまいか？こうした、蛇足分をも考え併せてみると、具体的運動方法を少しづつ模索してゆけるのではないかと思われる。

先ず、性差別と同じ様に存するその他の差別を同時徹廃への方向へ持ちこむべきだと思う。頂点に女性差別徹廃を置き乍ら、男たちも、男たちが足をひっぱっていた女たちも引きこみ、同じ様に〝被差別者〟の認識に立って、労組に持ちこむべきではないだろうか？あるいは、一人一人をもっと自覚せしむべく何らかの教宣活動といった……

しかし、今の私には、机上の空論でしかないし、様々な差別の上に、保育所不備の中に堂々として働いているであろう女の人の群々を思う時、己の怠慢さと、結局は口先で逃走している醜い姿を思わざるを得ない。それは、又、前述した〝食べる〟という事に対する緊迫感を本当に肌身で感じていないなまぬるさ、〝好き〟という情熱をもって仕事に出

会わなかった事など、裏からの自責の念に私の足は後退してゆく様である。

家にいるということの罪悪感さえもつこの頃、家庭、子供が余りに私物化して私の前にじっと押し寄せている様な気がする。今、アパートの隣室の声がする。あの隣の人は、子供に追われながら、一体、何を考えているのだろうか？そんな事すらわかり得ないで本当に運動の一端を担うことが出来るのであろうか？

▼おちこぼれた女のねがい▲

子供を育てているという立場から、女が、独立、解放という意味を探る時、障害となるのは、何といっても、言い古された事ながら保育の問題である。

子供を零才児から手元で育ててみると、子供はほっておいても育つというのは、少々危険な見方ではないかと思う。特に、零才児から三才児迄の栄養的基礎がつくり上げられ、その子の人生を左右するとまでいわれるしつけ迄、ちゃんとした計画的環境で、且つ、集団の中で、その子に応じての発育を促してやらねばならないと思う。特に、零才児に限れば、満三ケ月からの離乳準備から離乳への移行など、毎日、栄養士となって奮斗しなければならなかったし、今では排便、排尿のしつけである。この頃あたりから、栄養さえ十分に摂取出来る事が可能ならば、保育所へ預けられるかな、という展望が出来るけれど、今後子供の自主性の芽がどの程度あるのか、又、どの程度、伸びてゆくのか、その辺が、集団保育にとても期待したいところではあるけれど。

もう一つは、一度中断された女への再就職への道である。これは、新採用と同様に扱って欲しいという点である。従って、給与なども、継続込みというのではなく全く新しいという意味と、仕事への情熱を新鮮、若年のやる気を認めてほしいという事との両方である。今はパートや臨時が多いのは、子供や家庭とのかけ持ちのせいで時間的余裕のない主婦の仕事は、ゆきつくところ、そのあたりに留まっている。けれど、この雇用形態のちがいに、男、女いかんにとわず、同じ扱い（常時）として欲しいと思うのである。それは、企業の好、不況の安全弁としてではなく、一つの労働者としての扱いということである。

以上が、障害として述べ（させて）たけれど、個々人の自覚が根源になければ、万人に自覚と共通の連帯意識がなければ、結局のところ今の状況では、頑張っている女たちを、怠慢な女たちで足をひっぱっている現実を継続しかねないという悲観的観測が、私の頭の中でカラ回りしている。それでもやらねばならぬのだと言うのが、又、私の中の決意でもある。

（香川県坂出市　無職家事）

三井マリ子

第三世界の女性との連帯

(イ) 今まで余りにもヨーロッパ・アメリカの婦人運動に目を向けすぎてきて、社会変革の嵐の中から婦人解放を成し遂げようとしている中国・北朝鮮・キューバ・ベトナムなどの婦人の姿を忘れがちだった。社会変革は婦人の解放のひとつの大きな要素であるなら、なぜ私たちは、自力で革命を成し、巨大な資本主義世界に立ち向かおうとする国々の女性の

生き方にまず目を注ぎ、学び取らないのであろうか。新しい社会の女性は、今や、アメリカやヨーロッパの中にではなく、アジアの小国家の中に育とうとしている。アジアの一国として、有史以来、朝鮮から中国から文化を学んできた日本は、近代になってイエロー・ヤンキーと化し、アメリカの猿まねばかりしてきている。アメリカこそ、現代の強権社会の家長として東に西に弱者を痛めつけてきた当人なのだから、そのアメリカの雇われ人夫である日本は、他のどの国よりもアジアに対して責任を感じなければいけないのはないでだろうか。その責任の一たんは、高度な教育文化水準を一応持っている日本が、第三世界の無学・文盲をなくす運動を助けることや、ヒモつきでない財政援助を申し出ることや、農・工業技術の交換などでつぐなわれるかもしれない。

しかし、それよりももっと大事な連帯は、西欧型思考とは異なったアジア型思考の中で近代化を成し遂げようとしている国々の文化を理解することのできる日本人を増やしてゆくことの中にあるように思われる。我々日本人の精神構造の転換こそ、今一番のぞまれる連帯の方法なのではなかろうか。

(ロ) 以前から少しずつではあるが考えていた。

(ハ) 具体的には、アジアおよび第三世界の文化をもっと知るために、適当な出版物や映画などをどんどん翻訳して店頭に出す努力をしなければいけないと思う。そのためには大学などに働きかけて、第三世界の言語の講義を設置させる運動も必要である。または、少し突拍子もないかもしれないが、行動を起こす会として、第三世界の中の可能な国に特派員を派遣し、女性問題を焦点とした情報収集および広報活動をすることも、できれば近い将来に考えてもいいことがらではないだろうか。

男性の手に牛耳られている現代のマスコミ活動では、女性にとって重要な記事があまりにも無視され、軽視されすぎているので、私たちの手で何とかしない限り、大転換は望めないような気がするから。

現在、個々バラバラに存在している婦人団体から第三世界に関する資料・情報をひとつにまとめあげ、〝第三世界女性連帯手帳〟のようなハンド・ブックを作成してみることも多いにやりたいことのひとつである。昨夏念願かなって二週間の東南アジア旅行をしたが、全て自分の友人を核としたコネを頼って歩き回っただけに、不安も大きかった。いい友人に恵まれ、期待以上の活動ができたが、やはり、点と点を結ぶような毎日であったことは否定できない。誠に小さな情報ばかりであるが、私の得てきた事がらの中にだって、ひょっとしたら誰かの役に立つことがあるかもしれないが、残念ながら、私の旅の総括を提供する場がない。私のような体験を持っている方も他にたくさんいると思うので、何か女性の手で、女性解放の視点から成る文化交流団体を生み出し、そこを基点として〝第三世界女性連帯手帳〟を作り出せたらと思っている。もちろんテイクばかりではなくギブとして、日本女性の実態を知らせる努力もおこたってはならない。藤枝さんたちの努力の結晶「※」を五、六冊持参してシンガポールやタイ、香港の友人にあげてきたが、この手の本ははじめてだと手離しの喜びようであっ

た。一冊限りの本にしないで、新情報を加筆して定期的に発行を続けて欲しいと切に願っている。英文による日本女性に関しての本は、この本を除いて存在していないので、どうにかして定期刊行物として成功させて欲しい。そのために、私たち女性は、あらゆる所に働きかけて、あの本を一冊でも多く売りさばくことに協力したいものである。

※ジャパニーズウイメンズスピークアウト

（東京都八王子市　教師）

小林やすえ

(イ) あらゆる婦人問題で、許しがたい差別と思うもの

差別と云えるかどうか分りませんが、許しがたいことがあります。婦人の前でセックスの話をすることがあります。それはそれでよいのです。大いに女性も話し合える人であってほしいと思うのです。しかしその内容が性をオモチャにした、女をオモチャにした話をすることに腹が立つのです。女は物ではありません。女性を物とみるから浮気も許されるのでしょう。女性の側も男性の浮気をもっときびしく批判していくよう反省したいものです。男の性が浮気しやすいようにできているという錯覚はなくしたいものです。男性にだって忍耐心や抑制心は女と同じに与えられています。この辺もっと男と女の人間の性について知ることや知らされることが必要だということがわかります。

また抽象的だといわれて片づけられてしまうのですが、婦人の自立を犠牲にしていて男性はなぜ婦人運動に参加しないのかということです。日本には知識人がいないのでしょうか。男も人なり、女も人なり、しかし女は男の力には勝てないといった福沢愉吉の時代から、もう百年もたちながら、それさえ実現されていない世の中です。女性の意識も高くならねばならないでしょう。しかしリードしている男性の反省なくして平等は夢の夢で全く希望がもてない気がいたします。

国際婦人年の意見募集の中にも、女の意識を変えていこうという意見がありました。そしてそれを男性側はそうだそうだといっています。何ということでしょうか。そうだそうだですませるからいつまでたってもダメなのです。男が女の人間性を尊重し、母親を尊重しないでどうして男女平等が実現するのでしょうか。昔の無学な女は現代にはいないのです。学問をした女が生き生きと生きることは自立して生きること以外に、あるのでしょうか。このへん男性は全く女は母性だけしかもっていないと思いこんでいるところがあります。そこで老後も全部男がみてくれる保障があるなら男中心社会も見上げたものです。

(ロ) その差別をなくすために具体的にどのような運動をしていったらよいか。

一つ。男女の性差は認めていきたい。それは単に性器が違うということ。性心理での違いがあるということ。そんなことくらいで何ら違いを強調するところなどないことを知らせる必要がある。それは性教育の普及でありカウンセラーによる性教育を進めるべきである。医者の性教育ばかりでなく心理面、特に人間関係学の面で是非カウンセラーが性教育を担当し個別教育をしていくべきである。男女の正しいあり方や性の哲学を学ぶ機会を与えられなかったために、性をオモチャ的に扱ったり、宣伝したりする男性が多いのだと思

う。

二つ。農村ではまだまだ根強い差別が残っている。この人たちのために一日も早く何とか解放してあげたい。そのための運動を各方面から考えていくこと。例えば役所の方で講演会を開いたり、託児の施設のために充分配慮していく。それは公的施設をつくることばかりでなく、ボランティアの労力銀行などに援助や応援、組織づくりに助力してほしいのである。

三つ。家事、育児は人間として一番大切な仕事であり、人間らしいすばらしい仕事であることを普及させ、それに男性を参加させないでいる社会を反省させること。また女性側としても女性の仕事だと思わず男性に協力を求め当然のことであるという意識を高めていくべきである。それはよい子供を育てる上で最も近道な行動である。

四つ。男性が家事を手伝えないという労働時間の過剰を何とか抑えて、男社会の機構を変えるために何とかしなければと思う。女性は働くことを、男性は家事、育児を手伝うことをそれぞれの立場で歩みよる必要が今ある、合理性ばかり追求して来世の中から、今不合理の中から人間性を尊重した生き方があったことを自ら考え直していきたい。能率は想くても人間らしい生き方を求める時代が来たのだとつくづく思うのである。

(ハ) 女性解放をすすめるにあたって大きな障害となっているもの。

私の場合では夫である。台所立つ男性はみっともないとか、恥しいとか、妻を働かせては世間体が悪いとか、自分の意志は一体どこにあるのかと思うくらいに男性は、男の思いこみ中で生きている。男こそマンリブをやっていい筈だ。

ある女優さんが舞台で自分がこれまでになったのは夫の協力と理解があったからだとのべた。その二、三か月後には離婚したようである。私はそれを聞いたときああ、離婚するなと思いました。ということは男性が女房のために協力したということは、日本男性にとって大変侮辱ととる習慣があると思う。家事や育児をする男性を女々しいなどという。何ということでしょうか。女々しいということばは死語ではないでしょうか。男らしさ、女らしさだけである。テレビのコマーシャルでも大いにこの辺を強調したものを使ってほしいものである。そして世間の意識を変える必要が今あると思う。強烈な形で出していく必要を感ずる。

国際婦人年の意見募集に男性の意見もありました。その男性は家事を手伝い、洗たくもして、奥さんに勉強してほしいといって励ましているということです。最近こういう男性もポツポツ出て来たようですが、もっと堂々と世間に発表してほしい。テレビの婦人番組及び夜の男性がみる時間帯にそういう人たちの意見や紹介などしてこれでもか、これでもかといったやり方で男性の意識を変えていかないと、男性は家事、育児から離れることばかり考えていくと思う。仕事を第一に生活している立派な婦人（芸能人も含む）の夫である人が、このように協力しているという、生活意識や生活態度、考え方を発表させ、多くの人に知らせる運動をしていきたい。週刊誌でも何でもよいと思う。興味本位でなくまじめに取り上げそれをほめたたえる知識人を出していくべきである。偉い人がほめないとす

ぐそれが侮べつに変るからである。国際婦人年の今年は何よりもよい年だと思う。習慣に流され、それにしがみついて生きることばかり考えることから、今自分の意志で立つ生活を考える時が来たと思う。男も女もである。

（群馬県桐生市　主婦）

柴田恭子

(イ) 女性は、幼稚園、小学校、中学、大学、就職先、果ては家庭に至るまで、甘やかされている反面「女は馬鹿だ」の言葉に一番抵抗を感じ腹が立ちます。（同等にあつかって欲しい）

(ロ) 第一、男性社会を攻撃する前に、何故男性社会が生れ、長年にわたって全世界の女性を支配出来たのか。男性と女性の根本的な相違点は何であるかを究明するためには、男性社会の歴史をよく知る事ではないだろうか。第二、女性の九〇%以上何らかの形で結婚を経験したり、継続しているがそのうち三分の二の女性は結婚生活に満足している現状である。未婚女性の就職観は結婚前の社会勉強と資金稼ぎと割り切って未婚の男性と比較すると余りにも仕事に対して意欲もなければ無責任である。女性の真の就職は結婚する事であり、現に大企業に就職した女性の結婚希望者のデーターは七〇%に達し、子供が出来るまでが十七・五%で、結婚後もずっと仕事を続けたいが十一%である。それでいて、永久就職すなわち結婚後の女性の生活をみていると、自分で経済力を持たぬがゆえに、夫の暴君振にも目をつぶり、自殺するか、子供殺しまで発展してしまうように思われます。真の女性解放は男性に頼らずに自分の仕事を持ち、経済力を持たなければならはないと思います。（勿論永久就職をしても）

(ハ)第三、どれだけの女性が法律をよく知っているだろうか。殆んどの女性が勉強不足のために、保護してくれる法律の活用を知らぬ事です。それにひきかえ、よく勉強をしている男性達は、法律の裏をかき、ぎりぎりの法律にふれないところで、大いに活用し楽しんでいるのをみると、「女性よ！汝は馬鹿と云われてもさわぐなかれ！」と誰れかがいっているようにも思われます。もっと多くの法律家や、議員に女性進出を切実に望みます。さらに、女性会合の場を多くし、女性解放運動の縦系、横糸をしっかりつなぎ、支援するリーダーを出す事によって、女性の国会議員の進出もふえるのではないかと思います。第四は、マスコミを利用して婦人の教育をしなければならない。例えば、新聞の家庭欄に、婦人の自己意識を向上させる記事とか、反省させるもの、疑問をなげかける様なものとかの論評とか、実生活の体験談、婦人地位向上のため献身的に戦いつづけて来た、国内、国外の女性史の連載などしたら如何でしょうか。

(ハ) 女性解放運動をすすめるにあたって、大きな障害は同性すなわち、女性であると思う。戦前の日本の女性は、受身の立場で、全生涯を教育されて来ました。その名残りが今だにあって、戦後も、個人主義、自己主張と、よい意味と悪い意味が混同され、現在に至っていますが、殆んどの女性は主体性に欠けているので、社会を、もっともっと深く考えた日常生活の中で意識した眼で、自分の足元を見れば、いくらでも疑問はあるし、未知な事が多くあり過ぎて困るぐらいなのに、それ

に目をつぶり、楽な方へ楽な方へと寄りかかり怠慢もよいところ。多くの女性は、自分に都合の悪い事が出来たら、勤めの女性であれば、上司が悪い！主婦であれば夫が悪い！物価が上れば政治が悪い！公害であれば企業が悪い！さて、では自分は一体そのために、どれだけ努力と、智恵と、労力をおしみなく出して運動したのか……。自分にはまったく一つも責任がないような事を云う女性が殆んどで、その一端が己も担なっているのだと云う意識と自覚を持っている女性は日本全国で何パーセントいるだろうか。政治には、男女平等に満二十才になったら選挙権が与えられている。その一票を投ずる女性は果して現在の政治をどれだけ批判の眼を持ち抵抗を感じて、自分の意志で清き一票を入れに行っているだろうか。また社会が悪い！といっても、男性女性が約半数づつ共存する以上、女性もその二分の一の責任があるはずではないか。男性と仲良く肩を並べて世の中を住みやすく歩むためには、まず女性自身が自ら自己に対し、厳しく批判的になり勉強し、教育しなおさなければならないと思う。

最後に、結論から申し上げると、国際婦人年は全世界の女性が、自らもっともっと男性べったりではなしに、独立心と多くの知識欲・好奇心と行動力、責任感を持ち、男性に対決するのではなく、男性社会のレベルまで女性自身が向上しなければ真の平等にはならないでしょう。全世界の半数を占める女性の幸せと、平和は何か！それには何が一番大切な事か。それを実現するためにはまず何からしなければならないかを見直す時点に来ている、いわゆる反省の年のように思われます。これをきっかけに、男性社会のように、縦と横のつながりをしっかり張らなければこの大事業は成立しないと思います。

あとがき

女性改革は、まず家庭の中からと私はいいたい。何故なら、両親が子供を一個の人間として形成する基本の教育は、家庭を営なんでいる男性と女性に他ならないのである。人間の自立の精神の教育は、一も二も家庭教育であると思います。少なくとも我々が子供を養育している長い間には、自分と同形のものを子供の中に見出し、ギョットする事が誰れにも一度や二度は感じられた事と思います。両親を選べない子供達の側に立って、もう一度男性、女性の根本的な生き方を見つけ出さないかぎり、人間改革即ち大地の母なる女性解放も根本の改革を少しづつ成しとげた後、成立するものではないかと。そのためには、目先の事にこだわり過ぎては、せっかくの解放運動も空転するでしょうし、逆にその裏を欠いて利用する社会機構である事も知って、地味に一歩づつ前進して行きたいと思っています。非常に短い期間の中でメインテーマの提言とか運動の方法とか余り深く掘り下げて考えている時間もなく、大変お粗末になり申し訳けございません。この原稿もぶっつけ本番なので、誤字及び綴りも滅茶苦茶な事と思いますが私の意見として提出させていただきます。

㈡「第三世界」の女性との連帯については申し訳けないのですが、知識不足と多忙の為めにそこまで手が届かなかった実情です。

（大阪府大阪市　主婦）

加藤真代

㈠(イ)

①職場での男女不平等

②夫婦間の役割分担

(ロ)①長年に亘る男女差別、長部、年功序列観念を一人一人が打破り、回りにもそれを働きかけていく。

②家事、育児を正当に経済的に評価して、主婦専業でも夫婦別産制をとっていく。同時に夫婦間で納得、それがもっともよいならば、主婦専業もかまわないが、妻である以前に女も人間として一人前の社会にみあう収入を得る能力を身につけることが社会通念になるような教育＝学校、家庭、社会の――普及

(ハ)女自身の中にある改革や変動を好まない保守的思想、怠惰、向上心のなさ。それをうながした社会のしくみ、通念のニワトリが先か卵が先か論法になるが、私はえて前者を先に問題にして、仲間によびあかけていきたいと思う。

㈡(イ)　必要と思う

(ロ)　同じ

(ハ)　消費者運動をしていると、日本でおきる欠陥商品や食品公害、独占価格、環境破壊の問題をストレートに第三諸国の仲間に知らせて被害の未然防止を呼びかけたい。が、その情報提供が、今の日本の消費者運動は国内が手一杯で経済的にも人的にも、ゆきとどかない。消費者運動に限らず、凡ゆる日本の市民が今抱えている問題は、アジア中南米の発展途上国の市民が、じきに抱える問題として、互いに交流する情報提供の場＝会合や、機関紙＝が必要だと思う。

（埼玉県和光市　消費者運動従事）

前田敬子

㈠「女だから」とか、「女のくせに」の言葉に比較的無縁に育った私が〝女〟を意識して最初に痛感したのは、大学四年の秋、ある経済研究所へ就職の書類を依頼して『女性は事務、男性のみ研究員として採用する』とあるのを見た時でした。

あの一枚のプリントを眼にして、呆気にとられている私を、その後テレビ局に十三年余勤め、女であることをイヤと言うほど意識した今、とてもいきいきと、なつかしい気持で思い出します。

あの時の驚き、そして「おかしいな、こんなことってあるのかしら、なぜなの？」の疑問が、私の女の出発点だったと思います。

私は「男のヘンなのより、女の方がよほど役に立つんだ」と自分に言い聞かせながら、誰にも文句を言わせないために、懸命になって仕事を覚えたように思います。はっきりとらえていなかったけれど、差別への怒りがエネルギーとなっていました。

数年前会社の研修会がありました。そのある発表で、テレビ制作関係者にとっては聞きすてにできない発言が出ました。

そこで私は、ごく自然に納得できない旨の質問をしました。はっきりした答えがないままその直後休み時間にはいった時、普段は殆んど接したことのない部署の男性がすっと寄って来て「どうして質問なんかするんだい？君達の時お返えしされると困るだろう。第

一、「女は目立っては損だよ」と言いました。
私は虚をつかれて、一瞬思考力が止まりました。そして、彼にしてみれば、それは私のためを思っての親切心から出た忠告であることに気がつき、とても悲しくなりました。

女は目立ってはいけない。

女は控え目がよく、言わば男の影にいなければいけない。

――ディレクターという、比較的恵まれた特殊な世界で過ごして来た私に、そういう男の（あるいは女の）見方もあるのだなあ、と痛感せずにはおかない生（ナマ）の言葉。

それからの半日私はぼんやりと、無性に嫌が悪く過ごしたのを覚えています。

一方では女の先輩から「女は二倍働らかなければ男と同じに認められない」と教えられ、一方では、「女は目立ってはダメ」と言う―そんなことまで気にして、女は働いて行くのだろうか？と思った時から、私は逆に開き直ったように思います。女だからと言ってそんな苦労をする必要はない、それはおかしなことだ、と認識したのです。

例えば、昇格差別をされた時、自分が正当に評価されない、と怒るより、それは相手の尺度と私のそれが違うだけのこと、私は私の仕事をきちんとしているのだから、それに関して文句はないはず、仕事について具体的な批評をして下さい、と考えるようになりました。要は、堂々と仕事をすること。

現在、私は、特別に才能がなくても、つまり普通の女も、希望するなら結婚して、こどもを産んで、堂々と仕事をするのがあたり前だと思います。男には当然のことですから、それを阻害するもの全てが、許しがたい差別ととらえます。

現実を見てみましょう。

女が仕事をするための最大の問題点は『母性』です。これを拒否すればことは簡単ですが、それでは特別な女であって、大多数の普通の女の解決にはなりません。

仕事へ出る母のあとを追う、必死なこどもの眼に、たじろがないではいられなかった私。それは働く母親なら誰でも経験することではないでしょうか。

こどもは眠くなってぐずる時や、特に病気の時、父親よりも母親がそばにいることを欲します。そうした時こどもは、生理的に、ゴツゴツした男より柔らかい女にぴったり寄りそうことで安心するのでしょうか。これは、『夫と妻が家事を平等にすれば全てうまく行く』では片ずけられないことのようです。

〃家庭〃をなくして、『こどもは社会が育てる』のも一案でしょうが、現実に自分の家からこどもがいなくなることを思うと、果してよいことなのかどうか自信がありません。親が、こどもの純真さ、素直さに教えられたり、あどけなく寝入った顔にふっと幸せを感じたりするのに、誰も悪いとは言い切れないはずです。現に息子の笑顔は私の活力となっています。

ですから単に〃女性の神話〃を粉砕すればよい、となると、私にはわからなくなるのです。

今、わかることは「したい仕事があればこどもを産まない」等と決めてしまわずに、自分のしたいことをする女でありたいと、あきらめないで生きること。そういう女性の数を増やすことが力になること。それからのことは？時々絶望的になりながら女性解放へ模索

している私です。

討論の一材料にして頂ければ幸いです。

㈡　私は「第三世界」について、申し訳ありませんが全く勉強不足です。

「第三世界」の女性は、女性差別よりも、新植民地主義や人種差別反対に力をいれていると聞きます。しかし、「第三世界」に女の差別がないとは考えられません。

国家が政治的、経済的独立をしてから、女の問題にとり組むと言っていては、権力者側の思うつぼではないでしょうか。それでは遅すぎる気がします。

今、彼女達の問題は、私達の問題としてとらえられることが、きっとあるはずです。

話し合って、お互いに理解する努力をする以外はないように思いますが……。

（千葉県船橋市　テレビディレクター）

雨宮雅子

何げなく夫から妻へ吐かれる言葉のひとつ、ひとつに、差別の長い歴史を感じます。たとえば「お前が男だったら、嫁の来てなどない」この言葉は「お前が女だったから、男にすがって生きていられるのだ」という支配の論理で成り立っていると思います。確かにひとりの人間の生まれながらのハンディや、生きて来た道のりで負わねばならなかったハンディは、その人間の一生に重くのしかかって左右するものだと言えましょう。しかし、この言葉がたとえ「男が病弱だった場合、どうして妻や子を養って行けるか」という理由にしろ、それは、病弱な身体で子供を産み、育てている「母性」への冒瀆と言えます。人間はそれぞれの人生があるように、その人なりのそれぞれのハンディを背負って生きているものと思われます。それゆえに、ひとりの人間が他の人間の個有のハンディを指差して断罪など、決してできないものと思えるのです。それが夫と妻の男と女の関係においては、二重の差別として現われていることを男は知るよしもないのです。この夫は、もし仮りに、「男」、「女」が、「朝鮮人」、「部落人」、「前科者」、「障害者」などという言葉だったとしたら、決してそんな暴言は吐かなかったと思います。「お前が朝鮮人だったら、お前が部落民だったから…嫁の来てなどない」彼は自分の妻ひとりを個有に断罪したつもりで、結果的には嫁の来てなどないと言われ続けて来た全ての被抑圧者たる人々と、その妻達、そして全ての女性を差別したのです。まったく、このような例をあげればきりがなく、

この情況は、私たちの周辺のまぎれもない風景なのです。ごく平凡で善良な、圧倒的多数の夫達であり、男性達の何げない言葉なのです。このような言葉に対して、妻や女性からは、はたしてどれだけの反撃ができるでしょうか。身体でぶつかって抗議してもはじき飛ばされるのがおちであり、そのような妻は周囲の女たちから白眼視され、笑われるのです。

もっと利口に、利口にと女達は智恵をつけます。しかし、その智恵とは再び差別を自ら受け入れる浅智恵でしかないのです。

私は、これらの差別をなくすために、どのような運動をすすめていったら良いかと問われれば、それは余りに根本的な問題であり、

歴史的な問題であるために、途方に暮れてしまいます。そして、やはりそれは私たち女たちの学習の他にないのではないかと考えます。

　なぜ、それが私にとって許しがたい差別なのか、ひとりでも多くの女たちが知る他ないのではないかと思うのです。苦しんでいる女たちはたくさんいるけれど、その苦しみをすり変えずに、耐えがたい苦しみとして感ずることから始めねばなりません。そのためには私たちは同じ苦しみを背負った女として、あらゆる女性を受け入れる姿勢を持たねばならないと思います。「行動する女たち」の一方に、「行動できずもがいている女たち」がいることを忘れてはならないと思います。私もまた、もがいている女のひとりとして、今は苦しみのひとつ、ひとつをしっかりと心に刻んで、反すうすることを手始めとして共通の学習の場が欲しいと考えています。共に悩み、考え、模索する場が必要だと思います。「行動する女」と、「もがいている女」との連帯をあらゆる方法で探りたいと思います。

　ひとつには、会の地域定着化を考えています。なるべく近い場に数人の仲間を得て、月一度の分科会を、二度、三度と増やし、きめ細かな討論や、学習を行なうことにより、ひとりでも多くの女たちが苦しみを持って立ち寄れる場をつくりたいと思います。もうひとつは、講演会をひらいて、できれば地域化した分科会が独自で担うという方法です。

　以上が、「女性解放運動の方法」に対する私のわずかな経験による提言です。

「第三世界」の女性との連帯に関しては、自らの認識不足を把握して、世界における日本の女性の位置を知り、日本の現代社会における女性差別の問題を通して、新植民地主義や人種差別の問題と深い関わりのある、部落差別や朝鮮人差別の問題について関心をむけることによって、「第三世界」の女性との連帯の糸口を見つけることができると思います。「第三世界」の女性の問題は、決して別個な国の問題ではなく、私たちの隣人の問題であり、私たち自身の差別意識の問題であることを自ら、もう一度問い直す必要があると思います。

（神奈川県横須賀市　主婦）

松田志め

男と女の差別の始まるのは学校を卒業した時から始まると思うのです。小学校から大学まで成績のよい者、指導力のある者は女と男とを問わず平等の観点から扱われて居ります。

　ところが一旦社会に出ると、女は自分より遙かにあらゆる点で劣っていた同級生でも、男であるという事で、地位に、給料に差がついて行き、距離ができていくのを見ていなくてはなりません。この経済力の差が女を差別する総ての根源になっていると思います。

　結婚する。結婚させるという言葉を使わないで嫁にくれる。嫁をもらうという表現がまだまだ横行しているのは本当にいやです。女性全体が自分はもらわれるのではないと自覚をしてほしい。そして家庭の仕事もいろいろと大変なこと、心労多き仕事なのですから男性の社会で働いて、直接経済を得る仕事と何等変りなく考えられるようになってほしいと思います。ところが現実ではそうは認めない

男性は多いし、法律でさえも認めない事が随分とあるのです。

例えば、夫婦の財産はとかく夫の物とする風潮は納得できません。人それぞれによりますが、夫婦が協力して一生かかって建てた住居をどうして夫の名儀にするのでしょうか。共同名儀にするのが自然だと思うのは私だけでしょうか。しかし日本では共同名儀にすると妻の分は贈与税の対象になるのです。なんで贈与されたなんて考えるのか、腹立たしい事です。夫が死んでから妻の名儀にしても遺産相続とみなされて妻の長年の内助の功を一体何だと思っているのでしょう。

遺産相続といえばその分配方法は、余りにも妻をないがしろにしたひどい法律です。遺産の三分の一だけが妻の物と唱えています。あとの三分の二は子供の物だというのですが、そんなことってあるでしょうか。夫に先たれた妻は大体衰退の年令に来ているし、長年かかって貯めた財産を頼りに、余生を送らなくてはなりません。

それに引換え子供は、既に親のお蔭で一人前になっていて、もりもり働いて行く年令なのです。世の中親孝行の子供ばかり居りませんもの、親孝行の子供は「お母さん、皆お母さんのものだよ」と言うでしょうけど、親不幸者に限って法律をたてにかたくなになるようです。なさぬ仲の子供を苦労して育てた後妻などは哀れな立場になります。

もう一つ、これは法律には直接ふれる事ではありませんが、先日アメリカ大使館へビザの申請に私行って来まして感じました事ですが、ビザのおりる条件の一つに日本へ帰国を必ずするという証明となるものを提出せよという項目があるのです。私は主婦ですから勤務先の休暇証明はもらえない旨申しましたら御主人の証明があればいいとの事です。往復航空券では証明になりませんかと問いましたが、御主人の証明がどうしても必要なのだとの事でした。私は何か屈じょく感を味わいながら夫に書いてもらいましたが、男の人だったらこれ奥さんの反対などものかわ、行きたいところ台湾でも自由に行けるだろうなと思いました。

とりとめもなく書いてしまいましたが一番大切なことは、ただ不満を言っていても仕方ない、何の進展も棚からぼたもちと落ちてはこないということです。この意味から行動を起す女たちの会のはしくれの一員と致しまして、女性に一人でも多く呼びかけたいと身近かな人達にも話題を常に持ち出して居ります。女性の声がだんだん大きくなって輪になって日本の空に大きくこだまして行くよう願って居ます。


（東京都世田谷区　主婦）

石井慶子

政治家の半分を女性にする事を立法化するよう要求する。

理由は、今年（一九七五年）六月十三日の夕刊に映画監督の大島渚氏が「男性社会を変えるためには、機械的にやらなきゃダメだと思う。例えば公務員の半分を女性にするとか。世界会議だって、ないよりあった方がいいが、そんなまどろっこしいことをやるより、バサッと政治的に変えた方がいい。そういうことを女性がどうして要求していかないのかな」と書いていられるのを見て、こんな

（137）

に良い方法があったと、我が意を得て。

国家予算案を「女達の会」で作り国の予算案と、どちらが良いか国民投票させる。

または、各党で国家予算案を作成し、予算案を選ばせる、人物のわからない議員を選挙するより、余程効果的だと思います。

テレビで国中を中継し、政治のやり方を国民討論する。議会政治はテレビもラジオもない時の民衆の意見を政治に反映させる手段だったのではないでしょうか。以前、世界中のスタジオをつなぎ、日本と日本人の感想を聞いている番組を見、世界だってつなげるのだ。日本なら、なお簡単のはずと思いました。

大切なことはテレビ討論したあと、国民投票させると良いと思います。

第三世界の女性との連帯について

地球上から戦争をなくし軍事費をなくす女性の国際連合を作る。

人口増加抑制に力を貸す

メキシコ世界会議以前までは第三世界の人達が平等を求めていることを知りませんでした。そして歴史とは、人が平等を求めて戦ったのが歴史ではないかと思いました。

（神奈川県川崎市　主婦）

山口里子

一、イ、性別分業制。許しがたいと言うより、悪の根源として第一に徹廃していかなければならないと考える。

ロ、①教育の改革。

A家庭教育。夫婦の在り方を子供は見ているから、まず夫を変える。男の子、女の子のしつけを平等にする。

B学校教育。①教科書を変える。（現行教科書のチェックと抗議。教科書作成に女を入れる要求。自主教科書の作成）②必修、選択科目を男女の性別で分けない要求。

C社会教育（環境教育）マスコミに対し抗議行動や投書等で積極的に意志表明し、社会通念の変革を計る。言葉の変革も重要。（差別用語のガイドブック作成も良い）

②既成事実作り。実際に働く女、共働き家庭をふやし、女が仕事を持っている事が感覚的にも当り前の事になるようにしていく。そのために女が働き続けるためのあらゆる条件整備を並行的に進める。

A未婚女性の目覚めのために。主婦の出口なし状況や様々な主婦問題等の情報提供に努め、結婚退職者の実数を減らす。卒業時等、女子高校生にガイドブック配布等（化粧品会社の宣伝の様に）

B妊娠出産時に断念しないために。保育所作り、母性保障の充実を強力に要求して行く。つわり、出産、育児休暇を男も取れる方向に。病児保育、学童保育も進める必要あり。

C主婦の出口作り対策を進める。職業訓練の機会増大。パート内職の最低賃金制確立。転勤制についても一考の余地あり。（転勤の度に妻は転職せざるを得ない のが現状）

③家事の社会化。家事合理化、家族分担にも限度があり、また、福祉の遅れを個人的に負わされている面も大きい。

A共働きに適したアパート街作り。商店、食堂、クリーニング店、保育園等を内臓させる。

B障害者、老人施設等を増設。（個々の家庭内での女の負担になっている。隔離的施設でなく住宅街の中に作っていく。）

ハ、女自身に自覚が欠けている事。女を目覚めさせない環境がバッチリ出来ている。

女の情報を若い女にもっと豊富に与えて行くより他ない。リブ週刊誌の様なもの作れないだろうか。

二、イ、重要と思うが大変むずかしい。

ロ、日本の侵略に対し莫然と痛み、憤りを持っていたが、特に女性問題を考える際、頭に入れてなかった。第三世界（特にその女性達）の状況を余りにも知らなかったためだ。

ハ、まずは知る事だと思う。日本のマスコミが敢えて知らせない様にしているのだから、自分達の手で情報を得、日本の女達に伝える努力をする。そこから、なすべき事が出て来るのではないか。例えば、極めて侵略搾取的企業の行為の告発・不買運動等も、侵略国の女として担うべき連帯行動の一つだと思う。

（北海道札幌市　失業中）

山根典子

イ、女性が努力して頭を出そうとすると、男性が寄ってたかって、けおとそうとし、足ばらいをかけ「女はだめだ」と言う思想を広げようとしている。

ロ、ハ、女性自身の自覚が必要だと思う。女の甘えなのか。それとも教育されたのか、その両方なのか、「女はだめ」「私は女だから」「女の子はだめよね」（母親の発言）「女のくせに」と女性が言っているのを聞くと寂しく感じる。自分がだめな時は自分一人だめだと言うのが、クヤシイのか「女はだめ」と言う。

この現状を何とか変えてゆかなくては。そして、もっと自信をもって一人立ちできる女性がふえてほしい。何かあると「主人がこう言った」「主人に聞いてから」と言う発言はつつしみたい。「夫はこう言っているが、私はこう思う」と言ってほしい。

それには、できるだけ多くの人ができるだけ多くのチャンスを利用して何回でも、やさしく説明してまず女性にわかってもらいたい。

新聞（家庭欄なども）、雑誌（婦人雑誌はその良否を別としても現実に多くの読者をもっている）などに読者の声として、多くの人が書いてほしい。そして多くの女性の共感を得てはじめて運動が成功するように思う。

また「行動を起す会」あるいは他の様々な活動をする人たちが何か問題を提起し、要望を出した場合も、できるだけ多くの人たちがそれに対する賛成意見の発表をして欲しい。

現状では何かあると、それに対する反対意見ばかりが声として目立つ。それは本当にそのように考えている人たちばかりが書き、賛成の人はだまっているのか、意図的に反対者のみの意見を出すのか、出させるのか、実状はわからない。だが賛成者の意見の数が多ければ無視できないはずだと思う。

反対者の意見が目立つため、「あの行動は特別な女の飛躍した行動である」と男性たちに言われてしまう。

賛成者は手をたたいて喜んでいるだけでなく、積極的に応援しましょう。女性による足ばらいだけはなくしてゆきたい。

（東京都田無市　公務員）

藤村　哲

イ、「マァ、まわりが昔からそうだから」「アタリマエと思ったから」「愛し合っていたから」程度の理由で結婚しちゃった人達がその点を反省せず、また暮しを積極的に変えて行こうとする勇気と戦意を持とうとする努力をしないのは棚に上げておいて、結婚そのものに疑問をなげかけようとする言動に憎悪・苦笑・自潮・冷笑・侮蔑・あきらめ・敵意等が複雑に入りまじった感情で、あるいは無理に無関心をよそおい、あるいは逃げ、あるいはあからさまな反感を示すという態度それ自体が味方をも敵にまわしてしまうという「差別」どころではない「弾圧」にまでなっているという事実に気付かないおめでたさかげん及びそれが必然的に生み出す保守反動性。

事が身近な毎日のくらしと直結しているだけに最も許しがたい差別と敵対と、したがって利敵行為をまき散らす。

ロ、なるべく自分のふところをいためること連帯と攻撃力を確実に強力にするために。

ハ、女性が愛する男に大いに心をひらいてあげるのは勝手。が、マタをひらいてあげるのは全く別の次元のこととして行動して欲しい。

そうすると、男共は……。

（東京都新宿区　そめものや）

中村朝子

婦人問題で最も許しがたい差別と思うことは、血のつながりのない母子への偏見、べっ視、中傷であると思います。

しかもその差別というのは、女性が女性に対しての心ない行為が大半であることを、養女である私が身をもって経験したことであり、この女性特有の内部にひそむ、次元の低いエゴこそ、国際婦人年をきっかけとしてぜひとり除く運動をしたいと思って居ります。

私は現在「子供の権利を守る会」というグループを作って、月一回、参議院会館に集って勉強会を開いていますが、会員の中には、戸籍を偽って養子を実子として育てられてきたのに、養父死亡によって、遺産相続がはじまると、親戚の女性たちが口火を切って、ほんとうの子ではないのだから、遺産は放棄させよと養母をそそのかし、「親子関係不存在」を家裁に申立てられて、大変なショック

をうけている女性がいて、養子縁組する時点においては、一方的に親の意志だけで定められてしまい、問題は子供が成人したあかつきに必ず出てくることに思いをいたし、養子となる子供の幸福の代弁者となるような会になろうと話し合って「子供の権利を守る会」と命名しました。

養子をのぞむのは大半が女性であり、目的は老後の扶養をみかえりとしている実状を知って、女性自身の考えの改善と反省あってこそ女性への差別もなくなるのではないかと思っています。

古武敬子

同じ月齢の子供をもつ近所の知人は、ことある毎に「やっぱり男の子ねェ、偉いわ」「男の子なんだからこれ位のこと我慢しなさい」「男の子はたのもしいわ」などと何かにつけ、「男の子」を接頭語にほめたり、叱ったりする。思いきって、それは母親であるあなた自身を差別することであり、日常的に差別意識を植えつけることこそ恐ろしいことであると、また婦人解放運動の大きなさまたげになっていることを言った。

しかし彼女は、「〝男の子〟というときそんなに深く考えていっている訳ではないし、差別などという大げさな意味をもっていると思えない。つい無意識に言葉が出てしまうだけなのだ。解放運動についても一応理解はしているつもりで、私が足を引っぱっているなんてことはない。でも運動に私が参加しようという気はないし、あれば特定の人がやっているだけではないか。又やってもどうせ変化を望むなんてことは到底無理よ。私の方がちょっと我慢すれば今のままで幸福だ」と言う。

彼女は運動を理解するといっても現実に自分の問題として差別の実態をみきわめようとしないで、あきらめが先に立ち、今の甘えに隋性的生活を幸福と思いこむことで満足してしまっている。

これは大多数の婦人の考え方の典型だと思う。婦人解放運動の一つのポイントはここにあると思う。広く女の連帯なく婦人解放運動の進歩はない。まず、各々一人一人が何が差別であり、現社会構造上、何故そうなっているのかを明確に把握しなければならない。でなければ差別社会通念があまりにもち密に網羅されているため、問題の焦点を見失うことになる。故に上部組織の告発と共に婦人の意識改革のため、力を注がねばならない。

とりあえず、PTA、労組の婦人部に働きかけ、話し合いをもつことから始めたらどうだろう。地味な方法ではあるが確率は高いのではあるまいか、これは決して悲観的な問題ではなく、連帯こそ最強の武器だということを再確認すべきである。

（東京都武蔵野市　主婦）

女性の問題に関する
第二次公開質問状への回答

公開質問状担当グループ

はじめに

公開質問状担当グループでは、三木首相はじめ名に対する第一次質問状に続き、新聞社と放送会社34社の社長宛に質問状を送った。

○回答があったのは、次の9社であった。

河北新報社、朝日新聞東京本社、日本経済新聞社、中日新聞社、神戸新聞社、東北放送、東京放送、毎日放送、無記名一社（テレビ神奈川かサンテレビと思われる）

○回答がなかったのは、次の25社。

北海道新聞社、サンケイ新聞東京本社、毎日新聞東京本社、読売新聞社、東京新聞、信濃毎日新聞社、京都新聞社中国新聞社四国新聞社、西日本新聞社、沖縄タイムス社、北海道放送、ニッポン放送、東京12チャンネル、日本教育テレビ、日本テレビ放送網、フジテレビジョン、文化放送、ラジオ関東、中部日本放送、朝日放送、読売テレビ放送、アールケービー毎日放送、沖縄テレビ放送、テレビ神奈川かサンテレビのどちらか

（どちらかが無記名で回答）

〈質問〉

A記事番組の内容について

①国際婦人年世界会議で採択された「世界行動計画」では、これまでマス・メディアが婦人に対する旧来の観念を助長し、屈辱的な婦人像を描き出して来たことが指摘され、男女の変遷する役割等について、社会の意識を高めるよう努力すること、男女についてよりダイナミックなイメージを描き出すことが要請されています。

貴社では、このことに関連して、女性の問題について社会一般の意識を高めるような記事や番組を積極的に企画していらっしゃいますか。（㋑㋺㋩のどれかに○を付けて下さい）

㋑すでに具体的な企画をたてている

㋺これから企画を考える

㋩そういう企画は考えていない

㋑又は㋺とお答えになった方は、そのねらいをなるべく具体的に、㋩とお答えになった方は、その理由をお書き下さい。

②記事や番組に女性の意見を反映させるための努力をしていらっしゃいますか。㋑㋺㋩

のどれかに○をおつけ下さい)

㋑すでに努力している

㋺これから努力する

㋩そういう努力については考えていない

㋑又は㋺とお答えになった方は、その努力の内容をなるべく具体的に、㋩とお答えになった方はその理由をお書き下さい。

③記事や番組の中で、女性に対する差別的な表現がなされないよう努力していらっしゃいますか。(㋑㋺㋩のどれかに○をおつけ下さい。)

㋑すでに努力している

㋺これから努力する

㋩そういう努力については考えていない

㋑又は㋺とお答えになった方は、その努力の内容をなるべく具体的に、㋩とお答えになった方はその理由をお書き下さい。

B人事について

①貴社の社員の数について下の表に書きこんで下さい。

できるだけ正確な数字でお答えいただきたいのですが、無理な場合は約○○名とお書き下さい。なお仕事の区分の上で下の表にあてはまらない場合は空欄にお書き下さい。

職務……○全社○重役○管理職○論説委員・解説者ニュースキャスター○政治・外交・経済記者○社会(事件)記者○学芸(除婦人家庭)記者○婦人家庭記者○芸能・スポーツ記者○その他の記者○アナウンサー○政治、経済番組のプロデューサー・ディレクター○婦人・家庭番組のプロデューサー・ディレクター○その他のプロデューサー・ディレクター○その他の企画担当者……

…右記の男女(社員・嘱託・アルバイト)における各人数

②採用者数について下の表にお書き下さい。

昭和五十年度・五一年度における、男女(社員・嘱託)採用者数を、大学卒・高校卒別にお書き下さい(表略)

③女性が少ないのはなぜですか。

④定年は男女それぞれ何才ですか。

もし男女で違いがあれば、その理由をお書き下さい。

⑤賃金、昇進に関して、男女は同じ条件になっていますか。

もし男女で違いがあれば、その理由をお書き下さい。

⑥「世界行動計画」では、多くの女性が記者やプロデューサーその他のメディアの管理・企画部門に任命されるべきことがうたわれております。

貴社では、女性をふやすための計画をたてていらっしゃいますか。(㋑㋺㋩のどれかに○をおつけ下さい)

㋑すでに具体的な計画をたてている

㋺これから計画をたてる

㋩そういう計画は考えていない

㋑又は㋺とお答えになった方は、その計画の内容をなるべく具体的に(特に五年後、十年後の具体的な見通しをまじえて)㋩とお答えになった方はその理由をお書き下さい。

⑦女性の能力を記事や番組をつくる上で十分生かすための努力をしていらっしゃいますか

(㋑㋺㋩のどれかに○をおつけ下さい)

㋑すでに努力している

㋺これから努力する

㋩そういう努力については考えていない

㋑又は㋺とお答えになった方は、その努力

の内容をなるべく具体的に、ハとお答えになった方はその理由をお書き下さい。

⑧男女社員の女性の問題に対する理解を深めるための努力をしていらっしゃいますか。

(イロハのどれかに○をおつけ下さい)

イすでに努力している

ロこれから努力する

ハそういう努力については考えていない

イ又はロとお答えになった方は、その内容をなるべく具体的に、ハとお答えになった方は、その理由をお書き下さい。

⑨「女性の能力・適性」「女性の視点」ということについてのご意見をおしらせ下さい。

C「男女平等の促進」「伝統的な男女の役割の再検討」ということについてのご意見をおしらせ下さい。

〈回答〉(原文のまま)

株式会社河北新報社　人事部

A—①　イ「企画をたてている」というより、すでに実行してきた。例えば「六カ所村(青森県)のカッチャたち」では、先づ小川原開発に対する女性の意見を取り上げた。「和賀(岩手県)の戦争未亡人」ではその実態をルポした。このほか「女性の職場」シリーズを企画、「女の先生」「看護婦物語」「おばあちゃん、がんばる」「保健婦さん」などを掲載してきた。

以上は家庭面の連載ものだが、「職場シリーズ」は今後も続けていく考えです。

A—②

イ　前述の企画で理解いただけると思うがこれからもなお一層努力したい。

A—③

イ　いうまでもないあとでこります。

職務	男子の人数 社員	男子の人数 嘱託	男子の人数 アルバイト	女子の人数 社員	女子の人数 嘱託	女子の人数 アルバイト
会社	664	40	40	51	2	2
重役	8					
管理職	117					
製作系従業員	237	10	3	9		
営業系従業員	98	7	12	11	1	
事務系従業員	88	12	6	22	1	2
編集系従業員	241	11	19	9		

B—②

昭和50年度

	男子大卒	男子高卒	女子大卒	女子高卒
社員	0	6	0	0
嘱託	3	0	0	1

昭和51年度　未定(昭50年11月現在)

B—③

新聞社の特性として、深夜労働や時間外労働も多いのに対し、労働基準法では女子の深夜労働、時間外労働は強く制約されています。したがって、女子を配属しうる職種が限定されているため。

B—④

男女とも経過措置をとり、満58歳の誕生日の直後にくる3月31日。

B—⑤

同じ条件です。

B—⑥

ハ　③で回答した問題が解消された時点で検討したい考えです。

B—⑦

イ　婦人家庭面を中心に各面で女性の投稿や女性評論家の評論等を積極的に取り上げ、

紙面の向上に努めています。

また、社内的には、女子社員の職場に合わせた各種研修をその都度実施し、資質、能力の向上に努めています。

B—⑧

㋩ 会社として社員に対しキャンペーンする問題ではなく、個々人が努力すべき問題と考えます。

B—⑨

一般社会の常識的レベルで判断しており、会社の考えとして特記すべきものはありません。

C 一般社会の常識的レベルで判断しており、会社の考えとして特記すべきものあはりません。

朝日新聞社　社長室

A 本社が婦人問題に積極的に取り組んでいることは御承知の通りです。紙面についての御質問には、紙面それ自身でお答えするのが本社の基本方針ですので、個々の御質問への回は遠慮します。

B—①

職務	男子の人数 社員	男子の人数 嘱託	男子の人数 アルバイト	女子の人数 社員	女子の人数 嘱託	女子の人数 アルバイト
会社	8,316	543	426	239	102	251
重役	22					
管理職	3,121			60	1	
論説委員、解説者、ニュースキャスター	26					
記者	2,228	140		38	3	

(注) 記者の職務分類は、本社の場合あてはまらぬケースが多いので、総数で表示した。

B—②

昭和50年度

	男子大卒	男子高卒	女子大卒	女子高卒
社員	30	2		
嘱託	1		2	2

昭和51年度　未定（昭和50年11月現在）

B—③

印刷、発送など、深夜勤が多く、女性に向かない職種が多いため。

B—④

55才

B—⑤

答同じ

B—⑥

㋩ ③と同じ。ただし、編集記者など女性にも適している職場に関しては、採用に男女差はありません。

B—⑦

㋩ すぐれた記事を書くうえで、とくに男性の能力とか、女性の能力とかいう違いがあるとは思いません。

B—⑧

㋑ さまざまな紙面企画を通して

B—⑨

A の項でお答えした通りです。

C

A の項でお答えした通りです。

株式会社　日本経済新聞社　秘書課

A—①

㋑ 本紙夕刊婦人家庭面はわが社の婦人問題について基本的な立場を表明している。

A—②

㋑ 社会面婦人面の編集で確立している。

A—③

㋑ 編集局長の責任において記事審査委員会がもたれ、毎日部長会で記事については検討している。この点は女性問題に限らない。

B—①

職務	男子の人数			女子の人数		
	社員	嘱託	アルバイト	社員	嘱託	アルバイト
全社	3,250	54	179	248	4	54
重役	19					
課長代理以上の役職者	620			7		
婦人家庭記者	7			3	1	

B—②

昭和50年度
大学卒 男 57 女 6
短大卒 男 女 39
高　卒 男 26
昭和51年度（12月26日現在）
大学卒 男 29
高専卒 男 3
高　卒 男 13

B—③ 深夜勤務の職場が多いため、活動範囲が限定される。

B—④

58歳

B—⑤

同じ条件である。ただし昇進について本人の能力による。

B—⑥

㋩ 深夜勤務の職場が多いため、活動範囲が限定されてくる。

ただし、データ開発部門、データ収集部門では女性採用が大幅にふえた。

B—⑦

㋑ 婦人部に女性記者を配し、データ収集開発部門に女性を採用している。

B—⑧

㋩ すでに男女同権の基礎が確立しているから、残る問題は運用である。

B—⑨本紙婦人家庭面で判断して頂きたい。

C

女性が常に深夜労働の禁止規定を含め、被保護者として立場が改められない限り、男女平等の大幅な前進はありえないのではないか。

中日新聞社

A—①

㋑ 行動計画第一年として、昨年提起された諸問題が単なるお祭り騒ぎに終わらないよう、紙面展開していきたい。当面、新年早々に政府、婦人団体の動きを紹介（中日・東京共通＝別紙）し、今後、動きに応じてキャンペーン、企画などを立案中である。すでに、三重県員弁郡大安町で起きた「女子職員38歳定年制」問題は、中日新聞のみが社会面トップでいち早く報道、それを受けて、家庭面でも問題点をレポート（別紙）している。

A—②

㋑ 編集内容については、毎年一回全地域で、また随時、ブロック単位で、世論調査をし、世帯主、とくに女性の意識あるいは要望を聞き、紙面に反映させる努力をしている。

A—③

㋑ 女性に限らず、社会的な弱者の立場にある者への理解、そのほか人権擁護の上で守られるべき報道倫理は編集方針として厳しく実施。とりわけ、差別やべっ視を連想させるような表現を注意している。具体的には連日朝夕に紙面検討会がなされている。また、女性問題の紙面批判モニターも、地元で「行動

を起こす会」の世話役をしている婦人弁護士を起用している。

添付資料＝五一年一月二〇日付同紙家庭欄切りぬき（〝祭り〟は済んださあ行動―ポスト婦人年…意気込む諸団体）・五一年一月二五日付同紙家庭欄（「現実」につぶされた「理想」――女子職員の38歳定年制）

神戸新聞社

A―①

㋑ 地域の婦人活動についても出来るだけ詳細な報道をしている。終戦企画として30年来のいろいろの女性の苦闘史を企画読物とした。

A―②

㋑ 今春から読書欄とくにミセスコーナーをもうける。学芸面をくらし面と変え家庭の関連記事、女性の問題数多くとりあげている。

A―③

㋑ 日常努力しています。具体的に書けるほど少くありません。

B―①

職務	男子の人数			女子の人数		
	社員	嘱託	アルバイト	社員	嘱託	アルバイト
全社	1,192	27	80	56	6	22
重役						
管理職	308			4		
解説委員、解説者、ニュースキャスター	9	3				
政治・外交・経済記者	10			1		
社会（事件）記者	124					
学芸婦人家庭記者	9	3		3		
芸能スポーツ記者	7					
その他の記者	5					

B―② 昭和50年度

	男子大卒	男子高卒	女子大卒	女子高卒
社員	17	12	0	3
嘱託	0	3	0	0

（会社・臨時採用も含む）

昭和51年度　採用予定なし

B―③

新聞社は従業員の大半を占める編集製作部門で深夜勤務、時間外労働が余儀なくされるため、法的労働に条件が規制されている女性の職場が特定の場所に限られることから、他産業に比して少なくなっているのです。

B―④満55才の誕生日の翌日

男女の違いはありません。

B―⑤賃金、昇進は男女同一条件で運営しています。

B―⑥㋩ 現在のところ、その計画はありませんが、業務の必要に応じて検討します。

B―⑦

㋑ 考古学的な企画にも女性記者を専属で参加させ、男性には気のつかぬ、せんさい、細心さとその余情の豊かさを記事に表現してもらい、読者から好評を得ている。

B―⑧㋩ 社員はすでに十分理解していると思います。

B―⑨

男性特有の能力、つまり深夜勤務が出来ること、生理的な苦痛の少ないことなどを除けば男女とくに大きな差はないでしょう。しかし新聞社は深夜勤が労働の本筋ですのでこの点

が使う側には悩みが絶大である。

東北放送　総合企画室

A—①

(ハ) 屈辱的な婦人像からの脱却、男女の変遷する役割に限定したテーマで番組を製作する企画は現在考えていない。

女性の社会的地位向上、問題意識の涵養、教養の高揚を目的とした趣意・内容で、広範な女性問題をテーマとして取扱う番組は、ラジオ・テレビにて日常放送しているので、特別企画の番組を50年度に製作する予定はない。

A—②

(イ) 1、放送番組審議会委員に女性を委託している。

2、放送番組モニターに多数の女性を委託している。

3、教育・教養番組に女性の意見を反映させ、内容の充実を図るため固定番組を視聴してもらい、その評言をきく主婦グループの定期的会合を開催している。

A—③

(イ) 1、日本国憲法、放送法及び番組関係の法規　2、日本民間放送連盟放送基準　3、東北放送番組基準　4、一般な的社会常識を遵守して番組活動を行なっている

B—①

職務	男子の人数 社員	男子の人数 嘱託	男子の人数 アルバイト	女子の人数 社員	女子の人数 嘱託	女子の人数 アルバイト
全社	312	11	23	39	2	36
重役	18					
管理職	131			2		
論説委員・解説者・ニュースキャスター	4					
記者（政治・経済・外交・社会・学芸婦人家庭・芸能スポーツ）	25					
その他の記者カメラマン	13					
アナウンサー	18			10		
記者兼政治・経済番組のプロデューサー	9					
ディレクター						
プロデューサーディレクター	32			9		
（教育・教養・社会婦人家庭・芸能スポーツ・その他の番組）その他の企画担当者	1			（右記中兼務）		

B—②

昭和50年度　男子大卒　男子高卒　女子大卒　女子高卒

社員　7　0　2　0

嘱託　0　0　0　0

昭和51年度　全0

B—③

放送は24時間の企業活動をしているので、24時間業務を継続する必要があるため、宿直・深夜労働等が他産業に較べ多い。しかし、労働基準法（女子年少者労働基準規制に適用除外例はある）等で女子の深夜労働は禁じられているか、または時間外労働の制限をうけているため、現行法規下で大量の女子労働の導入は不可能である。

B—④

現行の就業規則は男子55才、女子50才であるが、近く男子・女子ともに55才に統一する方針で、担当部が就業規則改正の具体案の作成に当たっている。

現行の男女定年の差違は地域社会の慣行によっていた。

B—⑤

男子・女子とも同じ条件である。

B―⑥

㋩ 1 女子は労働基準法によって、男子の労働条件と違う条件が付加され、保護されているが、この法規が現在、女子職員の採用を阻害している。法改正でもあれば、女子職員を大いに歓迎する。

2 女子の労働生産性が当社では男性に較べ相当低い。

3 採用する場合、入社試験の結果、優秀な人材が見つからない。特に放送の中枢機能を果すディレクター、プロデューサー、記者等の採用には非常に苦労する。

4 当社の長期経営計画（10年間）の人事計画には、現在に比べ相当数の女子職員の増員を予定しているが、放送業務の効率的、合理的改善が前提条件となっている。

B―⑦

㋑ 平常のラジオ・テレビ自社制作番組（添付資料1：ラジオ・テレビプログラム：赤枠が当社制作番番組）のうち、女性の能力に応じて、その資質が十分いかされるよう女子プロデューサー、ディレクター、アナウンサー及びタレントに番組の企画・制作を担当させている。

B―⑧

㋑ 1 常勤重役と女子職員との話し合いは一年に一回程度開催し、待遇・定年・生活環境などの改善について意見の交換を行なっている。ただ、組合からの要請に基づいて開いた経緯については反省し、今後はこの回数をふやすと共に会社が主催する会合にする考えである。

2 このほか、女子アナウンサーが音楽番組を制作する事例がふえているので番組向上をはかる目的で一部女子アナウンサーと常勤重役との話し合いを行なったことはあったが、最近はその機会をつくっていない。

3 女子職員の職業上や生活上の諸問題は男性の管理職が理解を示し、問題解決に助力するよう幹部会議（局長会議）、部長会議にて指導している。

B―⑨

女性の能力・適性

1 女性は先天的に緻密な神経を有しているので、放送企業内では総務・経理・放送技術のオペレーター・パンチャーなどに適していると判断できる。

2 女性は概して、創造的能力に欠けているので、方送においてはプランナー、ディレクターなどに適した人材を発掘するのが難しい。

3女性には創意工夫をこらして業務を積極的に改善する努力が不足している。だが、注意力、耐久力は男性より優れているので連続して行なう作品の試聴・写・点検、放送素材の整備などの作業には向いている。

女性の視点

女性に限った性行ではないが、有史以来の島国で、他民族との交流の少ない「日本人」は国際的センスが甚だ稀薄である。（パリモードを模放する欧米文明への傾斜は別として…）特に、女性の視点は平均して狭作的で、高遠さに乏しい。ただし、宮城県には相馬黒光、原阿佐緒などの尊敬すべき人材が輩出している。

男女平等の促進

1 日本における男女平等は憲法、労働基準法、民法はじめ法律すべてに保障されており世界で類例を見ないほど女性の地位は男

性より保護されている。

2　男女平等は現実の日本の社会では法規通り完全に実施されているとの認識を抱くことはできない。「女のくせに」という男性の意識構造、「女らしさ」を求める慣習、「貞淑は美徳」とする道徳観などが、男女平等を実現させる障害となっているので、これらの僻論を男性、女性の有識者が協同して打破してゆく必要があろう。当社はこの基本理念のもとに地域社会に対し、放送活動を続けていると確信している。

しかし、こうした外在的事象のほかに、主体的には寝食を忘れて一事に没入する進取の気性を示すよう女性自身が自己の能力開発、素養の高揚に努めることも肝要である。

伝統的な男女の役割の再検討

1　生命を維持し、生活を営む人間としての男女は生理的、肉体的に全く異った個体であるから、その役割も男女の生物としての機能のなかで自ら区分されている。

2　政治上における男女の役割は選挙を通じて生まれる。

3　経済活動における男女の役割は資本主義・社会主義いずれの経済体系にもかかわらず、生産・流通・消費の分野で等価である。

4　文化的男女の役割は創造的才能がどれ程発揮されるかによって決められる。

5　職場・家庭生活を含む一般社会における男女の役割は人間性豊かな協調性、個々の能力や才識、行動に対する責務感などの個人的要素と社会通念・価値感などの客観性が輻湊して形成されている。

こうした現実の役割を情報化社会あるいは福祉社会といった社会的価値観を基盤にして分析し、将来の展望を行なって、新時代に適応した役割を構築してゆくことは、現世紀の人類に課せられた命題であると言える。

（添付資料：ラジオ・テレビプログラム）

株式会社　東京放送

A―①

TBSのサービスエリア全体の人口は、10才以上で約三二九一六、〇〇〇人内男性一六、四五四、〇〇〇人、女性一六、五〇〇、〇〇〇人です。（昭和45年国勢調査）当然ながらサービスエリアで半数を占める女性聴取者を無視して番組編成も番組制作もあり得ません。したがって当社ではつねづね

○生活人としての婦人を大切な聴取者として考える

○婦人の聴取志向、番組へのニーズについても定期的に調査している。

○モニター制度（聴取者からR・TVそれぞれ50名のモニターを選任、内60％は女性）を実施し、つねに巾ひろく女性の意見を反映させるべく努力している

○デイリーの番組制作活動の中で、婦人の聴取者参加を含めて婦人問題はごく自然にとり上げている

したがって㋩については当社ではあり得ないし㋑㋺についてはデイリーに行われています。

A―②

①に答えたとおりです

A―③

㋑　番組制作にあたっては、脚本、構成から更にはパーソナリティの発言内容まで制作段階にいたるまでつねに慎重な配慮をしてい

ます。

B—①

職務	男子の人数 社員	男子の人数 嘱託	男子の人数 アルバイト	女子の人数 社員	女子の人数 嘱託	女子の人数 アルバイト
全社	1,396	26	62	112	29	103
重役	22					
管理職	625			4		
アナウンサー	25			6		
政治・経済番組のプロデューサー・ディレクター	44					
教育・教養・社会番組のプロデューサー・ディレクター	52	1		6		
婦人家庭番組のプロデューサー・ディレクター	16			5		
芸能スポーツ番組のプロデューサー・ディレクター	80			1		
その他のプロデューサー・ディレクター	77			1		
その他の企画担当者	19					

B—②

昭和50年度

	男子大卒	男子高卒	女子大卒	女子高卒
社員	12		1	
嘱託	2	1	3	1

昭和51年度　記入なし

B—③

・R・Tの仕事は想像以上に肉体労働的要素が多いものです。労働環境、労働条件の改善には努力していますが、現段階では深夜にわたる作業も多く、女性には適していない職場といえます。

・自然退職が多い

B—④

満55才に達した月末

B—⑤

同一条件です

B—⑥

㈩　③にお答えしたとおりです

B—⑦

㈠　比較的小グループで担当できる番組、2日ドリ、ならびに深夜作業にならないような番組などのプロデューサー、ディレクター

B—⑧

特に努力する必要もなく、自然に理解しあっています

B—⑨

特にいま、まとまった意見はありませんが、今後も検討を要する重要なことと考えます。

C

ふたつともすすめねばならぬ重要な課題と思います。しかし観念的では説得力がありませんから、その点に充分留意すべきだと考えます。

株式会社　毎日放送　番組審議室

A—①

特に女性問題についての番組を、積極的には企画しておりません。

その理由は、記録性のない放送においては特別番組とするよりも、日常業務の一環として取りあげて行くことが必要であると考えているからで、この原則はひとり女性問題に限らず、あらゆる問題について変りがありません。

A—②

単に女性のみならず、視聴者の意見を番組に反映させるために、現状において可能な限りの努力を払っております。

例えば、ラジオにおいては電話による聴取者

参加番組〃がっぷりトーク〃の編成、テレビにおいてはあるいはドラマに社会性を持たせあるいは、ワイド番組中で働く女性や婦人団体を紹介するなどの試み、さらには社外モニター組識を通じての意見吸収などの措置をとっております。

A—③

番組中での差別的発言は、放送の同時性から皆無であるとは申せませんが、女性差別に限らず、あらゆる差別的表現は基本的人権尊重の立場から、かなり厳密に排除しています。例えば、現代用語としての「女子供」「女中」といった表現の否定、女性を興味本位に扱った夜のワイドショーの放送中止事例などがあります。

B—①

社員総数は男子六三九、女子四一です。女子の管理職は五、その他参事、副参事、主事一四で、アナウンサーやラジオ、テレビのプロデューサー、ディレクターとしても活躍しています。

B—②

採用者数は、50年度大学卒・男子一二名、女子二名、51年度の採用予定は現在のところありません。

B—③

女子が少ないのは、放送事業の特殊性、例えば、重量物を取り扱う仕事、高所や危険箇所への出入り、その他激務が多いことに主として起因しています。

B—④

定年は男女とも満55才です。

B—⑤

賃金、昇進についても男女同条件です。

B—⑥

女性をふやすための計画はありません。

B—⑦

番組制作上、女性の能力を十分生かすための努力をしているかとのご質問ですが、およそ番組制作とは、無から有を生む作業であって個人個人の創意工夫にまたねばなりません。

その意味ですべての当事者の能力を十分生かすよう日常努力しております。

B—⑧

男女社員の女性問題に対する理解を深めるための努力をしているかとのご質問ですが、当社においては男女は全く平等に仕事を分担しており、意識として余り男女差がありません。

B—⑨

・特に放送番組のみによって社会的評価を受ける放送事業においては、男女の別なく、絶えず〃放送人としての能力・適正・視点〃を問われておるものと考えます。従って人事上の問題としては、女性の能力、適性、視点について、特に意見はありません。

C

弊社は昭和26年9月、戦後混乱の中にあって民主主義の確立を社是として、わが国民放の第一声を放ちました。爾来四半世紀、男女平等の促進ということをも含めて民主主義の根底である基本的人権の確立に、いささかでも寄与し得たと自負しております。

そして、ひとしく基本的人権が尊重されるという意味において、男女は平等でなければなりません。それは、本質的には、、断片的な表現や用語の問題ではなく、両性がお互いに尊敬し合うという思想の問題であると考えております。

「伝統的な男女の役割の再検討」問題は自由社会においては基本的には私生活の問題でありましょう。にもかかわらずこれが問題となるのは、長い伝統から、女性に対して閉鎖的な面が社会に残っているために他なりません。放送においては、過去にそうであったように、〝社会〟を忠実に〝番組〟に反映させることによって、民主主義的な前進を計りたいと考えております。

無記名

A—①

㋑

A—②

㋑

A—③

㋑

B—①

職務	男子の人数 社員	男子の人数 嘱託	男子の人数 アルバイト	女子の人数 社員	女子の人数 嘱託	女子の人数 アルバイト
全社	135			16		
重役	7					
管理職	33					
記者	11					
アナウンサー	4			3		
政治・経済・教育・教養・社会番組のプロデューサー・ディレクター	3					
婦人家庭芸能スポーツその他の番組のプロデューサー・ディレクター・その他の企画担当者	4					

B—②

無記入

B—③

業務の性格により女性が少い

B—④

60才

以下無記入

おわりに

めんどうな質問に対して回答を寄せて下さった方々にはまず感謝したい。

……が、その回答内容には失望を感じ得ない。

「これまで女を差別して来た」という自覚が全くと言っていいほどなく、「差別をなくすために新たな努力が必要だ」という意識もみられない。回答者自身、女についての古い既製概念にとらわれているのである。

「国際婦人年」とは彼らにとって一体何だったのだろうか。

「婦人の十年」の間にどうやって彼らを変えて行ったらよいのだろうか……………。

行動を起こす女たちの会
活動年表

定例会

一九七五年

一月　十三日	「国際婦人年をきっかけとして行動を起こす女達の会」発足
三月　七日	第一次公開質問状発送　三木首相に手渡す
三月　十三日	声明文「私達は行動を起こします」を決議
四月　五日	「差別を語りつぐ集い」開催 （場所　婦選会館） 女に対する差別を一人一人が自身の体験を通してはっきりと表明し、差別の実態として告発し、又差別をなくすために立ちあがる、女達の広がりを作るための場として成果ある集会であった
五月　十三日	六時三十分、於婦選会館 各分科会からの報告、アピール保護と平等、離婚・裁判・調停　児童文化
六月　十三日	六時三十分　於婦選会館 諸外国における婦人労働法規

分科会

一九七五年

三月　七日	第一次公開質問状（女性問題に関する）作成・発送。三木首相に手渡す（公開質問状）
三月二十八日	労働大臣に要望書提出（労働）
四月　十一日	同盟の労働基準法の改正策と母性保障法案の構想について―報告者　同盟、高島順子氏（労働）
四月二十三日	男女別学調査項目を決定（教育）
四月二十五日	「母子家庭の母」等の雇用促進に関する特別措置法案について―衆議院議員坂口力氏による解説（主婦） 「総評の労働基準法の改正案について」―報告者総評山本まき子氏（労働）
五月　八日	男女別学調査項目の最終案決定（教育）
五月　十日	東京都民生局、清水婦人部長との話し合い（離婚）
五月二十三日	育児休業制度についての意見――報告者　アジア婦人会議の飯島愛子氏（労働） 児童文化の中に見られる男女差別の問題―雑誌の定期物購読の開始（児童文化――'76、一月、二月の定例会で結果報告と討論を行った）
六月　七日	練馬母子寮見学（離婚）

（報告者　柴山恵美子氏）

七月　十四日
六時三十分　於千駄ヶ谷区民会館
メキシコ国際婦人年世界会議参加者の感想報告会
マスコミの国際婦人年会議の扱い方の問題点、日本の女の置かれている位置と現状、第三世界の女達との連帯の必要性、私達の運動がどういう役割を果してゆくべきか、福祉の充実度と女性の地位との相関性・等、参加者一人ひとりが受けとめたものを報告した

八月二十五日
二十六日
二十七日
茨城県鹿島にて夏の討論合宿。「私の解放と女の連帯」をテーマに、立場のちがいを越えて女の問題を一歩前進させるために有意義な会合を持った

九月　十三日
午後二時～七時　於婦選会館
討論テーマ「私達にとっての行動計画」
雇用問題、マスメディアに関する問題について問題提起と討議を行いいくつかの具体的行動目標を決めた

十月　十三日
午後六時三十分～九時
於千駄谷区民会館

六月　十一日
私立「なおみホーム」母子寮見学（離婚）

六月二十四日
性教育における問題にとりくむ　暮しの手帖社に「スポック博士のティーンエージャーのための性教育」に関し出版の意図を正すための面会を申し込み断られるも、電話にて応答、出版社としては良い本であるから出版したとの回答あり（児童文化）

六月二十七日
保護と平等をめぐって―報告者、金森トシエ、梶谷典子（労働）

七月　五日
婚姻の解消、死別などに関する法律問題についての研究会（離婚）

七月　十日
母性保護をどう捕えるか―婦人科医の立場から―婦人科医前原大作氏による解説を聞く（労働）

七月　十一日
男女別学基礎資料を集める―男女別学問題及び高校における女教師率の低さをどうするか（教育）

六月～七月
イタリアのベネチアへの親善便節「おいらん道中」に関し、企画側の浅草観光連盟へ抗議文送る、おいらん道中反対のよびかけを各団体、グループに送る（性問題）

七月二十四日
ＩＬＯの総会報告報告者前婦人労働課長赤松良子氏（労働）
「スポック博士のティーンエージャーのための性教育」に対し、暮しの手帖社に対する反論文作成を決定（児童文化）

	少女マンガ雑誌のヒロイン像を論文にまとめる（児童文化）
八月　十二日	別学基礎資料をあつめる（教育）
九月　十一日	別学基礎資料の分析開始（教育）
九月二十五日	苦情処理機関「三者構成」の問題について、田中寿美子氏報告（労働）
九月二十七日	性教育スライド（学研）検討会を製作者を囲んで行う（児童文化）
十月　　三日	森山労働省婦人少年局長と会見。労働分科会代表六人参加（労働）
十月　　九日	別学基礎資料の分析（教育）
十月　十七日	都知事へ〈離婚の母の家〉設置要望書を提出（離婚）
十月　二十日	総理府婦人問題企画推進本部へ要望提出、「すべての母親に社会参加の道を開くための保育対策」を要望する（主婦）

（157）

	マスメディアに対する行動の経過報告と、それが引き起した反響の分析結果の報告を行う
十一月　五日	女の連帯集会デモ。 国際婦人年記念日本婦人問題会議への天皇皇后臨席抗議NHK回答についての評価、記者会見及び第二次要望書発送
十一月　十三日	連続討論テーマ「私達にとっての行動計画」のもとに、教育分科会、離婚分科会の報告会。
十二月　五日 六日 七日	一九七五年度国際婦人年総括集会を開催 この一年間の総まとめを含め一年間の活動の中で知った女同士の分析状況を堀り起こし女性解放のために連帯しようと呼びかけた。千駄谷区民会館、明治神宮前会館、自治労会館の三ケ所の会場で、三日間、会員、会員外の延べ五百人の参加による集会を持った 総括集会討議資料を発行し、宣言文（表３参照）を採択
一九七六年 一月　十四日	午後六時三十分〜九時 於千駄谷区民館 「少年雑誌における、女の描き方」についての討論

三月　十三日	於千駄谷区民会館 一月に引き続き「マンガ雑誌」における女の性の描き方」についての討論会
三月　十五日	於千駄谷区民会館 「歌謡曲に描かれる男女像をめぐって」の討論集会
四月　十三日	於千駄谷区民会館 午後一時より九時まで、八時間に渡る討論会を開催、テーマ夫婦財産制をめぐって「夫の給料は誰のものか」

十月二十三日	第二次公開質問状発送（公開質問）
十月二十八日	住宅公団単身者用住宅見学（独身女性）
十一月　二十日	永井文相に会い高校の別学解消、家庭科の男女共修女子特別教育をやめ、男女平等に教育するよう要望（教育）
十一月二十二日	国連ＮＧＯ日本大会において会のマスメディア告発の意義を訴えるビラをまく（マスコミ）
一九七六年	二年目の記録集に掲載します。

（編）（集）（後）（記）

◇ともかく先立つものゼロからの出発。グラビアも入れたい、表紙も多色刷りにしたいなどの願いはすべて、予算の壁の前にあえなくボツ。でも、その分、中味が濃いのです。世界行動計画同様、熟読玩味のほどを――。

◇のびのびになっているうちに郵便料金値上げ、物価値上がりのダブルパンチをくらって、予約定価ではどうしても売れなくなりました。お許し下さい。

◇寄稿していただいた会員や外部の方の原稿は、それぞれおもしろくて、編集委員も校正しながらいい勉強をさせていただきました。

◇編集委員全員が感じたことは、〝無名の女性の中にこんなに実力者がいるなんて〟ということ。すばらしい女（ひと）が多いことに嬉しくなりました。

◇運動論をまとめよう、などとおこがましいことを考えたのがまちがいのもと。一年の試行錯誤の足どりを総括するだけで、えんえんと時を重ね、とうとう夏を越してしまいました。でも、戦後の婦人運動を通して眺める機会をもてたことは、私たちにとってプラスだったし、無我夢中でつっぱしってきた私たちの一年間を振り返って、これからの見通しを立てる叩き台を作ることだけはできたと思います。

　これをもとにぜひ、分科会ごとに討論をしてください。

◇婦人年が終って、予期した通り女に対する風当りがいっそう強くなってきましたね。二年目の記録は、もっと力強い戦いの記録にしていきたい、と思います。

◇マスコミとのかかわり……ヤングレディ裁判の進行とあわせて、ぜひ真剣に取り組んでいきましょう。

◇アンケートをまとめてみて、私達日本女性が、第三世界の実情をあまりに知らなすぎるということを、大いに反省。二年目の記録の中には、ぜひとも第三世界の女性との連帯を特集したいと思います。

◇朝鮮女性のお話しを聞いた後、みんなの心にずしりとこたえた重さを、今も忘れません。アジアの女性達との連帯の道のけわしさが身にしみた一夜でした。

◇こうしてまとめてみると、本当にいろいろなことをやってきたんだな、と思います。力のない私達でも、連帯することによってこれだけのことができた――分断から連帯へ――私達のスローガンは着実に実現しつつあります。

◇ **編集スタッフ** ◇

駒野陽子　秋田みち子　樋口恵子　村上節子　吉武輝子　能勢南穂美　高木アイ子（順不同）

◇ **発 行** ◇

国際婦人年をきっかけとして行動を起こす女たちの会

新宿区新宿一の九の四　御苑Gハイツ　八〇六号

中島法律事務所内

電話　〇三　三五二　七〇一〇

◇ **印刷所** ◇

ヒサゴ印刷株式会社

荒川区町屋八―九―七

電話　〇三　八九五　三七八一

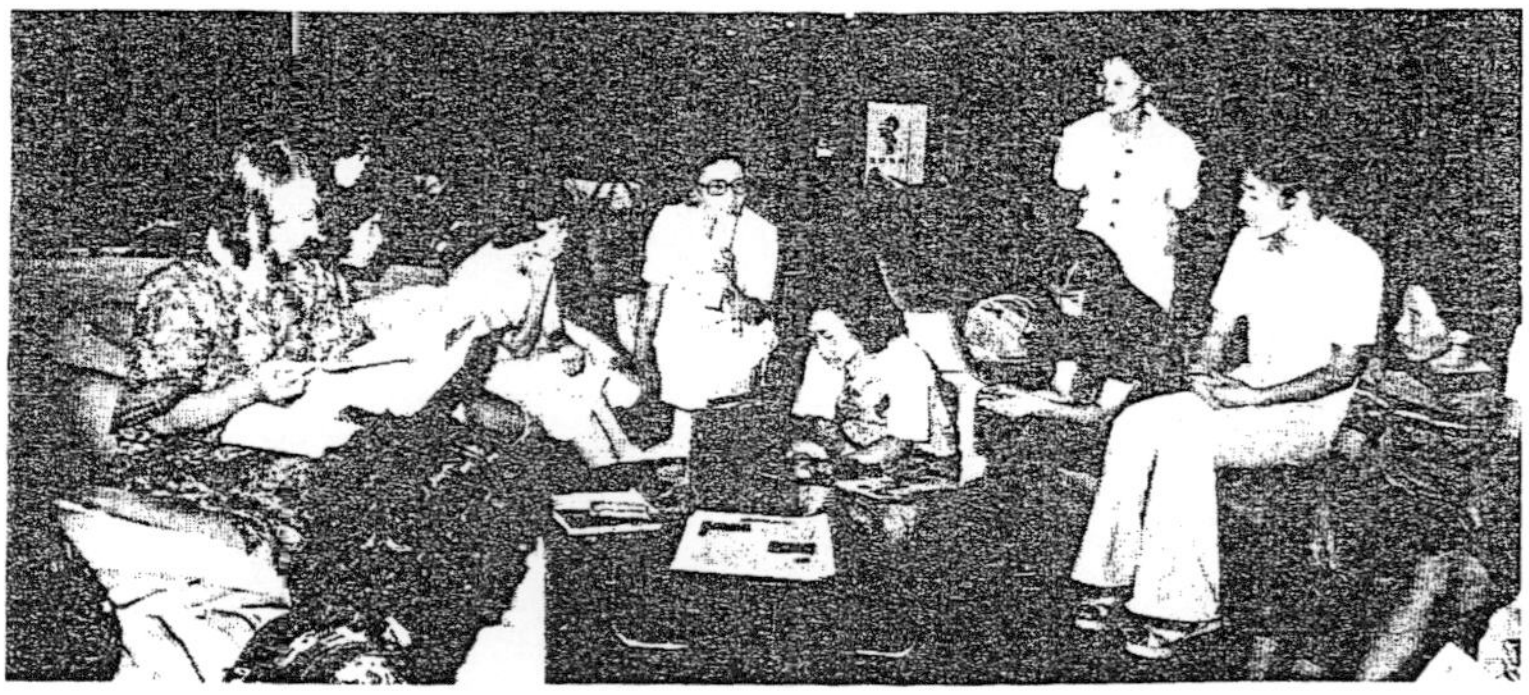

なごやかな合宿

国際婦人年総括集会　宣言

私たちは国際婦人年をきっかけとして、性差別撤廃のために立ちあがりました。その国際婦人年も残りわずか。だが、この年の終りこそ、長い戦いへの新しい決意の時です。私たちはこの一年間、力の限り性差別撤廃をめざして行動してきました。

マス・メディアの性差別告発、離婚の母の家の設立・主婦のための一時託児施設の要求、不況下の中高年女性の一時帰休や解雇に対する抗議活動など、もっとも身近で具体的な性差別問題を一つ一つ取り上げ、確実な成果を上げることができました。

また各界代表者に公開質問状を送り、婦人問題に対する認識の貧弱さを鋭く追及もしました。

高校の男女別学の現状の調査、独身女性・離婚女性の差別実態の調査、マス・メディアの性差別の点検、保護と平等をめぐる討論、諸外国の平等法、性差別禁止法の研究など行動を理論化するための研究、調査活動も精力的に、地道に進めてきました。

これらにもまして、大きな成果は私たちの胸の中に、消えることのない戦いの炎が燃え上ったことです。

私たちの眼は、もはや日常性の中に隠されたいかなる差別も見逃しはしません。

連帯の喜びを知った女たちは、もはや分断の歴史を二度と繰り返しはしません。

今日〝分断から連帯へ〟この旗印の下に結集した私たちは、分断の現況こそ性差別分業制度にあることを確認しました。

男社会の露骨な巻き返しにたじろぐことなく、性差別分業制度が完全に消滅する日まで執拗に戦いつづけることを、ここに宣言します。

私たちの行動計画

一、母性の社会的保障と、家庭責任の男女共同分担によって女性の労働権を確立します。

一、雇用差別の救済制度を確立させます。

一、マス・メディアにあらわれた男女差別を点検し、個別的に告発します。

一、女性の表現の自由を回復するために機関誌紙を出版します。

一、独身女性の税制上の不合理を撤廃させます。

一、独身女性が人間らしい生活のできる公営・公団住宅を設置させます。

一、離婚の母の家設立を実現させます。

一、主婦の自立にむけて、一時託児施設を設置し、再就職の道を開かせます。

一、性教育教材の性差別を徹底的に排除し、同時に教材の自主製作をします。

一、男女別学、女子のみの家庭科必修の制度を廃止させます。

一、教科書・進路指導の中の性差別的内容を撤去させ、自主教材を作り出していきます。

一、買売春意識、性の商品化を告発します。

一、性差別と戦う他の女性Gと連帯し、個人の戦いを支援します。

一、離婚における平等のため、民法第七六七条と人事訴訟手続法第一条第一項を改正させます。

一九七五年十二月七日

国際婦人年をきっかけとして行動を起こす女たちの会

行動する女たちが明日をひらく——

2年目の記録

国内行動計画への 抗議声明

世界行動計画及び第六〇回ILO総会決議は、性差別を許されない罪悪としてとらえ、奪うことのできない基本的権利として、女性の労働権を保障し、性別役割の固定化を排除することを国際婦人年の基本理念として強く打出している。私たちが、今、最も苦しんでいる雇用機会の不平等、就業上の差別、家庭と職業の二重負担を解消するために、この基本的方向は不可欠である。

ところが、今回出された国内行動計画には、婦人問題の要である女性の労働権の保障という基本原則と、平等を実現させせようとする積極的姿勢が欠落している。

女性の労働は、ライフ・サイクルにあわせた社会参加の一形態、社会発展のために活用すべき能力としてしかとらえられていない。就職の機会や、職業の選択の自由を奪われ、差別の中で甘んじて働き、女だからと定年を早められ、解雇の第一対象とされている女性の実態に目をそむけ、平等の実現の具体策としては、婦人の保護の軽減のみをうたい、平等を保障するための実効ある方策を何一つ打出さず、現実の対応に終始している。

働く女性はもとより、家庭婦人、自営業の女性にとっても、労働の権利が認められなければ、性別役割分担の現状を変えることは不可能であり、行動計画に盛られている部分的な改善策も、差別を許さないという基本姿勢なしには、慈善的恩恵に過ぎない。

世界行動計画の理念の実現を目指す国内行動計画だと思えばこそ、私達はこれまで提言という形で政府への期待をつないできた。

しかし、政府の示す日本の女性の今後の十年が、このような形でしかないのなら、私達は、今や行政に対して対決の姿勢で立ちむかわざるを得ない。世界行動計画に賛成の票を投じながら、日本政府がその基本理念を無視したことは、日本の全女性に対する裏切りであり、断じて許すことはできない。

日本の全女性の名において、この国内行動計画に対し、断固抗議する。

一九七七年二月一日

国際婦人年をきっかけとして行動を起こす女たちの会

女がきれいにみえる
ひたむきで　おこりっぽく
わけ知らずに
がんばっていて
大口あけて　声たてて　よく笑う女
女がきれいにみえる
あららと自分をコケにしながら
やや無責任ぽく
がんばっていて
目にあるかなきかの　かげさして　微笑む女
女がきれいにみえる　たがいの
おなかの底に燃える火を
しっかと両手でかかえこみ
燃えろ　燃えろと呼吸(いき)おくる
おまえはいい女だよ　それだから
女がきれいにみえる

むらかみせつこ

目　次

行動する女たちが明日をひらく（座談会）……4
「女の甘え」「男の甘え」 日本的状況から見た性差別……青木やよひ 19
『トータル・ウーマン』はなぜ売れた？……渥美　育子 23
エロスの行方……天野みちみ 28
アメリカにおける「女性社会学」運動の進展……田中　和子 32
第三世界の女たちと私……北沢　洋子 38
ウーマン・リブって……中山　千夏 44
私の江青論 権力志向型女性解放論者の悲劇……松井やより 46
最近の少女マンガ……宮子あずさ 53
サベツとクベツ……梶谷　典子 55
男女平等の源をさぐる 女たちのスェーデン旅行……神子島妙子 61
ダグちゃんへの手紙 家庭科共修は歴史を変える……三井マリ子 66

NHK〃となりの芝生〃を斬る……………………………………中嶋　里美　72
男が作る、男の都合のよい女像
こんな裁判官に裁かれたくない……………………………淡谷まり子　77
女が差別されない賃金をめざして（その1）………………斉藤　幸枝　83
（その2）………………高木　澄子　86
勇気を出して駆け込もう……………………………………鈴木　裕子　90
駆け込み寺を訪ねて
国内行動計画
なぜ〃裏切り〃なのか………………………………………駒野　陽子　94
三十九歳は容姿の曲り角か…………………………………村上　節子　99
わたしからあなたへ―投稿―……………………………………102
一九七六年　活動年表……………………………………………117
女たちが期待できる政党は？……………………………………112

巻末付録
第四次公開質問状全回答
議員さんはまだまだ！……………………………公開質問状グループ　133
編集を終えて

表紙・松本梅子

座談会

行動する女たちが明日をひらく

1977年5月7日

手さぐりの中から歩み出した私たちの運動も、二年目に入って、ようやく方向が見えてきた。

性差別撤廃という抽象的なことばをどう運動の中で形にしていくか、私たちが望む女性解放の方向に向けて、どう行政を変えていくか、など具体的な課題をふまえて、二年目の活動は地道に展開されたと思う。

折しも、総理府婦人問題企画推進本部で国内行動計画の策定が進められていた。会の総力をあげて、私たちは企画推進本部に向けての主張をぶつけてきたが、でき上ったものはあまりにもひどい。

そして三年目、新たな課題として、女たちの手で政治を変えよう、という動きも起こっている。

三年目へのステップをもう踏み出しながら、これからの活動への展望を探っていくために、会員外の参加者を含め、中年・ヤング入り乱れて、二年目の運動をふりかえってみた。

出席者　中島通子（労働分科会）　盛生高子（主婦分科会）　中嶋里美（教育分科会）　松井やより（アジアの女たちの会）　野口幸子（事務局）　村上節子（編集スタッフ）　新美美津子（子殺しを考える会）　須藤昌子（離婚分科会）　植村みち（離婚分科会）　金谷千都子（編集スタッフ）　吉田真理（高校生女性問題サークル「オマドーン」）　水野京子（新入会員）　川名千秋（編集スタッフ）　淡谷まり子（国際分科会）　高木アイ子（編集スタッフ）　《発言順》

司会　駒野陽子（労働・教育分科会）

タテマエがホンネになった二年目

駒野　今年は国際婦人年二年目に入ったわけです。一年目に比べて私たちに対する世間の目がかなり厳しくなるのではないかと予想していたのですが、その通り、いやそれ以上相当なものでした。その二年目の嵐の中で私たちがやってきたことを振り返ってみたいと思います。具体的には差別裁判官問題であるとか、家庭科男女共修がしりぞけられ、現状維

持という教課審答申が出たこととか、会員の村上節子さんがアナウンサーから配転されるさわぎが起こったとか、いろんな事が一年目の反動であるかのように湧き起こってきました。それぞれの立場からお感じになっていることをご発言下さい。

中島　差別裁判官訴追実行委員会に関わってきた者として感じているのですが、あの事件は今年非常に象徴的だったと思うのです。一年目は国際婦人年ということで政府が音頭をとり、マスコミが調子を合わせるという形で、タテマエ上は男女平等がさかんに言われていた。でもその陰で「早く婦人年が過ぎればいい。来年は国際男性年だ」というホンネが冗談として言われていたのです。この冗談が本当になって出てきたわけです。あの差別裁判官発言そのものも私たちを驚かせたのですが、あの発言をめぐってのいろいろな人たちの動きがとてもおもしろかった。法律家仲間たち、特にリベラリストと言われる人たちの間では「あの発言は酒席でホンネを言ったにすぎないではないか。それを訴追だのなんのって叫ぶのはおかしいではないか。だから女はダメなんだ」とさかんに言っていた。今まで女の人たちはこんなふうに男の人たちから言われると割とくじけてしまったところがあったと思うけれど、今回の私たちの運動は、いやホンネだからこそ問題にしたいのだ、お酒の席でのことばだからこそ許せないのだ、という形で、男のホンネを問題にし、それを国会の場へ引っぱり出したということなのです。その点で運動としての新しさというか意義はあったと思うのですけれども……。

盛生　マスコミというのはその時の流れにのったものだけをうまく書くんだなあという気がします。国際婦人年の時だったら問題として書かれていただろう事件でも、二年目には全く無視されているのではないか。差別裁判官事件はマスコミが取上げてくれたから皆の関心も呼んだと思うけれど、差別問題はまだ他にもたくさんあったはずなんです。一年目はいいにしろ悪いにしろマスコミで取上げてくれていたから「ああこういうことがあるんだ」といちいち反応できたと思うのです。でも二年目はいいにしろ悪いにしろ無視されているように感じます。

中島　国際婦人年と騒いだからこそあの差別裁判官事件も問題になったわけで、何事も過ぎてしまえばあれはあたり前のこととして通り、誰も問題にしないのかもしれませんね。

中嶋　テレビのコマーシャルなどもひどくなっている気がします。私は教師をしているので新学期になるとクラブの勧誘ポスターなどを毎日見ているわけですが、「男らしさを求めて〇〇部へ」とかいう種類のものが氾濫しているんです。テレビの影響って恐しいと思いますね。この間も地下鉄の広告に「男だろう！」というセイコー社のポスターがあったのでさっそく電話し、男だろうということが宣伝文句になるのはおかしいのではないかという抗議をしたのですが、セイコー社の人には余りピンとこなかったみたいでした。この会でも、マスコミの差別糾弾には少し手薄なので、やはり助長しているのではないかと感じるのです。

松井　毎日新聞のコマーシャルに「燃える男の作る新聞」というのがあった（笑い）。新聞は男が作るものだということを、自ら告白しているようなものですね。

それから女子のみの家庭科になったいきさつというか、家庭科の共修のために運動してきた人の話を伺いたい。あれは私たちにとって大敗北だったと思うので。

駒野　私たちの会ばかりでなく共修をすすめる会やその他のリブ・グループ、婦人団体などと連帯してさまざまな戦いをしてきたと思うのですが、あんな結果になってしまい、ガックリしてしまいました。それまでの経過報告をどなたかしていただけますか。

中嶋　私たちは女子のみの家庭科を廃し家庭科を男女共修にしなければならないと三年がかりの運動をしてきました。ところが去年の十二月十八日、文部省教育課程審議会の最終答申が発表され、とうとう「女子だけの家庭科」が当分続くことが確定してしまいました。それまで教科審のメンバーや、教育委員会、現場の教師たちに働きかけたり、シンポジウムを開いたり、講演会を催したり、ビラまきをしたりなどあらゆる運動をしてきましたが、こういう運動の輪の広がりを無視した時代錯誤の答申が出てしまったわけなのです。この答申が出て二つのおもしろい反応がありました。一つは私のまわりの現場の家庭科教師がホッとしているということなのです。家庭科教師自身が厳しくつきつけられていた問題だったと思うのですが、ああいう形で上からピシッと答えが出てしまうとなんとなく肩の荷がおりたような気持を抱いているような印象を受けました。もう一つは、これはとてもひどい話なのですが、全国高校長会家庭部会総会決議のことです。十二月十八日付の決議文には次のような個所があるんです。「最近、家庭科教育のありかたについて、一部にかたよった認識に立ち異論を唱えるものがあるが、われわれは高等学校における家庭科教育の本来的意義とその重要性をあらためて確認し、最終答申においても『審議のまとめ』の通りこれを決定し、もって正常な高校教育の推進をはかるよう強く要望する」。しかし多くの人が憤がいの声をあげているうちに「最近、家庭科教育のありかたについて、一部にかたよった認識に立ち異論を唱えるものがあるが」という部分と「もって正常な高校教育」のうちの〝正常な〟を削ることを決議しています。家庭科の共修をすすめる会ではその後校長会の松田文人理事長と、佐田彊副理事長を講師として招きお話を聞く予定でしたが、二人とも出席してくれず実現しませんでした。

中島　二年目の反動期が過ぎ三年目を迎えたわけですけれども、その三年目のはじめに出た国内行動計画（二月一日、政府の婦人問題企画推進本部発表）は、予想を上まわるひどさで私たちをがっかりさせましたね。

駒野　国内行動計画についての私たちの批判や抗議声明は、この記録集にも詳しくのっていますので、ここではあまりつっ込みませんが、国内行動計画が二年目の反動の総決算として位置づけられるということについては私たちみな感じていることです。他には具体的なことで何かありませんか。ドラマや歌謡曲などについてはいかがでしょう。

野口　私は、具体的な例が特別多くなったとは断定できないけれども、一年目に婦人年だから女にあまりひどく書けなかったということに対し、二年目のマスコミの扱い方は男の側からの反撃がどっと出てきたように思う。差別裁判官の取上げ方にしても「一部の女性

（６）

のヒステリックな」という表現が目立ったし。

駒野　男に限らずだけれども、村上さんが日本テレビで受けた仕打ちなども、一年目だったらあのような形では出なかったのではないかと思われるのですが、当事者の村上さんはどうお感じですか。

村上　皆さん一年目の反動で二年目がひどくなったということだけれども、私はそうは思わないの。おととしは国際婦人年だったということで国家的・公的な仕事として政府も取り組んだ。公的発言として新聞などには婦人政策うんぬんの話がよく載ったわけだけれども、普通の女たちの立場が向上したかというと全然そうではなかった。その前の五、六年いや十年を見ても、おととしだけが良かったのではなくて、ずっと悪くなっているとしか思えない。目新しいものがあるとマスコミは取上げたし、世界にも顔を立てておく必要があったから婦人解放まがいの論は公的にはたくさん出てきたけれども、それは何も女の視点からものを考えるようになったのでは全くないと思うの。だから二年目が反動だなんて思えない。私の問題にしても、私は国際婦人年メキシコ会議に、行動する会のメンバーといっしょに行きましたが、日本テレビの人たちは「あんなことをするからこうなった」と言うのです。因果関係でなくて、ずうっと前からの続きでこんなふうになったのであって私は「ああ来るべきものが来た」と受けとめた。女アナウンサーというのは、世の中の女の姿をテレビで体現するものだから、こうあるべき女の姿を演じないと、女アナウンサーの機能を果たせないはみ出し女になってしまう。会社としてはタテマエとしてもそうは言えないから年令とか容姿の衰えという理由をつけたにすぎない。女アナウンサーの問題はこういうふうに処理されるんだということを女の人たちに知ってもらいたかったことと、それに怒る女がいるということを示したら、他の女の人たちも自分の場で怒ってみようかなという気持が起きてくるんじゃないか、という理由で戦う決意をしました。飛火することを期待して戦ったわけで、私はやはり二年目にこういう戦いをしてよかったと思っているの。

中島　反動というよりも、タテマエで言われてきた事が、二年目でホンネとして暴露されたということで、厳密に言えば反動とはちょっと違うと思う。前に言った「男性年にしたい」という発言だって、なんと政府主催の婦人年記念式典で鈴木健二アナが言ったことばなのだからおもしろい。

私たちはそれでもやりました

駒野　二年目の嵐の中で以上さまざまなところでやってきたわけなのですが、私たちの行動が社会通念をどう変えてきたかというか、回りにどのように浸透させてきたかということに話を持ってゆきたいのですが。特に若い方たちとか、よその会で運動していらっしゃる方、最近入会された方たちなどから見て、この会の運動がどういうふうに受け取められているかなどを中心に話をしていただきたい。

新美　私は子殺しを考える会で運動をしていますが、私たちの運動は子殺しの問題についてだけで余り他との広がりがないのですが、

この会はさまざまなことを本当によくやっているなあといつも感心しています。この会の会員ですが自分の方の運動に忙しく、会報を読ませていただくだけで具体的にはやってこなかったので余り言えないのですけれど、やり方はとてもいいのではないかと思います。ただ一つ、離婚の母の家設立過程の中では、ちょっと差別的なにおいを感じたのですが。ないよりはもちろんあった方がいいわけで……。話はそれますが一年目の記録集28ページにある安達さん（「上坂冬子さんへの手紙」が朝日新聞論壇に掲載された）は子殺しを考える会のメンバーなんです。他の運動をしている人たちと連帯してゆくことが大事だと思っているのですが、なかなかうまくいかなくて悩んでいます。

駒野　会員の中からいくつも上坂氏への反論を書いたのですが全部ボツで、結局他の会の人の文章が載ったんですが、それがちょうど私たちの言いたいことことピッタリ合っていたのでとてもうれしかったのです。やはり女たちは相互に援護射撃してゆく必要がありますね。今、駆け込み寺の件が話題に出ましたけれど、二年目の運動が一応形として実ったものの一つがこの四月オープンした駆け込み寺だったと思います。このことに関して何かつけ加えていただけますか。

植村　離婚のために入ってきた母子は母子寮という行く先があるが、単身で駆け込んできた人は行く所があるのだろうか……とかそのほかいろいろ差別の問題なども言われていましたので、自分の足で実際に調べてみたのです。頭で差別とかなんとか言われても、とにかく実際に話を聞く方が先だと思って調べたのですが、病気のこととか前に言われていたことはそれほどの問題はないのではないかとわかりました。母子の人たちが入れる寮とか、売防法で保護された人が行く寮などにも行ってみて寮長さんに会ってお話を伺ったりもしました。子どもを家に置いて単身で家を出た人を救う道はないのではないかということに今回はじめて気がつきました。

須藤　植村さんはご自分の足で歩かれて差別の問題はなかったというお話ですけれども、私としてもそう願ってます。同じ女として、痛みを同じように感じた者同士はその痛みがわかるということから出発して、理屈ではなく心の底から差別が決してあってはならないと思っているんです。お風呂のことなども前に出ましたが、医学的に言ってもそれほど問題はないということなんです。とにもかくにも駆け込み寺をオープンしたことで一人でも救われる女が増えるというところにその意義を見出したいと思います。私たちの要求した施設――単独の施設――とは多少違っていますけれども、少しでも救われる人がいるということに、私としてはよかったナと思っています。

駒野　入りきれないほどたくさんの女たちが駆け込んでいるそうですね。それでは、次に私たちの運動として今年これなら評価できるというようなことをあげてみましょうか。

中島　駆け込み寺オープンだって一つの成果だと思いますね。

盛生　アジア研究所という公的機関が男子のみしか求人しないという募集広告をすぐ徹回したことなんか、やはり私たちのような会がにらみをきかせていることの成果だと思う。

野口　あれ、朝日新聞が取上げてくれたのでとてもよかったのよ。どんどんこういう問題を取上げて欲しいわ。

松井　どんどん取上げたいのですけれどね……。

村上　私も実際日本テレビでけんかをしてみて、職場では組合が戦いの母体になるわけだけれども、組合とだってうまくゆかないことがあるでしょう。そんな時行動する会があるということ、会の仲間たちがいるということはとても励みになったわね。もしかの時は組合をけとばしてこっちに来られるという強みがあった。人間ってそれしかないと思うよりそれがダメでもあっちがあるという余裕のある方が強くなれるのよね。この会にはいろんな人がいるだけに……。これは具体的に形の見える成果とは言えないんだけれども大きな成果ではないかと思うの。

駒野　労働組合にも私たちが働きかけましたよね。今までは女の問題というと労働組合婦人対策部というところでしか見ないものだったけれど、労働組合全体として考えなければ……というような影響を少しは与えたのではないかしらと思っています。幹部に来てもらった時は非常に失望しましたが……。まあ、幹部に影響というところまではいっていないでしょうけれども、女の労働者が「組合はいったい何をしているんだ」という姿勢を持ち出したのではないかと思います。

中島　わたしはこの会が影響を与えたとは言えないと思うけれど……。

松井　総評の婦人幹部がこの会の動きをとても意識しており、「総評だってやっているんだ」と一生懸命になって言っているということなどは、やはりこちらの会が存在するとしないとでは大きな違いがあるのではないか。とくに国内行動計画に関してはそうですし。雇用平等法のことに関してはどうですか。今国会には出さないことにしたらしいけれど。

盛生　成立する見込みはないと言っていたけれど出すことに意義があるのだから、ぜひ出して欲しかったのに……。

駒野　社会党の雇用平等法作成にあたってはこの会の労働分科会の討議や調査がかなり反映しているとは思っているのですが……。

中島　それから定例会は一年目に比べてかなり一回一回充実してきたと言えるのではないかしら。

駒野　そうですね。また定例会の持ち方が分科会中心に持ち回り的にやるようになってきたということも会の力量としては向上してきたと言えますね。

中島　定例会が充実してきたことに伴なって各分科会ごとに問題の研究や議論の深まりが出てきた。労働分科会に関して言えば、賃金問題に関して二回シンポジウムがあって、そのためにずい分勉強したし、賃金差別ということをいろんな角度から分析し、他に余り例を見ない会を開くことができた。

中嶋　この前の定例会（四月十六日）で、各政党に男女平等政策を聞き、今度の参議院選に役立てようとしたわけです。今まで余り政治には口出しをしなかった私たちが今度やっ

ど女たちが期待できる政党は？という形でくいこんでいったと言える。今後政治を変えてゆくということでこの辺から大きなゆさぶりをかけなくてはいけないのではないかしら。

駒野　そのほかあれは評価したい、というような行動はございませんか。もっとたくさんある気がしますが……。ヤングレディの裁判は今進行中だけれど、これからおもしろくなるのでしょうか。三年目の記録に乞ご期待ということですね。

高木　私たちが行動する会でまっ先に言っていた差別の根源である「性別役割分業」ということばが定着しはじめてきて、マスコミなどでもごく当然のように使っているということもあげられると思います。

野口　性別役割分業思想ということばをもちろんマスコミは使っているし、少なくとも「性別役割分業はたして？」という具合に問いかける扱いのしかたにはなってきているわね。これは国際婦人年ということがあったせいもあるだろうし、私たちの会の働きかけにもよるのかも……。

中島　一番最初から、しかも強く言い続けてきたのは私たちですよね。

高木　私たちの会設立当時の呼びかけ文にしっかりとうたわれているし、叫び続けてきたのはこの会ではないかと思うんです。そのことばがあっちこっちで使われ出してきているということに大きな評価を下したい。

駒野　そういう意味で社会通念の世界にもこの会はさまざまな影響を与えたと思うのです。こうやって仲間同志で語り合っているとすごくそういうふうに感じるのですが、さて隣の奥さんと話す時はとてもここで言えるようなことは言えないという大きなへだたりが存在していることも事実だと思うのです。社会通念への切りこみ方で評価できる面はいろいろ出ましたが、身の回りをどう変えていったかというようなところを今度はさぐってみたいのですが。

日常生活を変えてゆくむずかしさ

金谷　私なんか一番変えにくい職場で仕事をしているのです。私のしている相談事業というのは「お嫁に行くんだけれども、花嫁衣装をどうしようか」とか「男が水屋の道具をそろえるはずなのに女の側で買ってきちゃってけしからん」と角を立てて飛んで来るお母さんたちとかを相手に仕事をしているのですが、一番そこで困るのは、私がこういう女性解放のための仕事を他にしている女だということがお客にわかったらもう私の言うことに耳を貸さなくなるということなの。「あの人はあいうことをしている女だからこんなふうに答えるのは当然なんだ」というような形で、私の助言にそっぽを向いてしまうわけなのです。だからはっきり自分の職場では言えない。仮面をかぶってマナーを教えてらっしゃるご専門の方というようなイメージでお客と接することになる。そこで「だけどお母さま、お嫁にやるなどということばはいけませんわよ」とこう柔らかく出るわけなんです。すると聞いてくれるんです。やっぱり私の身の回りの人たちは婦人解放を自分とは全くかけ離れたものととらえているのよね。私から見るととてもはがゆいんですが、じわりじわりと少しずつ言ってゆくより方法はないと思うんです。でも案外わかるのは昭和ひとけた

の親父さま族なんです。女親の方が見栄とかしきたりにしばられているみたいなんです。今朝の朝日新聞のひとこと欄に横浜の主婦が「なんで女は女性候補に投票しないのか。男が女の得になることやってくれるはずがない、と夫に言われてなるほどと思った」というようなことを投稿していた。一方ではこんなふうに普通の主婦だってぽつぽつと世の中おかしいというふうに感じ始めていると思うのよね。それがみんなの前では口に出して言わない、またはおもてだって言えないようなのが現実ではないかしら。そこでその気持をどういうふうに連帯の方向に持ってゆくかがとてもむずかしい問題だと思う。

駒野　吉田さんなんかは家庭の中でまたは高校生活の中で日々そういうことを感じていらっしゃると思うんだけど、悩んでいらっしゃることなどあったら話して下さい。

吉田　うちでは母も父も同じ公務員で同じように稼いでいるわけだから、ほんとは母だけが家事をやる必然性が全然ないのに、我が家の四人（妹がいる）で四等分しないでみな母にやらせてしまっている。わたしは口では前に皆でやることを宣言したはずなのに、わたし自身めんどうくさくなってやらなかったりして、やることをやっていない。母にしてもお手伝いをさせる時はまず第一に長女のわたしに言う。「なんでわたしに言うの。妹だっているし、パパだってそこでお酒飲んでいるでしょ」と母に言うが、母は「あなたはわかっている人だからそういうことを言うけど、わたしがパパに言える？」という具合なんです。父はわりと頭で理解者ぶる人で、わたしが泣いて抗議したりすると「ああ、世の中はみにくくなったな」と言うんです。まあとてもたいへんだけど少しずつ父も母もよくなってきているじゃないかなあとは感じています。さきほどの金谷さんの発言の中に一方ではこっちの顔をし一方ではあっちの顔をしなければやってゆけないという意味のことがありましたね。でもわたしはいつもそんなふうに半分いい娘ちゃんで相手のお気に入りのことを言い、半分だけこっちの顔をするということが自分をも相手をもだましているみたいでとても疑問を感じるんです。運動をほんとうにしてゆくためにはそういうあざむきを捨てて去って本当の姿でやってゆかないとだめなのではないかと思うんですけど、私自身みんなに浸透するためには出発点で反感をかわれたらそれでおしまいだから……とてもその矛盾に悩んでいます。

水野　各種学校に通っているため年齢的にいろんな人がいて、この前も「恋人なんてそんなに現われるものじゃないから、一回見つけたら離さないようにしなくちゃ。そのためにはお料理もじょうずにならなくちゃ」と友人が言ってたんですけど、それに対してそれはおかしいとは即言えませんね。今は東京ですが以前は静岡に暮していたのですけれど、東京以外のところではこの会の活動ははっきりと伝わってこないというところがあった。マスコミなどで「こんな行動は逆効果ではないか」などと書きたてるものですからそういうたぐいの印象はたくさん入ってくるのですが……。本質については全然情報が入ってこなかったので、私自身この会についてあまり知らなかったのです。

駒野　で、今この会に入ってみてこういうやり方でヤングがついていけると思う？

水野　はっきり言ってむずかしいと思う。年齢層の上の人が多いし……。人生長く生きていればそれだけのことがあるわけで、そういう人たちが多いとやはり発言しにくいし、一緒にやりにくいということはあります。その点リブ新宿センターの方がわたしなどにはすうっと入ってゆきやすい。

駒野　リブ新宿センターの方も今日来て下さるはずだったけれど、まだ見えていないのです。とても残念ですね。

中嶋　地方にいるとこの会の活動やその他の情報が入ってこないということだけど、主婦分科会が新座市の方でキャラバン隊をやったということが最新の活動報告に出ていましたね。あれとてもいいことだと思うの。夏休みなど暇の作れる人が集まってキャラバン隊を作り地方へ回り地方の人たちと討論したり、出版物を売ったりしなければいけないんじゃないかしら。それから若い人の問題なんですが、この前婦人民主新聞の特集で「キャンパスにおけるリブ」という討論会の司会をしたんですけど、学生っていろいろな意味で弱いと思うんです。私は教師だからすごく責任もあるのですが、学校の中に生徒が主体的にサークルなどをどんどん作るようにしてゆかなければ変わらないと思いますね。そして最終的には各大学の中に女性学部を設立させる意気込みがなければいけないんじゃないかしら……。アメリカの『ミズ』なんか読んでいると向こうの大学ではどんどんできているんですよね。

須藤　保育所にいると最近の若いパパは少しずつではあるけれど、よく子どものめんどうを見るようになっているのがひしひしとわかるが、母親の方がわりと「子どもの責任は女にある」と思い込んでしまっており、病気の時の迎えなども年休を全部使い果たしてもまだ男親ではなくて自分が迎えに来ると言いはる人が多いんですよね。

盛生　わたしは会社ではわりとやりやすいんですが、主婦分科会の主婦の方たちとはどうもうまくゆかなくて……。

野口　今、いろいろ年齢層の人たちから自分の回りの問題を出してもらっていると思うんだけれど、それぞれの世代が背負ってきた歴史の違いを感じさせられた。一番恐しいのは十代後半、二十代前半のいわゆる若い女の人たちの心の中に〝女〟みたいなものがたまっていないということなの。このごろはニュー・ファミリーという新造語の下で一見男女平等風のバラ色結婚生活があおり立てられているわけでしょ。一応たてまえとしては男女平等の社会の中で男女平等をおう歌してきて、結婚を強く志向している。結婚の悲惨さをおとなたちが説いてもピンとこないわけで、わたしは「経験するしかないのだろうか？」と思うようになってしまった。

中島　昔は女のあるべき姿を上から押しつけられた中に男女平等の声があったわけだけれども、今はそれがホントに女にとって楽しいし得だからという自らの選択で女の道を主体的にとっているのよね。それからさっきの水野さんが、この会よりもリブセンターの方が居心地がいいように感じるということの中にはやはり行動する会とリブ新宿センターの持つフィーリングの違いがあるんでしょうね。それは何なのかしら。

吉田　この会は別に若人の会でもないし、三十代の女の会でもない「女たちの会」なわけ

でしょう。私は学生で、すねかじりで経験もないけど発言する権利はもっている。もちろん性に関する問題を話す時など目前にその問題をかかえているわけではないので言うことに多少ひけめもあるけど、私たちだって家庭科を女ばかりで教わっているというたぐいの問題をかかえているわけで、そこには世代の相違を乗り越えた女としての共通項があるはずだと思う。そこを中心にすえて、つねにさまざまの人たちが入りやすいように分科会の数を増やしてヤングの人向けのものを作るとかした方がいいのではないかしら。

全員　ああそれはいいわね。ぜひ作ってやってみてよ。

松井　私は職業柄（新聞記者）相対主義的ものの見方をする方で、女の運動にしてもそれぞれが足のひっぱり合いをすることはやめて、さまざまのグループがどんどんさまざまの活動をしていったらいいというふうに考えるの。そんなに一つのグループがなにもかもやれるわけがないのだから。わたしも一会員としてこの会の活動を高く評価はしているけど、一つだけ欠落しているのが第三世界の女の問題だと思っているの。でもそのことをなにもこの会がやらなくてもいいわけで、わたしは別のグループでその問題ととりくんでいる。働く女と専業主婦との連帯ということを何度も言われ、私自身ずい分考えたのだけれど、専業主婦はむしろこの日本においては男女平等を妨げる側の共犯者なのではないかという見方をするようになった。豊かなＧＮＰ

を享受して、つまり大企業で働く夫に養われてぬくぬくとして暮している主婦に関してはもっと厳しい目でのぞもうと、自分個人としては考えているんです。日本の女の人たちは世界中で悲惨な目にあって苦しんでいるたくさんの女たちに余りにも鈍感になりすぎていると思うの。夫がでっちあげ事件のために殺されてしまった韓国の女の人が書いた詩がここにありますのでさわりだけを読むと――

最初あなたを殺すと言った時
わたしはあなたに向って泣き叫びました。
あなたは身振りでわたしをなだめながら
大丈夫だ大丈夫だとほほ笑みをよこしてくれました。
二度目あなたを殺すと言った時
わたしは泣きませんでした。
血の気のない顔でふり返るあなたに
わたしを信じなさいと胸をたたいてみせながらはげましを送りました。
三度もふり返るあなたに
死なせないと、ぜったいに死なせないと
わたしは胸をたたいてみせたのです。
（中略）
あの十三匹の悪魔どもがあなたを殺すと言った時
わたしは驚愕の悲鳴をあげました。
ズタズタにちぎれるまで手にしたパラソルで法廷のベンチをたたきつけました。助けて下さい、助けて下さい、見物だけしないで助けて下さいと
声の限り叫びました。

この詩は涙なくしては読めない。こういう人たちというのは世界中いたるところにたくさんいるわけよね。そういう女たちの痛みに心を向ける心の広さというか感性が欲しいと思うの。そういう女の人たちのことを知らされない状況に置かれていることがわたしたちの抑圧されている状況ではないか。渋谷に住んでいるせいか毎日おしゃれをすることにしか関心のない若い女の子たちがたくさん通っているし、朝日カルチャー・センターには主婦がわんさと通ってくるわけでしょう。そういう日本の女の人たちが一日一時間でもいいから自分が殺されるかもしれないというような厳しい現実を知って欲しいと思うし、また知らされていないということがすなわちこの日本の抑圧状況だと思う。他の国の女の痛みを痛みとして感じとる感性を全く持っていないということが日本の女の最も深刻な問題ではないかしら。自分の回りにたくさんの抑圧があるのによその国の女のこと？と言ってしまえばそれまでだけれど、日本は世界の中では非常に恵まれているわけだし、韓国の現状を裏で支えているのはこの日本なんですよね。日本にはそれだけの責任があると思う。わたしは決して第三世界の女の人たちを哀れんで同情しているのではないの。その人たちの命をかけた戦いの余りのすごさ、女の強さに圧倒され、自らの生き方を問われるわけです。女の解放が人間解放をめざしているということの原点はここにあるのではないかと思うの。

駒野　第三世界の問題は一年目にもやり残した問題として提起されていたが、今年度もほとんどやれなかった大事な問題です。ここら辺から三年目の展望を語り合うことにしましょうか。でもそこへゆく前に事務局の問題をひとこと野口さんからお願いします。

三年目に向けて

野口　いっぱい問題がありすぎてどうしようって感じ。私は二年目の後半から三年目にかけて事務局をやっているんですが、この会は活動が多種多様であるためちょっと無理をしている面があるという事と、結成当時の上昇気運が多少薄らいできている〝二年目〟という状況があいまって、いろんな問題がふき出てきている。一つは行動の多様さからくる会全体としての不明瞭性、二つ目は同じ人が金太郎飴のようにあっちでもこっちでも活動しているため疲労感が出てきていること、三つ目は財政問題、四つ目は中島さんという個人に全員が甘え切っていることなど——吉武さんの選挙キャンペーンが「やめさせよう、あと始末のできない政治」なんだけれどもこの会だってこのことばをかみしめた方がいいのではないか。もう一つつけ加えたいのはさっき世代間の意識の格差の話が出たけれど、会員相互の意識の違いをどう乗り越えてゆくかもこれからの課題ではないかしら。

駒野　差別裁判官と女子のみ家庭科問題に関してはこの会だけでなくいろんな婦人団体と連帯してやったわけです。連帯という面から考えると一歩前進した運動のしかただったのですが、事務局の面から考えれば事務量が二倍にも三倍にも増え負担が重くなった。連帯とひとことで言うけど行なうは難しということで、この辺もかみしめながら三年目の展望へ移りましょう。

新美　活動する層つまり誰を対象にして活動

するかということが問題になるのではないか。夜の会合などには一般の主婦はほとんど参加しないはずだから、どうしても元学生活動家とか職業をもっている身軽な人とかにかたよってしまい、底が浅いということがあるのではないか。でもどこが一番期待できる層かというとやっぱり働いている女だと思う。松井さんが言ったように、普通の主婦には今のところ何も期待できるところはないんです。最後に変わるのが主婦だと思うんです。主婦はこの状況を支えている元凶なわけで、その主婦を変えようとするくらいなら、遠くに玉をつきあててビリヤードみたいにもどってくる玉がいつか主婦にあたるかもしれないぐらいに考えた方がいいのではないか。草の根とかとなりのおばさんとか言うのはすごくきれいごとではないか。隣のおばさんを変えるのは一番あとでいい。

川名　そうは言っても、私の母のようにいちばん身近にいて、しかもそういう状況の中にいる女をほうってはおけない、と思います。そのままにしておく、ということは私自身が家を出なければならない、ということでもあるし……。家を出るというだけでは問題は解決しない。それは逃避でしかないと思う。

新美　もちろん、何にもしない、ということではなく、だれだって働きかけ続けてはいるのよ。ただ、すぐに変わる、ということをあまり期待しすぎてはダメだ、ということなの。

中嶋　今この会の会員から吉武さん、田中さん、俵さんの三人が立候補していますが、やはり政界にどんどん女性を入れるようにしないと女の問題は解決されない。運動をやっているとつまるところはやっぱり政治を変えなければどうにもならないという認識をせざるをえない。

松井　社会党のこの間の党大会における代議員五百何十人の中で女性はたった二人だけなんです。

全員　二人ねえ！（ためいき）

松井　そういう代議員の大会にわたしたちが押しかけていかなくてはいけないと思う。大きな労働組合の大会においても、たとえ私たちが行けなくてもその中の心ある人に何か発言してもらうとかした方がいいと思うわね。

中島　女たちの中でこのごろ新しい動きというものが非常に出てきているのではないか。別冊「宝島」の女の事典が五万部以上売れたということや、またさらにそれに気をよくして「月刊わたしは女」を出版することに決めたらしいし、渥美さんたちも「新鞜」という女たちだけのリブの雑誌を作るということで……しだいにすそ野は広がりつつある。こういうウーマン・リブの本を読んでみようという人が増えてきたということはいいきざしだと思う。松井さんが言ったようにさまざまなところでさまざまな角度から運動をしてゆけばいいのだけれども、時にはこういうことに関わっている女たちが一同に会して語り合うということも必要ではないか。六、七年前にやった「リブ大会」みたいなものをもう一度やった方がいいのではないかと思うの。

中嶋　女の祭典みたいなものをやった方がいいわね。大規模に全国的にやりたいわね。

全員　そうね。やりたいわね。

駒野　みんながワッと乗れる企画を考えてやらないとね。

中島　七年前のリブ大会はみんながなんでも

言おうというテーマの下で集まったのだけれど、今はもうその時期はすぎているから、なにか具体的な行動を通じて集まることになるでしょうね。とすると何になるかしらね。

駒野 政府の作った行動計画があるでしょ。だから時にはわたしたちがワァーッとやらないとどうしようもないわね。

中嶋 それが一つの大きなデモンストレーションになり、すそ野を広げる役割を果たすものね。

村上 わたしはやっぱり就職だなあ。雇用差別をなくすことが先決ではないかしら。

盛生 それにつけても社会党の雇用平等法が引込んだのは残念ね。成立しなくてもともとなんだから出してさえくれればよかったのに……。

中島 たとえば「職よこせ大集会」などをテーマにしたら若い人なども集まるんじゃないかしら。だめかしら……。

松井 フィーリングでパッと引きつけるものがないと地味すぎるんじゃないかしら。

駒野 すそ野が広がったと言うけど、すそ野が広がったのは関心を持つ人だけで、行動をする人はほとんど増えていない。この会はなにしろ行動を起こす会なんだからもう少し行動する人を増やしたいものです。動き出さないと世の中変わらないのよね。

高木 テレビで「雲のじゅうたん」、「いちばん星」とか「さくらさくら」など女が強く生きる内容のものがどんどん出ていますでしょ。わたしの母に言わせれば「こういうものがテレビのドラマになって堂々と出てきているというのは意識を持って何か考えている人が増えてきているからだ。こういうものが増えれば少しずつでもやはり女の生き方は変化してくる。先は暗くない」らしいんです。わたしはこの小さな変化をとても大事にしたいなって気がするんです。行動はできないけど意識の上では自由で解放された生き方を望む人たちとこれからどう一緒にやってゆくかが一番大事な課題ではないかと思うんです。

盛生 わたしは二十年前しゅうとめさんが寝たきりになって職を止めた時は四六時中病人の介護にあたったわけなんです。その時の自分の状況の辛さから比べたら今のわたしが置かれている状況（実母が病気になり時々出かけては看病している）は楽ですけど、世間の「女がみるのがあたり前」という思想は頭にきます。「女がみるのがあたり前」という通念を早くこの世からなくしてもらわなくては二十年前のわたしの辛さをこれからの女も味わうことになる。男は平気なのに女が介護しないとなると鬼のように言われるんですものね。

駒野 子捨て・子殺しと同じですね。それではこの辺でおしまいにしたいと思うのですが、これだけはぜひ言いたいということがあったら出して下さい。

野口 少し自画自讃します。これだけの人数でよくぞあれだけのことをやれたと思います。やっぱり一番動いているんじゃないかしら。事務局にいるとよくはじめての人から電話があるんですけど、すごく幻想を抱いているのよ。事務局に十人もの人がいて（爆笑）やっているように考えている。

中島 上坂さんも「巨大組織」というふうに称していたわね。

野口 この会はあたり前のただの女が生きていて、その一人ひとりの女がどうしてもやり

たくてやっているんだということをわかってもらうためには、やはり事務局に引っぱってきて実際に一緒に活動してもらうより手はないのよ。マスコミだけを通じて知っているこの会の情報とは大きな違いがあるということをわかってもらうのはわたしたち一人ひとりの腕にかかっている。

高木　わたしはこの会に入って、女の痛みということで世代を越え、育ちを越えてわかちあえる喜びを感じるし、また同時に運動の中でホンキになっている女たちの熱き思いを強く感じる。ああ、わたしもホンキになって頑張らなくちゃ！と励まされるんです。もっと自分が一生懸命やらなくちゃと駆りたてられるんです。この熱き思いが底辺に流れている限りどんな障害があっても乗り越えてゆけるんじゃないかなぁと思います。

淡谷　これからは女の時代だと思うの。最近つくづく吉武さんの選挙を手伝って思うのは、一緒にやっている若い男性や市議などでよく「ここに来るとカルチャーショックを受ける」と言うけれど、それは今まで彼等がやってきた市民運動などにないものが女たちの中にはあるということなの。「今まで知らなかったものがここで見つかった。私たちは男の論理によごれてしまっている。もうこれではダメだ」と突然言い出すんですよ。どこまでわかっているかはわからないけれど、男の人たちも男論理のおかしさに気づきはじめているように思う。またそれと同時に〝女株は買いだ！〟という時の声みたいなものを感じる。

中嶋　スウェーデンの男の人でも日本に来たとたんに日本の亭主関白みたいになってしまうことがあるという話を聞くけれど、逆に私たちだって日本の中ばかりを見ていたら「まあいいや、この辺にしておこう」などと弱気になってしまいがちだと思う。これからの運動にはそういう意味で国際的視野をもって精力的にやってゆきたい。

駒野　具体的な中味でもう少し三年目の目標をかかげた方がいいのではないかしら。

中島　中嶋里美さんからも出ていましたが、政治のあり方を変えてゆく必要があるという認識には立ったわけですよね。政治一般に干渉するのではなくて具体的な政治の問題に一つ一つぶつかって行動してゆくという対象が必要ですね。

中嶋　今夏の参院選で多少出てきている「男女平等を考える人を国会に送ろう」という人人の熱をどう収束させ、または増大させてゆくかではないかしら。「女議員を増やそう」というようなことでやってみることが大事ではないかと思う。それから他の分野では、わたしは教育分科会員だから教育の中での性差別を徹廃したいですね。

中島　労働分科会では雇用平等法ですね。

淡谷　労働の場ばかりでなくあらゆる場面における女性の参加を〝何割以上〟というような形で増やすことね。参議院で保革逆転したら婦人問題担当をぜひ作らせよう。

高木　国会の中に婦人問題特別委員会をどうしても新設させなくてはいけないと思う。

金谷　各党衆議院新議員のアンケート結果を全部この記録集に載せますので読めばおわかりですけど、婦人問題に一番無理解なのが自民党なんですよね。だからかなり難しいと思うわ。

高木　「アンアン」「ノンノ」族が結婚して

いわゆる「クロワッサン」だとか「アルル」だとかのニューファミリー族になってゆく風潮をこのごろ危機感をもって感じるのですが、このニューファミリー意識をくずしたいですね。

野口　ニューファミリー批判でもやりますか。

高木　先日の読売寸評にもニューファミリーをうまく批判している文が載っていましたね。ジーンズを着てパンを二人で焼いて……そう、たしかに男もやさしくなった。でもそのやさしさは自分の家だけ！なんです。寸評の最後の文はおもしろいんですが――「小魚にはしをつけないニューファミリー」って言うんです。つまり自分のめんどうくさいことはいっさい関わらないというエゴイズムね。他人の痛みを察してやる感性なんかひとつも持ち合わせていないわけなんですよね。でもそういうニューファミリーが今マスコミでもてはやされているんですよね。それをどううちこわしてゆくかがこれからの大きな課題になると思います。

野口　でもあの寸評で気になるのは役割分業意識がなくなったと断定していることなのよ。ちょっとでもおしめを旦那がかえたらそれでもう役割分業思想がない男というふうに見てしまうのよね。

村上　でもそういうふうに男がちょこちょこ手を下しているうちにその思想がなくなる時があるというふうにも考えていいと思う。

駒野　女の人の労働権と切り離して、性別役割分業思想をなくそうなんてナンセンスなのよね……。

淡谷　毎日の特集記事「新現代家族考」なんかひどいわよね。一面全部を使って毎週一回連載しているのだけれども、あの中で言われている家族は全然新しくない。どこが新家族なのかと思うくらい、女は旧態依然とした役割を担わせられている。脱都会とか脱サラとか司法試験を十年かけて受かったとかでいろいろ道を切開くんだけれど、主体は全部男で、女はやっぱり陰でだまって夫を支えている。でもね、女の側の変化を男文化が敏感にキャッチして対応しているんだと言えると思うの。たとえば社会市民連合が、便所そうじを男であろうが女であろうが、みんなで民主的にやろうと新聞にれいれいしく書きあげていることなんか、やはりそれが彼らの民主制を表わす一つのうたい文句になりうる時代の変化があるんだと思うのよ。

中嶋　ねえ、そのニューファミリーというのは女はやっぱり家にいて養われているわけなの？

野口　子どもが生まれるまでは働くんだけどその後はパンを焼いたり工芸をしたりインテリアを楽しんだり、趣味に生きがいを見出すわけなの。（笑い）

駒野　そうですね。ニューファミリーについていろいろ議論したらまたいくら時間があっても足りませんのでこの位にして。具体的に何をやろうということについては今日の討論を土台にして世話人会でもう一度話し合ってもらいましょう。それではにぎやかになったところでおしまいにしたいと思います。みなさんどうもありがとうございました。

（文責編集部）

「女の甘え」「男の甘え」

日本的状況から見た性差別

青木やよひ

大分まえになるが、十人ほどの主婦の集りでのことだった。たまたま話が「女の先生」の功罪におよんだ時、一人の人が断固として言った。

「だいたい女の先生は甘えていますよ。出産だ育児だといって休むし、普段は普段で地域のことやゴミ集めなんか主婦のお世話になっているわけですよ。私なんか男の子がつづいて二人だったから、子育ての最中は大変で昼間働きにいっている人がうらやましかったですね。女の先生の給料は男の先生の八割くらいでもいいんじゃないですか」

こういう人をどうやって説得すべきかと、私は一瞬ポカンとしてしまった。それに「甘え」というのは、依頼心が強く、本来自分ですべき努力を放棄して平気でいられることだと私は思っていたから、「甘え」という言葉のこんな使われ方に虚をつかれた思いがした。

だが、その後注意していると、女性に向けられる「甘え」攻撃の中にはこの種のニュアンスがこめられている場合が少なからずあることに気づいた。先ごろ共働きのスタイリストの女性が焼身自殺した時も、幼い子を老父母に預けてまで仕事をつづけようというのは「女の甘え」だ式の発言があったのをどこかでチラとよんだ。一方では、折角優秀な社会人として採用し教育したのに、三年もするとやめられて困る。「女の甘え」もいい加減にせよという声が世間には高い。ならば、と頑ばって働きつづけるとこれまた「甘え」として断罪される。歌の文句ではないが、「どうすりゃいいのさ、この私」というのが多くの女たちの実情である。

「甘え」という言葉は、そのまま外国語にほん訳できないという。日本的心情に根ざした社会風土からくる独特の意味を含んでいるからだろう。私も辞書をいろいろ当たってみたけれど、大言海の「人の情あるにもたれる」というのがどうも一番ぴったりしているように思われた。これではたしかに適当な外国語がないにちがいない。しかし最近のように「甘え」という言葉がやたらにとびかっている現実の中では、日

本人自身にすらその正確な意味がつかめているとは思えない。ここでは、その由来などはおくとして、「女の甘え」が問題にされる時、いま人々はそこにどういう現象を指摘しているのかを考えてみたい。

冒頭の女性が指摘した女の先生の「甘え」もスタイリストの自殺に投げかけられた非難にも、ニュアンスのちがいはあるけれど、女が家庭を持ってまで外で自己実現をはかるのは一種のぜいたくだという言外の意識が働いているように思われる。もちろんその底に流れているのはぬきがたい性別分業観だが、それが「甘え」という形で表現されるところがまさに日本的である。多分、かつて日本では社会的にきめられた身分・地位などの分際をこえた行ないは、周りの人間の好意を当てこんだ「わがまま」と映ったからだろう。性もまた分際の一つだったのである。

しかし現実には、日本の労働人口の三人に一人は女性なのだから、女性が昔ながらの「女の分際」を守って家庭にひっこんだら、近代社会としての日本はなり立たなくなる。看護婦、保母、女教師、パートの臨時職員まで含めて、働く女が職場から姿を消したところを想像してみればよい。にもかかわらず、女性の「家事・育児」天職論が大手をふってまかり通っているのが日本である。この現実と意識のズレを、髪ふりみだして埋めてきたのが戦後三十年の共働き女性の歴史であり、それは「甘え」などとは無縁のものであった。こうした女たちの犠牲の上で戦後の経済発展がなしとげられてきたとしたら、「甘え」ていたのはむしろ社会の方ではなかったのか。

もちろん女性の側にも指弾されても仕方のない「甘え」の心情がある。ことがちょっとうまくゆかなくなると、その原因を探ってみもしないですぐやめてしまう。あるいは何でも他人のせいにしてうじうじと思い悩む。しかしこれは、三歳の時から「可愛いお嫁さん」をめざして、自立の精神を養われもせず、その機会も与えられない女の成長過程の社会的な帰結であった。けっして女一般の先天的特性ではない。しかも若者世代では、これは女性にだけ見られる現象ではなくなっている。男性にも結構こういう態度を見せる人がいるからである。これを中高年世代は若者の「女性化現象」などと眉をひそめるが、そういう若者を生み出した自分たちのしつけや教育や、あるいは社会情況についてはまったく責任を感じていないらしい。

それどころか、数年前から、いわゆる男性の「女性化」や「甘え」現象の充満、あるいは更に子どもの神経症や男性管理職のストレスまで、その原因は戦後の女が強くなったから

だとする意見がさかんになっている。ウーマン・リブが女性評論家の扇動のせいだとはっきりいう男性たちも現われている。

だいたい私は、男性が立身出世よりも生活の喜びに目を向けたり、賭けごとに目の色変えるかわりに身だしなみに気を配ったり、あるいは照れずに他人にやさしくしたりすることを「女性化」というなら、それは大変結構なことだと思っている。そういう男性もたしかに増えている。だがそれがプラスの「甘え」現象なら、他方では前述のようなマイナスの「甘え」現象もあって子どもから大人までそれが病的にまでこうじる例が多く、しかもその背後には必ず強い母親・強い妻がいると精神科医は指摘するのである。「父権喪失時代」とか「父なき社会」とかいわれるゆえんである。

現象的に見れば、教育ママとか猛妻猛母とかいわれる、エネルギッシュで口やかましい女性がいるのはたしかだと思うし、残業やつきあいで子どもの寝顔しか見られないという影のうすい父親がいるのもほんとうである。家庭内の力関係ではどうしても女の方が強くなるだろう。だがこれは、社会的なワク組みで見ると、「女の甘え」を生み出す基盤とまったく同じところから出てきているのだと私は思う。女の人生には最初から経済的自立が考えられていないから、家庭の経済は一方的に男性の負担となり、アクセクと一人で働かざるをえない。女の方としては、知力もエネルギーもありながらそれを社会的に役立てる機会も場もないとすれば、子どもや夫に過剰期待がかかるのは当然だし、欲求不満にもなろうというものである。

男性たちはいまそうした女の圧力を感じて、被害者意識にかられているらしい。「週刊読売」一九七七年五月七・十四日合併号の特別企画「ばっさりナウな女を斬る」などというのはその典型だろう。こういうのをよむと、男性たちの問題意識のお粗末さに情けなくなる反面、「まあこれからもせいぜいお苦しみになるがいい」と開き直った気分になる。こういう悪循環から、男も女もどうしたら脱け出せるかという私たちの努力を、わかろうとしないどころかちょう笑しているとしか思えないからである。

こう見てくると、いまの日本には、男女どちらの側にも、そしてどの世代にも、それぞれ自分たちは損をしている、悪いのは相手方だ、という被害者意識がみちみちているのがわかる。一億総被害者時代とでも名づけるといいかもしれない。大人は若者を「甘えている」と言い、男は女を「甘えている」と言う。では男性の大人には「甘え」はないのだろうか。そんなことはない。だいたい被害者意識というのは「甘

え」がみたされなかった時に生ずる「ひがむ」「ひねくれる」といった感情に支えられたものだから、精神的自立のできている人間には見られないはずなのだ。

◇　◇　◇

私は、現代の日本男性の「おふくろ信仰」にかねがね不審の念を抱いていたのだが、最近そのナゾがやっと解けた気がしている。結論的に言ってしまえば、それは急激な近代化による心理的なひずみの一つの表れであり、落ちこぼれの伝統的心情の最後のよりどころの一つが「おふくろ信仰」になっているということである。男たちは一般社会や職場ではかなり無理をして、近代的社会人として振舞っている。そこで生じているストレスはかなり強いから、そうした心理的葛藤を、妻に対するわがままという形の「甘え」によってつぐなおうとする。そこでは外で押さえていた過去への郷愁が解き放たれ、無意識に「おふくろ」を求めることになる。だからこの手の男性は、妻が対等なパートナーであるよりも、なんでも受け入れ、なんでも許してくれる昔ながらの忍従型女性であることをのぞむのだ。注意して観察すると、こういう男性は天皇制指向が強く、それゆえ「おふくろ信仰」に対する思いこみも強烈である。男権論者イコール天皇制的メンタリティーの持ち主、というのが、私が最近発見した男性の心理的構図である。天皇制は本質的に、「甘えの構造」の象徴的存在であるのだから、それは当然のことかもしれない。最近アメリカに行ってきた河野貴代美さんからきいたことだが、近頃のアメリカ人は、自分が「女性差別主義者」と見られることを大変気にしているという。六年前にアメリカに行った時、インテリたちが競って黒人をパーティによび、「自分は人種差別主義者ではない」と強調するのが流行みたいになっていたのを見ているので、私には今度の例も「さもありなん」とうなずくことができる。アメリカのまねをすればいいとはけっして思わないが、容易に試行錯誤が行なわれるということは、社会の体質がそれだけ柔軟だということだと思う。日本もけっして硬直した社会ではない、むしろプリンシプルがなさすぎるところさえあるのだが、女性差別が天皇制指向と結びついているとなると、これはなかなか厄介だ思う。

いずれにせよ、「女の甘え」も「男の甘え」もそれがゆがんだ形で発現する時には、人間関係が不健康になっている証拠であり、このままでは五年先、十年先の社会はどうなるのだろう。被害者意識からくる情緒不安定は社会的に人間疎外を再生産するだろうし、そのことによって悪い影響をもっとも強くこうむるのは、未来の子どもたちだからである。

『トータル・ウーマン』はなぜ売れた？

渥美育子

女にとって結婚生活をするとは、夫のいかなる欲求をも充たすことができる「完全なる女性（トータル・ウーマン）」になることであるというチャーミング・スクールのパンフレットのようなマラベル・モーガンの『トータル・ウーマン』が、七三年に出て以来三百万部以上の大ベスト・セラーになった。それればかりか続編の『トータル・ジョイ』とともに現在も売れていて、全米六十市とカナダにトータル・ウーマン・コースが設けられ、七十五名の彼女の門弟達が授業料をとってトラブルのある女性たちの指導にあたっているという。わたしが七五年から六年にかけて九ケ月間アメリカにいた時には、あらゆるチャンスをとらえてアメリカ人たちと女性問題を論じあったのに、『トータル・ウーマン』が話題になることはなかった。読者層が違っていたせいもあるが、内容が『会社で出世する法』に似ていて、論じるに足りないと思われていたからである。しかしひとつの社会現象としてわたしを含めて多くの人たちが、この本に注目させられたのは、今年の三月十四日、「タイム」誌がモーガンの写真を表紙にして〈ハウスワイフ・ブルースと戦う〉という特集を編んだ時であった。

どんな運動にも、反動がつきものである。まして女性たちが史上はじめて政治的にも目醒め、すべてをはっきりさせるまでやめることのできない改革に身をのりだした今、家庭のなかにとりのこされ、離婚の危機(五十％に近い)におびやかされて不安におちいった女たちが、「完全に（トータル）」主婦だけであるじぶん達の立場を強く擁護しようとするのは当然のなりゆきである。だからこの本がベストセラーになったのは、逆に女性解放運動が短期間のうちにそこまで浸透したことを物語っているといえるだろう。つまり『トータル・ウーマン』が出てきたのは明らかに解放運動のサイクルのなかでのことなのである。それを強調したいのは、日本で邦訳の帯に「ウーマン・リブよさようなら！」と刷ってアメリカの新しいベストセラーとして紹介しているので、無知なひとにま

るでアメリカではもうウーマン・リブが終ったかのような錯覚を与えるからである。(内容よりもその印象のほうが有害)

しかし『トータル・ウーマン』がなぜ売れたかをもっとよく見ると、意外な事実がわかってくる。第一にこの本は〃妻よ、なんじらは、なんじらの夫に服従せよ　神に服従するように〃(エペソ書)という聖書の考えを基にした熱烈で喜劇的な信仰告白の書である。著者は熱い恋愛の末に結婚し、二人の娘を生んだあと弁護士の夫との間が冷たくなったので、何とかロマンスをとりもどしたいと願った三十代の女性。救いの論理は、神によって充電され「全き」女性になることができれば、夫に対してもサラダでもセックスでも何でもお望みしだいのものを与える「完全な」女性になることができるという前世紀的なもの。(その論理が破綻したからこそ、女性解放運動が生れたのだ!)具体的な処方箋や報酬についてはあとで述べるが、とにかく最初この本は宗教出版から出された。アメリカではご存知のように男女平等法案(ERA)が七二年に議会を通過していらい、これに反対する個人や組織団体がマスメディアをはじめとするあらゆる手段を使って各州での批准を阻止する戦いをくりひろげてきている。とりわけ「平等」法案に反対しているのは、右翼はもとよりキリスト教を中心とする宗教団体、それに意外なことに生命保険会社。宗教団体を例にとれば、現在の教会内のあり方を改善しようと全国規模の会議もいくつか開かれているが、遅々として話は進まないばかりか、法の前の男女の完全な平等が正当性をもてば、キリスト教じたいが正当性を失うことになるのである。(キリスト教だけでなく、すべての男性神を頂く宗教も)では保険会社は?　妻子のために万一のことを考えて莫大な金額の生命保険に入る男たちが激減するだろうと彼らは恐れるのである。その他その他。表むきには反対できないが、利益や存在理由を失うもの達が大勢いる。つまり、『トータル・ウーマン』は女性解放運動に対する教会側の巻きかえしの要素を多分にもっているのだ。モーガンはそんなことを考えて書いたわけではないと反論されるかもしれないが、このように時代錯誤的に女性よ盲目になろうと教える本が、幸せな家庭をつくりたいと望む女性たちの個人のレベルを越えて、世論のかく乱にうまく利用されていることこそ大きな問題だと云いたいのである。

今月(五月)、わたしは再び短期間アメリカに行ってきた。ERAはこれまでのところ、フロリダのような保守的な州ばかりではなく、確実だと思われていたニューヨークにおいてさえ、批准されることができなかった。時間的余裕はあと二年。苦しい戦いになると予想される。『それがわたしの

人生を変えた』という大部な本を出したのをきっかけにニューヨークでベティ・フリーダンは再び全国遊説にたつスケジュールを組んでいる。ロサンゼルスで会ったケイト・ミレットは、七十年代になって女性が政治と結びついた重要性を南カリフォルニア大学で講演した。ロスではまたフェミニスト・ウーマンの全国組織が、男性による管理体制と科学万能主義の医療では女性を理解することができないと、女性の身体を女性の手でコントロールする運動を一日十八時間の奉仕労働によって実践していた。詩人のアドレアン・リッチたちは芸術の世界における性差別に抗議していくためにギルドを結成し、行動を開始した。これらはたまたまわたしが旅行中に直面したシーンであり、他にどれだけの目醒めた人々が戦っているか見当がつかない。しかし確実にいえることは、彼女たちが戦っている相手がマスメディアが流す次のようないかげんな情報によって動かされる世論じたいでもあるということである。ひとつ、男女平等法案が通れば女性も兵隊にとられ、男と同じトイレットを使わなければならない。ひとつ、離婚の際に慰謝料を請求できなくなる。ひとつ、強姦罪が成立しなくなる。ひとつ……どれをとってみてもよく調べて確かめてみればわかることなのに、そうしないでただ不安にかられた女性たちは、やはりウーマン・リブはダメだ、女は男に従うべきだという考えに逃避しやすい。そこに『トータル・ウーマン』がけたはずれに売れる下地が生れる。男性たちはひょっとしたらと時代の逆行を願って買う。じぶんのあり方を変えないでも女が喜々として仕えてくれるという魔法の実現を求めて買う。果してどれほどの効果があるのか。「タイム」誌が詰論づけたように「主婦としてどうあるべきかという基本的な不明確さ」を明確にする何かがあるかどうか。モーガンが「あまりうまくいったので、みんなにも教えたい」という内容をみてみよう。左の四つのコースをとること。〔例〕は、どれほどうまくいったかという具体例とその報酬。

①〝主婦入門〟コース――〔課題〕明日しなければならないこと、自分の人生観、長所・短所、一週間の目標などをリストアップして優先順位をつけ、高い順からとりくむ。残してもがっかりしないこと。（こんなことは仕事をもつ者なら誰でもやっているはず。だけどまともなのはこのコースくらい）〔例〕ある女性がトップにあげたのは減量。彼女は六週間で十五ポンドやせた。大喜びした夫が新しい服をひとそろい買ってくれた。何という幸せ。

②〝男を生かす法〟コース――〔課題〕夫の欠点を書いたリストは捨て、長所を書いたほうだけを持ち歩く。毎日夫を

ほめたたえる。友達も食物の好みも生活様式も、みな夫の好みにあわせる。夫がすることすべてに感謝し、彼のことだけに専念する。夜の八時以後は電話をかけるのをやめる。〔例〕実行した女性の手紙――いま天国にいます!だって〝きみのためならどんなに金を使っても使いすぎるってことはない〟と夫は云ってますから。

ここでコメントするのはやめ、次に進もう。

③〝スーパー・セックス〟コース――〔課題〕朝のうちに愛の気分を設定しよう。夫を送り、姿がみえなくなるまで手を振ろう。退社一時間前に夫に電話をかけ、「とってもあなたが欲しいの」とささやこう。ベビードールとブーツなどで仮装して夫を戸口に迎え、興奮させよう。時にはストッキングだけで、今夜子供が寝たら、ろうそくの火を床において居間のテーブルの下で夫を誘惑しよう。これから一週間、毎日続けてセックスしよう。「ハンモックでセックスしましょうよ」と提案し、夫が「そんなもの、うちにはないじゃないか」と云ったら、「あら、あなた、忘れていたわ」と答えよう。これこそ〝トータル・ウーマン〟である。〔例〕実行した女性の報告――課題をこなそうと六日間続けてセックスをしたが、あとの一日は疲れすぎてダメだった。講師はわたしにBの下をくれたが、夫はAをくれたのだ。この辺で気分が悪くなって本を投げたいところだが、忍耐して次にいこう。

④〝橋をかける〟コース――〔課題〕夫にあなたの長所と短所を三つずつ書きだしてもらうこと。今晩、特別の理由を見つけてお祝いすること。子供をありのまま受けいれ、励まし、肌でふれ、話しあい、愛情をもってしつけること。「これもまた当然なこと」ヨハネ伝第三章を読もう。神との間に橋をかけよう。〔例〕夫に対する課題を実行したところ、「みんなでママにキスしよう!」と云ってくれたのでその日一日気分がよかった。

以上のように、『トータル・ウーマン』は男とは女とはという固定観念から出発し、「女が支配的な家庭に育つ息子は正常な結婚ができない」「母親がトータル・ウーマンでないと子供が非行化する」といったパターン化された独断をひき出し、聖書の文句をふんだんに引用することで説得力をもたせようとしている。モーガンにとって、「主婦」であることの明確さとは多元的な価値をもつ自分自身であることをあきらめ、固定化された発想そのものと化することであるように見える。固定化された発想しかできないものが、仮装の衣しょう(コスチューム)をとっかえひっかえするのは喜劇ではないか。それ以上に恐いのは、〝完全な女性トータルウーマン〟になることが女性から歴史的な視野と政治的な視点を奪うこ

とになり、相手を〝完全な男性(トータル・マン)〟にするつもりが、軍人やファシストを生みだすことになりはしないかということである。また、じぶんは好きでそうした道を選ぶとしても、それがじぶんの娘ばかりでなく、将来生れてくるすべての女性の道をも決定することになるのに彼女は気づいているのだろうか。最後に、今度の短い旅行のあいだにインタビューした人たちの『トータル・ウーマン』に対する考えを記しておきたい。①ケイト・ミレット(『性の政治学』の著者、彫刻家。ロサンゼルスの〝女性の家〟ウーマンズ・ビルディングで個展を開くため、〝裸の女〟シリーズの彫刻〝役割には大きすぎる存在〟を作製中)「あの反フェミニズムの本?ああいう類のものは六ケ月に一冊ずつ出るわ。だけどわたし達は女性解放を何千年も待っていたんだから」

②エリカ・ジョング(詩人。自伝的小説『飛ぶのが怖い』で世界的なベストセラー作家になる。コネティカット州ウェストンにある彼女の新しい家を訪ねて)「どんな運動にもゆるい部分の後もどりが起きるでしょ。あんな本は一種のお祭の踊りだわ。男のためのベリーダンス。全くくだらない。わたしがショックをうけて憂うつな気分になったのは「タイム」誌が彼女を表紙にしたこと。非常に反動的。「タイム」誌なんかもともと反動的だけど、しゃくにさわるのはマスメディアがこういう本に飛びついて「女性解放はもう終った」というムードをつくりあげることよ。そのおかげで女性の書くものをまた抑えつけようとする男性の原理が頭をもちあげてきた。モーガンの本自体は無意味。あんな表面的な変化に目をむけないで、もっと長期にわたる大きな流れを見ましょうよ」③ノリーン・コーネル(NOWのニューヨーク支部長。ニューヨークの東十九番街にあるオフィスを訪ねて)「わたしは何千人ものアメリカの女たちがモーガンの指示に従って実際にやってみたらいいと思うわ。そうすれば全く役にたたないってことがわかるでしょ。全エネルギーを使って夫のためにつくしたところで自己の人格も結婚生活も救うことにはならない。あの本は田舎では少し読まれたかもしれないけどたいていの人がジョークだと思っている」

④ダイアン・シンプソン(ニューヨークのルーズベルトアイランドに住む女性問題研究家。わたしのホテルまで来てくれた)「マラベル・モーガンはいい心理学者だといえるわ。いま必要なのは夫婦の関係を生き生きさせることだと気づいた点ではね。フェミニストたちが彼女を百%否定するのはまちがっている。モーガンが把握した女性心理というものも研究すべきよ。もっとも、結婚生活を救うのにキリスト教的女性観しかないというのは問題だけど」(青山学院大学助教授)

エロスの行方

天野みちみ

いわゆる男らしさとか女らしさに対してごちゃごちゃ文句つけてきて、私にはもう五年がたとうとしている。そうして自分なりにやっと一つの方向が見えてきた。結論を先に言ってしまおう。女も男も精神的に両性を具有してゆくしか私たち自身の未来を開拓してゆく道筋はないと思うのである。

男らしさと言われる能動性、生産活動、対象の客観的把握力等と、女らしさと言われる、その逆の諸要素、つまり受動性、消費、主観的感情等では、今更くだくだしく言うも唇が寒いけれど、一人の個人の内に両方ともが内在しているのだ。世界を、能動と受動、生産と消費、陽と陰、光と闇……という具合に、相反する二つの性質（原理で二元的に把えることは誰でもよくすることであるが、ここに〈男と女〉のセットを持ってきて、男は外、女は内……というように役割を分担させるのはまちがっている。まちがっていることはまた誰でも内心気がついているのであるが、それでもごり押ししようとする。女も男に劣らず喜んでこの固定観念を受け入れ、守ろうとする。

人間である以上免れられない意識というものに深い関心を持つ私は、この問題に対しても社会、経済的側面からよりは、意識という内側からスポットをあてて考える方が好きである。胸に手をあててじっと自分の内心の声に耳傾ければ、いわゆる男らしさ、女らしさなんか嘘であることにすぐ感づくはずなのに、どうしてその当然のことが認められないのか。

それは、社会の通念に従わないと社会・経済的に生きにくいという外側の問題に強いられるという理由と共に、もう一つ意識そのものが固定観念にしばられることを歓迎するからだと私は思われるのである。人間は生活の安定を欲すると同時に精神の安定をも深く願望している。安定とはつまり不動＝固定に他ならない。そして自由とはその逆のもの、動的なものである。自由を欲することは、実は非常に恐しいことなのだ。今持っている世界観も、日常のモラルも決して絶対唯一のものではあり得ない、その不安定な流動性と多義性に、

人間の内なる弱さは耐えられないのではないだろうか。神を求めたのも不動で絶対の存在におのれを固定してしまいたいがためではなかったか。

黒人は白人に劣っている、朝鮮人は日本人より劣っている、女は男より劣っているというようなナンセンスな固定観念が、にもかかわらず現実にこれだけの圧力を持っていることの大きな理由として、私は、人間意識の、この固定願望をあげたいのである。人間の内には自由になりたいという願望と、何か長いものに巻かれたまま、このままで動かずにいたいという定着願望とが同居しかっとうしている。特に、非常に微妙な男と女の関係においてはなおさらのことである。女の内には解放を望む気持と、とことんの解放や自由は恐いという気持とがある。とことんの自由とは孤独である。自立とは独り立つことである。それはあまりにもしんどい。だから女たちは自分の弱気に見合った程度において、適当な自由と適当な自立を望んでいるように見える。男に対して、異義申し立てはかなりよくする女たちの中でも、徹底的に男の根から自分の根を切り離して独り立とうと覚悟している女はめったにいない。経済の自立が何とか成功している女でもこの意識の根源からの独立はなかなかできない。

このような矛盾とかっとうは死ぬまで終わらないだろう。いや、このような矛盾とかっとうこそがあらゆる人間的事象を動かす源動力なのだ。エロチックな戦慄というのもまた二人の人間の内なる矛盾とかっとうが引き起こす火花でなくてなんだろう。一人一人の個人が個人であるのは、他人と切り離された存在であるからでありながら、それでもなおほれた相手と一体化、融合したいと望んでしまう。これは全くの矛盾であり不可能な企てである。しかし不可能と思い知れば知るほどよけいにとりつかれていってしまう。生きたいという欲求と死にたいという欲求のかっとうとも言えるだろう。

エロチックな引かれあいは古くから恋のやまい、恋わずらいなどと呼ばれてきたごとく合理的な手続きの及ばない、わけのわからないものである。価値観を同じくしさまざまな行動を共にすることによって積みたててゆくことのできる仲間連帯の関係とは別のものである。それでも理にかなった人間関係だけでは人間は満足できないものであろう。何か魔術的なものへの夢を、誰でもが持っているように思われる。惚れるというわけのわからない衝動の中に見出される。一つの要素として私が考えるのは、異質なものへの憧れというものである。女と男が引かれあうのも相手の内に自分には欠落していると思われる何か特別のものを感じるからだろう。ここで、さっきの社会的固定観念と個人の内なる固定願望とがか

（29）

らまりあって大きな問題に発展してくるのだ。

男らしさと言われるものと女らしさと言われるものはたしかに、正反対の性質が対になっている。これに一人の男と一人の女が、あてはまってカップルになり、おぎないあって生きてゆこうという性の予定調和は、しかし今日がたがたに崩れつつある。先にも触れた通り、当然のことである。人間は役割を果たすための道具＝物ではなく、もの思う意識でしかないからである。男らしさ、女らしさを信じている人も、信じこまされつつ自ら妥協を選んで信じているのであり、信じよう、信じ続けようと不断の努力をはらっていなければならず、それが今日の男らしさ、女らしさの大キャンペーンとなって現われている。これだけキャンペーンを張らなければならないこと自体が、彼らの信仰の崩壊恐怖の強さを示しているのである。

一人の異性個人への魅力と、異性一般の異性らしさをあまりにも安易に結びつけて把える時、逆に、Aという女と（あるいは男）とBという女の個人的個性の違いは弱まるわけで、とどのつまりはAと一緒になってもBと一緒になってもあまり変わりがなくなってしまう。すると、安定＝固定を望んで一緒になった二人の足もとから、二人が結びついている必然性がこわれてゆくというわけである。まんまと安定＝固定をはかったはずの夫と妻は、こんどは逆にちょっとした冒険がしたくなる。つまりゆれてみたくなる。エロチックな快感は〈動〉の世界にしかない。安定していては〈ふるえる〉必要など生じないからである。

かくして、より異性らしい特徴を発揮しようと男らしさ、女らしさを追いかけた者ほど実は没個性的になり、AとでもBとでもとりかえ可能の個人にしかすぎなくなってしまう。とりかえられるのではないかという不安と恐怖の戦慄は味わえるだろうが、これはエロス的おののきとは似て非なるもので、おののけばおののくほど相手をしらけさせてしまう。

さて、このような背景を背負って私たちはいかにエロスを追求してゆくべきであろうか。最初に出した、精神的両性具有という私のこの頃の自論をここでちゃんと説明する必要があるだろう。いわゆる男らしさ、女らしさをむげにないがしろにするのではなく、逆に男性的原理（性質）、女性的原理（性質）というふうにもっとかっこよく抽象化して一応、そのように呼べる抽象的性質を認めるのである。そうして次に、それらをなま身の男と女にわりふってあてはめることを否定し、男も女も、個々人が両方の要素をあわせ持ってゆくように提唱し、自分も実践するのである。その時、今日までの「わりふり」に誰でもが毒されているから、逆に男は女

性的原理の輸入、開発にバランスを多くかけ、女は男性的原理の搾取、吸収の方により多く努めるのである。男らしさと呼ばれるものの中にも、良いものは多いし、人間として不可欠のものがある。女らしさと言われるものも同じである。やっぱり両方いるわけだ。女は、知性を磨き、ものごとを対象的に把える力を養ない、そうして出る所へは出てゆかねばならない。やるべき勝負はせねばならない。本音だけ出しゃいいものではない。本音をぐっと押さえねばならない時には押さえねばならない。泣いてはならない時は泣いてはならないのだ。そうしてやってだめだった時も言い訳は効かない。男社会が抑圧している、男社会が悪いんだといくらわめいてみても、勝てなかったら負けなんだ。フェアーな土俵などこの世にはあり得ない。女の方がぐっと不利なこと、百も承知でそれでもやってゆくしかないし、やれなかったら負けなんだ。

女が男化してゆくと聞くと、女の異性としての魅力がこの世からなくなってしまうと嘆く御仁も多いが、先にも書いたようにこれはまちがっている。どんなに男性的要素を取り入れても女であることに変りはない。そして、男性的要素の取り入れ方、自分の中での吸収の仕方、その表現の仕方にこそ、Aという女とBという女の個性の相違が発揮されるのである。そこにその女の味が出るのである。そしてある男が、Aの味に惚れるとすると、他の女とはとりかえられない独特のニュアンスに惚れるのであり、これをエロチックな引かれあいというのである。今日の若者の文化がすでに両性的文化、あるいはモノセクシュアルな文化を作りつつある。やさしさという女性的要素を持ちつつある男の子たちを、一律になよっていると見る目は、微妙なニュアンスを見極めない目であり、実際はやさしさの表現の仕方も、Aという男とBという男とでは個性の違いがある。そのへんの微妙さを感じられない感性にはエロスとエロの区別もつかないのである。

人間はみんな不完全で未完成の存在である。しかし、足りないところを他人を道具にして補なおうとするのはまちがっているし不可能である。それぞれが一人ぼっちで自分を少しでも開拓し広げ、自己完成をめざすしかない。だからこそ人はまた、いつも横にいてくれる誰かを求める。それはあくまでも横にいるのであって上下に並ぶ者ではないし、一つの根にからまる者ではない。別々の根（個人史）から自分で立っている者同士ではなくてはならない。こういうわけで、これからのエロスは、それぞれ自分の内に欠けている側面（男は女性的側面、女は男性的側面）を自分でしこしこ開拓しつつある者同士のあいだにこそ生まれるのだと私は考えるのである。

（女・エロス編集委員）

アメリカにおける

「女性社会学」運動の進展

田中和子

1　サン・フランシスコでの光景

毎年、夏も終わりに近づくころ、アメリカ最大の社会学組織、アメリカ社会学会（ASA）の年次総会が、主要都市のどこかで開催される。一昨年、すなわち一九七五年国際婦人年のASA総会は、八月の末、サン・フランシスコのヒルトン・ホテルでもたれた。すでに七〇回目を迎えたこのASA総会、アメリカ各地から参加者を集めるその大所帯ぶりもさることながら、そこに参加する機会を得たわたくしの目をまん丸くさせたのはむしろ、参加者中の女性の割合が非常に多いという事実であった。これまた毎年開かれる日本社会学大会への女性参加者の数がせいぜい全体の二割程度なのに対して、こちらでは参加者の半数を女性が占める勢いなのである。男の学者達の間に、ぽつんぽつんと女性研究者が点在する学会風景をみなれた目には、大勢の女たちが、各分科会に割り当てられた会場間を行ききし、あるいはロビーで、女同士意見をたたかわせている光景は、きわめて新鮮なものに映った。

ここ数年来、アメリカ社会学界における女性の活躍ぶりには目醒しいものがある。ついひとむかし前まで、アメリカにおいても社会学の世界は（他のほとんどの専門分野がそうであるように）やはり男の牙城であった。ところがそれは、一九七〇年代に入ってはげしい地殻変動を起こしはじめた。手をたずさえ、大挙して乗り込んできた女たちが、既成の社会学に対し、大声で異議申し立てをはじめたのである。いまや社会学会は、「女性社会学」運動の大波に洗われている。

「女性社会学」とは、一口に言えば、今まで男性の支配する社会学において男性的偏見ゆえに等閑視されてきた女性問題に、さまざまな角度から、また新しい視点に基いて研究のメ

スを入れようとするものである。別名「性役割の社会学」とも呼ばれる「女性社会学」が一つの「運動」たりうるゆえんは、これが、ただ単に、これまでないがしろにされてきた女性の問題を社会学的に研究するというだけにとどまらず、女性のおかれている問題状況に光をあてることを通じて、既存の社会学理論や社会学方法論自体を、さらには社会学が実社会に対して果たしている体制維持的機能をするどく批判している点にある。この「女性社会学」運動が、アメリカの社会学界に着実に侵透しつつある事実は、サン・フランシスコ総会での女性社会学者たちの活躍ぶりにも、如実に示されていた。

参加した女性の数が多いことにもまして私を非常にうらやましがらせたのは、「性役割の社会学」の名のもとに「女性社会学」が社会学の一分野としての市民権をすでに獲得しているということであった。総会開催期間五日間のうち、一日を除いて、「性役割の社会学」のセッションは毎日開かれ、多い時には日に三つもあったのである。結局、合計八つのセッションがもたれ、四〇以上の研究（セッション毎の総合批判を加えれば五〇近く）発表された。

各セッションがとりあげた主題も「言語と性」「性役割と逸脱行動」「性役割に関して我々は何を知っているか？」「働く女性」「性階級論」「性役割への理論的アプローチ」など、非常に多様である。これに加えて、都市社会学、家族社会学、教育社会学、社会階級・階層論、消費者問題、社会移動論、社会心理学、職業社会学などの既成分野でも女性に対する関心が非常に高まっており、どの分野でも必ず女性を対象とした研究の成果が報告されるといった具合。また昼食時に持たれた円卓会議の論題にも女性問題や性役割に関するものが数多く含まれ、活発な議論が展開されていた。

さらに、女性社会学者（男性フェミニストも含む）組織である「社会における女性のための社会学者」（SWS）が堂々と一室をかまえ（この部屋はASAの公式費用によって割り当てられたものである）、女性社会学者の交流、情報交換の場を提供しているのであった。後にふれるように、このSWSこそが「七〇年代の女性社会学」運動を担う母体なのである。SWSはまた、「女性の労働と福祉の歴史的・今日的展望」「マルクス主義とフェミニズム」「貧しい女性＝収入と人種」「SWSはあなたのために何ができるか」といった独自のセッションを設け、意欲的な講演、討議活動を繰り拡げていた。

まさにアメリカ社会学界に、一大衝撃を与えつつある「女性社会学」運動は、六〇年代後半から七〇年代にかけてアメリカ中をおおった女性解放運動（ウイメンズ・リブ）の流れ

の中で起こるべくして起こったのである。

2　ウィメンズ・リブの波

「女性社会学」運動が台頭した七〇年代以前にも社会学の男性支配を批判し、女性の抑圧に関する議論を展開した社会学者たちもいないことはなかった。たとえば黒人問題研究の権威であるガナー・ミュルダールは、すでに一九四四年に、その著書『アメリカのジレンマ』の中で黒人と女性のおかれた位置の共通性を分析しているし、ヘレン・メイヤー・ハッカーも一九五一年に「マイノリティ・グループと女性」という論文で同じ主題を論じている。しかしこれらの議論は、長い間、何のコメントも与えられずに無視されてきた。さらには、六〇年代後半リブ運動の急速なひろがりに大きな役割を果たしたベストセラー、ベティ・フリーダン著『フェミニン・ミスティーク』（邦訳『新しい女性の創造』）さえも、一九六三年の発表時においては、社会者たちから一顧だに与えられなかったのである。「女性社会学」運動が盛りあがりをみせるのは、なんといっても、リブ運動が社会のあらゆる側面に侵透し、その成果をみせはじめた七〇年代に入ってからのことである。

まず研究職にある女性の、学界での不当な地位の低さに対する不満は、六〇年代も終わりに近づくころ、一挙に爆発し、ASA内部でも、アリス・ロッシ（彼女はすでに六〇年代前半から女性差別に関する数々の論文を発表していた）を中心に「フェミニスト幹部会議」が結成され、抗議ののろしが上がった。この「フェミニスト幹部会議」がより多くの女性研究者を巻き込み、改組され、一九七一年のSWSの成立となったわけである。SWSの目的とするところは、社会学界での女性の地位を高め、女性研究者の雇用機会の拡大をはかり、女性研究者（プラス男性のフェミニスト）の連携を促進すると同時に、社会のあらゆる場面における女性解放を支持し、それを推進するための研究を遂行し、さらには、これらの研究成果をもって為政者の政策決定に影響力を及ぼそうというものである。

だが、彼女達の批判は、単に、セクシズムが研究者としての自分達の地位、あるいは女性一般の地位をおとしめているという点のみにつきるのではなく、社会学という学問そのものがセクシズムに汚染され、社会の差別と抑圧に貢献しているという点にまで及んでいる。「女性社会学」運動に先行するウィメンズ・リブは、すでにその初期の段階において社会学や心理学などの社会科学が男性の握っている権力と、女性への抑圧・差別を正当化している事実をきびしく糾弾した

が、彼女達はこのリブ運動の提起した問題を、みずからその分野に身を置くものの立場から、さらに深化させようとしているのである。

いずれにせよ、ウィメンズ・リブの波は　いやおうもなく社会学の世界にまで波及し、「女性社会学」運動を生み落とした。SWSの成立以降、女性問題研究、性役割研究、またフェミニストの立場からの社会学批判がにわかに活発化し、おびただしい数の研究成果、調査結果が単行本として出版されあるいは学術誌の紙面を賑わせている。ASAも、もはやこの趨勢に顔をそむけているわけにいかなくなり、「性役割研究」を社会学の一分野として正式に認めるに至り、さらにはワシントンにあるASA本部に「女性と少数民族」のためのセクションが常設されることとなった。

フェミニスト女性社会学者の一人ジョーン・フーバーがいみじくも「よき白髪のAJS」と称したASAの機関誌『アメリカ社会学雑誌』（AJS）にもここ数年来、性役割に関する研究報告が目立つようになっている。AJS一九七三年一月号は、フーバーを編者に迎え、その全紙面をさいて女性問題、性役割研究を特集した。これは「よき白髪のAJS」にとってはまさに前代未聞の出来事なのである。

3　「女性社会学」のめざすもの——社会学におけるフェミニストの視点

以下に、「女性社会学」運動のめざす方向性をもう少し具体的に要約しておこう。

御存知のように、ウィメンズ・リブの活動家の多くは、六〇年代後半の新左翼運動にたずさわった経験を持っている。この新左翼運動の担い手の少くない部分を、社会学専攻の学生、大学院生、若手研究者が占めていたのであるが、彼らは現代社会学の権力志向性にもその攻撃の鋒先を向けた。すなわち社会学は「社会の科学」であることをやめ「社会の一握りの勢力のための科学」に堕しており、それゆえその一握りの勢力が他の部分の人々を搾取するのに力を貸している、というわけである。新左翼運動に源泉を発するこの「社会学解放運動」が権力の側に立つ既存の社会を批判したのと同じロジックで、「女性社会学」運動の旗手たちは、「社会学が社会全体の科学であるよりは男性社会の男性のための科学であり、女性にとって必ずしも妥当性をもたないことを指摘する。その批判の主要な点をあげておくと。

○社会学における女性の不可視性——現在、女性と男性は、社会構造の上からもイデオロギー的にも互いに分離させ

られ、異った役割を与えられている。加うるに現代産業社会に支配的な価値規範は男性の役割をより重要なものとみなし、それにより高い威信を与えている。この社会的矛盾が本来より広範な社会的現実を対象とすべき社会学にも鋭く反映し、その研究はもっぱら男性の活動分野に集中している。この結果、女性は社会学的視野の外に除外され、不可視的な存在となっている。「女性社会学」運動は真先にこの点に注目し、「天の半分」を支えるもう一方の性の営みに社会学の光をあてるべきことを主張する。

○社会学の性差別、性別役割分業肯定的性格――既成の社会学理論は、現存する社会秩序を維持し、性差別を温存する機能を果している。特に一九五〇年代後半から六〇年代にかけて隆盛を極めた構造＝機能主義は、男女の役割分業が社会システムの維持に不可欠であるという極めて保守的な立場をとっている。このような、女性の従属的地位の正当化に対し「女性社会学」は男女の役割分業が、社会の健全な発展にとってむしろ逆機能を果たしていることを実証し、その理論的欠陥に痛烈な反論をあびせている。

○分析枠組、概念枠組の問題――これまで社会学のどのような下位分野においても、女性がそれ自体として分析単位となることはまれであった。たとえば社会階層論に典型的にみられるように、多くの場合その分析単位は「家族」であり、同一家族内の家族員は同一の地位や威信を共有しているという仮定に立った議論が行なわれている。だが先にも述べたように、現代産業社会においては生活構造のあらゆる局面で性による分化が現象しており、同一家族内においても男女の地位は当然異っている。それゆえ女性の地位を社会的に位置づけるためには女性自身を分析単位とした新しい枠組が必要である。また女性と男性とが同一の物理的空間を共有していても、それぞれ異った社会的現実に生きているという認識の欠如は、社会現象に関する社会学的解釈に誤りをもたらしている。たとえば男女が同一の投票行動をとったとしてもその含む意味あいは全く異なりうるのである。このような相違をすくいあげることのできる概念枠組を採用することなしには分析の妥当性は保障されない。

○方法論上の問題――これまで社会学は社会現象の公的で可視的な側面に研究の重点を置いてきた。つまり社会組織のフォーマルな構造に注目し、それを支えるインフォーマルな社会関係を無視（あるいは見落）してきた。しかし、たとえば医学や法律などの専門職業分野に女性がなかなか進出できない大きな原因が同職クラブなどによって男同士が非公式に形づくっている情報網から女性が除外されていることに由来

するという事実がさし示すように、インフォーマルな人間関係が社会組織の存立に重要な役割を果しているのである。このようなインフォーマルな社会関係は、今まで社会学研究の圧倒的な部分が依拠してきた統計や標準化・均一化された質問紙法などによる量的データ（ハードデータ）によっては十分に解明されない。対象のコントロールを極力排除し、対象そのものに密着したソフトデータ（質的データ−たとえば「理解」の方法に基くケーススタディから得られるデータ）の活用が必須である。

○マルクス主義的階級への批判——「女性社会学」運動はさらにマルクス主義をもとの批判の爼上に乗せる。いうまでもなくマルクス主義は現代資本主義社会の不平等の根源を「階級」に求め、資本家階級と労働者階級の搾取被搾取関係の解明を試みている。これに対し「女性社会学」は、女性はその所属する経済階級の如何にかかわらず女性であるがゆえに差別されているのであり、この抑圧の本質を明らかにするためにはマルクス主義的経済階級を縦断する「性階級」の概念を新たに導入することが必要であると主張する。

「女性社会学」運動が名のりをあげてからはや六年以上もの歳月が経過しようとしている。この運動にたずさわる女性社会学者たちは、今、述べた基本的視点に立って人類の半分以上を占める女性、さらには少数人種、心身障害者、老人、未青年者などを含む全社会構成員の存在を適切に照らし出す道具たり得る社会学の再生をめざして、その理論構築とデータの集積に余念がない。もし、今や固められつつあるみずからの地歩に安堵することなく、既存社会学の体質に同化される危険性を常に自覚し、曇りない眼差で社会を見据えてゆくならば、「女性社会学」運動は必ずや大きな果実を結ぶに違いない。

第三世界の女たちと私

北沢洋子

ここには『第三世界の女たち』という題がついていますが、私は彼女たちのことを紹介するつもりはないのです。私の場合、今から二〇年位前にとび込んだ仕事の関係で、当時の私にとってはまだ薄明の彼方にあった第三世界の人びととその戦いにふれる機会をえたことはたしかです。

たとえば、一九五〇年代後半、私が働いていたところが日中貿易の半官半民の団体でした。当時は戦犯岸信介が首相時代で、「長崎国旗事件」などが起こり、勇気ある人びとによって切り開かれてきた日中間の細い糸も中断に追い込まれたほどでした。

五五年、私が大学を卒業した年に「バンドン会議」が開かれ、アジア・アフリカの独立国二九カ国の首脳がはじめて一堂に会しました。すでに第三世界は息吹きはじめていたのですが、日本人の私には、その歴史を認識するすべはありませんでした。

また私にとっては、パリ・コミューン、マルクス、あるいはレジスタンスといったヨーロッパの近代史の方が身近でした。

そのヨーロッパ文化の中心地フランスにたいして、インドシナで、そして五四年五月のディエンビェンフーの戦争で、ベトミンがフランス遠征軍を破ると、それにはげまされてアルジェリアで、民族解放の武装闘争が起こっているのだという事実を認識したのは、何と私自身がエジプトのカイロで生活をはじめてからでした。

私が日本を出発したのは五九年九月でしたが、当時は黒いアフリカはほとんど独立しておらず、国連は米国の単なる投票機械にすぎませんでした。カイロにあったアジア・アフリカ人民連帯機構の常設書記局に勤めたのですが、ここは中・ソ、そしてアフリカの民族独立運動の代表をふくめてAAの国際的な反帝国主義組織でした。

エジプトのカイロもナセル大統領の時代でしたし、それにカイロがアジアとアフリカをつなぐ交通の要地になっていたことからも、民族解放運動のメッカのようでした。

◇　◇　◇

私にとっては、ここですごした八年間、その後文化革命の最中に二年すごした北京での生活は、毎日が新しいことの連続でした。およそ第三世界の民族解放運動の指導者といわれた人びとには会って話をする機会を持つことができました。そして、親しくしていた人が、たった一カ月間に敵の秘密警察の手に落ちて暗殺されたり、ゲリラに入って戦死してしまうようなことも、日常茶飯事でした。

ここでは女も男もありませんでした。ただ女が運動に参加するチャンスが少ないというだけで、通常私たちが考えているような男女の役割分担などということはありません。第一敵がそのような差別をみとめてくれないわけです。

第三世界の民族解放とは、単なる植民地の政治的独立ではありません。そのような独立だったら植民地本国の方で、さっさと準備をしてくれます。第三世界が真の意味での民族解放を達成しようとすれば、それは十七世紀の奴隷貿易の時代にまでさかのぼったヨーロッパとの関係にケリをつけなければならないのです。たえまなく第三世界がヨーロッパに従属化されてきた歴史であり、またヨーロッパの資本主義の発展のはじまりからの歴史をひっくり返さねばならないのです。そしてそれはまた、自己の従属の意識からの解放でもあるわけです。

したがって、彼らの解放を求めるエネルギーは強大かつ持続的です。それは、ヨーロッパ文明の側にある私たちには想像を超えます。彼らこそは、今日の歴史を動かしている人びとなのであり、だからこそ、歴史の流れを最もよく理解しているのだということを学んだのだと私は考えました。

六九年一一月、日本に帰ってきた私は、できるだけそのことを人に伝えたいと思いました。特にベトナム解放戦線の強さの根源、女性兵士の戦いなど、ベトナム反戦運動の高揚の時期であったこともあって、書いたり、話したりしようと努めました。

と同時に、日本の中にも第三世界を発見しました。それは三里塚、北富士の農婦の戦いであり、沖縄、在日朝鮮人であったのです。私は、三里塚をベトナムに結びつけることによって、沖縄をアイルランドに結びつけることによって、第三世界を語ろうとしたのです。それは「沖縄返還」というタイ

ミングでもあったからです。

この段階では、私は第三世界を「解説」しているにすぎませんでした。日本は遅れているのだ、第三世界は進んでいるのだと叫んでいたのでした。

たしかにそれは事実です。女の戦いにしても、民族解放運動の部分となっているわけですが、戦闘性においてもはるかに高いのです。

しかし私がいくら声を大にして、第三世界を説いても、その第三世界は、私にとっては時局外にあるもの、自分自身でないものを語っているにすぎないのです。私はあくまで私であって、第三世界になり変ることはできません。

私が第三世界と本当の意味で向き会ったと感じたのは、実はほんの最近のことなのです。それはニューヨークからキリスト教会関係の人がやってきて、私に南アフリカに行かないかと話を持ってきたのがきっかけでした。

くわしい事情ははぶきますが、結局私は七四年夏に南アフリカに出掛けて行き、この国に経済進出している日本企業を調査しました。

御承知のように南アフリカ共和国では、白人四〇〇万が一七〇〇万の黒人、二〇〇万のカラード（混血）、七〇万のアジア人を人種差別し、一切の基本的権利を奪っています。この国では人種差別は、国家の法律となっており、人種間を隔離するアパルトヘイトが制度化されています。

◇　◇　◇

私にとって、南のアパルトヘイトは耳新しい言葉ではありませんでした。すでにカイロ生活のはじめの頃、南アのすぐれた黒人指導者のネルソン・マンデラに会ったことがあります。その後彼は帰国して、地下活動をつづけたのですが秘密警察に逮捕され、今日なお終身刑でロベン島の監獄に入れられています。

このマンデラの仲間たちから、いつもアパルトヘイトのことを聞かされていました。

しかし、今日、人類最大の犯罪として国連でも糾弾されている南アのアパルトヘイトの実態は、この国に足をふみ入れた者でなければわかりません。しかも単なる観光の旅行者あるいは、ビジネスのために滞在する者ならば、たとえ南ア中を廻っても、とうてい理解できるものではありません。

南アのアパルトヘイトは、この国の黒人の側からでしか知ることができません。私も最初のうちは、勇気のある反アパルトヘイトの白人たちに会っていましたが、彼らもしょせん

は、アパルトヘイト側にいるのです。真実は黒人居住区、あるいは黒人の「ホームランド」にしかありません。

黒人から生きる権利さえ奪ってしまったアパルトヘイトの不正義を知るにつけても、この国の白人に「名誉白人」の資格をもらい、ビジネスをつづける日本企業を調査すればするだけ、私のなかの怒りは大きくなって行きました。

一カ月の滞在中、私は一度だけ「（ブラック・ウーマン）黒人女」と呼ばれました。日本では、「有色人種」などといいますが、はっきりいえば、人種差別には、黒か白かの二つしかなく、私は黒い側に入るのです。「名誉白人」はあくまで「名誉」であって、日本人が白人とまじわることまで許されているということではないのです。

にもかかわらず、国際的に孤立している南アの白人にとっては、日本は最良の経済的パートナーになっています。この国の貿易相手としては英、米、独につぐ第四位、トヨタの車やナショナルのエアコンなどでは、最高の売り上げを記録しています。トヨタの組立て工場では、フォードなどの米国企業よりも安い賃金を黒人労働者に支払っています。

この国のアパルトヘイトのすさまじさと、日本企業のひどいやり方を知るに及んで、私の怒りは沸騰点に達しました。南アを出て、ダルエスサラムに着いて、古い知り合いでタンザニアの大学教授に会ったとき、我を忘れてしゃべりまくり、とうとう夜明かししてしまったほどでした。

このあとニューヨークの国連で、南アへの日本企業の進出の実態を証言しました。日本の政府が建前としてはアパルトヘイトに反対しておきながら、平気で民間企業の進出を許し、結果においアパルトヘイトを強化しているては、黒人を苦しめていることを暴露しました。

こんな行為で、日本が第三世界の解放に敵対しつづけている犯罪行為を正すことができるとはとうていいえません。にもかかわらず、この旅行は、私に第三世界とどう向き合うべきかを教えてくれました。このあと私は、単なる「第三世界の解説者」であってはいけないと考えるようになりました。まして、「第三世界の女たち」のことを語るだけではいけないわけで、彼女たちとどう向き合うか、そこから考えていかねばなりません。

◇　◇　◇

今日、国会では、二〇〇カイリ漁業水域がきまり、日ソ漁業交渉の様子が盛んに報道されています。政府、マスコミによれば、米国やソ連が二〇〇カイリを宣言して、日本の漁船

を追いだしたため、日本漁業の水揚げの四割が減り、ひいては日本人のたんぱく源がおびやかされているのだといっています。世論はソ連の横暴を非難する声があふれ、ソ連をやっつけるためには自衛隊を強化せねばならないという論義まで、私たち女性解放運動の一部からも出てきている仕末です。

このことは一見第三世界と関係ないように見えます。ところが実際はそうではないのです。

領海、二〇〇カイリ、大陸棚など今日問題になっているのは、すべて海洋法、「海の国際法」の部分なのです。これまでの海洋法は帝国主義のはじまった一九世紀の後半に出来たものなのです。当時世界の海は、英国の国王陛下のもので、ユニオン・ジャックの旗は七つの海をわがものとしていました。

日本はこの一九世紀の海洋法の資源の部分だけをとって、世界の海の魚はわがものと考えてきました。いや、今でも考えています。しかし、七三年にはじまって、今日なおつづいている国連の第三次海洋法会議では、この一九世紀の海洋法を全面的にくつがえそうとする第三世界が大勢を占めました。

二〇〇カイリ経済水域つまり、沿岸から二〇〇カイリのところにある魚、石油などの天然資源は沿岸の国に主権的権利があるとする考え方はここで出てきました。二〇〇カイリ説をとなえたのは、第三世界であったのです。これまで数世紀にわたって、第三世界はヨーロッパに陸の上の資源（人間をふくめて）を自由にされ奪われてきました。第三世界は、国連貿易開発会議などで、陸の資源にかんする主権的権利を宣言してきました。これによって、外国石油会社を国有化することなどの行為は、結局合法化されるようになりました。

二〇〇カイリはいわばこれを海の上にまで拡げたものです。七四年のカラカス会議では日本は、一二五カ国中たった一人この二〇〇カイリに反対しました。日本はヨーロッパ、米国、ソ連などの北の仲間も同調すると考えていたのですが、どっこい、彼らの方が時代の潮流を見ていたのです。

◇　◇　◇

それから三年の間に日本は一八〇度態度を変え、突然二〇〇カイリをきめました。ソ連にくしの即席決定であって、海洋法会議の展望をふまえての行動ではありません。今度は二〇〇カイリでの魚はわがものだといっただけなのです。

しかし、あくまで対ソという点だけであって、この二〇〇カイリ水域には「非常に大きな国際的義務」をともなっているのだということを忘れています。二〇〇カイリでの海洋汚染、魚の資源の涸渇などを防止する義務を負うわけで、また魚を

勝手に獲ってよいというわけでもありません。また、ソ連ばかり気にしていますが、一方では、日本漁業は、フィリピン、インドネシア、南太平洋へと大挙して南下しているのです。ここでは、二〇〇カイリどころか、かつて一九世紀の海洋法さながらに、海の魚は日本のものという考えがまかり通っています。つまり、日本は北のソ連から押し出された分だけ、南へ進出することによって、それをとりもどそうとしているにすぎないのです。日本の年間水揚げ量が一〇〇〇万トンだといわれています。これでは五人家族が一日一キロの魚を食べていることになります。そんな話しはないわけで、結局、大部分は輸出にまわされているわけです。つまりそれだけ漁業資本のもうけは大きいのです。

　フィリピンでは、日本が内海でやたらに魚をとり、しかも日本にもっていってしまうので、国内では魚が不足するという事態が生じています。そして貧しい人びとは、日本から輸入されたサバの缶づめを食べているのです。

　二〇〇カイリ問題を例にとってみただけでざっと、以上のような事実がひそんでいます。私たち女は、総力をあげて政府、マスコミのウソを見抜き、国内でもより第三世界的な部分にしわよせがかけられているのだし、それが国際的には、第三世界、最後にはその女たちへとしわよせされているからくりを暴露して行かなければならないと思います。

　そのような行動は、政府、大企業にとっては敵とみなされるわけですが、そうでなければ、私と第三世界との本当の関係はないわけで、せいぜいこれからも、「いやなやつ」になって行くつもりでいます。

（太平洋アジア資料センター理事）

ウーマン・リブって

中山千夏

「ウーマン・リブの人たちって、何かこう血に対するすさまじい怨念みたいなものを持っているでしょう。

　今まではそれでよかったかもしれないけれど、これからは駄目だと思うの」

　彼女は、どうやら私にもそのケがあると云いたいようすであった。私は、戸惑った。怨念がある、と云われて戸惑ったわけではない。現在の私は、男たちや男社会の中にある女のゆがんだ意識に対しては、激しい怒りを持つけれど、自分が女である、ということに関しては、特別な怨みも歓喜も持ちあわせてはいない。そりゃ、何かの拍子に、「女でよかった！」とか「女になんか生まれなきゃよかった！」と思うことはあるけれど、それはほんの衝動的な感嘆符とでもいうべきものだ。女である、ということは人間であるということと同様、価値評価の対象にはなり得ない事実だ、と思っている私の中には、自分で探すかぎり血への怨念といったものは見当たらない。しかし、人から見れば違って見えるというのもよくあることなのだ。私が戸惑ったのは、彼女が「ウーマン・リブの人たちって」という云い方を使ったことだった。

　ウーマン・リブの火の手が上がって以来、マスコミがこのような云い方で、運動に加わる女たちを文化の隅っこに封じ込め、特殊な着色をほどこしてしまおうと働いてきたことは明らかだ。それがかなり成功して、世間に広まったことも否めない。けれど、性問題に少なからぬ関心を持ち、私から見ればリブのひとりと思われるような女性が、そのような云い方をするとは思わなかった。私は、今までに出会った「ウーマン・リブの人」たちを思い浮かべてみる。

　いろいろな女たちのいろいろな声や表情で頭の中が一杯になる。何事に対しても気真面目で理論家の女があるかと思えば、何ひとつ深刻に考えない女もいる。男と見ればことさらに厳しい態度をとる女もいるし、たちまちの内に男と冗談仲間になってしまう女もいる。自信家もいれば弱気なのもいる。破滅型もあれば奮励努力型もある。怨念を感じさせる女

もあれば、あっけらかんとした女もある。

少なくとも、他の人々と手をつなぎ、ウーマン・リブ運動を行おうという女たちなのだから、現状に、満足していないという点だけは共通しているだろう。現状に怒りを持っているとも云えるだろう。だが、その怒りの原点や表現はじつに様々で、「ウーマン・リブの人」の傾向としてひとまとめにはできない、としか私には思えないのだ。むしろ、何の規約にもしばられず女たちが集まってきて行動しているのがウーマン・リブだとすれば、現状に怒りを持っているという以外の点で何らかの傾向を決めつけようとすることに無理がある。

けれども、これは、どちらかといえば運動の内側における観察だ。個人の場合と同じように、外側から見ると違っているというのもまた、よくあることである。

国際婦人年をキッカケにする意識は全くなかったけれど、昨年来私は「ホーキ星企画」や「魔女コンサート企画」に加わって、ささやかながら働いている。私が他の女たちと寄り集まったのは、単純にそうしたかったからであって、とりわけウーマン・リブをやってやるなどという気があったわけではない。今、そうすることが良い、と判断したからであって、ウーマン・リブの方法論に基き未来を見透しての行動でもない。

いわば、私の生活にすんなりとつながった形で私は女たちと寄り集まっている。だが、外側から見れば、単にテレビや活字でウーマン・リブ的なことを述べているのと、実際に女たちとリブ活動するのとでは、だいぶ違っているらしい。「ウーマン・リブの人」と私は見始められる。そして、私はある時、私が持っていない「ウーマン・リブの怨念」や「ウーマン・リブの方法論」について、答えを迫られ、何とか答えようとしている自分に気がつく。これは良くない傾向だ。外側から規定される「ウーマン・リブ」の型に、身を合わせようとする前兆だ。そうなったら、私を女たちの集まりに押しやった、単純で自由な行動は、ギクシャクとした無理の多いものになってしまうだろう。単純に自由に生きるために、私は性を考え始めたのだ。

女である、ということは、全ての女に共通する事実にすぎない。事実だけで結び合おうとするのは幻想だ。その事実の上で行われる表現、今後益々多様化してゆくであろう個々の表現を尊重し、その上でどう結び合ってゆくか——こんな単純なことが、実は一番難しくて、しかも、とっても重要なことじゃないか、と今私は考えている。

私の江青論

権力志向型女性解放論者の悲劇

松井やより

「江青ら四幹部クーデターの陰謀に失敗？逮捕される」――昨年十月十二日、このニュースを知ったとき、「こんなに早いとは」と仰天した。毛沢東亡きあと、おそかれ早かれ政変が起るだろうと中国で予想はしていた。しかし、毛沢東がなくなったのは九月九日。私も北京の人民大会堂でガラスのケースの中に静かに横たわるチョコレート色の遺体を弔問して帰国したばかりで、その未亡人が、一カ月もたたないうちに追放されたのだからあ然としてしまった。やっぱり中国だなあと思った。日本では想像もできないほど、数千年の歴史をひきずっている国なのだ。中国で起こることは社会主義国だからという見方だけでは理解できないことが一年間生活して身にしみて感じていた。だから、江青失脚のニュースに、まず思い浮かべたのは、その長い長い歴史で権力の座についた女はほとんど例外なしに悪女であった、というより悪女とされてきたということだ。「めんどりがときを告げるとその家は亡びる」（書経）という孔子の思想は連綿と続き、その儒教的偏見のもとで、歴代の王朝はほとんど女がのさばったから滅びたということになっていたのである。

「女は天の半分を支える」と男尊女卑思想を打ち破ったはずの中国。しかし、江青は、追放される前からひどく不人気だったので、こうした女性権力者を嫌う伝統はまだ生きているのだなあと痛感していたのだった。私が北京で暮らした七五年から七六年秋までの一年間は、江青ら四人組全盛の時代であった。周恩来がなくなり、それっきり完全に黙殺され、天安門事件のあと鄧小平が走資派として追放され、そして毛沢東もなくなるという激動が続いたわけだが、その間江青は文革派のリーダーとして飛ぶ鳥も落とす勢いだった。

私が彼女の姿を見たのはたった一度、それも双眼鏡が必要な距離からだった。昨年のメーデーの夜、北京の工人体育館で行なわれたサッカー試合と花火の見物のときで、写真で見

る通りのメガネ、彼女独特の袖を通さないコート姿で、居並ぶお歴々の真中に坐っていた。ちょっと陰気なごく平凡な老婦人という感じだった。

しかし、彼女の姿は、テレビを通じてしばしば見ることができた。今でも鮮やかに憶えているのは、昨年一月周恩来の遺体との告別のときのシーンだ。江青は未亡人の鄧頴超に近づきお悔やみを述べたが、実に素っ気なく、むしろ悪意さえ感じさせる態度で、帽子もかぶったままだった。ほかの幹部たちは、悲しみが体中にあふれているような小柄な鄧頴超を抱きしめたり、頬ずりしたり、両手をしっかりと握りしめたりして慰めていたのとあまりにも対照的であった。四人組追放後は、周恩来追悼映画の中からも、江青ら四人は全員カットされて消えてしまっているので、この場面を再び見ることはできないが……。

ところが、昨年六月〝矢徳の遺体告別式では〟江青は未亡人の康克清にいきなり抱きつき、あまりのわざとらしさに目をそむけたくなった。周恩来のときの冷たさが話題になっていたので、その悪評が耳に入っていたからかも知れない。そのくらい不自然なふるまいに見えた。このときは、たしか、彼女だけ白い靴をはいていて、目立っていた。そして、九月にはとうとう自分が未亡人となった。しかし、彼女は葬儀のときもなぜか未亡人として弔問は受けず、党政治局員として、党と国家の幹部の列に立っていた。このときも、ほかの女性幹部は普通の人民服姿だったが、彼女だけが、黒いベールをぐるぐる巻きにしていた。この姿も、追放後のテレビや映画からは消されているが……。

◇　◇　◇

とにかく、江青はいつも一人だけほかの女性たちとは違う格好をしていた。画一主義の中国では、それが一般大衆によい印象を与えるはずはなかった。自分だけ好きなことができるのは、亭主の威光をカサに着ているからではないかという民衆のきびしい目が手にとるようにわかった。絶大な権力を持っている彼女のことを口に出して批判することはみな恐れていたが、何かのはずみに彼女の名前が出ると、申し合わせたように口をつぐんでしまうのだ。そして映画館などで彼女の姿がスクリーンに映ると冷笑的なざわめきが起こるのだ。とにかく、私は彼女がこんなにも不評判なのかと驚きの連続だった。

だから、四人組追放で、くすぶっていた批判が一きょに吹き出しても驚かなかった。他の三人の男たちなど眼中にないぐらいに、江青が集中砲火を浴びたのだ。だがこの冬、北京を再訪して、そのやっつけ方のすさまじさにはさすがに恐れ

(47)

入った。野心家、陰謀家、大ボス、女帝、人殺し、妖怪、蛇、オオカミ、スリ、いん婦……これらは、党の機関紙「人民日報」に出ていた言葉だ。尊敬する毛沢東の四十年近い伴りょだった女性をよくまあこうまであしざまにいえるものだと思う。大字報（壁新聞）の漫画にいたってはもっと露骨で正視できないほどのものもあった。彼女は必ずスカートをはいて（中国の女性は原則としてズボン）メガネをかけた魔法使いの老婆のように醜女に描かれ、荒なわで首をくくられていたり、踏みつけられたゴキブリの姿だったり……。張春橋、王洪文、姚文元の〝上海トリオ〟は女帝に仕える家来といった感じだ。中には江青が三人の男たちと入浴している漫画や、視察先にポータブルトイレを持参したことをふうししたお尻丸出しの漫画などもあり、彼女の過去の奔放な男性遍歴をあてこすっているようにも受けとれた。「人民日報」にも三日にあげず江青の罪状がことこまかに掲載され、たとえば、一月のある日のコラムを例にとると——ある解放軍の兵士は、昨年八月部隊を訪問した江青が「毛主席万歳」という叫びを「うるさいから叫ばないで」と制したことを攻撃し「毛主席への花輪に〝あなたの戦友、学生江青〟などと書いていたが何という恥知らずだ。戦友どころか毛主席を迫害した人殺しの下手人ではないか、学生どころか、毛思想に反対した敵ではないか」などという調子である。

◇　◇　◇

ところで四人組が毛沢東のあとを継いで党主席となった華国峰ら現政権によって追放された決定的な罪状は、権力奪取の陰謀をはかったということだった。クーデターに成功すれば江青が主席、張春橋が首相というコンビを考えていたという。だから、江青に対する最大の悪罵は「女帝になろうという野心を抱いた」ということである。江青攻撃の記事にはきまって、一九七四年に毛沢東が、「江青は野心を持っていて、自分が党主席になろうとしている」と批判したというくだりが入っている。やれ、周恩来の暗殺を企てた、毛沢東の遺言を改ざんした、から始まって、「創業」など気にいらない映画を上映させなかった、テレビ工業の発展を邪魔した、孫文や魯迅を誹謗した、はては私生活が乱脈をきわめた、まで、彼女のありとあらゆる罪状はすべてこの一事、つまり、女帝（党主席）の座をねらった権力欲からだったとされる。

だから、中国史上三大女性権力者である呂后（前二世紀、漢の初代高祖の皇后。夫の愛妾の手足を切り、目をえぐってトイレの中に放り込んでおいた〝人ブタ事件〟の主とされる）、則天武后（七世紀、唐の高宗の皇后で、のちに史上唯

一人の女帝に。二人の実子を含む一族、高官百余人を次々と殺して権力を手にしたとされる）西太后（清末半世紀間君臨）にまでなぞらえられ、残虐非道な女というイメージはいやがうえにもかきたてられる。

◇　◇　◇

それにしても、何という波瀾に満ちた半生だろう。八億の中国の頂点に立つ夫のもとでひっそり暮らしていたのに、あの十年前の文化大革命で突然政治の表舞台に踊り出し、北京の天安門広場に集結した百万の紅衛兵を軍服姿で激励した毛沢東夫人・江青同志は、いまや一転囚われの身となり、あらゆる悪罵を浴びせられているのだ。もともと彼女の生いたちは決して恵まれたものではなく、母親は、夫の暴力にたまりかねて、末っ子の江青を背負って家出、母子は貧しさと闘って生きたという。しかしなかなか気の強い努力家だったようで一九三〇年後半、まだはたちそこそこで上海の映画界にデビュー、藍蘋という芸名で、「人形の家」のノラ役を演じたり、かなりの人気女優となった。華やかな男性遍歴は今も語り草で、十七歳で済南で初めて結婚、まもなく別れて、青島で兪啓威という共産党の地下活動家と同棲、しかし長続きせず、杭州で唐納という映画監督と結婚した。ところが、別の監督章珉と親しくなったため、唐納は自殺未遂事件まで引き起こした。（彼はのちにパリで中華料理屋を開いていたが、江青が政界に出たためマスコミに追われ、南米に逃がれたとか）

一九三七年抗日戦争が始まり、江青は上海での映画スター生活に見切りをつけて、武漢、重慶から延安へ。魯迅芸術学院で最前列に坐って熱心にノートをとり、質問をする美しい女子学生に毛沢東がひかれた――これが二人の出会いとして伝えられている通説だ。藍蘋は江青と改名、三九年に毛沢東と結婚した。四十七歳と二十四歳のカップルだった。毛沢東の方も、二人の子どもを残して国民党に虐殺された最初の妻楊開慧、長征の苦難を共にして七年間に五人もの子を生み爆弾の破片で負傷して別居中だった二番目の妻賀子貞に次いで三度目の結婚だった。賀子貞への同情もあったのか江青との結婚には党幹部の強い反対があり、江青が政治に関わらないという条件でやっと認められたという話も伝わっている。決して同志たちから祝福を受けた門出ではなかったようだ。何しろ周恩来夫人鄧穎超にしても、朱徳夫人康克清にしても紅軍の妻たちは十年、二十年、夫と共に革命運動の苦難を分かち合った戦友であり、また、婦人運動の闘士でもあったのに対して、江青は突然華やかな上海の映画界からとび込んでき

た小娘に過ぎなかったのだ。大衆の江青に対する反感もつきつめれば、自分自身が革命闘争の辛酸をなめつくしたわけでもなく、性的魅力で革命指導者の女房の座におさまった女ではないか、それが夫の権威をカサに威張りやがって、ということらしい。

事実、二人の女の子を育てながら毛沢東の好物のモヤシ料理がお得意の世話女房として二十余年家庭に閉じこもっていた江青、突如文革の指導者としてラツ腕をふるい始めたとき、民衆の反応は複雑だった。今から振り返れば、劉少奇ら実権派党官僚が権力をがっちりと握っている中で孤立無援の夫を助けて、紅衛兵という新しい造反勢力を組織して文革を推進した江青の歴史的役割は否定できない。しかし、たとえば劉少奇夫人王光美にあらゆる侮辱を加えたあげく粛清したように、彼女の実権派追放の残忍なやり口が反発を買ったのか、すでに文革の最中にも江青批判の壁新聞がはられたりした。だから江青が昨年の走資派批判を最後のピークに十年間権勢を誇り得たのは民衆の熱狂的な支持ではなく、夫毛沢東の絶対的権威をバックにした泣く子も黙る恐怖政治ではなかったのかと思う。

◇　◇　◇

そうはいっても、江青が失脚したとたん、まるで史上空前の悪女呼ばわりすることにはやはり抵抗を感じてしまう。彼女の方は全く弁明の機会も与えられず一方的にやっつけられっ放しだが、彼女を非難攻撃している文章を通じて彼女の知られざる面を発見して、かえって評価したくなる部分もあるのだ。その最たるものが江青の女性解放論だ。江青は母系社会をもちあげ「原始氏族社会では女性が主人公だった。生産力の発展にともない将来国家を管理するのは女性同志でなければならない」といい、党中央委員会は「ひどい男性中心主義」と悪罵を投げつけ、婦人の地位向上を看板に、会議では女性を先に発言させよだの、母親の名前を父親の前に置けなどといいたてたが、こうした言動は完全に反マルクス主義的であり、こういう世迷い言は「婦人運動の指導者」という旗を振って女帝になろうとした彼女の野心をむき出しにしたものだ——こんな記事を読むと、江青はなかなかいいことをいったのだなと見直したくなってしまう。

また、彼女が、中国の古典大河小説「紅樓夢」について、「統治集団の母党と父党の闘争で母党が勝利した」と解釈したために、「階級社会では党派は性別ではなく階級別しかない」と激しい非難を受け、これまた権力奪取のための世論づくりをねらったものだとされる。しかし、このような「紅樓夢」の解釈はウーマン・リブ的でさえあり、ユニークだと思

う。

◇　　◇　　◇

さらに、江青は自分を呂后や則天武后になぞらえ、呂后論六篇則夫武后論三篇をたて続けに書いたという。こうして呂后を法家（儒教に対立する）の偉大な封建政治家だと美化したことは、これまた女帝への迷夢の現われだと非難のマトになっている。「男尊女卑批判の旗を振って、資本家階級の女権主義の反動理論（つまりウーマン・リブ）を宣伝した」「彼女は、〝女性解放〟に関心を持っていたのか、とんでもない。もともと女性の役割など重視せず、日夜二十世紀の呂后になって〝大権を掌握し〟〝国家を管理〟したいと妄想にふけっていたのだ」などと。また則天武后については、私が西安郊外の墓を見学したとき、再評価されているので驚いたのだったが、それは江青の意向も反映したのだろう。しかし、「則天武后をよう立したのは革新派、その反対が頑固派などと単純に色分けするのは〝我に従う者は栄え、逆らう者は滅びる〟という反革命的組織路線だ」とこれまた手きびしい攻撃材料になっている。私は、呂后や則天武后が、女性視の儒教史観の影響でことさらに〝悪女〟のイメージが作られた面もあるので、彼女たちの実像をとらえなおすべきだと考えている。その点、江青の呂后、則天武后〝美化〟を一笑に付すわけにはいかないと思う。

江青がこんなにまで女性意識を強烈に持ったのも、中国社会が今なお何千年来の儒教的男尊女卑思想をぬぐい切れていないことの現われではないだろうか。毛沢東自身かつてこう述べたという。「われわれ共産党員のある者は男女平等をいつも口にしているくせに、いったん女性同志が上に立つとびっくり仰天し、まるでバケモノが現われたみたいにうろたえて、はては女性同志が演説を始めるやいなや耳をおおって一目散に逃げてしまう……女性の政治局員も必要だし、女性にも国家の重要な問題に参画する機会を与えなければならない」

実際、江青批判のやり方を見ても、まさに〝魔女狩り〟さながらで、明らかに女性蔑視を感じさせられる。壁新聞には例の「めんどりが時を告げれば」がよく出ているし、彼女の私生活のあげつらい方も「三つの舶来品」（フランスのかつら、日本の入れ歯、米国のホルモン剤）「五つのニセモノ」（かつら、まゆ毛、つけまつ毛、入れ歯、コルセット）などと老いていく女の肉体的欠陥をタネに嘲笑しているようで不愉快きわまりない。大きな歴史の流れから見ればこんどの政変は毛沢東という権威がなくなったあと実権派的色彩のある

華国峰政権と、文革を徹底しようとする過激派の四人組との路線闘争が一挙に火を吹き、四人組が敗れ去ったということだと思う。つまり、根本的には中国の社会主義革命をどのように進めていくかの理論的、政策的な対立だったと思うが、江青に対しては彼女が女性であったがゆえに明らかに大衆の中にいまだに巣くっている女性蔑視の感情をかき立てて魔女に仕立てあげたのではないか。それに、役者という職業が中国ではとりわけ卑しいものと見下されてきたという歴史的な職業差別が重なって、「三流女優が……」などの聞くに耐えない差別的言辞が口をついて出るのだろう。

◇　◇　◇

江青と独占インタビューした米国女性にロクサーヌ・ウィトケ(なぜ白人女性と特別会見に応じたのか、これは江青自身の選択なのか、中国人に相変らず根強い白人崇拝のせいなのかよくわからないが)は、「彼女は中国人が女性権力者に慣れていないという事実とこれからも戦い続けなければならないでしょう」と洩らしたという。しかし、女性権力者に慣れていないのは中国に限らないわけで、そんな中で一国の最高権力の座についた女性たちは、現代ではイスラエルのゴルダ・メイヤ元首相インディラ・ガンジー前首相、スリランカのバンダラナイケ現首相、そして、首相になる可能性のあるイギリスのサッチャー保守党党首……など数えるほどしかない。彼女たちに共通しているのは彼女たちを権力の座に押し上げたのが決して女性ではないこともあって、男以上のタカ派であるということと、彼女たち自身女であることを認めたがらないことだ。この点、もう一歩で八億中国人民のトップに立つところまで肉薄した江青は、女であることをむしろ前面に出し、それが反マルクス主義的と非難のタネになったわけだが、女性解放の流れの中では一歩進んでいる女性だったといえる。「風と共に去りぬ」のヒロイン、スカーレットが好きだったことも「すべての男性を征服しようとする自己中心的な極端な個人主義者」ときゅう弾されているが、若いころのノラへのあこがれにしても、のちのスカーレット讃美にしても、江青が反抗心に燃える女だったからだと思う。そのような彼女の権力に刃向かう情熱が毛沢東をひきつけたのだろうが、その情熱が権力への野望に転化したとき、民衆の心が離れたのだろう。恋と革命に生きた江青という女の悲劇——彼女は権力志向型女性解放論の誤謬と、中国社会が払拭し切っていない女性差別ゆえに六十歳を過ぎて挫折の苦杯をなめることになったのではないだろうか。

(ジャーナリスト)

最近の少女マンガ

宮子あずさ

最近の少女マンガは以前のものと比べて、とてもよくなってきている。でもやはり性別役割分業の上に立ったロマンチックさなどや差別的な表現などでは目につく。

最近読んだものの中で印象に残ったものと云えば、やはり……『ベルサイユのばら』。まあ『最近』ともいえないかも知れないけれど。

ベルばらの中のアンドレの死ぬまぎわの場面で、アンドレがたおれた時オスカルは戦闘現場をはなれてアンドレを助けようとする。その時オスカルは、

「なぜ私は女だ？」

「こんなにも……

指揮さえつづけることができないほど……

どうして女だ？」

と心の中でさけぶ。

最初読んだ時私はなんか「差別的だな……」と思った。でも今もう一度読んでみると、こんどはちがう思いがこみ上げてくる。

男は命の火の消えそうな友を見てもそのまま戦えても女はそうはできない。そんなふうに感じるのだ。それはきっと私が女性であることにほこりを持ててきたからだろうと思う。男たちは少女マンガを馬鹿にする。でも男のマンガにはろくなものがない。『花の応援団』をはじめとして、デリカシーがかけらも感じられないものもある。少女マンガが少女趣味ならそういったマンガは「少年趣味」なのかな？悪趣味……

まあ少女マンガでいいなって思ったのは『ベルばら』くらいだ。先にも書いた通り、少女マンガについての不満はたくさんある。

第一にお酒に対するイメージにはあまりよくないものが多い。特に女性の飲酒に対する偏見が強い。ブレスレットをジャラジャラつけた若づくりの母親が男相手に酒を飲んでラリ

っている。それを見る子供のすねた目つき！または悲しそうな目つき、その他、暴走族の姉ご風の少女がグラス片手にくだをまいている。ｅｔｃなんかそんなイメージが多いんだな。

第二にあまりにもメルヘン・タッチすぎるものがいまだにある。きれいな女のコ、いかにも清純そのものといった女のコがきれいごとの世界を作り上げてゆく。……あまりにもたいくつだ。こういうマンガはＳＦと、現実の中間みたいなもので、どうも中途半端だ。きれいごとですめば、人間は苦労なんかしないで生きていくことだって可能ですよね。それができないから悩むのに、まったく『いいかげんにせー？』という気持になってしまう。少女マンガの悪しき伝統的ストーリー、もうそろそろやめにしようよ。ね？そう思いませんか？

えと……色々書いてきたけれども、現在の少女マンガが以前よりかなりよくなってきていることは私も認める。まだ問題は残されているにしても。でも、そういう問題もだんだんなくなっていくと思う。

これからはむしろ児童文化で問題のあるのは少年マンガのほうである。少年マンガは、自分達が女より上であるという観点に立っているものがかなり多い。先にも書いた『花の応援団』なんて、ずばりその通りだ。きったない絵で女性を描き、きったない言葉で表現する。面白いって友達に云われて読んだんだけど、あんまりきたないんでいやになった。まったく、身の毛がよだつ。

男の子達のあいだで流行っているそうだけど、あんなもの読んで育ったらろくな奴にならんでは？と不安になってくる（同世代としてははずかしいもんね。それによい男性がいなくなっては私も困ってしまうよ）なんか最後のほうは少年マンガについて書いてしまったけど、まあ両方とも大切なことだからよいでしょう？とにかく誰かを見下すことで成り立っているユーモラスなんて下の下。質のよいユーモアの生まれる国にしようよ。これが私のいちばんいいたいこと！おしまい。

（中学二年）

サベツとクベツ

梶谷典子

◇差別と区別はどう違う？

差別と区別は違うっていわれています。差別はいけないけど、区別ならいいんだっていいます。

ほんとうにそうでしょうか。それなら、差別と区別とどう区別するんでしょうか。

ことばのもともとの意味からすると、差別も区別もあんまり違わないみたいです。字引を引いてみてください。区別の項をみると同義語として差別ということばが、差別の項を引くと同義語として区別ということばが書いてあるでしょう？

無差別爆撃とか、無差別殺人っていうことばかりがありますけど、この場合、差別しないことがいけないことなんですよね。「差別なき平等は悪平等、平等なき差別は悪差別」なんていう古いことばもあります。この場合も、差別は本来悪いことじゃないと考えられてるわけですね。

更に仏教の方の用語としては――いいえもうやめときましょう。字引にどう書いてあっても、歴史的にみてどうであっても、現在の普通の使われ方は認めちゃいましょう。

差別ということばも、区別ということばも、わける、差をつけるということを意味するわけですけど、差別の方には、不当にという意味が含まれていると言っていいでしょう。不当にわけたり、不当に差をつけたりすること――つまり差別はいけない。そりゃそうでしょう、不当なことはいけないにきまっています。

でも、何が不当かっていうことは、決して自明じゃありません。どんなわけ方や差のつけ方が正当で、どういうわけ方や差のつけ方は不当なのか――一体、何を基準として、誰が決めたらいいんでしょうか。

「男と女は違うもの。だから男と女とわけるのは当然」なんて、大ざっぱな言い方されちゃ困りますよね。男と女はど

う違うのか、その違いに応じた正当なわけ方ってどんなことなのか、それを一体誰が判断するのか――そういうことをつきつめて考えなくちゃいけないんです。

◇男女別学は差別じゃない？

「男女別学は差別ではない」と主張する人たちがあります。その人たちによると、男としてあるいは女として肉体的にも精神的にも大きく発達する時期に、別々に教育した方がちゃんとした男や女になるんだそうです。

でも、その人たちがいうちゃんとした男や女とは、異性を別種の生物のようにみなし、異性に対して全く仲間意識を持たない男や女のことなんです。そういう男は、男の欲望（性的欲望だけでなく、食欲だの権力欲だの、その他モロモロの欲望）を満たすために女が存在するような気でいるんです。女だって自分自身の欲望を持っているってことを考えたくないんです。そしてそういう男は、男同士の競争に女までが仲間入りしたらたいへんだ、女が身のまわりのめんどうを見てくれなくなったらどうしょう。なんていう強い恐怖感を持っています。

女の方も、男と協力し合うよりは、男を、適当に利用しようとするんです。中には本気で心から男に仕える人もいるでしょうけど、いずれにしても男を仲間とは思わないんです。

そういう男や女が、これまでの差別的な世の中を支えて来たんです。

つまり、これまでの差別的な世の中を肯定する人が、男女別学を正当な区別だと言ってるんです。

その人たちの判断を受け入れるわけには行きません。

あたしたちはあたしたちの判断で、「差別だ！」と叫べばいいんです。

わけられ、差をつけられた者が切実に「不当だ」と感じる時、そこに差別がある――そう言っていいんじゃないでしょうか。（共学にしさえすれば差別がなくなるってもんじゃないことは、くどくど言うまでもないと思いますが――）

◇性差別には救いがない！

（ところで、こどもは、おとなと同じ扱いをされたいという気持を持っているものです。彼らは、おとなとわけられることを切実に「不当だ」と感じることもあるでしょう。――そこに差別はあるのかな？そう――おとなとこどもの区別は正当だと単純に考えてしまいがちだけど、やっぱり不当な部分もあるんじゃないでしょうか。こどもとおとなとは区別した方がいい場合が多いでしょうけどそれでも「差別になるの

ではないか」と考えてみることは必要だと思います。

　でも、彼らは生き続ける限り必ずおとなになるんです。おとなとして扱われるチャンスは間違いなく訪れます。

　ところが、男と女は決して入れ変ることはありません。性による差別には救いがないんです。だから、性差別には徹底的に、反対したいんです。じゃあ、知識や技能によってわけることは？わけられて切実に「不当だ」と感じている人は多いんじゃないでしょうか。そうーわけていい場合もあるけど、不当にわけられてることも多いんじゃないでしょうか。

　でも、知識や技能は努力によって習得することができます。

　ところが、男と女は一度生まれついたらそれっきり。性による差別には救いがないんです。だから性差別には徹底的に反対したいんです。

　それなら、手先の器用さや運動神経、記憶力や推論の力など、能力といわれるものでわけることは？——これはむずかしいですね。能力の違う人をいっしょにした方がいい場合と、いっしょにしては工合が悪い場合があるような気がします。本人が「不当だ」と感じるような違った扱いによって、かえって伸びる場合もあるんじゃないか——そんな風にも思えます。

　でも、ごめんなさい、今はそれ以上言えません。ほんとにわからないんです。能力の問題はもっと時間をかけて考えてみたいと思ってます。

◇特性教育は差別じゃない？

　それじゃあ、男と女は、違った扱い方をした方が伸びるもんでしょうか。

　「女には教育はいらない」とみんなが思いこんでいるような場合には、女に男と違った教え方をすることも必要かもしれませんけど、今の日本ではそんな心配はいらない筈です。

　今、「男女の特性に応じた教育は差別ではない」と言っている人たちは、「同じように伸ばすために違った扱い方が必要だ」と思っているんじゃなくて、「違った方向に伸ばすべきだ」と思ってるんです。

　これまでの差別的な世の中であたりまえとされていた男の性質、女の性質を男女の特性とみなし、その特性を身につけさせる教育を正当な区別だと言ってるわけです。

　その人たちの判断を受け入れるわけには行きません。

　あたしたちはあたしたちの判断で、「差別だ！」と叫べばいいんです。

「家庭的なのは女の特性」という考え方の上にたった、中学の「技術・家庭」の男女別の学習領域の指定と、高校の「家庭一般」の女子のみ必修なんて、ひどい差別だァー！

◇男と女はどう違う？

でも、男と女は確かに違うものの筈。その違いを考慮しないで、全く同じように教育しちゃってもいいのかしら——なんていう心配は今のところ無用でしょう。差別的な扱いはそこら中に満ち満ちていますから、完全に同じように扱うことなんかできっこありません。

でも理想の状態を考えておくことは必要ですよね。

理想を言えば、同じ扱いの中で、自然に違いがあらわれればいいんじゃないでしょうか。同じ扱いで同じになっちゃうとしたら、もともと同じだってことじゃありませんか。

違った扱い方でも、「不当だ」と感じられなければ受け入れたっていいわけだけど、まあ、そういうことってあんまりありませんよね。

わけられ、差をつけられた者が切実に「不当だ」と感じる時、そこに差別がある——あたしはほんとにそう思っているんだけど、この言い方だけじゃ違う立場の人を説得することはできませんよね。差別された者が慰め合うだけじゃなくて、差別をなくして行こう、世の中を変えて行こうと思うんだったら、いろんな立場の人に対して説得力を持たなくちゃいけませんよね。男と女はどう違うのか、その違いに応じた正当なわけ方ってどんなことなのか、しつこく問いただして行くことが必要ですよね。

『男は大きく女は小さい。だから男は女より大きな服や履物を身につけるべきである』って、正当ですか？不当ですよね。身長一五〇センチ、二三センチの足の男は、身長一七〇センチ、二五センチの足の女より小さな服や履物を身につけていいわけでしょう。違う大きさのものを身につけさせるのは差別だ、なんていうのはナンセンスだけど、男は大きいもの、女は小さいものと決めてしまうのも同様にナンセンス。誰でも自分の体に合った服を着て足に合った履物をはけばいいんです。多少ゆるいのが好きな人や、きつめのものを好む人もいるでしょうけど、それもひとりひとりの選択にまかせればいいことです。

体の大きさみたいに比較的はっきりしていることでもこの通り。さまざまな能力やら、精神的なことを考えたら、男と女をわけることはもっとむずかしいはずです。

『女は産む性だ、産めない男とは本質的に違うのだ。だから

女は母親として家庭運営に当るべきだ――』これは正当ですか？不当ですよね。前段はもっともだけど、前段と後段とは結びつきません。産むってことは、家計を考える、家事をするってこととは全然別ですよね。産むための器官を家庭運営の役に立てるってわけにも行きませんしね。

本質的に違うと言ったって共通する部分がないわけじゃない。というより、わけて扱わなければならないほど違っている部分の方こそ、ほんとうに少いんじゃありませんか。服や履物の場合と同様に、ひとりひとりの選択の自由さえ保障されていれば、男も女もむりな生き方は選ばない筈。不当な無差別は起こらないんじゃないでしょうか。（なぜか、無区別ってことばはないんですよね）。

◇保護は差別じゃない？

『女は産む性だ、男とは違うのだ。だから女だけに対する労働保護は差別ではない――』これは正当ですか？あたしは切実に「不当だ」って感じてるんです。前の例ほどじゃないけど、前段と後段の間にはズレがあります。

産むということに直接関連した保護には問題は少いでしょう。本当は、産休だって強制でなく、自由に選ぶことが保障されてればいいと思うけど、強制でなければ休みにくいという実態がある間は、強制はけしからんとわめきたてることもないでしょう。

問題なのは、深夜や時間外労働の制限など間接保護とよばれているものです。

男は深夜業に耐えられ、女は深夜業には耐えられない――男と女はそこが違う、なんて言えるでしょうか。

深夜業による疲労は女の方が大きいという実態はあるようだけど、それは女の方が職場以外での負担が大きいからじゃないでしょうか。深夜業は、男にだって問違いなく有害なんです。女が特に深夜業に耐えられない生理を持っているとしたら、どうしてこどもを産んだり育てたりできるんでしょう。

深夜業については、男女でわけないで、男女とも減らして行く方向を考えるのが本当でしょう。女の方が家事の負担が大きいってことを前提にしてわけたら、「家事は女の仕事」ということを認めることになってしまうじゃありませんか。

といっても、今すぐにすべての男に対して女なみの制限を実施することは、実際問題としてむりです。今すぐにすべての女の家事の負担を軽くすることもできない相談です。

さしあたっては、過渡措置として女だけに対する制限も認めながら、できるところから男女同じ扱いにして行くべきで

しょう。何よりも同じ扱いが、できるような条件をつくるための努力が必要なんです。

女だけに対する制限を認めるのは、それが正しい区別だからじゃありません。差別ではあるけれど、今はそうした差別をしないと女の負担が大きくなり過ぎて、実質的な差別をより大きくすることになるからです。

他の間接保護についても同じようなことが言えるでしょう。もっとも、直接保護と間接保護をわけて考えていけないという人もあります。深夜業の制限によって女の健康を守ることは、とりも直さず母体を守ることになるんだそうです。

確かに、女の健康を守ることは結果として母体を守ることになりますけれど、母体特有の方法じゃなく、男の健康を守るのと同じ方法で守れる部分まで、強いてわけて考える必要があるでしょうか。

女の行為のすべてを母性に結びつけて考えることは、男との違いを必要以上に強調することになります。それは不当な区別つまり差別を生むことになるんです。

母になる、母であるということはすばらしいことです。女にとっても母であることがすべてじゃありません。母として生きるために、他のすべてを犠牲にする必要はないんです。でも母性であることを理由に、ひとりひとりの意志にかかわりなく行動を制限することは差別にほかなりません。

差別されずに母性を守るため、安心して母になることを選べるような「母性保障」のあり方を考え、要求して行こうじゃありませんか！

◇正しい区別だと言われたら……

性の違いによる正しい区別なんてことばを見聞きしたら、まず疑ってみましょう。「不当だ」という叫びが聞こえないか、自分の胸にたずねてみましょう。どんな違いに応じた区別なのか、どうして正しいのか、トコトン追求してみましょう。そして「不当だ」とわかったら、ダンコ拒否しましょう。そうやってひとつひとつの差別をつき崩し、性差別のない世の中をつくって行きましょう。

性差別のない世の中って、はたしてどんなことになるのか――未知の世界に進んで行く不安はあります。でも、性差別に満ち満ちた世の中の耐え難さは骨身にしみてます。後戻りは絶対ごめんです。

それに、あたしたちの感覚からすれば、日本は女の問題では一番の後進国。今歩みを進めても、すぐに前人未踏の地に至るわけじゃありません。

元気を出して進めェーっ!!!

男女平等の源をさぐる

女たちのスェーデン旅行

神子島　妙子

一九七六年七月三日、東京発二十一時。アンカレッジ、パリ、アムステルダムを経て、ストックホルムの地（本当はアスファルトだった）を踏んだのは、約十七時間半程かけた、それでも翌日四日の正午近く。我々一行は、羽田で初めて対面したばかりの、寄せ集め部隊。この人は見送りに来た人だなと思っていた人が、一緒に飛行機に乗り込んで来たりして。旅行社から渡された「しおり」なるものによると、弁護士、主婦、学生、地方公務員、ジャーナリスト、エトセトラ、よくまあこれだけ散らしたと思える職業で、年齢も二十代が十人そこそこの推定平均年齢三十五歳。結局、男性一名と塔乗員のこれまた男性を加えた総勢三五名が、十一日間の寝食を共にするのである。

　給油でアンカレッジに着いたときは、坐りっぱなしでむくんだ足を靴に押し込んで、ノソノソと飛行機から降りて、一息つくかつかぬ間に、上野のアメ横さながらの、人種こもごも、混雑した無税の土産物屋に、皆、スッ飛び散る。そういうことで驚いていてはいけないので、旅行中、実にこの手の現象はしょっちゅうだったのである。ほとんどが、一人で参加している者同士だけれども、アンカレッジ空港あたりで、ポッポッと、親しげに行動し始める二人連れができて、パリ空港では、そろそろ皆でワイワイ話したり、写真を撮り始めたりする。実に、にぎやかなのである。女ばかりという環境は、生まれてこのかた、三姉妹以上の数字を越したことがないので、実に脅えている私をシリ目に、ワイワイケラケラ。こわかった。

　ストックホルムのホテルに落ち着いて「着後直ちに夕食一もそこそこ、デザートなぞ取り上げられて、華麗に変身した一行、弁護士事務所へ。女性の国家弁護士に、通訳ヤンソンさんを通して、第一回目のレクチュア開始。のっけから「家族法により、男女共、他の人により扶養されてはならない」レクチュアは、主として、講師が話し、それに対して質問を出すという形で進められる。スェーデンでの女性の就業状態

や、弁護士と弁護士事務所についての説明、裁判制度、婚姻、離婚、財産制度、親権、次第に質問が矢継早になり、深く、熱っぽく、講師をおもしろがらせる。二時間の約束は「もう一つ」「あと一つだけ」と三十分も延長される。これはそれから後、どこへ行っても予定の時間を優に越えて、質問する側、される側それでもなお、話し足りないと思いつつ別れる、レクチュアのパターンにとなった。

時差で夜中がなかった上に、スェーデンは白夜の真最中。夜九時とはいえ、夏の夕方七時頃というか、全く暮れる様子のない夜空にガッカリして、でも寝る。二日目、午前八時、電話でたたき起こされ（実に英語でなのだ）、全国労働者組合（エロー）の構成と仕事、女性の就業状態等々。隠かで、静かに、なおかつ、質問者同士食いつき合いかねない様子で「何故か」「どうなのか」で時間延長。午後、厚生省保健局へ。特に、出産する性である女性を中心としての男女平等の発展過程、堕胎の歴史と現状、実際に学童に教える為に用いている詳しいパンフレットを回しながら避妊について。百年かた遅れた日本の性教育をまの当りにする。四十分以上時間延長で、各自ホテルまで歩いて帰る。次第に、物おじせず、堂々としてきた彼女達は、異郷にいるという異和感を持った様子もなく、背筋を伸ばして、さざめきながら散っていった。途中立ち寄ったアイスクリーム屋で酔っぱらいに握手を求められ、恐る恐る握手をしたら、手にキスされた上に、気を良くしたアイスクリーム売りのおじいさんが、先に買った人よりずっと山もりにしてくれる。ニッと笑って受け取る。夕食後、誰とはなしに言い出して、吉武さんの部屋で、自己紹介を中心にミーティング。やっと、顔と名前が少し合うようになる。三日目、社会庁「内閣直属の男女平等を実行する会」へ。社会庁の構成と仕事、主に女性を中心とした労働の現状、労働市場の改善計画と教育制度について。質問の雨。にこやかに腹蔵なく話をしている女性が、国会議員であることを、話の途中で知る。労働市場に於ける男女平均数、労働時間短縮が是か否か、産休を男女共とる両親保護の休暇制度。家事の役割分担については、「単に性別の役割りを取り除くことでなく、人間的な役割りを変えるということを、政治の分野で、制度を変えることで押し進めねばならない」とまたまた時間オーバー。昼食の時間もギリギリあるかなしか。いいかげん感覚の鈍い人だとしても、私達は素晴らしい通訳と一諸に旅行しているのだということを感じるだろう。

次々と未整理のままの質問が飛び出しても、彼女よりはるかに、正確に熱っぽく、講師に話しかけ、講師を討論にひきこんでしまうのである。ヤンソンさんの疲労に気づいた人が

（62）

それを尋ねると「どうして？私の方が楽しんでいるのに」それを良いことに、例えいやだと言われたとしても、最後までこき使う。午後、社会福祉局へ。ボソボソ熱なく話されるのに閉口して、いねむり続出。早々に切り上げて、「子供の村」へ。喜々として、皆の顔が変わる。年齢別に分かれた各部屋の調度品は半歳から一歳までの子供の背丈に合わせて、椅子、トイレ、調理台、ドアのノブの位置に至るまで配慮されている。そこで、子供が家庭生活になじんだ遊び方と、かなり自由な集団生活を教わるのだと知る。皆、疲れを一時忘れて、笑い、ため息をつき、シャッターを押し合う。夕食後、一般女性とのミーティング。目下、出産の為に運動を休んでいる、リブのグループ、「グループエイト」の活動家の由。現実には、男女の不平等がいっぱいあり、家庭から出たくとも仕事場、託児所の不足があり、また、根強い「女かくあるべし」の偏見があるということを知る。

家事の分担や仕事に出ることをどのように彼に理解させているのかという質問に、彼女は「とにかく、共かせぎで仕事に出ねばならない現実をみせること」と言う。古いモラルや、愛情関係についても、日本と大差ないと思えるスエーデンだけれども、確実に違うことは、国と社会が、計画と行動で、皆がこうあった方が良いと思うことを五ケ年計画で押し進めていく。帰りがけ、私は女の子が生まれるといいと思っている、と言った彼女の目がキラキラしていて印象的だった。四日目、七月七日、皆それぞれ自由に行動し始めて参加者が減り、医薬保健関係と社会関係が一緒になって出来た、社会局へ。主として、就学前の子供を中心とした施設の仕事と内容。ここでも施設の不足を言う。午後、ますます参加者が少なくなって、経営者団体の雇用者連盟へ。「夜間や地下の仕事が女性にとって悪いというならば、男性にとっても悪いことだ。夜間や地下の環境が悪いなら、条件を改善せねばならない」「男女の性別分業、役割分担をしないというのは理論的には当然だが、女性の側に分業意識がしみついて、現実には実践されていないと思う」正直な話しぶりに、一同、時折、驚嘆の声をもらしながら、ハーフ、パート、フルタイムの労働条件や内容について。皆疲れているはずなのに、レクチュアとなると、がぜん元気に質問をし、「講義中、隣りと議論するな」「私にも質問させろ」と書いた紙きれを回し合い、短い時間をみつけては、買物や見物に飛び出して行く。しかも、いつも目を輝かせて、それぞれおしゃれをして出て行くのである。

私は四日目から食事がのどを通らなくて、気力でノートをとっているのに、ますます皆が恐ろしく思えてきた。エネル

ギッシュアニマルか？五日目、マルメに移って、老人センターへ。夜、主婦連盟の代表七名とミーティング。六日目、精神障害者の施設へ。見学中どこでも感じるのは、やはり人間の為の施設だということである。名目上の、形だけのものでなく、ゆき届いた心遣いが、制度と現実として、そこここに見うけられるのである。血の通っている政治を見る思いがする。

コペンハーゲンで、私達は三人目の誕生日を祝った。これで確実に平均年令が一歳増えた。食堂で、ホテルの泊り客全員から、彼女は祝福を受けたのである。当夜、泊り客の中には、日本からの観光客のグループもいたそうで、同行の唯一の男性に言わせると、私達のグループはすさまじくうるさい。けれども、全く彼らの中の女性達と比べて、目の輝きが違っていたのだそうだ。旅行中、質問権争いや、種々のそれぞれの話し合いや、それと、何よりも日本でないということの意識が、我々を議論好きに、また声を大きくさせていたようである。

簡素な服装で、化粧っ気のないスェーデンの女達が表面的な装いの無用さを教え、男と共に働き、いかに生きよくするかで、家事・育児・仕事を男と共に努力する彼女達が、内面の美しさを指し示してくれている。内面的に「日本」を離れられない者は、「日本」から解放され伸びやかになっていく者に反目し、不満を申し立てた。しかも、当の相手には直接伝わらない方法で。私は隠湿にある嫉みに、苛々し続けた。

男女平等がユートピアとしてあるのではなく、確実にそれに向って歩き出した国に来て、一枚ずつ目の前から覆いを取られる思いをする毎に、私の話し方は早くなり、はっきり物を言おうとして、時としてきつい物言いになってしまった。孤立しかけた、と思ったとき、女達は実にやさしかった。

もしかすると、皆それぞれ、違った色の爆弾を持っていたのかもしれない、と今は思う。羽田で別れてから、それが本当の爆弾になったのか、不発弾でしかなかったのかを知ることはできないのだけれど。

「国際婦人年をきっかけとして行動を起こす女たちの会」（略称「行動する会」）は、文字どおり、一九七五年の国際婦人年をひとつのきっかけとして、今まで分断され続けてきた女たちが、そして立場や状況こそ違え同じように差別されている女たちが、その違いをのりこえて連帯し、男女差別を撤廃し、男女ともに自由に生きるための、さまざまな行動を起こしている会です。

　問題別に分科会に分かれており、一九七七年四月現在、次のような十一の分科会と一つのグループがあります。

①家庭生活・主婦問題分科会
②教育分科会
③国際分科会
④児童文化分科会
⑤性の問題を考える分科会
⑥政治分科会
⑦マスコミ分科会
⑧離婚・調停・裁判分科会
⑨理論分科会
⑩労働分科会
⑪独身女性分科会
⑫公開質問状グループ

　以上の分科会が独自に、自主的に企画・運営をしていますが、必要な時はいつでも一緒に行動します。

　各分科会の例会の他、毎月一回全体で定例会（毎月中旬頃）が持たれ、夏には合宿、十二月には年間の総括をするための総括集会も開かれます。

入会のおさそいと会費納入のおねがい

　また、各分科会より二名以上の世話人を互選し、毎月一回以上世話人会を開き（原則として第一月曜日）、全体の企画・運営をします。

　以上の集会や行事はいずれも公開とし、誰でもが参加できます。

　活動するのにはお金が必要です。会の活動資金は会員が納入する会費やカンパによって成り立っています。また、会費納入をもって会員扱いとなり、毎月一回発行の活動報告やお知らせが送られます。

　会費およびカンパは次のとおりです。

①会費　月額　一律五百円（一九七七年四月より）
②定期カンパ　月額　一口五百円以上
（会費だけでは活動資金が足りません。毎月定期的に一口以上のカンパをして下さる方を募っています）
③一般カンパ　いつでも、いくらでもお待ちしています。

送金方法は次のとおりです。

①現金書留
②郵便振替（口座番号東京０１４４０１４）

　一人でも多くの女たちの結集を待ちのぞんでいます。

ダグちゃんへの手紙

家庭科共修は歴史を変える

三井マリ子

ダグちゃん、お手紙ありがとう。サンフランシスコの白い風と柔らかい日ざしがこぼれてくるような詩的なお手紙になんという返事をしていいか、いつも困ってしまいます。

もうそろそろ自家製のジャムがこってりとした芳味をつけた頃でしょうか。感謝祭には、ザッキーニ（きゅうりに似た西洋かぼちゃ）や豆、ブロッコリー、プルーンやプラムそれにお得意のアップルソースをかけた肉料理がテーブルに居並ぶことでしょう。ピーマンの出来はどうでしたか？　はじめて植えた時は食べられるシロモノではなかったと言っていましたが、今秋の収獲はいかがでしょう。ダグちゃんがボロ屋を修繕している様子や、彼女と二人でプラムをほしている姿を想像し心持ち興奮気味です。

ああ、そう言えば、この前の手紙でダグちゃんが紹介してくれたアリシア・ベイ・ローレルの「地球の上に生きる」（ハワイのコミューンに住み、何でも手作りの生活を続けている二十七歳の女性が書いた絵本）を、私も二年前に買って読みました。電気も水道も電話もない島でインディアンカットの（南京袋のような）ダブッとしてローブを着、髪には野の花を一輪さし、森を駆け回って、太陽とともに起き、太陽とともに眠る妖精のようなアリシア。あの本を読んだ時は、「私だって……」と思ったのですが、やはりきょうも机の上に手を組んだまま東京でのプラスチックのような生活を続けています。東京以上にプラスチック化し、汚染されているとも言えるサンフランシスコにいて、生活の質を変化させようとするのは大変なことと思いますが、お手紙や写真などで拝見する限り、日々一歩一歩アリシアの言う〝楽園の生活〟に近づいているように思われます。

大学教授の職を捨ててもう五年になりますね。人間誰しも大人になると少しでも安定しようと欲し、名刺にズラリと並べた肩書きを片手におなかをつき出して歩くようになるのがこの世の常です。きっと、さすがの彼女も、長年勤務した大学の職をポイと捨て、ただの五十男になったダグちゃんを見てビックリしたことでしょう。ジャムを一日中コトコト煮たり、毎朝ピーマンの出来を見るため裏の小さな庭に駆け出したり、お日様にウインクしながらせんたく物をほしたり、まさに手紙にある「幸せな疲労」の毎日ですね。

アメリカに対して疑問や批判をとみに抱くようになった私は、アメリカ人はこうしているのに日本人はという白人賛美の常套句を聞

けばヘドが出そうな時もあります。でも、ことダグちゃんの生活に関しては、多くの日本人、ことに日本男性は（いや大多数のアメリカ人もかな）学ぶべき点がたくさんあると感じています。朝起きたら、妻がテーブルにセットしてある朝食をかきこみ、満員電車で新聞に目を通しながら職場に着き、勤務を終えると同僚と一杯やりながら愚痴をこぼし、ほろ酔い気分で帰宅する……と、そこにはまた妻の作った夕食が待っている。このように大部分の日本男性の毎日には、自分の身のまわりのことに自ら手を下し、工夫しながらやってゆく習慣が忘れ去られている気がするのです。あなたがごく当り前のようにしていること――彼女が疲れて帰ってきた時は暖かい料理を作ってあげ、マッサージをしてあげたりレコードをかけてあげたりすること――は、日本における夫婦にはちょっと想像するだけでくすぐったくなるようなことばかりです。

愛し合っている者同士が一緒に暮していれば、双方がやさしさを求め合い、与え合うもののはずですが、日本ではまだ依然としてやさしさやいつくしみは、女の側にだけ要求されるものと相場が決まっています。ほとんどの男性は「やさしさ」という概念はわかってはいてもその「やさしさ」を具体的に表現し体現する方法を知らないのです。歌を忘れたカナリアのように、やさしさを忘れた男の人は、人間性の最も根源的なものが欠けているのかもしれないと思うのは考えすぎでしょうか。

妻に先立たれた男性が生活能力が全く自分に無いことにはじめて気がついて愕然とし死期を早めることになった例や、海外転勤のため一人で暮してみていかに自分が妻に頼っていたかに気づき、自分でやろうと決心してはみたもののうまくゆかず、一、二年で妻を呼び寄せてまた日本にいる時と同一パターンをくり返してしまった例をよく耳にします。ついこの間の講演会では、老夫婦だけの暮らしで夫が寝たきりで妻が介護している時は、夫の寿命は十三年あるが、妻が寝たきりで夫が介護している時は、妻は二年しか生きていないというびっくりするような話も聞きました。男の人は病人を介護する能力など、全く習得していない訳です。もう少し日々の生活とか暮しに目を向ける習慣がついていたら、みなこんなことにはなるはずがないと思いませんか？

ダグちゃんがよく言うように「女は家の中で家事と育児だけ、男は外で仕事に邁進という考え方が公害王国日本を作りあげた一要因ではないか」と、私もこのごろ考えます。今朝の新聞にも手と足が全然ないニホンザルの奇形の記事が載っていました。これこそ、生命に対するいつくしみややさしさの欠如した産業一辺倒の政策が作りあげた典型的製品なのです。子どもの成長過程をじっくり見る暇すらなく残業を続けているおもちゃ製造業主が真に子どものためになるおもちゃを作ることはできないように思いますし、毎日の食事を全て妻任せの人に、安くて栄養価の高い安全な食品や、便利で使いやすい台所用品が作り出せるはずがないとも思います。また、家に帰るのが夜だけで、たまの休日でさえ接待ゴルフへ出かける〇〇建設のサラリーマンに住み心地が良くかつ地域住民全体の暮しを考えた住宅建設ができるのだろうかといぶかしくも思います。もちろん短期的な金もうけの

ためにだけ考えて作るのでしたら、見た目には格好のいい物を作り上げることはできるでしょう。けれども豊かな人間生活ということを長い物差しで見た場合にはかならずどこかでボロがでてくるはずです。ヨチヨチ歩きの子どもは、傍を騒音と排気ガスを散らして走る車に向かって何が言えるでしょう。足の不自由なおばあさんですら道路の向う側に渡る時は、何十段もの歩道橋を一歩一歩登ってゆかなければならないありさまです。でもこの車を生産した人や、歩道橋を建設した人は、たぶん排気ガスをまき散らして車を走らせる側にしか自分を置いて見ないのでしょうね。どんな人でも〝人間生活のため〟に何かを設計し、企画し、生産販売しているはずなのですが、どこかでその大前提である〝人間生活のため〟がスッポリ消えてしまっているのです。まるでチャップリンの「モダンタイムズ」のシネラマ版のようではありませんか。

当然のことながらこのように工業化、技術革新化が社会の主目標とされる世にあっては、より高水準の工業製品を生み出すことに寄与する人間がより有用な人間なのだという考えを作り出します。長い射程で見れば、前に申上げたように奇形のニホンザルを生み出す恐しい弊害を生むことにもなるのですが、その歯車の回転速度に合わせることにしか念頭にない人にはなかなか見えてこないのです。極端に言えば、工業化こそ環境破壊を生みかつ精神崩壊を生んでいるのですから、工業化を促進している側に立つ人間が内部変革をしない限り、第二、第三の奇形ニホンザルが出現すると思うのです。それなのに、作る側は朝から晩まで作る側であり、その堅固な枠の中から一歩も外へ出ようとしないし、使う側は常に使う側からの苦情や運動を起こしては作る側と対決しているだけです。そこにはおのずと限界があるのではないでしょうか。私は「私作る人、僕食べる人」こそ、その意味で大きな罪作りをしているのではないかと考えるのです。人間は、ダグちゃんのように自分で自分のことが処理でき、その上でなにか社会労働につくのが人間として一番あたり前の姿だと思います。男だって女だって。高度に分業化され細分化された現代社会は、トータルな人間を生み出さないで、専門バカと言われる頭でっかちの人間ばかり生み出します。人間が生きてゆくための最小限のこと――食事やせんたくなどを含めて身の回りのこと――を他人にやってもらった上でやっと成り立っている専門家の動かしている社会が、本当に人間生活のためになろうはずがありません。そういう専門家の描いた未来図には、やはり使う側と使われる側、喜ぶ側と苦しむ側という分断がかならず存在すると思うのです。いい例が「高校長会」です。実は、多くの国民の切なる願いを全く無視して「男子に家庭科いらぬ」と決議した全国高校長協会の校長先生たちは、なんと家庭科の男女共修を叫んでいる人たちを「家事を苦痛な束縛と考え、育児を社会化し、職場に進出することが人間解放だと考える者」だと称しているのです。このことばを耳にしただけで、ダグちゃんなら、校長先生というのはいかに生活を大切にしていないかということがお分かりかと思います。生まれてから一度も台所へはいったことのない人たちだからこそ「女子だけに家庭科が必要」なんて言えるのです。妻が外で生き生きと働いている姿を見たことが

ないからこそ「女の社会進出が家庭を冷却化・無人化し、少年の非行をもたらす」なんて断定できるのです。男は受験勉強やからだ作りに忙しく女のやる家庭科なんかやる暇はない、というのが校長先生の本音なのです。ひとりの生活者として、生きてゆくためのさまざまなことに具体的に関わっていっている人ならば、少しずつ成長し変化していく過程がいかに大事であるかを、ばく然とつかんでいるはずです。ダグちゃんが、日々の生活に手を下していることで確実に社会的労働参加時間は減るのですが、やはり歩みののろいとも言える今の生き方を選んでいるのは、そこにあるような気がするのです。

ダグちゃんが時々参加しているというメンズ・リベレーション（ウィメンズ・リベレーションがアメリカに発生以来、男の側にも「真に解放された自由な人間に」という声が起こった。女のみならず男も人間解放がなされてないという点で一致した男の人たちが核となってはじめられた意識高揚の話合い）の会では、今まで私が話してきたことなど話題になりませんか？　アメリカ建国二百年史はインディアンから見れば虐殺の二百年史であり、黒人から見れば奴隷の二百年史です。あらゆる特権を一手に握ってきた白人がいかに解放されたところでインディアンや黒人の解放がなされない限り虚偽でしかないはずです。その面から考えてみると、白人であるというだけで罪があるのですからダグちゃんが教授というい わゆるエスタブリッシュメントの地位を返上し、大きな邸宅も売り、八十年前に作られたという臼含のボロ家に移り住むという行動をとったことは「解放」の証拠以外の何ものでもないと思われます。どんな立派な理論よりも「からだ」で自分の最も近い空間から変革を試みる方が本物なのですもの。大部前の手紙に書いてあった心理学者の悩みはうまく解決されましたか？　たとえ大学で心理学を教えている人でも自分の家庭では息子との関係で四苦八苦するのですね。人間らしいので思わず笑ってしまいました。でも考えてみれば、人間は本来皆弱点を内部に持っているはずですから、ダグちゃんたちの集まりのように、学者とか教師、学生、主婦などの社会的レッテルをはぎとったら、さまざまな真実が見えてくるのでしょう。私も、女の解放と自由のために集まるさまざまなグループの中でそのような印象を強く感じているのです。人間はとかく社会的レッテルの同じ者同士での集いを好みがちなのですけれど、レッテルをはぎとったただの人間同士の関わり合いの中でこそ人間らしい関係が生まれ出るのではないかとつくづく感じます。ダグちゃんの会が会を重ねるうちに、ダグちゃん的思考のアメリカ人が増えてきたら素適ですね。

私がダグちゃんと根本的に違うところはそこなのです。ダグちゃんは自らの生活をなんら社会と結びつけていないし、「僕は政治は嫌いだ」と言うこともありますね。私は、ダグちゃんのようなライフ・スタイルがこの世の中でも少しでもいいから増えたら男にとっても女にとっても暮しやすい世の中になるだろうにとつい考えてしまうのです。女の運動に首をつっこんで私が一番教えられたことは、個々人が〝おかしいな〟と感じている原因は、たいてい社会の問題と密接に結びついているということなのです。ウチだけよければいい、では決して真の幸わせはありえない

と思います。個々の家庭において家事・育児を妻だけが背負い、夫は何もできない赤ん坊みたいにすべての世話をやってもらった上で外で働きバチのように働くことを続ける限り、女が社会において男と同等の責任ある仕事につき、男と同一賃金を得ることは不可能でしょうし、男はいつまでも女を補助的労働としか見なさないでしょう。女の知恵や感覚を産業や文化に取り入れないところに、人間を尊重する製品や作品は生まれるはずがありません。国内で自分の妻が働くことを妨げている人に、どうして日本企業下でムシリ取られるだけ取られ泣いているアジアの働く女たちの叫びがわかるでしょう。子どもの生命や成長を体で感じとる術を知らない人に、どうして公害で泣いている弱者の声がわかるでしょう。今のまま「私作る人、僕食べる人」が続く限り、大部分の男の人は生活能力に欠け、生命や生活を大事にする発想を持たない半人前人間（校長会のセンセイのように）に終ることになります。そして一方では、家事・育児を天職と信じ、わが子だけはいい大学へと叱咤激励する女、社会的労働への意欲を全く持たない女を作りあげることでしょう。水俣病、奇形ニホンザル、受験戦争、キーセン観光、ロッキード疑獄――もう「ウチだけよければよい」と静かな生活をしていては日本はオワリです。ですから私は、できるだけ自らの生活を変えてゆくとともに、社会全体のしくみそのものを変えてゆくために友と手を握りたいのです。私のまわりの魅力ある友人たちは、労働組合の中で、マスコミの中で、離婚訴訟の中で、裁判闘争の中で、住民運動の中で、性別役割分業思想をなくすために主体的に行動を起こしています。私は、教師をしている立場から教育の中に表われてくるさまざまな差別と戦っていこうと思っているのです。たくさんの仲間たちと。ひとりひとりの人間がその個性に応じて自然な生き方が選択できるような社会がくるまで……。

　NHKのスタジオで「こちらはサンフランシスコ大学のダグラス・スタウト教授です」と紹介されてから九年。いつの間にかダグちゃんというニックネームになったヘンな友人は、私の人生観・男性観に少なからぬ影響を与えてくれました。スタウト教授からダグちゃんという売れない物書きに変身することを、精神的な面で支えてきた学生カウンセラーをしている彼女の自由な生き方にも拍手を送りたい気がします。共同生活者が自立した人間であれば、男の人は自分の生き方を模索したり、新しい試みをしたりなど、人生の軌道修正がより容易になるということを身をもって示してくれました。四年前、はじめてアメリカの地を踏み、ダグちゃんのボロ小屋に行った時、ダグちゃん夫婦の底抜けの陽気さを見て、生活を営んでいる二人の男女が本当に平等の関係に立った時はじめて生まれる〝愛の関係〟というものがあるのだなあと思いました。この世の中は男と女が半分ずついるのですから、考えてみれば、女が解放されていない時男が本当の意味で解放されているはずがないのですものね。子どもの自立をいくら叫んでいても、全く自立からは、ほど遠い主婦たちだけが子どもにかかわっているのであれば、それは無理というものでしょう。わかりきったことなのです。

　ずい分長い手紙になってしまいました。「家庭科が内容改良され、男も女も共に学ぶ

ようになったら日本の歴史は変わるかもしれない」とこの前、私の手紙の最後に付け加えたことばの意味が分からないと書いてありましたので、長々と説明してみました。ダグちゃんの生活そのものが、このことばの真実を現実のものとして、かい間見せてくれたのだということを添えて、きょうの手紙を終えたいと思います。またご批判をお待ちしております。

日本とスウェーデンのリブ運動

ヤンソン由実子

男と女の闘争も、日本では身分（階級）斗争だけど、スウェーデンでは男と女を上下関係とは見ないところに第一の違いがある。さらに一般に女権拡張主義者（フェミニスト）は社会の違反者と見られていない。スウェーデンでは男女平等と男女間の公平さはデモクラシーの一要素であると考えられているから、今、女が社会に出て働くために、その障害となるものはできるだけとりはずそうというのが行政側の態度。

したがって男女とも同権の職業人であることはほぼ実現している。今、スウェーデンの男女平等主義者の一番大きな問題は社会の制度ではなく、今まで天性と思われてきた〝女は家事、育児、その他もろもろの細い世話をするもの〟すなわち今まで信じられてきた女の役割、女らしさというものの迷信をこわすことにある。これをこわして、外から与えられたものではない本当の自分らしさとは何かを問うこと。さらにそのような本来の姿が男女互いに魅力的と思うものでありたいという願望がある。

スウェーデンの男女平等論者たちは、女の法的制度的平等は実現しているから、もう論じない。代りに実際生活の中で気づかれなかった女性差別意識の摘発に力を注いでいる。女の子には人形を、男の子には自動車をといった日常生活、赤ん坊が夜中に泣いた時、夫婦共働きでも母親が起きてあやしているのではないか、などなど、様ざまな日常生活の態度の摘発と啓蒙が新聞雑誌をにぎわしている。スウェーデンから日本にくる時、この問題で一番大きく感じることは、制度そのもの、あるいは社会通念、モラルまでが結婚を理想的夫婦の形としている日本は、デモクラシーの面で非常に低い時点にある国であるということだ。平等と公平をよしとしない国だと言い切ったら一部の日本至上主義者は怒るに違いないが、やはり、デモクラシーの基本要因であるすべての人々の平等ということが、一般に、あるいは政治に関与する人々の間で望ましい姿と思われていないところに、日本の男女平等をおしすすめる人たちが直面する真の問題があると思う。

ＮＨＫ〃となりの芝生〃を斬る

男が作る、男に都合のよい女像

中嶋里美

「となりの芝生」のストーリー

「となりの芝生」は昭和五十一年一月から二月にかけて放映されたＮＨＫの銀河テレビ小説である。

あらすじは次のようなものであった。

二人の子持ちである高平要、知子夫妻は、郊外に家を新築したばかり。すると間もなく大阪の要の兄宅に同居していた要の母親志乃が、兄夫婦とうまくいかずやって来る。新築した家のローンの支払いのために生活を切りつめているところに、要はたくさんの会社の同僚をつれてくるやら、志乃は家でお茶を教えることになり、その準備に、出費がかさむやらで知子はイライラする。夫の要にそうしたことをぶつけても、一向に理解することなく、うまくやれと亭主風を吹かせるばかりである。そんなある日ふっと立寄った画廊で、短大時代の同級生の時江がいきいきと働いている姿を目にした。

時江に働きたいと相談を持ちかけるが、時江は、子ども二人がおり何不自由ない奥様がどうして働きたいのかと、真剣に受止めてくれない。しかし二、三回も時江のところに足を運ぶ知子に時江の社長である殿村は新しく開店するメンズクラブで働かないかとすすめる。

知子はそこで働くことになった。朝のうちに家事をすませ、夕食は志乃が作るという約束もとりつけた。知子はメンズクラブのホステスとしてよく働き、客たちからも信頼され、社長の殿村も知子を大変気に入るようになる。そうした殿村の態度にややおもしろくないのは秘書の時江であった。同様に家では要がいつも母親の志乃相手に食事をしなくてはならず、彼もまた少々おもしろくない一人であった。雨が降ってきたので駅まで迎えに出ようとした目前に、車が止まり社長に送られて知子が帰ってきたりするのを要はみたりする。

そんな頃、偶然メンズクラブで交わされている会話から、要が危険な仕事相手に手を出そうとしているという話を耳にしてしまう。

知子は要に危険な仕事に手を出さないでと説得しようとするが、「お前はだんだん思い上ってくる。亭主の仕事にまで口出しして」と妻を働かしているのは自分に甲斐性がないからだと思っている要は、ますますかたくなになっていく。こうした夫との関係の中で、知子は、自分にはここの仕事しかない、仕事をとってしまった自分の人生など考えられないという信念を持つようになっていく。

そんなある夜、警察から電話があり、要がガス中毒にかかったと連絡される。急いで病院にかけつけてみると、病室にはなんと二つのベッドが並び、一方には時江がいるではないか、急いで二人を別々の室にしてもらうが知子にはどんな事情なのかわからない。

知子はこの事件のあと、一人で実家に帰り、夫との生活はこれ以上続けられないのではないかとあれこれ思案する。

ところが退院した時江に知子は呼出される。そして時江は、「さっきまで、あなたのご亭主とお酒を飲んでいたのよ」と切出す。「あの事件以来きっぱり夫のことはあきらめました。欲しければのしをつけて差上げますよ」という知子に、「あんな野暮で、くそ真面目な男に魅力を感ずる女がどこにいるものですか」と時江がきりかえす。

時枝は仕事に夢中になり、夫や家庭をかえりみようとしない知子の目をさますために要を誘惑したと言う。時枝は働いて家庭を失なった。失ってみて初めて、自分の仕事が家庭のしあわせとひきかえにするようなものではないことがわかったと言う。自分は思い上っていたのよ。あなたの心の中にも亭主と別れたって社長がいるからいいという考えがあるかもしれないけど、彼はそんなに甘い人間ではないわ。私も昔はそんな風に思っていたけれどと時枝。「あなたは今、どんな危険なところにいるのか、気づかなくてはいけない」という言葉に次第に知子は説得されていく。

「間違いをしないですみました」という言葉を残して知子はその職場をやめていく。社長の殿村は、「だから、女の人を使うのは難しい。いい仕事をしてもらいたいと思って優しくすると、すぐ勘違いされ、挙句にはその責任を取れなどといわれる」と困惑気味。

実家に帰ってみると、二人の子どもも来ていて、「おかあさんが帰らない家にはいたくないので出てきた」と言う。「おばあちゃんなんて大嫌い‼」という子どもに「おかあさんが怒らせるようなことばかり言うからいけなかったのよ」と知子は言い、翌日二人の子どもをつれて帰ろうとする、すると玄関の所に要が照れくさそうにして立っている。迎えに来たのである。

そして今知子は家庭を犠牲にしない範囲での仕事につこうと家で簿記の勉強をしている。そこへクラスメートの峯子が訪れる。峯子もかつての知子同様三DKのアパートに子ども二人と姑をかかえて生活しており、息のつまるような毎日を送っており、仕事につきたいのと相談に来る。適当な仕事がなく、バーのホステスでもしようかしらという峯子に、知子は「夜のお仕事だけはやめておいた方がよい、あなたは奥さんでもあり、母親でもあるのよ」と忠告する。

何とか仕事につこうと必死な峯子に、「あなたは今は他人に何を言われても駄目なのかもしれないわね。自分でつまづいてみなくてはわからないわ」とつぶやく。

「耐える女」賛美に二度の抗議申し入れ

このドラマは多くの人の反響をよび、ドラマが終った後で、朝日新聞の家庭欄にも結末に対する賛否両論や、嫁と姑の問題や、作者の橋田寿賀子さんの意見が載り、テレビでも総集編と称して再放送をしたくらいであった。

ちょうどその頃、主婦の再就職というようなテーマの討論会に橋田さんが参加しているのを見た。彼女の考え方が、自分は家庭を十分良く経営し、それに差支えない程度で仕事をしていきたいという意見を述べているのを聞いた。ドラマに妙に迫力があったのは作者自身の考えがあますところなく反映されてい

たからだと思う。

私たちはこのドラマはまさしく男女の役割分業を肯定するものであるとして、昨年の五月二十五日と八月四日の二回にわたってNHKに抗議を申し入れた。

第一回目はこのドラマ担当の井神ディレクターと会い、行動を起こす会からは六名が参加した。

井神氏によると、このドラマは制作者側とシナリオライターの橋田氏が白紙の状態で会い、新年早々という時期で、ホームドラマにはどんな内容が良いかと話し合い、お互いに何に興味をもっているかを出し合ったそうである。その結果として、子持ちの若夫婦が家を建てた時、そこの人間関係にどのような問題が出てくるか、それを取上げてみようということになったそうである。またあのドラマは従来にない冒険もしたそうだ。それはおかずの好ききらいとか、風呂に入る順番の問題とか従来ではドラマの筋立てになりえないものにも挑戦をしてみたという。またこのドラマの制作にあたったのは十五名で全員男性だそうでいる。

私達六名は次のような感想やら、意見やら抗議などをした。

行動を起こす女たちの会では一九七五年九月二十二日に小野会長ら幹部数名に会いさまざまな申し入れをしたが、その一つにドラマの中の男女像の扱いについていくつかの要望をした。女が男の従属物というような描き方や、男は仕事、女は家庭という分担にもとづいた描き方はまずい。男女に働く権利があり家庭責任も双方で分担すべきものという、行動計画にうたわれている基本線を守るべきであるというものであった。それに対するNHK側からの回答は「基本的人権を守る」という線でやっていきたいというものであった。

私たちはあのドラマの中で女の基本的人権は守られていない。NHKが言う基本的人権とは男のという言葉が上につくのではないかと抗議する。

最終回の前の回では実家に帰ってきた知子は、家庭というのは夫婦が中心で、その二人がうまくいかない限り、たとえ子どもがいても別れてやっていった方が良いと言っていたのに、時江に「家庭の幸福は失なってみてはじめてわかるのよ」と言われるとすぐに説得されてしまい、社長の殿村にまで「間違いをしないですみました」とまで言わせている。女というのはそんなに次から次へコロコロと意見が変わる主体性なきものだと思っているのか。また、社長の殿村をして、「だから女の人は使いにくい、少し優しくすると……」

という言葉を吐かせているが、ちょっと親切にしてもらっただけで、コロッとまいってしまい、夫や子どもたちをすててしまう程、女はうぶなのであろうかということも質問してみた。

女の方は次から次へと生き方を変えざるを得ないように設定されているが、男の側は一向に変わるきざしすらみえない。

時江は仕事を熱心にやっているうちに、自分の夫は他の女の所に行ってしまっていた。殿村にあこがれの気持を持っていたが、殿村はそんなことは一人よがりと言い放ち、要を誘惑したことも自分が好きだからではなく知子をめざめさせるための手段と言い、疲れたから今の職場をやめると言う。

一方、知子も夫の経済的な計画のなさや姑が住むようになって出費が重なり、勤めに出るが、仕事を一生懸命やればやる程家庭はうまくいかず、夫には浮気をされ、時江に説得されて仕事をやめ、今度は簿記の勉強を始め、仕事につきたいと相談にきた峯子にも「失敗してみなければわからない」と言い放つ。

夫の気持が他の女に移るのも、夫が浮気するのも、皆女が自分は仕事が出来ると思い上り家庭をかえりみないからだという筋書きなのである。

そんなやっかいな男なんかこりごりよという女は一人も登場してこない。みんな私が悪かったのよと平身低頭するばかり。女ってこんなにも便利が良い生き物であったのか。たいていの男なら、こんな便利な生き物を一匹飼ってみたいと思ってしまうであろう。

ドラマ制作、男たちだけにまかせるな

井神氏とのやりとりを私たちはテープにとってきたが、聞いてみると、やたらに井神氏の「ハァー」、「あっそうですか……」、「ええ、ええ」という間投詞が多くって、ほとんど私たちの質問には正面から答えていない。ただ聞きおくというか。「ええ」だの「ハア」だの言っているうちに嵐が過ぎ去るであろうと思っているような風情である。

私たちの一人が知子が実家に帰っても母親は、「何いってるんだい、子どもがありながら別れるのだの何だの」とたしなめたり、妹がもし姉さんが離婚するようだと自分の結婚にも差支えるというようなことを言っているが、あれではまるで、樋口一葉の「十三夜」のような感じだと述べ、一体、井神さんはこういう女性像をどう考えているのかと突込むとやっと意見を述べてくれた。

「何からお話しして良いのか」と前置きをしながら、「こういう女性は古いタイプではあるけれど、けっこういらっしゃるタイプである。そういう中で平均的現実を描いてみた」と言い、「知子が家庭に入っても、まだ何かをやろうとして簿記を習い始めましたね。僕らはあそこに、あのへこたれない知子に賭けたつもりなんですがねえ」とはじめてすばらしい本音を吐いてくださった。踏まれても踏まれても追い返されても追い返されても、何度も立上る美しくけなげな女性像に賭けたそうなのです。せっかく十五名の男性が賭けるなら、もっと大きな望みを抱く女の心情に賭けてくだされればよろしかったのに。自分の箱の中に押し込め、手のひらにのせてながめては楽しみつつ……。そう十五人のスタ

ッフの方々は、男の生き方に変革を迫るような女にはとてもとても賭けられなかったというのが本音のようです。

それともう一ついいことを聞いた。私たちが、知子の仕事が夜の十一時とか十二時に終わるという設定自体が破局へ導いていくための要素のように思える。一般的に言ってパートに出る場合というのは、夕方頃帰って来るのが普通のようであり、あのように勤務時間が遅いのも問題であるし、職種もスーパーのレジ係とか、集金係とかが一般には多いのではないか、こういう現実とあの描き方はずい分かけ離れているようだが、に対する答えである。

「中年の主婦が仕事を見つけようとするとなかなかない。新聞配達でも牛乳配達でもなんでもいいのですが、女性がてっとり早く比較的いいお金をとれるのはサービス業でしかない」という井神氏の発言。井神氏も女性の職業の門戸が十分開かれてないということはご存知のようであるが、それを自分の痛みとするには、あまりにも鈍感でいらっしゃるようだ。

ドラマは作るけれど、それと現実の男と女が職業においても、その他すべての扱いにおいても差別されずにすむにはどうしたらよいかについては全く欠落しているようにお見受けした。私たちは井神氏にもっともっと多くの質問などをしたが、ここでは全部は述べることは出来ない。しかし私たちは井神氏から十分答えてもらったという実感は持てず、八月四日にさらにドラマ全体に責任を持つ芸能局長と面会したのである。芸能局長の方がいく分本音で答えてくれたような気がした。

女の人権を踏みにじるのは何も司法界ばかりではない、マスコミしかり、教育界しかりである。憲法上の平等はどんなに保障されていても、実質の平等を勝ちとっていくのは私たち一人一人の力と行動でしかないのを痛感する。

それにしても、めぐまれた階層に属する男たちが、男たちだけで作ったドラマには女の置かれている現実にはとうてい迫りえないという大きな欠陥を持つということを私たちは十分認識してよいと思う。たった今届いた一九七七年四月の活動報告の中でも、駆け込み施設がオープンし、「夫の暴力からのがれたい」「離婚などのため身を置く場がない」などの相談の電話が一日平均三〇件にも達し、女が経済的に自立していないために身体の安全すら確保されない現実を伝えている。

このドラマにもさまざまな経験を持つ女たちがかかわっていたら、もっとましなものになっていたに違いない。マスコミに働く女の数をもっとふやすよう運動を続けよう。

こんな裁判官に裁かれたくない

淡谷まり子

「男が生命をかける司法界に女の進出は許さない」

「女は二年間の修習で得た能力を、家庭に入ってくさらせるのが幸福だ」

「勉強好きの女は理屈っぽいから嫌いだ」

「女性の法律家は、生理休暇等で周囲に迷惑をかける」

こんな〝挑発的〟な科目を私たちが目にしたのは、七月十三日の朝のことだった。

しゃべった人間が現職の裁判官であり、語った場所が、裁判官、検察官、弁護士を養成する司法研修所であってみれば、この科目の持つ意味は、馬鹿な男どものたわごとと一笑に付るには、あまりにも重すぎた。

すでに始められていた女性弁護士たちの抗議行動とは別に、私たちはさっそく「女の人権を無視する司法界を弾劾する会」を作って、この問題に取り組んだ。

一、事件の背景

司法研修所は、戦後間もなく設立された最高裁直属の法曹養成機関だ。裁判官、検察官、弁護士を志す者は、ここで二年間修習を行わなければならない。教官は、現職の裁判官、検察官、弁護士の中から選ばれている。

戦後のある時期までは、研修所はかなり自由な雰囲気であったと言われている。その時期はちょうど、女子修習生の裁判官や検察官への任官が積極的に奨励され、女性裁判官第一号が、新憲法時代の象徴として大だい的に報道された時期でもあった。

しかし、憲法9条を中心とした改憲論が頭をもたげ、「もはや戦後ではない」と言われはじめた頃から、司法界の反動化傾向が現われ始め、それと符節を合するかのように女性の法律家に対する差別が出てくるようになった。すでに昭和三十三年には「婦人法律家協会」が、最高裁長官と法務大臣に対して次のような要望書を提出している。

「憲法によって法の下の平等が確立して以来十年、私達は性別により差別されない平等の権利の享有の実現に努力してまいりました。……司法試験に合格する女性の数は漸増し、この方面における女性の進出はまことに期待すべきものがあると思います。

ところが、……法務省では二、三年前より女子の検察官を採用しないことに内定し、裁判所でも次第にこれを制限する方針であるという声を聞くようになりました。憲法の番人

である裁判所や法務省が職員の採用にあたり性別による差別をされるとは到底信じられません。

……裁判所や検察庁におかれては、このような風説が何等裁判所や法務省の見解でないことを明確にし、かつ女子の任官志望者に対して全く男子と同一の基準により採用を決せられることによって右の誤解を一掃されるよう、ここに要望する次第であります」

しかし、その後も司法所における女性差別の傾向性は著しくなる一方で、昭和四十一年には最高裁の人事局長が、「女性裁判官は歓迎しない」と公式に発言、四十五年、四十七年にはいずれも婚約者と共に裁判官になることを希望していた女子修習生の裁判官採用を拒否した。理由は表向き〝成績が悪い〟ということだったが、女性の任官を嫌う理由がそんなところにないことは、次の発言であまりにも明白だ。

「……夫婦で裁判官になることは好ましくない。家庭で妻の全面的サービスを受けられる裁判官とそうでない裁判官とでは、仕事の上で差が出てくる」（昭和四十七年二月四日矢口最高裁人事局長の発言）

二、事件の経過

研修所教官らの発言の内容を、私たちが行った訴追申立の理由から摘記してみよう。

(1) 中山義房裁判官

被申立人中山は、昭和五一年四月二七日、同人の担当する司法研修所三〇期四組のクラス懇親会の席上、同じテーブルについた一人の女子修習生に対し、「あなたも二年間は最高裁からお金を貰っていいけれど、二年たって修習を終えたら、判検事や弁護士になろうなんて思わないで、修習で得た能力を家庭に入ってくさらせて、子供のために使うのが、最も幸せな生き方なのだよ。その能力を子供のために使えば、ここにいる男の人よりもっと優秀な子供ができるでしょう」と断定的な口調で発言し、これに対してその女子修習生が「自分は司法研修所を卒業したら法曹の道を進むつもりだ」と述べたところ、「日本はますます悪くなるね」と答えた。

(2) 大石忠生裁判官

被申立人大石は、昭和五一年五月二六日、同人の担当する司法研修所八組の修習生一二名（うち三名は女子）を、自宅に招待してもてなした際、「女性は任官差別されると聞いているが」とたずねた女子修習生に対し、「女性裁判官は生理休暇などで休むから、他の裁判官に迷惑をかける。弁護士も迷惑をかける点では同じだ。自分も合議体にいたとき、中に女性がいて迷惑した。地裁の所長クラスがそういう点で一番迷惑を受ける」等と述べ、女性が法曹界に進出することを暗に非難し、任官差別を是認するかの如き発言を行った。

(3) 山本茂裁判官

被申立人山本は、昭和五一年五月二八日、同人の担当する司法研修所三〇期一組が、研修所の公式日程として工場見学に行った際、その往路の東京、沼津間の列車内において、被申立人川寄事務局長同席のもとに、同クラスの女子修習生三名全員を、順々に一人ずつ、半ば強制的に自席ボックスに呼びつけて坐らせ、各人に対し約三〇分位ずつ話をし

た。各人に共通する内容を要約すれば、次の通りである。

(イ) 被申立人山本は、女子修習生Aに対し、「君が司法試験に合格して、御両親はさぞ嘆いたでしょう」と言い、二七期修習生で任官した女性の名前をあげて、任官したため結婚もできないとその母親から愚痴をこぼされたと話し、更に女性が司法界に進出することについて否定的な発言を重ねたあと、「日本民族の伝統を継承して行くことは、大切なことだと思いませんか。女性には、家庭に入って子供を育てるという役割がある」などと語った。そして「研修所を出ても、裁判官や弁護士などになることは考えないで、研修所にいる間はおとなしくしていて、家庭に入って良い妻になるほうがいい」という趣旨の話を強調した。同席した被申立人川嵜は、Aの真向いの座席に坐って話を聞きながら、Aに対し「教官はこういうことまで教えてくれるからいいですね」と、被申立人山本に同調する態度を示した。

(ロ) 被申立人山本は、女子修習生Bに対し、「君は色々職業を変ったようだけど、勉強好きということかね」とたずね、Bが「結果的にそうなりましょうか」と答えたところ、「僕は勉強ずきな女性は好きではない」と言い放った。Bは議論を避けるために、「一般に男の人は、女は可愛いものにしておきたいという傾向がありますね」と穏やかに返答したところ、被申立人山本は、一般的な問題ではないと述べ、ではなぜなのかと反問したBに、「勉強好きな女性は、議論好きで理屈を言うので嫌いだ」と述べた。そしてその直後更に、「親御さんは、司法試験に通って嘆かなかったかね」と言った。

(ハ) 女子修習生Cに対し、被申立人山本は、「君が司法試験を受けるとき、御両親は反対しなかったのか」「司法試験に受かったら、お嫁に行けなくなることもあるのに、受かったとき御両親は嘆いたのではないか」「結婚する気はあるのか」等々と問い尋し、「なぜ司法試験を受けたのか」「司法試験以外にも職業はあったのではないか」などと言った。Cがこれに対し、受験に親の反対はなかったこと、合格したとき両親とも喜んでくれたこと、女性も職業を持って生きるのが良いという両親の考えの下で育てられたこと等を述べたところ、被申立人山本は「君の親はどういう躾をしているのか」と言った。

(4) 川嵜義徳裁判官

被申立人川嵜は、昭和五一年五月二八日、司法研修所一組の公式旅行である見学旅行に、事務局長として同行し、夜の懇親会に引き続いて行われた二次会の席上に於て、男子修習生十人前後を前にして、「男が生命をかけている司法界に、女を入れることは許さない」との発言、および「女が裁判をするのは適さない」との趣旨の発言を行った。そしてこれに対し、「女性でも裁判をするのは十分可能だし、そういう偏見を持ってはおかしい」と述べた男子修習生に向って、「そういう考えを持つ奴はいじめてやる」旨の発言をした。

まことに驚くべき発言という他はないが、これに対する各教官の「弁明」なるものがまた、とんでもない代物なのである。例えば、中山裁判官の「弁明」はこうである。

「修習を終了した女子修習生が家庭に入り、弁護士を登録をしていないのは、一見国

費の無駄づかいのように見えるが、しかし立派な家庭を築き、優秀な児を世に送り出すとすれば、それは世の中全体を良くする原動力となるため、いうならば世直しをするための堆肥としての役割を選んだのであって、国家百年の計からみて大変価値のある活躍ぶりというべきである……」

これこそ私たちが会を作って以来たたかい続けてきた役割分業の思想、メキシコ会議で女性差別を生み出す根本原因の一つとして確認された性別役割固定化の思想そのものではないか。法律のタテマエとは裏腹に、今日なお堂々と横行している女子の若年停年制、結婚退職制、賃金差別、その他の様ざまな差別を、これらの裁判官が裁いていくのだろうか。慄然たる思いが私たちを行動へと駆りたてた。

三、私たちの行動

「女の人権を無視する司法界を弾劾する会」は、七月二十一日から一週間、東京地裁、司法研修所、最高裁前で、すわり込み、ビラまき等の抗議行動を行った。

それと同時に私たちは、これらの裁判官をやめさせる手続、すなわち裁判官訴追請求申立の準備を進めた。憲法上裁判官を罷免すれる権利は、国会に設置される弾劾裁判所にのみ与えられている。この四人の裁判官を是非弾劾裁判所に引きずり出さねばならない。

九月はじめ、市川房枝さんや石垣綾子さんらにも加わって貰って、「差別裁判官訴追実行委員会」を作り、差制裁判官訴追請求の呼びかけを行った。

その反響はかなり大きく、中でも特筆すべきは、担当数の男性が賛同者となり、訴追申立人となって私たちの運動に参加してくれたことだった。さまざまの人がさまざまの立場から、〝こんな裁判官に裁かれたくない〟という思いを込めて、訴追に参加した。その数は四千名を越えた。

そして十二月に入って、訴追委員会で調査開始決定があった。年間二〇〇件近くの訴追申立がある中で、調査開始になるのは、一、二件ということだから、まずは第一関門突破というところである。

四、今後の方向

私たちの運動に対しては、勿論というか、いつものことながらというか、例によって冷やかし半分のからかいの声も浴びせられた。しかし、何よりも残念だったのは、女性とくにエリートと言われる女性の中に、〝こんな発言を仰々しく騒ぎ立てるべきではない〟という態度を取る人のいたことだ。タテマエとホンネの使いわけぐらい認めるという許容性を示さなければ、男たちはますます私たちの運動に対して拒絶反応を示すばかりだというのが、その理由だった。

だが、男女平等というタテマエがタテマエとしてすら実現されていない今の日本の状況は、これからの裁判官の発言に象徴されるようなホンネに支えられて成立していることを、私たちは忘れるわけにはいかない。こうしたホンネを飽くことなく追求し続けていくことによって、初めて私たちの運動のその目的を達することができるだろう。

鬼頭事件も一段落して、いよいよ五十二年

の四月からは、調査小委員会がその活動を開始した。訴追の実現に向けて、今後もその動向に注目し、活動を継続して行かなければならない。

決議文

一九七七年一月二十九日、「差別裁判官を裁くシンポジウム」に参加した私たちは、討議の結果、女性差別発言を行った四裁判官は、裁判官としての適格性に欠け、罷免すべきであることを改めて確認した。以下にその理由を述べる。
第一にその言動が女性の労働権を全面的に否定するものだからである。人間が生きるための基本的権利である、労働権・職業選択権を、女性であるが故に否定することは許されない。

　にもかかわらず、法の下での男女平等はうたわれながら、現実の社会においては、なお女性に対するあらゆる差別と偏見が現存し、女性の労働権は決して保障されていない。

　本来、社会的な機能である母性を有するが故に、不当にも劣った性として位置づけられ「男は社会・女は家庭」という男女差別の根幹をなす固定的な役割分業意識のもとに、教育訓練の機会の不平等はもとより、就業機会の不平等、保育所の不足などの社会保障の不整備、などの中にあって女性が社会に進出する道は閉ざされているに等しく、真の選択の自由が与えられているとは言えない。

　その困難さを乗り越え、労働の場を得たところで、職種や職務の差別、昇給、昇格の不平等、結婚退職制、男女差別定年制などのさまざまな不平等の中で労働せざるをえない。家庭においては、家事・育児の責任を負わされ、その上に病人・老人看護などの社会福祉の貧困さを穴埋めさせられるという、二重、三重の重圧のもとに、女性の労働権の行使は妨げられている現状である。これらの是正は、前述の固定的な役割分業意識そのものを改めることなくして、とうてい変革され得ない。

　しかるに、こうした不当な現状を是認するのみならず、これをさらに助長するごとき発言をなすことは、全ての女性の人権を無視することであり、決して許すことはできない。

　第二に、裁判官としての著しい職務違反があげられる。

　戦前、家族制度を中心として、男女の役割分業は法によって制度化され、女性の人権は認められてはおらず、忍耐と屈辱の歴史を背負わされてきた。

　しかし、戦後、あらゆる人間の平等と自由をうたう新憲法の制定とともに、民法も改正され、暗い闇の歴史に終止符を打ち、ようやく女性もその人権を保障されるに至った。戦後三十年を経た今日でも、この法の理念は、あらゆる現存する差別に立ち向かう私たち女性の大きなよりどころとなっている。さまざまな不当な取扱いに屈せず、その是正を求めて、私たちは裁判の場に臨むのであるがそれは裁判官が、法の理念に基づき、公正な判断を下せるという信頼があるからであり、また、それなくして裁判制度が成立たないこと

は言うまでもない。

ところが、法を遵守すべき裁判官が、しかも、次期の法曹を育成する立場を利用して、法の理念である男女の本質的平等をあえて否定する言動をなすことは、極めて悪質な職務違反であり厳しく罰せられなければならない。

第三に、こうした裁判官を生み出した背景として司法界の閉鎖性を問題にしなければならない。

行政権力からの独立を名目として、幾重にも保護され、いかなる批判も受けることのなかった司法界が、それ故に、行政のみならず、主権者たる国民のコントロールさえも拒否した特殊な閉鎖社会となったことは否めず、そうした中では、時代の要請に適応し、国民の信頼に応え得る法の運用を期待することはできない。

国際婦人年が設定されるなど、男女平等の実現を目指す世界的な趨勢の中にあって、それに逆行する言動が、何の疑念もなくなされたことは、このことを最もよく表わしていると考えざるを得なく、これが看過されるならば、司法に対する国民の信頼は決定的に失墜するであろう。

また、厚い身分保障がありながら、行政の意向を汲んだ司法権力が、任官、再任、配置転換などの形を取り、一人一人の裁判官への思想統制・管理強化の傾向が著しい現在、こうした司法の反動化をくい止めるためにも、司法の体質を変えていかなければならない。

これらは決して女性だけの問題ではなく、裁かれる国民全体にとっての重大に問題である。

真に国民の側に立ち、権利を擁護する司法界を創り上げるためにも、彼ら四裁判官に対する罷免を強く要求するものである。

一九七七年一月二十九日

差別裁判官を裁くシンポジウム

参加者一同

裁判官訴追委員会殿

女が差別されない賃金をめざして（その1）

シンポジウムから

斉藤幸枝

男女同一賃金の原則を盛り込んだ労働基準法が制定され、すでに三〇年たちました。女性の働くことがめずらしいことではなくなり労働者全体の三分の一は女性となり、そのうち既婚者の割合は六割を越えました。女性が労働することをやめたら、日本の産業界はその日のうちにマヒしてしまいます。にもかかわらず、女の平均賃金は男の約半分、どうしてこんなに安いのでしょう。

〝女は勤続年数が短い〟〝学歴が低い〟〝ラクな仕事をしている〟

と言って女性の低金賃を正当化しようとする人達がいます。それなら勤続年数が同じならどうなのでしょうか。同学歴、同職種ならどうなのでしょうか。勤続一〇年にもなれば、手当を除いた基本給部分だけでも月々一〜二万円の差はザラです。家族手当や住宅手当などの手当部分を加えると四〜五万円の差となります。

では何を根拠に男女の賃金は、つくり出されているのでしょうか。企業はよく「能力の違い」「期待度の違い」をその主とした理由に挙げます。労働組合は「主たる生活の担い手は女ではないから」と言います。抽象的な能力や期待度、それに現実ではほとんど男性である主たる生活の担い手を基準とされたらたまりません。企業の言い分、労働組合の言い分、どちらに転んでも、私達女性の賃金が男性と同じになるとは考えられないからです。

そこで、私達は今まで言われてきた賃金のあり方を知り合う中で、「女が差別されない賃金」を私達自身の手でつくり出して行こうと思い立ちました。労働分科会のメンバーには職場で現実に女性であるために差別され、日日抵抗している人達がたくさんいます。まずは、差別されている職場の実態を持ち寄ることから始めました。

・職級制度が、一般職（一〜六級）と専門職（一〜四級）から構成されており、男の進級は女より一〜三年早い。女は一般職どまりで専門職にはなれない。

・主務職と実務職に分かれ、男は主務職に昇格できるのに女は何年勤めつづけても実務職のまま。

・正規社員、技能社員、特別嘱託、学卒臨時原稿料雇いと雇用形態がさまざま。原稿料雇い、学卒臨時はほとんど女。正規社員としての採用は女は二十一歳迄。当然大卒女子は正規社員には採用されない。

・扶養手当、住宅手当など生活手当といわれている手当が女には支給されない。

・男と女とではライフサイクルが異る。男は二十七歳で妻をめとり、二十九歳で一子をもうけ、三十五歳で家を建てるという予測にたって賃金体系をつくる。女は好きで働いているのだから一人分食べて行ければ良いとしている。三十二歳で男女に十万円の差が生じる。これは実現には至らなかったが、労働組合の提案。

・ほとんど女だけの職種である看護婦は夜勤手当を含めても看護婦歴三年で、手取賃金十万三千円位。

　などの差別形態が、私達の身のまわりだけでもずいぶんありました。そこで他の考えられる差別形態も含め、差別を生み出すしくみを整理してみました。

＜差別を生み出すしくみ＞

①〝女むきの仕事〟という固定観念や雇用の習慣によるもの。

・単純労働、補助労働、雑務的労働などが、〝女むきの仕事〟とされ、職務評価が低い。

・看護婦や保母のように専門的知識や経験が必要な仕事でも、女性だけが占領している職種は評価が低い。

②生活の中の性別役割分業を口実として利用したもの。

・生活手当（住宅・扶養手当など）による男女の賃金差。

・男女のライフサイクルの違いを根拠とした賃金体系。

・結婚、出産などによる中断を予想して、期待度による評価を加えた賃金体系。

③雇用、昇進、昇格の機会の差別によるもの。

・仕事の上で〝男の仕事〟〝女の仕事〟という差をもうけ、男は仕事人間だが女は生活人間だから仕事は片手間で良いとする性別役割分業を理由とする。

④雇用形態による差別

・M型雇用を利用し、若年低賃金と中高年の低賃金を女性におしつける。

・臨時、パートなどの身分の不安定な仕事に女性を雇う。

・同じ仕事をしていても、嘱宅、原稿料雇いなどと身分の差をつけ、一般賃金体系の枠外におく。

・仕事、生活両面の性別役割を根拠とした雇用市場が形成されている。

　これらのつくられた差別のしくみをうちこわすために、私達は次のような方法で男女同一賃金を現実のものにして行こうと考えました。

＜女にとって望ましい賃金とは＞

　〝母性保障は社会保障で行う〟〝資金は個人に支払われるものだから、世帯単位の手当などライフサイクルにあわせた部分は社会保障として賃金からきり離していく〟〝職務の評価は働く者自身で行う〟を前提として、男女賃金格差を是正するための二つの方向を提起して行くことにしました。

①年令別賃金――職種、性別、学歴を問わず、同一年令の人は同一賃金とし、年令間の賃金差を除々に狭めて行く。多くの企業で採用されている年功序列賃金体系になじみやすく、査定の余地を残さないというプラス面があるが、採用差別や下請化を招く危険がある。労働者自身の競争意識を変革しなければ不満の生じる心配がある。

②同一価値労働同一賃金――雇用形態、職務

選択の自由を前提に、職務評価の再検討を働く人の手で行い、女性が多く就いている低評価の仕事の価値を高めて行く。職務の評価段階は大きくくくり、職務間賃金の幅を除々に狭めて行く。

①・②の２つの方向のどちらの闘いをすすめても究極的には両者の形態は似たものとなり、賃金の上限下限の差が縮小し、年令や、職務によって賃金にあまり差がなくなり、「同一時間労働同一賃金」に近づく。この方向について広く討論を行い、差別のない賃金をつくり出して行こうと私達は賃金シンポジウムを昨年十一月、今年三月と二回開きました。〃女が食えない賃金のカラクリ〃と題して一度目は男女賃金差別の実態としてのみを明きらかとするために、二度目は、差別の現状を変えて行く方向を討議するために、集会をもちました。

職務・職能務、昇格・昇任、ライフサイクル賃金論、生活手当、雇用形態等により賃金差別がつくり出されていることを第一回賃金シンポジウムで確認した私達は第二回シンポジウムには総評・同盟の賃金専門家を招き、

①現状の男女賃金差別に対し、どう考えているか。

②今までこの差別を是正するためにどう闘ってきたか、今後どう取り組むか、今春闘の中でどういう要素を出して闘うのか。

③私達の提起した男女差別を是正するための二つの方向に対してどう考えるか。の三点を質問し、この現実を変えて行く方向を討論しあう参考にしたいと考えました。

総評と同盟の路線争いにでもなると困るなと思っていたのですが、こと問題が女性差別となると答えが奇妙に一致してきます。

〃女の問題だけを論じていてはだめ、もっと大きな視野にたって一般的労働問題の視点を持つことが大切である〃（総評）と〃現在は食うにギリギリの賃金だから、生活単位の世帯賃金を考えざるを得ない〃（同盟）とはどちらも現状では男性の賃金が高くて当然であるとしているからです。大きな視野にたった労働運動を行ってきた総評が女性差別をどの程度労働者全体の問題としてきたかを歯がゆい思いでみてきた私達は大きな視野にたつことは女性差別をあいまいにするにすぎないことを知っています。大巾賃上げが実現した所で、世帯賃金という考えを持つ限り、女性の賃金は単身で暮していける額で良いとされることも知っています。総評・同盟の人にもしやと期待して集った会場の女の人達のどうして言葉が通じないのだろうとシラケ、イラダチ、口をつぐんだ顔がそのことを如実に示していました。

〈今後の運動〉

三回の賃金シンポジウムを通して、労働組合への積極的な働きかけがもっと必要であること、何ども何どもしつこく働きかけねば労組幹部は理解できず、動こうともしないことが一層はっきりしました。この働きかけを職場（内）から、労働分科会（外）から行って行くことが必要です。

労働分科会の活動の一つとして「働く女性の相談室」を開設して一年が過ぎました。相談例の中には、明きらかに女性差別であるのに既存の法律や救済機関では解決できない例がどんどん出てきています。又、女性の職種が限定されていること、昇進・昇格の道が閉ざ

されていること、結婚・出産・男女別定年の制度が依然として存在していること、の状態をそのままにして、賃金差別をなくすことはとうてい不可能です。雇用における男女平等を現実のものとするためには、どうしても、雇用における性差別を禁止する法律、および法律の施行を監督し、差別を摘発し、是正指導する行政機関、差別に関する訴えを調査し是正させる権限をもつ救済機関が必要です。今国会で社会党が、「男女雇用平等法」を上程するそうですが、私達は雇用差別のガイドラインを私達の手でつくる作業を現在はじめています。例えば、

①企業が募集の際に男のみ、女のみ募集とすることは差別である。

②男女の定年の年令及び採用時に限定される年令が異なることは差別である。などです。

　これらのガイドラインをつくって、これから男女雇用平等に関する法案を提案するかもしれない政党へどんどん働きかけて行こうと思っています。

女が差別されない賃金をめざして（その2）

〝組合〟を変えねば

高木澄子

「女は強い」の実態

「フェー、女は強い！」とは、男の組合執行委員の声。年一度の昇格・昇給時期、女の昇格基準が従来より少しよくなったという当局の回答を見てのこと。それさえも、男性よりかなり遅れた基準であるにもかかわらず、です。

　国家公務員、俸給は人事院勧告にもとづいた基準があります。全国一律、誰の目にも明らかな俸給表があって、何故そんな男女差別があるのか？ですって。それは俸給表の運用は各機関で、ある程度独自に行っているからなのです。俸給表の運用が独自に行われているという現実の多くは、各機関で、女性が低基準に置かれているという多くの実態でもあるのです。

　一つの機関が成り立っていくためには、様々の種類の業務があります。「建物の警備、会計、受付、調査、渉外、人事、庶務、タイプ、電話交換、冷暖房機械の調節、その他諸諸の事務」このような各種の業務があり男女まったく同じに仕事をしているところや、主たる仕事は男、その補佐的な仕事は女という具合になっているところや、男だけの、あるいは女だけの仕事という具合になっているところがあります。どの業務も必要で欠かせないもの。ところが、同一の俸給表の中で、ある種の業務は一律に他の業務より遅れた基準であったり、学歴により基準があり、また、入ってからの仕事は何の違いがなくても、各

業務に散らばっているキャリア組（女はいません。採用しないのです）とやらいう人達は、俸給表を走るように進んだりするのです。

各々の職種、資格、学歴に応じた基準があって、しかもそれは男にだけで、その下の一段と低いところに、どんな業務もひとまとめにした（男とまったく同じ仕事をしていようと！）「女」の基準があるのです。初任給とその後の数年だけは学歴によって同じですが、その後は「女の基準」となり、職歴が長くなればなる程男女の格差は拡がっていくのです。同じ仕事をし、かつ、慣れていないためだけにその能力のない男のためにお茶を入れるという仕事をもし、そして、女であるという理由だけで賃金が低いということこの現実は、「一般的、普通的に」おかしいとはいえないでしょうか。

現在の賃金の低さは、退職金、年金の低さへとつながり、将来にわたるはなはだしい差別となるのです。現在、職場の中高年の女は戦争による、独身の人が多い（これは、全日本的状況と思います）のですが、かつての社会政策（戦争もそうです）の結果がもたらした現実は、近い将来、社会政策による保障もないまま、労働の場では低賃金におさえられることによって、将来の保障もそのもまま低く、一人でちゃんと生きて行かねばならぬ状況は、まことにきびしいものになっています。こういう現状を回復させたいのです。いまの職場の女の要求に男のような獲得とか、前進などということはないのです。回復させるということしか。

どうして、このような差別状態が生じ、生じ続けているのでしょう。当局の女に関する考え方に、「女性の本分は、男性のよき随伴者である」ということがあり、それがそのまま仕事の場へ適応されていることの原因は大きい。さらに、組合自体がその論理にのっかって、女の問題には本気で対応してこなかったのではないか。それが、はっきり残っているのがこの現実ではないのか。それを痛感するのです。

時どき、こんなことがあります。

「組合成立三十周年記念の記念誌をつくります。その編集委員は、○○、○○氏――」「えっ、どうして女はいないの？女の組合運動の記録は誰が書いてくれるの？婦人部は組合ではないの？」

「組合の組織は再検討をしなければならない時期にきている。執行部の諮問機関として組織専門委員会を発足させます。そのメンバーは、○○、○○氏、――」、「えーっ、またどうしてこの中に女はいないの？ある程度の年齢になると大体管理職とやらになって組合を脱退していく男と違って十代から六十代までの女が終生の組合員としているのよ。三分の一近い女の組合員がいれば、三分の一は組合の役員に女が当然いなければおかしいでしょう。毎年、十四名中婦人部長の一名だけがやっと執行委員であるという女の側の問題、そのようにしかさせてこなかった男の側の問題、そういうことも当然考えなければいけないのが組織専ではない？始めからメンバーに入れないなんて何のための組織専なの？生の声を反映しない、実態に基かない組織論なんて、空論でしかないのではない？」

「今年の女の昇給・昇格闘争はこの三点にしぼって要求していきましょう」執行部にか

けてもらい、印刷されてきたその案を見ると、もっとも力を入れたかった中高年の頭打ち状態打破である、上位等級への昇給要求が削除されているのです。カーッ!どうして?ものすごーく悪ければ同情するが、男と同じだなんてとんでもない。男に近づくのもこの程度でいい、と組合自体で勝手に一線を引いてくれるのですか?それが組合のやることなのですか?

　でもでもこんなひどいことは、きっとうちの組合だけだろうな。組合の執行委員になることはエリートコースにおける丁稚奉公であるような奇妙な男の世界。公務員であり、官僚的構造にあまりにも慣れきった中での組合だからだろうな、と思っていたのです。

——女のいのちの値段は男の半分
　ナショナルセンターでも——

　ところがです。第二回賃金シンポジウム、ナショナルセンターの人の話が聞けるとか。大元締めのナショナルセンターの人にこのような組合の実態を知ってもらって、改善するよう指導してもらいたいな、おおいに期待をかけておりました。

　総評賃金部長どののお話。「男子組織労働者の賃金を一〇〇とし、引算して索引力型の闘争では底あげ出来ない状況となり、不熟練女子労働者を一〇〇とし積み上げていく最賃制確立必要である。賃金差別問題は最賃制を出発点と考える」ウーン、これでは我が職場の女の状況は全然救われないぞ、質問をしてみました。「中高年でますます拡がっていく格差について対策は?」賃金対策部長どの、「社会的に企業から追い出されたら賃金が半分になるという観念があって、始めて企業内に具体的差別がある。つまり、女はいくらでもかわりがあるという社会的強制力があって、これが組合をも打ち破っているため、低く押えられている。これに歯止めをかけるためには、パートタイマーの水準をあげれば本工の中高年婦人労働者の要求を貫徹しやすくなり、賃金も相対的に上っていくと考える」

　エーッ!逆なのではないですか。

　主婦が交通事故で亡くなったら、その損害賠償額は働く女の賃金が基準になるので同年令の男の半分の賠償額であったという。女の生命の値段は男の半分なのです。パートという存在があるから、常勤の女の賃金は低く押えられ、働く女の賃金が低いから、それを基準とする女の生命の値段は男の半分という仕組みになるのです。総評どのの理論でいけば、相対的に上ったところで、女の生命の値段は男の半分ということに変わりはないのです。

　企業の思うがままの低賃金、切り捨て自由のパートという労働者を常勤の労働者に組み変え、組合傘下に吸収し、全労働者の労働条件を改善することで、誰もが働き続けていけるための闘争を展開していくのが、ナショナルセンターとしての役目なのではないですか。

　そして、男も女も、結婚していようといまいと、自分で自分を養うことが原点であり、賃金は個人単位に支払わなければならないはずです。そうした時、男と女の生命の値段は同じになるはずです。企業の側の需要、供給の理論を是認した労働市場論にメスを入れていかない限り、結局働くもの自らを、人間性を消耗した道具化するところに身を置くことにしかならないのではないのですか。

　「よりよい道具になるために、これが男

よ」「男の道はきびしい」と学生時代は、就職早々は語っていた夢を、思想をポロポロとこぼし、こぼしたことに気づきさえせず、いえ、気づく故にいっそう無理におし隠し、つき進もうとする男たちの傷々しさ！己れが痛みに気づかずに、いえ、気づくが故にいっそうガムシャラに深く痛んでいく。そして、それは回りも痛め、ゆがめていく。有名校、大企業と受験競争の渦中に大切な成長期のすべてをうずもれさせている子供達を。生産性が低い、と身心障害者達を。大企業の男たちへ回すために低賃金で働かされているアジアの労働者たちを。男へ回すために男の半分の平均賃金で働かされている女たちを。企業の論理に男がのり、社会のイニシァチブをとっていたために生じてしまったさまざまな弊害、教育のゆがみ、公害の発生、アジア各地で反撃に出合う経済侵略など。

　このような社会のゆがみに歯止めをかけ、好転させて行くには女の参加が必要なのです。女の労働権確立が必要なのです。女の労働権が確立し、当然のこととして男と共に働き続ける時、男のゆがみは矯正されるはずで各個人の自立が保障される時、社会のゆがみは矯正されていくはずです。各個人が真に自立するならば、自己以外の他の人を思いやることも出来るはずです。現在の切り捨ての論理にもとずく価値の観念を、皆が手を取り合っていけるための価値の観念に転換していけると思うのです。男も、女も、子供も救うための女の労働権の確立と定着について、やはり、私は私の職場からこだわっていきたい。「自分達の要求が実現しない組合には魅力がない」といって切り捨てていくわけにはいかない。そこを変えていく義務も権利もあると思うのです。もっとも身近でもっとも頑固な敵となる執行部の男たち、組合員の男たち、彼らがにぎる組合そのもの。二重三重のあつーい壁。その壁はまずは内から何度も何度もたたくのです。外からたたいてくれる女たちと連帯しつつ。

勇気を出して駆け込もう

〃駆け込み寺〃を訪ねて

鈴木裕子

離婚分科会が、三年にわたって都にお願いしてまいりました駆け込み施設――「婦人相談センター」が四月十四日、ようやくオープンの運びとなりました。「夫の暴力から逃れたい」「離婚したいが身を寄せる所がない」「もうこんな生活はイヤ」等々。

成人男性を除いては未婚、既婚を問わず、無料で二週間は安心して身を寄せることができます。また、四名の相談担当職員が専門的に直接相談にのって、福祉事務所の相談員と共に自立に必要な援助もしてくれます。法律的なことは、非常勤ではありますが、家庭裁判所の調停員の方が週に三日来て指導。秘密は固く守られるので安心して相談できます。電話による相談も受けつけています。

東京婦人相談センター

代表・夜間〇三（三五五）一五五一

（さあ、一一〇番とおぼえましょう）

相談電話　〇三（三五五）三一一〇

（月曜日〜土曜日　午前九時〜午後五時まで。日曜日、祝日は休み）

緊急の場合は、深夜でもかまわない――警備員と宿直員がいますから。

また、最寄りの交番へ飛び込むのも一方法でしょう。センターに連絡を取ってくれるようになっているそうです。

見学ルポ

さて。「二十八日午後二時から当センターにおいて見学会を開催致します」という連絡が離婚、分科会の電話網で伝えられてきました。

当分科会としては活動しにくい状況の人が多く、会員も一人抜け、二人抜け、現在ではメンバーも残り少なになりましたが、ともかく、駆け込み寺設立に向けて全力投球してきました。子供達もよく留守番を強いられ、さびしかったことでしょう。はたして、どんな状況かしら、このような施設が繁盛するということは、不幸せな人が多いことになる。かといって莫大な費用と労力を費してきたのに利用者が少ないから、「女性用の宿泊所にします」と言われるほど、世の中平和でもあるまい。見学を前にして、様々な思いが去来します。

いよいよ二十八日、オープン後の報告を兼ねた見学に出かけました。

玄関を入ると、たったいま通って来た旧婦人相談所の、廃屋と化した古びた建物とは対象的に、装いも新たにクリーム色に塗り変え

られたセンターからは、清潔な感じと共に施設特有のよそよそしさも感じられました。

すでに行動を起こす会の他の分科会の数名の方や、他の婦人団体の方達も見えており、さっそく三階から見学を始めました。

児童遊戯室では、三年生〜五年生位の男の子三人と五、六年生位の女の子一人とが遊んでおり、部屋の片隅に置いてあったオルガンが印象的。また、赤ちゃん用のベッドには赤い地にかわいい動物の絵のついた真新しい布団が三、四枚積み上げてあるのが目に痛い。

「この布団でどんな夢をみるのかな。せめて二週間の滞在中は、パパの暴力の恐怖も、ひもじさも、イヤなことは忘れて楽しい夢をみてほしい。子供達よ、安らかにおやすみなさい」と祈りたい気持ちでした。

二階は単身者用。意外に年輩の人が多い。談話室でくつろいでいた四、五人と話をしてみました。

「将来の方針きまりました？」（子供を抱いた若い母親、心労のため右目が真赤に充血していた）—「ハイ」「どのようにきまりました？」（沈黙）「今日で幾日目ですか？」「四日です」もう一人の年輩の方。「十六日です。」「何かきまりましたか」「いいえ」「お食は？」「普通の家庭と同様なものでおいしいです」ちなみに一日の食費、五百五十円。それに母子加算があり、七百三十円とのことでした。「ドアのガラスが素透しですが、気になりませんか？」「そうですね、少し横になりたくてもあまりお行儀の悪い格好もできないし、スリガラスだと良いのですが」センター側「職員もあまりこの廊下を通ることもないし、万が一のことがあった時、早期発見のため」とおっしゃる。一階大浴室に小浴室（現在小浴室は使用されていない）、ボイラー室、調理室に食堂、面接室、心理面接室、診療室。

入所時の健康状態を把握しておかないと、何かの時困るので全員健康診断を受ける。

婦人科は希望者のみ行う。心理学的判定——相談員からの申し出により、相談員では把握し難い人だけ話し合いにより判定する。職能的判定——本人の申し出により、職業の適性、選択の援助を行う。現在では本人の希望を聞き、要望に添うよう職業安定所に紹介する程度に留めている、との事でした。

入所者から個々のケースを聞くことはプライバシーの侵害になるとのこと、以下、笹間所長の談話です。

「よくここまで耐えてこられたと思われるケースがほとんどで、子供を伴い何度も家出を繰り返し、母親だけではなく、子供までも身体中アザだらけで、よくまあ……、と泣かされることが多く、開所初日からひきもきらず二本の相談専用電話は鳴りっぱなしで、職員二人かかりきりの状態、食事をする時間もないほどの繁盛ぶりに、喜んでいいのか、悲しむべきか……。皆様からの強い要望があったればこそ、このようなセンターができたので、これがなかったならば、新聞の三面記事やテレビのワイドショーを賑わすケースばかりではないかと思われます。このような施設ができたということは本当に良かったと思います」とのことでした。

利用者の内訳は、初日十五日の電話相談数五十数件、その後、一日平均三十数件。二十八日までの電話による相談、延べ三百三十六件にも及ぶ。その上、一件につき四、五十分

以上のケースがほとんどです。来所の相談七十件、八十六名。その中で緊急保護を必要とするケース、母子十一件、単身者二十二件、合計三三件、四十七名にものぼりました。その後、退所した人もあり、二十八日現在、定員ちょうどの状態です。

Aさん……精神的過労からと思われるが血圧が二三〇もあり入院。子供三人は児童相談所へ。

Bさん……糖尿病に老人性疾患を併発し、息子の暴力による打撲で、家庭にも帰れず入院。

母子一組母子寮へ。婦人保護施設へ一件。無断退所三件。

ふるっているのがCさん。北海道から空より入所。飛行場から電話。センター側も「まあ、来てしまったものは仕方あるまい」と車をかり出しお出むかえに参上。荷物をドーンと携えた家出ウーマン。やっと帰り着き、一服する間もなく、「空港止めで荷物が届いております。送料十七万円持参の上引き取りに来て下さい」ガチャーン。あわてふためき羽田へとんぼ返り。どんな事情があったかは存じませんが、いやはや時代を反映した、とんだちん入者。二、三日宿泊のうち里心がつき、実家へ帰宅とあいなりました。それにしても十七万円と帰りの交通費は、どなたが始末するのか。

Dさんが母娘、気候がよくなると、放浪の癖あり、春風に誘われフラリフラリと奈良から。大田区の福祉事務所に保護されセンター入り。昨年は岐阜名古屋に、一昨年は岐阜に。地元の福祉事務所で、「相談にのります」とのことで、深夜の東名高速バスで一路奈良へと、一件落着。

生家へ帰るが三件。夫のところへは帰りたくはないが、さりとて自活するには心細い。親の方もこれを機会に話し合いにのるのではないか、ということらしい。

職業婦人は雇用者が仲介。住み込みとなる。意外なのは夫の元へ帰るケースが十二件もあるとはいかなること。やはり女の甘えがそうさせるのか、自立心の無さか。はたまたマスコミに刺激された副産物か。最高年齢六十九歳。最低十七歳。子供最高十二歳。最低七カ月。ちなみに四月三十日までの状況を問い合わせたところ、電話総数四百五十六件、入所者四十六件、六十五人。代表的な例を二、三。

父親に犯された。一件暴力団関係二件。引き取り手がない、住所不定四件。たこ部屋のような処に監禁され、監視のもとで低賃金で不当な労働を強いられ、すきをみて逃げ出し救いを求めてきた者、一件。これは労働基準監督所が調査の結果、七十万円程、支払ってもらったそうです。

さて発足まで様々問題もありましたが、わずか半月でこれだけ多くの人達が救われ、センターも動き出した現在、何に基づいて設立されようと、どこの予算からお金が出ようとよいではないか。ここに駆け込んだ方たちを、何かそうっとして遠くから見守ってあげたい気持ちでいっぱいです。二週間後の生活も多事多難、決してらくではないと思いますが、自分の意志でこれからの人生に一歩踏み出した彼女達に拍手を送りたいと思います。

私の願い

私が望む駆け込み施設は、同じ境遇の皆さ

んが集まってつくるものです。それぞれが職業訓練手当七万八千円を受給する事が出来るのですから、（年間百五万円以下の所得の方に限り一年間受給できる。今から申し込むと八月下旬に〆切。五十二年から向こう三年間は、寡婦になって三年以上たった方も受給の恩恵にあずかれる。職安に問い合わせて下さい）、経理、タイプ、実技等の訓練をうけ、利益を得ながら、一、二年ゆっくりと将来の共同生活をしながら、生産、販売などをし方針を考えながら、子育てのできる施設。居つきたい人はそれもよい。置いて来た子供が成人して訪ね当ててきたなら、事業の配当金をもらって民間で親子水入らずの活生もよい。

私は欲が深い。夢は果てしなく広がるので困る。併せて老人の家も保育所も併設すると、なおのことよい。でもこれは何年も先の青写真になりそう。当面、単身者の落着く先はどこにもない。住宅局に対しての、安価に利用できる単身女性用公営住宅の設置の運動も必要。この要求にも「実態を把握し、見通しをつけないと」とか、行政側はむずかしいことをおっしゃる。では今は、何ができる？

転宅資金が十万円程借りられる。四人集まれば四十万円、共同体をつくり、当番制で共同炊事をしたら何とかなるのではないでしょうか。技術を習得したあかつきには、事業開始資金八十万円（団体なら百五十万円）借りられる。返済期間は六年間。（これは昨年度の数字であるから今年はもっと多いかもしれない）保育園不足の折、私設保育園をやるなどはどうでしょう。「三人寄れば文珠の知恵」と言うでしょう。負けてはいけない、元気を出して、もう耐える事はやめましょう。報われる事のない努力はやめましょう。明日へ向かって自分の足で、二本の足で、大地を大威張りで歩く権利が、女性である私にも、母親であるあなたにもあってよいはず。そのためのまず一歩、いや半歩でもよい、踏み出すための足がかりを築くためのお手伝いでしたら私のような拙ない経験でお役に立つのでしたら、どんな事でもいといません。

また、会員の中には経験豊富な方々がたくさんいます。身分の上下もなく会員の誰にでも「教えて」「力を貸して」と言えるところがよい所です。短所と言えば、みんな一人で何役もしているのでひまがない事かな。そうそう、お金のないこともです。

私たちは行政側を批判するだけではなく自治体と一体になって、婦人の自立意識向上に役立つ福祉サービスのボランティアをさせてほしい、と行政にお願いしています。まだ回答をいただいていませんが、七月頃もう一度、センター側の方と懇談会を開く約束をしていただきました。だんだんに私たちの望むような施設のあり方、運営の方法などを行政側に受け入れてもらいましょう。

最後にもうひとつ、駆け込んできた方たちの例を見ると、親子、夫婦の間での暴力がだれからも取締られていないことが気になります。肉親の間では傷害罪がきびしく適用されないそうですが、夫婦でも身体に危害を加えられた時、警察はとりあってくれないのでしょうか。肉体的にどうしても被害者になりやすい女や、幼児に対する暴力を決して許さない、という社会の態勢をつくりあげていきたいものです。（離婚分科会）

国内行動計画

なぜ〝裏切り〟なのか！

駒野陽子

裏切られた期待

本年二月一日、総理府の婦人問題企画推進本部から「婦人の十年・国内行動計画」が発表された。

一九七五年・国際婦人年メキシコ会議で、日本の政府代表もメキシコ宣言と世界行動計画に賛成の一票を投じて来たのだから、当然その理念にそって、国内でも男女平等の実現のために今後十年の具体的な計画を立てる義務と責任を負ったわけだ。以来一年半あまり企画推進本部で具体的施策を検討し、ようやく国内行動計画ができ上った。私たちの会は、婦人年の終らないうちから、推進本部へ向けて国内行動計画に関する分科会ごとの要望書を提出していたが、昨年四月中間意見として発表された国内行動計画概案の内容はあまりに私たちの期待に遠かった。そこで同本部の婦人問題担当室長久保田真苗氏や民間参与の、湯沢雍彦氏、影山裕子氏を招いて質問と要望の会をもち、そのご会の内部で半年間討議を重ねて、国内行動計画本案へむけての意見書と、盛りこんでほしい具体的な施策についての提言も提出した。

私たちの会ばかりでなく、他の民間婦人団体からも要望書がたくさん出ていたし、同本部の諮問機関の企画推進会議からかなり具体的な意見が具申されていたから、本案よりも前向きな方針が打出されるだろうと、いくらかの期待をもっていたのだった。

二月一日の発表に先立って記者会見があり行動計画が手にはいった日、私たちは臨時世話人会を開いて事務局に集まり、そのコピーを回覧したが、誰の顔にも失望の色がありありと浮かび、しばらくは声も出なかった。

概案を見た時から、政府に対してはあまり期待できない、という思いはしていたが、その後、たくさんの民間の女性たちの要望や意見が出されたのだし、いくらかはましなものになっているだろう、との期待をもったのが甘かった。

同じ頃、婦選会館でも、民間婦人団体の代表が集まり、市川房枝さんを中心に行動計画検討の会が開かれていた。電話で問い合わせてみると、そちらでも「ひどすぎる」とみんなが怒っている、との返事だった。

ともかく黙ってはいられない、何とか抗議声明だけでも出そうと、深夜まで世話人会は延々と続いた。あれも、これも、と言い出せば不満は数えきれないほどあった。だが、と

りあえず、私たちの失望と怒りを集約して書き上げたのか、この本の裏表紙にある抗議声明である。

それからの一週間、各新聞紙上いっせいに、各分野からの国内行動計画批判が掲載され続けた。

だれのための行動計画？

私たちは抗議声明で、このような国内行動計画は日本の全女性に対する裏切りだ、と断言している。

それに対して、「たしかになまぬるい内容だし、具体策も乏しいが、たてまえだけでもないよりはましだ。〝裏切り〟とは激越すぎる批判ではないか」という外部からの意見が聞かれた。

たしかに、きれいごとのたてまえが並び、現状改善のためのこまごました具体策も多少はのせられていて、ないよりはましだ、と思えるところもないではない。だが、私たちはだからこそかえって許せないのだ。なぜなら、そうした抽象論や末しょう的な現状改善策で、今よりましになるだろうという幻想を与え、実効ある抜本的な対策のなさが、おおいかくされてしまうことになるからである。

私たちは世界行動計画が発表されて以来二年間何度となくその内容を熟読し、検討したが、その度に性差別を許し難い人権の侵害ととらえた基本理念に感動した。

世界行動計画の序章に打ち出された「平和のためには、女性が男性と同様にあらゆる分野に最大限に参加する必要があり」「全ての人は差別なく社会的経済的進歩の成果を享受する権利を有し」ているのだから「性別に基づく差別は基本的に不正なもの、人間の尊厳に対する罪、及び人権の侵害である」という基本理念は、女性たちに大きな希望を与えた。具体的な施策については、各国の実状にあわせて段階的に進めていくのが当然であるとしても、少くとも、この基本理念だけはしっかりふまえていてほしかった。

日本の行動計画も「基本的な考え方」の中で、この条文を引用しているのだが、国内に横行している性差別の現実を認めようとせず、「社会の新しい変化に社会的環境が即応できない状態」としてしか捕えていない。特に、だれもが最も激しく感じている就業上の男女不平等に対して、女性もまた基本的人権としての労働権を侵されてはならない、という積極的な姿勢が打出されないままに、ただ「現状の改善に努める」「条件整備をはかる」「検討する」などの表現が繰り返されるばかり。また「女性が男性と同じようにあらゆる分野に進出する」ことを妨げている性別役割意識をつきくずしていく具体的な計画や方法もほとんどのべられていない。

一方では、「婦人自身の不断の努力」や「積極的行動」がしきりに強調されている。それは個々の女性にとって言うまでもないこと。政府が責任を負った国内行動計画は、まず、国として、性差別を許さないという宣言と、それをなくしていくために、個人ではできない実効ある施策をこそ盛りこむべきなのだ。

差別の現実のきびしい認識もなく、たてまえだけで具体策のない作文を、どうして「計画」と呼ぶことができよう。これでは、ほんとうに男女平等を実現していく意志があるのか、ただ国際婦人年への義理だてとして形を

整えたにすぎないのではなかろうかと疑いたくもなってくる。日本中の女性の熱い期待に対して、このような形でしか応えなかった国内行動計画――だからこそ私たちは〝裏切り〟と言わざるを得ないのだ。

不平等是正の具体策は？

今、すべての女性がもっとも鋭く感じている不平等は、雇用機会や、就業における待遇の差別であろう。

すでに雇用労働者の三分の一は女性なのに、その平均賃金が男性の半分にしかならない、という数字を見ても、労働における性差別のひどさがわかる。

これに対して、行動計画は「雇用における条件整備」の項で、雇用の制度、慣行の是正や、使用者の雇用管理の改善をめざす行政指導、女性のための特別な保護の再検討、女性の職業意識の啓発などを具体的施策としてかかげている。

だが、労働の場の女性差別は、ただ雇用の制度や慣行が時代に立ちおくれているから起っているわけではなく、女性を低賃金労働で使うことが日本経済の発展に不可欠であったことが原因なのだ。さき頃、三和銀行の女性たちの訴えに対して大阪の労働基準監督署が、女性の賃金差別をなくすように勧告を出し、三億円のバック・ペイ支払いを命じたというニュースがきかれた。女性に対してたかだか一、二回の昇給ストップをしただけで、会社は三億円も不当な利潤をあげていたというのである。バック・ペイの支払いを勝ちとった三和銀行の女性たちの闘いはすばらしいとはいうものの、この事実は同じようなケースで泣き寝入りしている他のたくさんの女性たちが、毎日、その何十倍何百倍かの賃金を不当にかすめられていることを示している。

労働基準法に明らかに違反しているこのようなケースでさえ、めったに不平等是正が行われないのに、法的に何の規制もない定年や昇進や訓練などの他の労働条件の不平等が、行政指導くらいで簡単に是正されるものではない。まして雇用機会の不平等などを行政はどうやってチェックしていくつもりなのか。

雇用・就業の不平等是正には、どうしても英米の雇用平等法、性差別禁止法などのような法制が必要なのに、はじめ概案では書かれていた「男女平等確保のために必要な法令制度の検討」という条文がはずされ、労働法に関しては、婦人の特別保護緩和の方向を打出しただけ。婦人の特別保護を軽減しさえすれば、それで平等が実現するとでも言うのだろうか。

特に見過ごせないのは、概案でははっきりとうたわれていた「男女差別定年制、結婚退職制などのすみやかな是正」という条文が本案ではわざわざ「男女定年制」をはずしてある点である。

若年定年や、結婚・出産退職はよくないが男女の定年に三年や五年の差があるのはやむを得ない、ということなのだろうか。すでに「結婚退職は違憲」という判例があるが、男女差別定年は、まだ判例が確定していない。こうした条文の変更が、いま差別定年を不当として争っている女性たちにどんなに不利になるかを知りながら、現実に妥協したその姿勢は裏切りとしか言えないではないか。

各省への義理立て？

教育に関しても同じような妥協がある。「教育訓練の充実」の項で、「従来の男女の役割分担意識にとらわれない教育・訓練の推進」をうたいながら、私たちの会をはじめ、すべての婦人団体が提言し、婦人問題企画推進会議も、はっきりと打出していた「家庭科の男女共修」の提案が取り上げられていないのだ。男女の役割分担意識を固定化するいちばん問題の家庭科女子のみ必修を温存しておいて、どうして「役割分担意識にとらわれない教育の推進」などと言えるのだろうか。

これは、昨年末、教育課程審議会が出した答申で、女子のみ必修現状維持がのべられているからだ。国内行動計画の趣旨に反していても、すでに決った文部省の方針に対して、異議を申したてられないから、という妥協がありありと見えすいている。

労働についても、女性は半人前の労働者として、未婚の時期と、中高年にわけて低賃金で使いたい、高年の女子労働者は早く首を切りたい、という資本の意図にさからえない、男は男らしく、女は女らしく、特性にしたがって教育する、という中教審路線にさからえない国内行動計画——これがどうして女性のためのものと言えよう。

企画推進本部の委員は、各省の事務次官級の官僚によって構成されている。もちろん全員男性である。こうしたメンバーがほんとうに男女の不平等是正に意欲をもてるはずがない。各省の都合が優先、大局に影響のないところだけ手直しして、「今より少しはまし」という印象を与えればそれでよい、というのが国内行動計画の本音なのである。

私たちの会や、多くの婦人団体の提言・企画推進会議の意見書から取り上げられたように見える具体的施策もたしかにある。自主的市民活動の援助、生涯教育、中高年パートタイマーの賃金問題、育児休業制度の促進、看護婦・保母の教育・訓練の充実、母性の健康管理、農山村の女性の生活の改善等々……。しかし、これらはすべて先に政府が打ち出したライフ・サイクル論や、勤労婦人福祉法に見られる中断・再就職型の婦人政策に見合ったものばかりだ。

一見、女性の地位向上に役立つように見えながら、実は女性の労働権や自立の条件である生涯労働の機会は必要なし、社会が必要とする時だけ働いてもらうが、出産・育児は家庭の中ですませ、手があいた時は、また社会活動なり学習なり、再就職をどうぞ——という政府の期待する「性別役割に従順な女性像」が打ち出されているのである。

社会保障の肩代りは家庭で？

婦人問題企画推進会議の意見書は、社会福祉という一章をもうけて、老人・身障者介護、保育など、これまで女性が引き受けてきた役割を社会福祉的機能で補完するように、また、世帯単位でしか保障されない年金や、その他の社会福祉手当を、個人として独自のものにするようにと答申している。私たちの会をはじめ、他の多くの婦人団体も同じ趣旨の提言や要望を行ってきた。ところが、国内行動計画には、母性保健、母性給付、老後の生活安定、母子家庭の援助、中高年独身婦人への住宅保障などがかかげられているものの、老人・病者・身障者などを介護する立場

の女性の負担軽減に対しては一言も触れていないし、保育についても、婦人労働政策として触れているだけで、社会的責任として保障する、という姿勢が打出されていない。

その一方で、「家庭生活の健全な維持に対する女性の寄与」を法的にも評価できる法改正を検討する、とのべている。

家庭生活における女性の寄与を評価してもらうのはよいけれど、その裏側には、だから、本来社会福祉として行うべき、老人・身障者・病者などの介護は、家庭で女性が引き受けてほしい、という本音があるのではないだろうか。働く女性の子どもの保育にはやむを得ず手を貸すが、家庭婦人は育児を天職として全責任を負ってください、といいたいのではないのだろうか。少なくとも、女性はこうした負担を背負っているから、社会参加や学習の機会を得にくいという現実をみとめ、それらを少しでも軽減していく方向を打出さなくては、その「個性や能力を自己の実現と社会の進歩のために生かす」ことはできない。こうした具体策なしに、家庭生活への女性の寄与を評価するのは、女性を家庭へ足止めしておく対策ではないかと疑いたくもなる。男女の役割分担意識をなくす、という言葉は、国内行動計画のあちこちに見られるが、役割分担をせざるを得ない状況を改善しないでは意識の変革はむずかしい。能力を生かして社会参加をとうたっても、男女が協力して分担するだけでは家庭責任はどうにもならない。社会サービスとしての保育、老人・病人・身障者の介護などの社会福祉を国内行動計画が避けて通っているのは、これもまた、厚生省、大蔵省などとの妥協であろう。

国内行動計画をテコに

婦人問題企画推進本部が、このように各省の行政機関の寄合い世帯である以上、省内事情が優先するのはあたりまえ。しかも企画推進本部の委員は全員男性。原案は本部の女性たちが民間の意見をくみ上げて作成したものであっても、おそらく男性たちに都合の悪いところは平気で切り捨てるのであろう。そして、それをチェックするべき本部長は総理大臣。これでは国内行動計画が女性のためのものになりにくいのも当然だ。外国では、婦人問題担当大臣がおかれているところも多いが、日本ではともかくこの本部以外に婦人問題を扱うところがないのだから始末がわるい。抽象的なたてまえ論を具体的な施策として実現化していく責任を、企画推進本部はもてるのだろうか。今、盛りこまれている程度の具体策なら、十年後の日本の女性の地位は今といくらも変わりはしない。たてまえを現実のものとするためには、どうしても具体的な立法や、計画促進の監督機関が必要だ。

私たち女性も、更に強力に、この計画のたてまえの部分の具体化を迫っていく運動を展開しなくてはならないし、少くとも、国会内に婦人問題特別委員会でもつくって、腰の重い行政各省のつき上げをしてもらわなくてはなるまい。超党派の婦人議員の結束を促すためにも、外部の女の運動を盛り上げていく必要がありそうだ。来たる参院選に、女の意を汲み上げられる女性候補を多数選出していくのも、運動のひとつの方法であろう。

十年後の女の地位がどう変わるか――この行動計画を空手形におわらせないように、運動にも、また新しい決意が必要になってきた。

三十九歳は容姿の曲がり角か

村上節子

〃三十九歳は容姿の曲がり角か〃このタイトルは、この記録集の企画会議の席で小沢遼子がいい出したものである。彼女はいつものしたたかな快活さで、はははあと笑いながらいった。ところが私は、この〃容姿〃にはもううんざりしていた。昨年の〃容姿のおとろえ配転撤回闘争〃という私の配転問題では、いやも応もなく私の〃容姿〃がステージの上にひきずり出され、値ぶみされる格好であったからである。うまれてこのかた、女についてまわる容姿についての無責任な感想群をうまくかわして生きてきた私も今度は逃げるわけにはいかなかった。そして八カ月にわたった〃闘争〃は、私が一旦アナウンサーに戻り、あらためてCMディクターという職業を選びなおすことで一応の結着がついたのだった。

いまさら過去のことはいいたくないと私は思った。それにあの問題は私がアナウンサーにふさわしい容姿であるかどうか、ではなく、アナウンサーとはいったいなんなのか、そして十七年間アナウンサーであった私にとって仕事とはなにか、職業は選べるのかどうか、働くものの主体性の問題であった。いいかえれば、企業である会社は、容姿という女の能力の問題だとし、それには能力（容姿）を判定するものさしに私のほうで異論があり、職業選択の自由を主張する私の主体性については、会社は配転は人事権――企業管理の基本であるとしてまったく無視しようとした。その結果、〃能力〃の問題ではなく、〃選択の自由〃の問題になり、私が新しい職場の新しい職業を選びなおした。ということは、私が勝った戦争になったということになる。

しかし私が勝ち、ことは終わった、過去は過ぎ去ったというわけにはやはりいかないのである。先日、CM部にいる私のところへ、入社五年目のアナウンサーがやってきて、「女のアナウンサーに、年齢の限界があるだろうか――」と、いった。

私の問題を、働くものの主体性の問題にしたことで、女アナウンサーの年齢、容姿を、あいも変らず女の能力のひとつと会社や世の中がとらえている、〃女の通念を変えるケンカ〃にはできなかった、ということである。女アナウンサーが、若さや美しさをとり沙汰され、ばかばかしい迷いに自問自答しなければならないことには変りはなかった。

十七年、女アナウンサーであった私にとって、配転命令をつきつきられ、それを拒否するということは、所詮、やむを得ず上げられたケンカの土俵であった。上げられた土俵、仕掛けられた土俵上のケンカは、勝って速や

かに降りなければならない。というのは、ケンカをするとするならば、こちらから仕掛ける土俵でなければ長く戦う意味がない。仕掛けられる以前に、自分の土俵でケンカすべきだというのが私の生きかたの、あるいは私の仕事をする女の鉄則であった。女アナウンサーが世の中の女の通念にたとえ逆らったとしても、女の視点で発言する、仕事上のこまごまとした出来ごとにこだわるときはこだわる、職業上でも生身の女であり続ける、それが私の考える自分から仕掛ける女の土俵であった。女アナの問題は、私がCMディレクターを選択したところで、後輩の、あるいはアナウンサーを職業とする、そして女の職業人（私も含めて）そう女みんなにひき継がれた。若さや美しさは、はたして女の能力かどうか、という問題である。私のケンカは、女の問題としてはただ世の中に問題を提起したにとどまった。女アナウンサーってあんなつまらん理由で、止めさせられるのだな——と。

　美しいものには微笑むがよい、とはかつて詩人がよんだことばだが、美しいものはたしかに心を和ませる。だが美しさの判定をだれがするのか。意識が変れば美しさは変る。若さはすばらしい。だが、女の若さがたんに未熟なるものとしてあつかわれ、世の中の点景にすぎないとしたら、そのすばらしさすら認容されていないと知るべきである。テレビでは、女の若さも、美しさも、美は女総体がそうであるように、この時代のもっとも古い女性観にがっちり固められている（余計なことだが、私がケンカの中で一番残念だったのは、ベテランの正統派アナがピチピチの現代アドリブ派に追放された事件とうけとる向きがとくに男に多かったことである。まさしく知る人ぞ知るだが、私は相当に現代風？ではある。これは弁解！年のわりには、とつけるべきかな？）

　私はアナウンサーからCMのディレクターになった。なぜ、アナウンサーであることにこだわらなかったか。そして、女アナウンサーに年齢の限界があるか、という後輩の問いにどう答えたか、紙数も限られているので手短になるが、書いておきたい。

　人と人とのもっとも簡便なコミュニケーションの方法は視線とことばだろう。テレビの画面からアナウンサーはふたしかではあるが、おのれの確信にのみすがって、自分の肉声（ことば）と肉眼（視線）で茶の間のだれかにコミュニケーションを求める。（ことばは実にふたしかな手段であることを私はアナウンサーになって初めて知った。しかし、そのふたしかさの中にごくまれにコトンとなにかが通じた感触のあることがある。それが私を酔わせた）そして、テレビのほとんどが作りもの、フィクションだが、アナウンサーはその中の数少ないノンフィクション、戸籍を持ち、税金を払い、本名をなのる生身の生活者であることをあからさまにしていかなければならない存在である（と私は思う。この考えがアナウンサーをきちんとした模範人間であると規定する人たちと衝突するのだが）そうした生身の人間であることを職突とすることのできる僥倖の中で、私は、テレビが、あるいは世の中が、女をどう遇するかと体感し、いつのまにか〝女の視点〟をしっかと自分のおナカにすえてしまった。女のメッセージを送りたい。これが私のアナウンサーであり続けたい理由だった。だが女が女の視点を

内側に育てはじめると、どうなるか。これはもうよくご存知のように、世の中のスミからスミまで、なぜか引っかかり出す。これがおかしい、あれは妙だ。世の中の無知、偏見、恥しらずが実にあきらかになってくる。自分の生きてきた道すじでたしかに学習してきたことどもまでに疑いの眼をむける。世の中がそれまでと変って見えてくる。古い時代の生き残りの亡霊も、かすかに胎動しはじめた波の動いているのも見える。凝視しようとするからだんだん眼つきがわるくなる（だから容姿おとろえ、などとはいわないで下さい。やさしい微笑でつつんでいたのだから）それとともに仕事がだんだん私から遠のいた。干されたのである。そして、何年かの小競り合いの末の〝闘争〟

だが、ケンカをしたものが勝ったところでまた、アナウンサーに戻れば再び小競り合いの繰り返し、いや、ぎらぎらにらみ合うならまだしも無視され、干されてはこちらの体がなまってしまう。と考えたのはひょっとすると私のなまけ心かも知れない。ご批判はどうぞ私にいって下さい。気づかないことも多いから。ともかく、女アナウンサーは補充される。（テレビというところは不思議なところでなにかにつけて男と女をとり揃えたがるのであるから）女アナの扱いは日進月歩だとしても、女が職業をもつとそうなるように女アナ稼業を一日すれば確実に新しい女の視点が芽吹くのだから。となれば、私はそろそろケンカの場から引いてもよかろう、テレビでまだ覗いていないところもあるではないか、が私の心境であった。そこで手順をふんで、辞令と私の身体が、アナウンサー室に一旦戻り、改めてCMディレクターに配転ということになった。CMディレクターというのは、テレビのコマーシャルをビディオなりフィルムなりで制作する人間のことである。CMだからスポンサーのメッセージであるのはいうまでもない。そこへ女の視点がどこまですべり込めるか、今のところ私にはまだ未知の部分が多すぎるが、ともかくやれるところまでやってみようという次第。

女アナウンサーにとって年齢の限界はない。年齢の限界はないが、年齢なり美醜の限界説はまたまたまかり通るだろう。一度、女の視点を持ってしまった女アナたちが、女アナである間、どういう生きざまを画面でさらすか、そして女アナからどこへ跳ぶか、どうぞ見ていてやって下さい。十分文句をいって下さい。

かつて私は、女は三〇歳で女の視点の回転扉をあける、とかいたことがある。そして女は二八歳までは女にもなれないと。三〇歳のときである。私の実感だった。いかにドタ子でもそれまでは蝶よ花よであった。二八から三〇までの間、私は私の足許を支える地面の底のほうからひびいてくる、あるたしかな音に耳を傾けていた。六〇年代の後半だった。

それからほぼ一〇年たった。私は曲がり角を曲ったのだろうか。容姿などはどうでもいい。ただ人間社会の中で女の存在をがっちり感知できる『定点』だけは作り続けよう、と思う。そして、そこからなにを見るか。

（101）

わたしから　あなたへ

主婦キャラバン隊

谷合　規子

「やっぱり男の子と女の子は違うと思うから育て方だって違うわ」「あんなことという人のダンナさんは気の毒ね」「家事も育児もやりたくない人が、理屈ならべて逃げているんでしょ」……。

三時間にわたる〝女〟の話し合いをして、人前では意見さえ言えなかった人たちがあとで私にもらした感想である。

埼玉くんだりからノコノコと都心の集会に出かける時、つねに一種のうしろめたさにかられる。わが地域だって手をつけなければならない問題は山積しているし、それらをコツコツやっている人がいても、人手はいつだって不足しているのが実情だ。団地の階段下にたむろする主婦の集団を突破し、無公害食品を販売したり、買い求めたりする女たちでゴッタ返している自治会の青空市場を横目で眺めて、バスや電車にとび乗り「主婦の意識をかえるには」などといつも同じ顔ぶれの話しあうことの意味を考えるからである。

そんな中で、主婦分科会のキャラバン隊をわが地域に迎えることは私の願いでもあった。

主催を「国際婦人年をきっかけとして行動を起こす女たちの会」としたら人が集まらないのではないか。集会のテーマも「女」を持ち出したら敬遠されるのではないか、などとさんざん考えたあげく、今回は〝意識啓蒙〟をねらって会の名は出さずに「女性問題を考える会」主催とし、テーマも教育の面からということで「こんな子どもに育てたい」としてパネルディスカッションを行うことにした。

スウェーデンの話を中心にビヤネール多美子さん、教師の立場から前田敦子さん、主婦分科会から武田京子さん、古武敬子さんの四人をパネラーにして討論会を行ったのだが、学童保育を一緒に運営している地域の仲間たちの強力なバックアップがあって名簿の上では六十五人もの参加者があった。

「励まされた感じ、これからも亭主教育にがんばります」という人もいれば、地域で公害問題に取り組んでいる主婦からは「働かない女はダメだというのは、子ども・老人・障害者等の価値を低くするのと同じではないか」と疑問が出されたが女が社会構造の上から働けないということが問題なのだ」という意見が出る。子どものことなどそっちのけで討論の部は女の問題で終始した。次回はどうやら女の問題をストレートに出せそう……。

それにつけても人前では発言すらできないで、集会のあと発起人の私に臆面もなく冒頭のような言葉を発する女たちとどう連帯していったらよいのだろうか。なんて、真剣に悩んだところで、どうせ長い解放の道のり。去年より今年、集会の前より後と同志は確実にふえているんだもの……。息切れしないように口笛でも吹いて、運動を続けていきたいものだ。

（主婦分科会）

女性運動

女子高校の場合

津野　昌子

私の学校は女子校である。当然、女性問題を考えていく上で大きな位置を占める、というよりも、女性問題そのものである男性は教師以外いない。そこで対象は我が友だちである女生徒に限られ

てくる。私の学校は、中学から女子部・男子部に別れるので男性をあまり多く知らない人が多い。だから現実に女性と男性が、どのような接し方をしているのか、体験としてはわかりづらく通俗観念で知るしかない。たとえば、結婚生活など、なにかこうメルヘンのように考えている人が多い（しかし、これは共学でもそう考える人はそう考えるのかもしれない）。そういう人たちには、私はなにか過激派かなにかのように見えるらしい。マスコミに踊らされて主張もないのに反抗しているように思えるらしい。でもこれは一人で考えていくことではなくみんなに広めていきたいというのが、今のところの私たちの目標だから、みんなに疎外感をもたれてしまってはどうにもならない。いや、そんなことよりはっきりいえば私自身がみんなから嫌われたくないのだ。学生生活をしていく中で友だちというかまわりの人間というかそれを失ってしまいたくないのだ。私は私のいっていることがおかしいのはわかっている。だけど女性問題を一緒にしている友だちといつも教室で過ごす友だちと私の中で別になってしまっている。そしてそういった状態に満足してひたりきっている自分がいる。これは、もちろん私の甘えが原因である。しかしもう一つ言いわけがましくなるけれど毎日の学校生活で差別をあまり感じないことにも原因があるような気がする。新聞を読んで、本を読んで、話を聞いて、怒る。放課後、誰も残っていない教室で、つばを飛ばして私たちは話し、連帯感を感じる。だがみんなそれぞれいわゆる一緒にお弁当を食べる、笑い合うといった友だちが昼間は別にいるのである。

共学で一生懸命男子生徒やそれに従属する女子生徒の中で、運動している人にはなんてぜいたくな悩みと思えるだろう。しかし女子生徒だけの中では一度気がつけば何の障害もなく大きく女性問題をさけべるのだ。しかしそれだけに芸ごとに終わる可能性が大きい。最近そういったことに気がつき、なんとかしようとしている私たちである。

共学校の場合

大泉高校　社会研究部

女性問題に限らず、現在高校は運動のしにくい状態であるように思います。学園紛争後。シラケの時代も過ぎ、今高校は真空状態だと何かで読みましたが、まさにその通りで、当世高校内は何をするということがなく、平和的な雰囲気にすっかりむしばまれています。意識がもうろうとしていて、ともすれば私達もその中で身動きできなくなるわけです。画一化された生徒がずいぶんと増えていて、一緒にあくびをしそうになる中で何かを始めてそして続けていくにはかなりの力を要します。また現在は、紛争当時のように政治や状況に即して行なわれる理論展開や厳しい連帯がなく、非常に個人中心になっているように思いますが、そのため個人個人が白紙から理論を構築し感受性を育む、そういった模索に時間がかかり、ある程度まとまって現実に運動していくという力には欠けがちです。さらに高校生活での難点は、学園や仲間をその対象とした場合に、運動期間として高校生活が（大学受験を選択したらなおさら）短かすぎるということです。では女性問題ゆえの難点をあげると、それは「女のくせに」といった女性蔑視＝女性問題それ自体であったりするわ

けですがさらに女性解放思想に対する無知と偏見がはなはだしいことです。「ウーマン・リブ＝女性上位」というマスコミの作った偏見はもう犯罪的です。ウーマン・リブ→中ピ連→ピンクヘル→オッソロシイ！といった連想や〝はやりもの〟としてしか理解されないのは実にくやしくて悲しい。

それでは学校という場が私達の運動にとってどうであるか。残念なことに学校という所は知性と教養にあふれていず、むしろ偏見を助長してくれます。授業中に露骨に現れる教師の差別発言は実に世間一般的で巧妙で、新聞やテレビと同様に教師の言動の信用度もなかなか高いものですからその影響は心配されます。人格的に評価できる教師も女の問題だけは理解できていないことがほとんどで、女性問題の難かしさを痛感させられます。また、根本的に学校が閉鎖社会であることは大きな難点です。私達自身も含めて非常にまわりが見えにくい。むしろ差別などを見えないようにできているのではないでしょうか。温存された立場ではなかなか見えてこない。特に労働や性の問題などは頭でっかちな話で終わってしまうわけです。

最後に共学といった点でみてみると、これには長所と短所があります。よい点はやはり何といっても男――男の論理を現実に見れること。暴力的な悪ふざけや汚ない体操着を平気でほったらかしているのを見るのもけっこう勉強になりますし、かなり細部にわたっての女に対する意識もわかります。それから、性差別教育をはっきりと見れること。「女子は家庭科」は勿論ですが、その教室の外で「男子は体育（格闘技）」が行なわれているのですから。しかしこの点は私達にとって活動上長所ではあっても、反面これが多くの女子の分業意識に加担するのでむしろ短所であるわけです。たとえば調理実習でできた料理を体育が終わって腹をすかした男子に食べさせる姿は象徴的で、小学校中学校あるいは女性雑誌で教えられた「あるべき女の姿」を、現実に男を目の前にして大いに発揮されてしまうのです。「男の面前で」という意識は女子の行動のかなりの部分を支配しています。

こういった彼女達の価値観・慣習をひっくり返していかなければならないのですから、それなりの困難が共学の中にはあります。どうしても異性を気にしている同性の意識を動かしていくのは大変なことです。

あなたもがんばって

細木　昌子

私は大学も四年目をむかえた女子学生です。私が婦人問題というもの――女が自分をたいせつにし、かつ肩をいからせずに生きて行くことが難しいらしきこと――に気づいたのは、自分の将来を考えた大学受験のころ、そして直接には自分の母（専業主婦です）によってでしょうか。

ところで、この点について、社会人、主婦などに比べ、学生による自発的な活動が少ないと言われている中、私の大学生活においてはどうかを話してみます。この「行動を起こす会」（以下「会」を略す）へは、高校の頃の友人につれられて、教育分科会の集まりに来て知りました。ちょうど、「教科書の中の差別をまず追放し

よう」というので、小・中・高の教科書を点検していた時で、夜の集会でしたが、子ども小一の教材を手に参加している主婦や、中学・高校の先生たちのエネルギーに力づけられる思いでした。

というのは、私のように男子学生の多い学部（法学部です）の場合、まわりを見れば、女子は、男子にちやほやされ遊ばれてしまうか、また、数多くの情報の中で将来のことを考えると暗い気持ちになり、一人できばって次第に疲れるか、半分あきらめて友人同志なぐさめあうかのうちのいずれかだったからです。

さらにその後、会では、司法研修所の教官の差別発言問題や家庭科共修をすすめるため、デモや署名など、実際に政治に働きかける行動をおこしていく中、私は、他の集団のように該制度の内でどのようにうまく立ち回れるかではなく、いかに制度を変えるかを考え、そして動いていくこの小集団に驚きました。

（マスコミのさわぐように）誰が好んで徒党を組むでしょう（?）。今のままでは押しつぶされてしまう――という認識にかりたてられて、はじめて連帯するのです。だから、今の（日本の）学生はどうして――といわれますが、その認識が十分でない棲わのでしょう。例えば昨年の研修所での差別問題についてわが法学部の女子についてでさえ、適格にとらえていないのは事実でした。学校という保護のワク内に生活し、確かに「紛争」後、集団（特に政治的集団）を組むことへの嫌悪の情があるとはいえ、決して「しらけ世代」ではないのです。むしろ知らない――知ろうとしないのでしょうか。

しかし、私がしてきたことはといえば、まわりの友人たちと話をすること、会のお手伝いをすることくらいでした。そしてあと残る学生生活も卒業後の独立のための沈潜期間となりそうです。私にとっては、会への参加とそれによって触発された問題意識は私自身の行動の基礎となり得ても、それは限られた友人へしか伝えられなかったわけですが、もし「あなた」がこれから大学生になろうとしている方なら、その「友人との話」を発展させるようがんばってみてください。私も地に足がついたらやってみますから。

未婚の母の人権

植村　みち

母子家庭には、夫との死別者、離別者、または未婚の母などいろいろあるが、中でも特に未婚の母について特異な目で見る風があるのはまことに残念だ。たとえば、不道徳な女、ときめつけたり、経済力もないのに未婚で子を産むのは社会のお荷物になるなどと、白い眼で見られたりする。

未婚の母の様態

未婚の母と一口にいっても、その状態はいろいろである。

① 男の遊び相手にされて妊娠し、捨てられて認知も養育もしてもらえない。または子どもの父親がだれだかわからない場合。

② 経済力のある女性が、同棲はしないが、自ら選んだ愛人との間に、どうしても愛の結晶として子どもがほしくて出産した場合。

③ 結婚の約束をして肉体関係をもったため妊娠したが、親に反対され別れてしまった。それでも女の生きる力としてどうしても子どもがほしく出産した場

わたしから　あなたへ

合。

④婚外で男性に経済的に依存している女性が、子どもを産んだ場合（二号さんのような例）。

⑤結婚して妊娠したが、はやばやと破綻し離婚後に出産した場合。

⑥内縁、または妻ある男との関係で出産した後、離別、または死別した場合。

以上はみな未婚の母子家庭である。

⑦同棲している男女に子どもができた場合。

⑧妻ある男が離婚したくても、法律的に離婚が成立しないままに、やむなく妻以外の女性と暮らしている重婚的内縁関係の女性が出産した場合。

⑦⑧の場合は一見ふつうの夫婦の家庭生活と変わらないが、戸籍上は未婚の母であり、法的には非常に不安な立場におかれている。

このような多様な未婚の母は、結婚して妻の座にいる女性にくらべて多かれ少なかれさまざまの不利をこうむっているが、世間は、とかくこれをあるべき状態ではないのだから、不利なのも当然、ときめつけ、ただ、どうしたしこらうた状態を防止できるかという観点でしか考えない。しかし、このような母子にも人権はあるのだから社会が「認めたくない存在」として切りすててよいものではない。

女性は「産む性」

人間は、異性の愛をもとめるのが自然であり、やがて、肉体的関係を求めるようになるのが自然の成り行きだ。幸い、二人が結婚できれば問題はないが、婚前の性行為も、妊娠・出産の可能性をもっているのだから、もし子どもがほしくないのなら、徹底的に避妊することが必要だし、また失敗して妊娠した場合のことも考えておかなければならない。

ところが、日本では、大人が性の問題に触れたがらないので、性教育がおくれている。だから青春期に男女関係ができた時、適切な処置ができない。そこで、未婚で妊娠した女性は周囲から堕胎を強制される。堕胎は、生まれてくる生命をつみとる罪悪だし、元来女性は「産む性」なのだから、本人が出産を望まないとしても、それは環境や、健康などの外的要因によることが多い。ほんとうに本人自身が産みたくない場合は別として、本人が泣く泣く堕胎し、一生心の傷を背負うような思いをさせるのは許されない。子どもを産む、産まないは、肉体的精神的負担を負う母親自身が決めることで、第三者や、男性が口をさしはさむことはできないはずだ。

また、婚期を逸した女性、離死別の独身女性が、生命力の発露として異性をもとめ、妊娠した場合、婚姻外であるからと非難するのも、結婚制度の中で堂々と性生活をし、子どもを産める人たちの一方的な見方である。そうした女性やその子どもを非難し、差別することは人権にかかわる問題としてとらえなくてはならない。

父親の認知養育責任

男性は、子の父親として法律的に認知養育の責任を負っている。裁判による強制認知の制度もある。男女の両方がいなければ子どもはつくれないのだから、親としての責任は両者にあるはずだ。ところが、婚外の場合、その責任を逃げようとする男性が多いし、世間にも、親としての男性の責任をはっきり認識していない人もいる。認知という制度は、父親に責任を確保させる法的手続きで、それによって男性は養育の義務を負い、子どもは父親を破確認する権

利を保障される。

ところが、未婚の母の中には、新しがって認知をしてもらわなくてよい、という人がいる。これでは、子どもの人権を母親が侵害していることになる。特に日本では戸籍上、父親がはっきりしていないと、世間の偏見により差別されることが多いから、年頃になると子どもは必ず悩むし、養育費の責任を父親にとらせられないので経済的な不利も少なくない。母親が自分の考えで認知をしなくてもよい、ときめるのは思い上がりであり、子どもに対して無責任だといわなくてはなるまい。ところが、婚外の女性が認知を求めれば、父親ばかりかその家族まで世間体をおそれて、女性だけに責任をなすりつけ、自分たちの戸籍を汚さぬために認知を拒否したり、子どもを取り上げて養子にやってしまったりのひどい仕うちをされることも多い。いわゆる「K子さん事件」がその例である。

男性にくらべ経済力が劣る日本の女性の場合、養育費の点でも認知を求めて、父親にも責任をとらせなければ、母子が不幸な立場になりやすいから、婚姻外でも父親に認知と養育責任をとらせるようなもっと強力な法的措置が必要である。女性をもてあそんで捨てる男性が多く、子捨て、子殺しが多いのも日本の社会が男性の認知養育の責任を徹底的に追及することが少ないからだ。

母親が自ら男から金をもらうものか、と意気がって一人で育てる決意をしている人もいるが、これも、無責任な男性と個人的にかけあったり、裁判で争ったりする時間的、経済的ゆとりがなかったり、その時の精神的な苦痛にたえられなくて、やむなくそうなることが多いのだ。スウェーデンやアメリカのように公的機関が強制的に男にも養育の責任をとらせる制度がどうしても必要である。

未婚の母を認めたくない社会

未婚の母を認めたくない社会の中では、妻だけが子を産むことを認められ、婚外の女は恋愛をしても「産む性」としての存在を否定される。男性はそれを利用して、そうした女性たちを金を払わないですむ弄（ろう）玩物とみなすようになる。男性にとってはまことに都合がよい。また、妻も自分の家庭さえおびやかされなければと、目をつぶってそうした男性の身勝手さを見過ごしがちだが、妻といえども夫に離死別すれば、こうした女性と同じ立場になるのだし、娘や、孫娘もそうした境遇におちいる危険もある。未婚の母を認めたくないという考えは、全女性の人権にかかわる問題だ。

明治以来、国家権力が支えてきた家族制度の中で「淳風美俗」を乱すものとして、切り捨てられてきた婚外の母子の問題を、新憲法にもとづく人権尊重の精神でとらえなおし、どんな立場の女性でも経済的不安や、差別・偏見に悩まされないで生きられる社会を作り出していきたい。

男女均等の雇用機会を

岡本由記子

本年二月一日に、政府決定の国内行動計画が総理府より発表された。多くの期待をもって読んだのだが、今までより発展をみせた点は特になく、それでも、むこう十年にわたってこれらの条項を確実なものにしていけるならと、あえて肯定するものである。

男女平等をと叫んで久しいが、昨年のアメリカの雇用労働者の中

に占める婦人の割合は四四〜四五%、日本のそれは三二%とまだ低い。この数字の差は、どこにあるのだろうか。これまでに婦人が進出できた理由としては、①筋力を使う労働は機械化された。②洗濯機等、働く婦人が家庭内の労働力をセーブできるようになった。③働く婦人に対する社会の見方が変わってきた。等が挙げられる。つまり、極端に言えば、自然増としての三二%なのである。アメリカのある州立大学では、職員（教授・助教授）を割当制にして能力が仮にあってもなくても、女性の進出の場を何割かつくっている。ある程度の犠牲を払わないことには、次の世代は創れないのである。この雇用機会の均等化にこそ、政治の助力が欲しいところである。もちろん、困難な仕事を打開していく条件は婦人自身の勤勉努力にあるが、もう一点は、所得の増加ということにある。

　また、総理府統計局の発表によれば、昨年十月一日現在で、戦後生まれの総人口に占める割合が五〇・五%と、初めて半数を超えたとある。私も戦後生まれの一人であるが、戦争に対する実感や罪悪感が国民の間にうすれつつあるのも、当然といえよう。しかし、私はこの戦争時と婦人問題がどこかで接するのを胸のつかえのように永い間感じていた。イギリスのビバリッチが、完全雇用法案をつくるときこう言った。

「われわれは、あの戦争への批判にはどこの国もみな完全雇用であった。遊んでいる手はひとつもない。むしろ働けない人を促して働かせるぐらいの労働力不足、あるいは、超完全雇用という状態であったのではないか。それは我々のあの不幸な戦争という非常時であった。しかし、非常時にできたことがなぜ平時にできないのか」

これである‼　私は溜飲のさがる思いがした。つまり、戦争という非常時には、男も女も同じように働けるんだということが、最も客観的に実証されたということではないだろうか。

　人口の半分は女性であり、男女がそれぞれの地位において共同して働くという社会がどうしても必要だし、つくらなければならない。そのために、あの悲しい戦争を再び起こすことなく、しかも、男女が均等の雇用機会を与えられる真の平等を、一日も早く確立したい。全女性の一層の自覚と、内なる変革を着実になしとげつつ、団結していこうではないか。

49歳の再出発

深山　寂

幼い時から兄と私（長男と長女）に対する差別に矛盾を感じて成長した故か、「女が真に自立するにはや張り女自身の経済力がなくては」と考えるようになり、有職婦人となって社会で縦横無尽に活躍する自画像を持つようになった。しかし、結婚前にはそれが果たせず結婚後かつて習い覚えた楽器で僅かながら収入を得、「夫の停年後は私の独壇場」とばかりに張切っていたが、何たる事か！二年半程前に腱症炎を起こし、断念せざるを得なくなったのである。

約二年間と云うもの悶々の日を過ごしたが、最近ようやく別の技術を習得し、今度は外の職業戦線へ躍出しようとしたが、ここで完全につまづいて行ったのである。

　四十代後半で初めての勤めではどこも知的な職種につけてくれない。あっても条件は非常に悪く固定給は無く、しかも雑用と抱き合せである。（社保は有る所と無い

わたしから　あなたへ

所とある）そこで、職業訓練校の昼間部で更に磨きをかけようと申込んだら昼間部は若者対象なので、たとえ合格出来ても就職の件で困るだろう。との事。考えた末に指導官付制度を活用しようとI職安で事情を話し指導官をと要望したら「何歳ですか？」「50歳前後です」途端にモーレツしかめっ面をして其の年令婦人向きとする調理師、園芸等を示した。がモチ拒否、その為か、その制度はとってくれなかった。此のように訓練課目ですら自由選択不可能なのである。

八方塞がりになってしまった私は当惑し二ケ月間考えた挙句、試みに職安へ電話した。

受付と「もしもし、就職したいのだが」「何歳ですか」「いわゆる中高年」「係りと変わります」

中高年係りと「何歳ですか」「五十前後」「ああありますよ、調理婦、掃除婦、賄婦」「肉体労働は無理？」「その年では無理ですよ」ユウノウ婦人センターは同職安内、大して期待出来ないがまあものは試しと、

ユウノウ婦人センター「50前後ですが知的な職業を」「そうですネー、難かしいですよ。此方はパートしか受付けませんが…」「パートだけ？」「ええ正就職は難かしいので」思った通りである。そこで改めて〃ユーウー〃の文学を見たら「有能」ではなく〃優能〃だったのは驚き！女性は優能と云ってもたかが知れて居るらしい。

重ね重ねの侮辱に心底から憤った私は兼てから思って居た計画を実行に移す事にした。吾職安頼むに足らずッ新聞の求人にはまだしもマシなのがある。じっくり腰を据えて、待遇、やりたい仕事が出来る、等私の望む全てが充たされる所を探す事にした。専ら電話で問合わせる。しかし、文学上では良いように思えてもいざとなるとなかなか無い。やさし過ぎ、楽過ぎは張合いなく、難かしいのは「その程度は」と断られる。約一ケ月も過ぎようとする半ば諦めかけた頃に工社受付け、面接に行った。日本橋と隣接区、前者は離婚婦人、後者は独身婦人社長。日本橋の社長さんは即決したがったが応募者多数につき後日にとの社員の意見で二、三日待つ事となった。不採用の事を考慮し後者へ行く。社長は私と余り変らない。長年勤務し続けて居られた会社が傾き始め、それを譲られて再建した。給料の遅配は二度程、十日位だった。不渡りを出されたのが原因、今は安定して居る。等余りにも正直なのに驚き、かつすっかり気に入って了った。幸にも即決されたので二十六日より元気で勤務して居る。従業員数は社長と含め十名位か、聾唖青年も働いて居る。此の青年は同じローア者と最近結婚したが、社長は職員のどの結婚式にも出なかったが此の式には出席されたとか。又、新入りの私にも技術的にも難しいものを（和文タイプ）をどんどんさせて下さるのでとても張り切っている。給料も最低賃金を大分上廻り満足である。将来自立するのなら、此処で育ったのだから安心して下請けに出せる」と仰云るのでこれから先の見通しも明かるい。

私は思う。中高年から働く不利さをボヤいて居ないで、あく迄理想通りの所にしか勤めない信念を持ちそれを実行しよう！私達有夫婦人は単身又は離婚婦人よりは経済的には夫の給料を使える点有利なのだから。そうして将来離婚・独身両婦人も含めて企業が待遇改善を真剣に考えざるを得ないように変えて行ったらどうであろう。

とかく批判される主婦もそれ位の事をして、単なる社会参加ではない社会参加をしようではないか。

十代の性

村山　蘭

今私の周囲にいる同年代の人たちを見ると、一見は比較的「解放された性」を実践しているように見える。都心の雑踏でB・Fと手を組んで歩くことは抵抗なんかないし、友だち同士で集まれば「このあいだのデートでは〇〇公園でキス」したとか「パーティに行ったらいつの間にか〝乱交パーティ〟になってしまいびっくりしたのよ」なんて耳うちしてくる人もいる。東京ではいわゆる「非行少年・少女」でなくても、こういったことがありうる。潜在的な数をおとなたちは知らない。マスコミは乱交パーティや高校生活の性についてセンセーショナルに騒ぎたて、「非行だ、頽廃だ」とわめきちらしている。それを読みティーンエイジャーは「自分は流行の先端だ」「アウトローだ」と思いこみ、そのスリルと「かっこよさ」を確認する。

しかし、彼女たちの性は少しも解放なんかされていない。彼女らは「愛し合っていればセックスしてもいい」というけれど、B・FやG・Fとのつき合いさえ親に言えない。高校生だから、受験だからといって友だちづきあいや趣味まで制限されている毎日。そんな生活の中で隠れて異性とつき合うこと、遊びに行って見知らぬ男性と性的な関係をもつことは、いかにも自分が冒険の中に生きているか、自由であるかのような幻想を持たされる。しかし、精神的に自由になれない私たちがいくら解放的な性を実践した気になっても空しい。

そもそも「解放された性」とは何なのだろうか。それは肉体と精神の両方が何からも抑圧されていない人間のみが実行できるもので、性行為は愛の最高表現だと思う。しかし現在社会で性そのものが依然として〝タブー〟の範ちゅうにおかれ、抑圧されている。なぜ生物の自然の営みであり、自然の欲求である性がタブー視されなければならないのだろう。私にはこれは人間の愛情を否定することに思えてならない。性に対する無知と認識のなさが、性を隠すことで責任逃れをし、それが次の世代の無知と偏見を再生産する。

私たちの世代は言葉だけ覚えた。マネをすることもうまいから映画や小説に登場するような「自由な」恋愛を自分でやってみる。けれど本当に自分で開拓した恋愛のしかたなんかじゃないから世間なみに、男の要求するところの「かわいい女の子」になってそれが幸福なんだと信じている。そこには男と女の対等な人間関係はなく、「男をたてる」ための女が存在し、女を保護することのできる「男らしい」男がいる。こんな関係で存在する男と女が本当に自由で解放された恋愛をできるわけがない。

高校生でも恋人のいる人は、多かれ少かれ性的な交渉をもっている。私の友人で年上の〝彼〟のいる人もよく同伴喫茶などへ行くらしい（親に秘密の交際だから）。二千円近くかかるから、彼がいつも払ってくれて、はずかしいからうつむいて彼にしがみついて入っていくのだそうだ。ムシムシ暑苦しくてすごく嫌な感じだけどあそこしかない、と言って嘆いている。私だったらお金を払ってもらったりうつむいて入っていくような所は

絶対いやだと思う。罪悪感も被害者意識ももたずに高校生の男女が愛し合うには、おとなや社会の偏見がひどく障害になっている。

私の場合をもっと言えば、もはや私と対等のつきあいをしてくれない男など愛せないし、経済的にも同じ負担でないと気になってならない。でももとからそういう男女平等の思想の男なんてあまりいない。私が「かわいいおヨメさん」志向の少女から〝女性解放〟志向の青年に変ってきたように、男の側にも変わる要素はみんなもっているんだから、どんどん変えていかなくちゃならないのだ。

高校生なんてまだ子どものくせに、とかよく言うおとながいるけれどそれが何なのだろう。だからといってティーンエイジャーが裸で抱き合うことを阻止できる人間がいていいわけはない。

おとなたちや社会のおエライさんたちは性の無知による「失敗」を示して経済的自立のない私たちを恐怖させようとしているが、本当に疎外されなくてはならないのはティーンエイジャーの恋愛や性なのではなく、愛の形を規定し「失敗」を発生せしめている〝性への偏見〟なのである。これが解消されない限り私たちティーンエイジャーの〝性の解放〟など現実のものではない。だから私たちはこれからずっと、その〝抑圧するもの〟に対して自らの手で解放をかちとっていかなければだめなのだと思う。

意気消沈の日々

安藤　千代

今はこうして会費だけを支払い、書くことさえためらいがちな毎日。文句を並べたて、そして投稿してやさしい慰めを自らの心に流してゆけば、ぼんやりとすわって何も手を出さぬ小さなおまえがいるだけ。

〝行え〟私の心はそう叫ぶ――。

〝行う〟とは、やはり私の場合、経済的自立だろうか？

というのも、経済的自立をしていない限り結婚の生態は、否、本質的に人間の夫婦の関係に、平等・自由はないと思うからである。いくら主婦専業が（家事・育児はきわめて基本的で、大切なことと思うし、楽しくないといったら嘘になるが）職業云々されても、真の共同体としての家庭、まして、男と女の、親と子の、個人確立ということはあり得ない。

男の側（＝現社会機構）から強いられる不利でかつ、経済的に囲われている無職の女の行く果てのないこの生きざまを自分の中に見るのはもう嫌気がさした。

とはいえ、就職しようとすれば、また私には大きくてぜいたくな溜息が流れるのみである。会社の門を叩けば、そのドアのコンコンとひびきをたてる男と女の差別の音に、いやというほど味わった怒りをよみがえらされる。そして今や、子ども――保育所――家庭往復にてんてこまいの自分を想像し、ひょっとして第二子でもできれば、核家族の私たちの身の上に産休――ゼロ歳未満児を保育所へ……などと考えれば、とてもできない気がする。そうするうちに年をとり、気がついたらきっと四十歳前になっているだろう。これが人生よ！なんてとてもあきらめきれない気持をもちながら、結局、このまま現状を認め流されてゆくのだろうか。

馬鹿だなあ！お前。意気消沈して……やっぱり走り出す前に考えすぎて、血をうすくしている…

わたしから あなたへ

…。もうやめろ！ペンを取ることは……私は再び小さなれ己を見ながら怯懦する。

日毎に充実させよ！なんてくだらぬ事はもう言わない。行え ！行え！ 歩きはじめよ！

まずはすべてを忘れ全力疾走することだ。そうすれば、今のこの心理をせせら笑って語れる時が来るだろう………か！

生きる＝生活する＝食べることを原点におけば人間は何でもでき、折にふれた社会の中でもう一度、できうる筈。甘えるな――二十一世紀の、二十二世紀の歴史の教科書をひもといて見よ――二十世紀後半のお前が生きたところに、女の歴史は抜けていると思うよ！がんばろう、やはり。どんな形であれ、わが手に汗の報酬を受け取り、本当の差別・矛盾を見極めてゆかねば……今のままでは、私は生きているのではなく生息しているにすぎないのだから――?!

（二七歳）

ベトナム女性

三浦　幸枝

アジアを旅行するたびに女の人の姿に興味を持ってしまう。かならず日本へ自分の子どもを置いてくるということもあって、子づれの女の人を見るとやはり共感を持つし、市場などで子どもをかたわらに置いて働いている人を見たり、訪れた新聞社で「子どもは二人ですが乳母が見てます」などという女性に会ったりすると、この人達と子どもとのかかわりはどうなんだろうなんて思い、時間があればそんな質問をするようにしている。そのようななかでも特に印象があるのは、そのご当人には逢ってはいないのだが、話に聞いたベトナム女性の事である。

一九七五年一月、私は友人何人かと解放直前のサイゴンを訪れた。戦争状態も、日一日と激しくなり、旅行者として訪ずれるような気分ではなかったが、せっかくのチャンスと私達は出向いた。新聞のニュースとは違い、サイゴンの街は活気にあふれ、闇市は世界中の物質で満ちあふれていた。それが正常とは思えないのだが、真白いアオザイ姿の女子学生の一群や、サイゴン郊外の実験農場で生き生きと働く黒い農民服の彼等を見ていると、遠くで時折り聞こえる銃声もまるで他の音の様だった。そんなサイゴンで私達は一人の日本人の男性にあった。その人はある事情からベトナムへ十何年前に行き、そのまま住みつき、今は日本商社に現地採用の資格で勤めているということだった。現地採用ということはベトナム人並、つまり日本から出向している人達より何十分の一の給料で働かせられているということなのだ。そうであっても日本人であるため、現地のベトナム人ともあまりうまく行かないらしく苦労している様子だった。

「いえね、私がベトナム人と結婚しているので、日本から来ている人達は私をベトナム人同様に扱うんでしょうね」

その人は、私達が戦争状態なのによくサイゴンに来たと喜んで、ウイスキーをごちそうしてくれながら、自分もよく飲み、しゃべった。

「いえね、ウチのヤツはいいヤツですヨ。でもね、あなたたち日本人に逢うと、やっぱり大和撫子と結婚すればよったと思うんですよ」

私達女性一同、びっくり。自分達を大和撫子と思ったことも無いし、というよりいったいどうい

のがそういう女性なのか判らない連中ばかりだったから。

「私はこの年でしょう（五十代位（女なんて……いえ、あんたたち若い人は違うんでしょうが……、女なんて女房になればダンナの言うとおりハイハイ言うもんだと思っていたんですよ。それでね、ある時、何かの事で口論になりましてね、エイ、ナマイキナと女房をぶんなぐったんですヨ。ところが、女房の奴、こんな事は父親にもされた事がない。私の言い分で間違っているなら口で言えばいいと言いざま、家の戸口に立ち、村中の人間に聞こえるような大声で私のした事を叫んだんですよ。もう、びっくりしたのなんのって。あれよあれよと思っているうちに、私の家の戸口には村中の人がいっぱい。そこで女房はまた始めましたヨ。それを聞いていた村の人達は、口論すればよいことを、なぐるなんてもってのほかと、私はみんなの前であやまらせられましたヨ。日本人だったら考えられないでしょう」

そう話しおわった日本人はもう完全によっぱらい、「あああ、やっぱり大和撫子と結婚すればよかった」とつぶやいているばかりだった。

本当に彼の言う大和撫子が日本に存在するかどうか判らないけれど、そのベトナム人女性のさわやかな行動に一同、ただただ感心し、目の前で真赤になって半分グロッキーになり、大和撫子の幻想にもうろうとしている日本人男性がなんとこっけいに見えたこと。時間さえゆるせば、その女性にあってみたいと思いながらも、果せず帰ってきたことが残念だった。

今、私はその時の日本人の言葉を思い（でも彼はその後どうなっただろう？）あのさわやかな勇気あるベトナム人女性達が、今のベトナムを創りあげているのだろうと思っているのだが……。

管理職のあなたへ

前田けい子

私は同僚からバカだとか、アマイとか言われます。彼女達に言わせると私のあなたへの対し方は、はたで見ていると何とも歯がゆく、そう言わざるを得ないのだそうです。

あなたと私とは立場が違う、あなたが決して働く側のことなど考えるわけがない、とわかっていながら、私はあなたが『女』だから——女だから今までもたいへんだったろうし、男性社会の今日、女の痛みも少しはわかっているに違いない、とついつい思ってしまうのです。だから仲間から「何度言ったらわかるのよ、あなたってバカだ。うまく言いくるめられて利用されるだけなのに」と言われるのです。

ここで、あなたを分析してみましょう。

○女としてはエリートの、管理職。

○独身。仕事を持つ既婚者、特に妊産婦、子持ち主婦は自分の足をひっぱる存在と認識している。つまりそういう女がいるために自分達女が一人前として扱われないんだ、と思い込んでいる。

○女は男の二倍以上働かなければ認められないから二倍は働らくこと、が口ぐせ。

こう書いてくると、私は悲しくなりました。これらのためにエリートとなれたのなら、エリートとは何と気の毒な存在でしょう。

女であることを、ある時点で放棄したあなたについては、後輩の

わたしから　あなたへ

私が今さら何も言いますまい。ご自分の意志でそうしたのかもしれないし、そうしなければならなかったのかもしれないのですから、友人から、邪魔だから子宮をとってくれ、と医者へ行ったあなたと同年代の女性の話をきいたことがあります。しかし、それでは女の問題の何の解決にもなりはしません。

女性を拒否することは、あとから続く女にとって決してよいことではないことを認識してほしいのです。なぜなら、それは不自然なことですし、多くの女がそれをまねすることはできず、それでは女達の力とはなり得ないのですから。あなたの考えですと、女のごく一部しか働き続けられなくなるのですから。

女であるために二倍働くなんて、古すぎます。私より五歳若い人に話したら、ナンセンスと、相手にもしてくれませんでしたよ。

時代は変っているのです。

女の半分以上が仕事を持っている時代です。

あなたがあなたの選んだ生き方をなさるのは自由です。しかし、あとに続く私達がそのイメージを変えるのにたいへんな努力をしなければならないような、悪い評判は残してほしくないのです。これだけは心にとめて下さい。そしてできれば、経験したはずの女の痛みをはっきりと自覚して行動していただきたい。過去のことにかかずらわっていたら、せっかく獲得した権力を維持できないとは言わないで下さい。今だってきっと女であることを痛感するはずですから。それともまさかそれを感ずることがなくなる程、あなたは鈍感になってしまったわけではないでしょうね。

十余年前、新入りの私が尊敬したのは、はつらつとしたあなたでした。立場が変って、あなたは変質したのでしょうか。女のあなたが権力を持つためには、部下の意志などハエがとまった位にも感じない、男の二倍の非常な管理職として自分を守らなければならないのでしょうか。

私は堂々とこどもを産んで堂々と仕事をしたい。そして今あなたはそういう女達を排除するわけにはゆかない。そういう女はあなたの想像以上に増えているからです。

あなたと私達がけんかをするのは極力避けなければなりません。高みの見物の男どもを面白がらせてはいけませんから。

でも、バカでアマイ私もそういつまでも甘い顔ばかりはできないのです。

（千葉県　会社員）

言葉を見直そう

清水　紀子

女のくせに……女だてらに……
女の分際で……オールドミス！

これらの言葉は女性に対して批判、軽蔑の意をこめて発せられる言葉である。日常の生活において、男の人と女の人が話しをしていて対立した時、興奮した勢いで語気荒く男の口から発せられる代表的な言葉、「女のくせに生意気だ」こういう場合、まず「男のくせに生意気だ」という言葉は出てこないだろう。

なぜだろうか。なぜ「女の分際で」という女に対する最も卑劣きわまる言葉があるのに、「男の分際で」とは言われないのだろう。

これは、現在の世の中は男女平等だと言われているが、本当は男性中心社会である実情を無意識のう

わたしから　あなたへ

ちに認めてしまっているからである。言葉ぐらいのことでなんだと思うかもしれないが、社会を変えていくにはその社会を形成している個人個人が個々の考え方を変えていかなければならないのである。その上で、一人の人間から発せられる言葉の果たす役割りは大きい。

社会の大きな考え方が変われば個人の考え方も変わるのだというのではなく、個々の働きかけによって還境、社会を変えていこうとする姿勢が本当である。

日常何気なく使っている言葉、使われている言葉をもう一回振り返ってみよう。たとえば、未婚女性に対して言われる「売れ残り」……どういう意味だろうか。この言葉の大きな根源には「女の幸せとは結婚である」という考え方がある。女性は結婚して男性と一緒に暮らさなければ生きていけない程弱い人間なのだろうか。「売れ残り」とは物に対して言う言葉である。女性は物ではない。人間である。そして結婚は人身売買ではない。

全く何て理屈っぽいことを言っているのだろうと思われるかもしれないが、このように一つの言葉をとってみてもいろいろなことを考えることができる。そしてまた新たに現在の社会に対する疑問がわき、本当にこれでよいのかと思い始める。もう一度、自分のまわりを振り返ろう。言葉を見直そう。

(高校生)

女像雑考

ベッドフォード雪子

最近話題となっている『黄昏のロンドンから』の著者木村治美さんを紹介した新聞の短文によるとこの本は一主婦の立場として書かれたと言い、それだけに木村さんの「一主婦」の側面が強調されていた。しかしこの作品を生み出す事が出来た木村さんの背景は明らかに「一主婦」のそれとは程遠いし、作品も主婦としての木村さんよりも永年の組織だった研鑽の結果であると思うのだけれど、彼女のプロとしての背景は片隅みにおしやられている。ああまたかと想起するのは、二年前やはり大宅賞を得た『なんで英語をやるの？』の著者中津燎子さんの場合である彼女の時もマスコミは「一主婦」としての中津さんのみが強調されたが、その本の充実した内容はやはり主婦の場とは異質の場で養われた、洞察力や訓練によって、裏付けされたものであることは明らかであった。お二人共主婦性を標傍されたのは夫々お考えがあっての事と秘かに思うのだけれど、いずれにしてもそこには社会的に活躍する女性が直面する問題の深さが覗われるのではないかと思う。

マスコミの普及につれ、いかにそれは既成観念や偏見に満ちた女像を定着させるのに役立っていることだろう。「わたしたべる人」のCMを例に上げるまでもなくTVは現代最強の情報伝達の手段であり、その影響力は測り知れないものがある。例えば男女がペアで司会する場合殆んどの場合男性が主役で年長者、女性は「アシスタント」で年少者である。女性は質問らしい質問や意見を出さず男性側に常に賛同し、微笑み頷づく。何故他の組合わせ──例えば女性が主役で年長者、男性が助手で年少者──が出来ないのだろうか。男女共に経験を積めば自然に年長者となり、年少者より重要な役割りを持つのは当り前の事ではないだろうか。ラジオにしても大同小異、男女コンビのディスクジ

わたしから　あなたへ

ヨッキーの例にしても、女性ジョッカーはほんの相槌ち役にすぎない。

これ等は一応若く「開放された」未婚女性像であるが、家庭を持った女性は「無能力者」であった時代の影もまだまだ色濃い例も多くある。ある新聞のホーム欄では時事問題解説シリーズで対話形式がとられていた。その質問者―解答者の組合わせは、妻―夫、娘―父親、母親―息子などで女は種々の才分で常に無知の立場で表わされている。なぜ母親―娘、主婦同士などの組合わせが無いのか。これらは現実にも充分みられる組合わせである。また選挙についてのTV街頭インタビューでは、傾聴に価する意見をのべたある初老の女性も最後に「でも私は何もしらないので」との一言を忘れなかったのは、彼女の堂々とした態度と相俟って女性の立場を象徴していて印象的であった。

最後に最近みた新聞記事の印象もつけ加えておきたい。それは著名人のお得意料理を紹介するシリーズだが、ある女性社長を例によって「主婦性」を強調して紹介した後、次の一句でしめくくっていたのである。即「すぐれたプロ主婦ならすぐれた経営者にもなれるというお話」。この茶化した最後の一言は、真剣に会社経営と家庭の経営管理の共通性を語った女性社長を冒瀆したことになると思われる。他の男性著名人に対しては常に慇懃な態度である。ちなみにこの女性社長の一回は通常このシリーズに示されている文責表示もなく文字通り無責任なものであった。この事は彼女に関してのみだけでなくマスコミに代表され、又、マスコミが作り上げる社会通念としての女像を裏書きするものであろう。

国際婦人年をきっかけとして行動を起こす女たちの会

一九七六年　活動報告

全体活動

1・14　1月定例会（於千駄ケ谷区民会館）
「少年雑誌における女の描き方」をめぐって討論

2・13　2月定例会（於千駄ケ谷区民会館）
1月に引く続き「マンガ雑誌における女の性の描き方」をめぐって討論

3・15　3月定例会（於千駄ケ谷区民会館）
「歌謡曲に描かれる男女像をめぐって」討論
問題提起者　中嶋里美

4・10　婦人参政権三十周年記念集会（於共立講堂）にて
4月定例会の案内ビラをまく。

分科会活動

〈　〉内は分科会名

3・2　総理府婦人問題企画推進本部へ「国内行動計画」に向けて要望書提出、「働く女性の相談室」の4月開設を発表〈労働〉

8　「イギリス性差別禁止法の成立過程と実態について」（報告者　ジャノン・ウィリアムス）及び「アメリカの実態について」（報告者　ローラ・シャーノフ）〈労働〉

29　総理府婦人問題企画推進本部へ「国内行動計画」についての要望書を提出〈教育〉
小学館社長宛に「古典原稿料雇」解雇に対する抗議文を送る〈労働〉

4・7　「働く女性の相談室」開設（毎週水曜日午後6時半から、予約制）〈労働〉

13　4月定例会（於千駄ケ谷区民会館）
パネル・ディスカッション「夫の給料は誰のものか」　パネラー　青木淑子・俵萠子・吉武輝子
夫婦財産制をめぐって8時間に及ぶ討論会を開く

5・13　5月定例会（於婦選会館）「離婚を考える」
離婚に対する社会の評価、家裁の調停の実態、子供の問題、かけ込み施設の必要性等の体験報告から討論

25　NHKテレビドラマ「となりの芝生」について担当ディレクターに抗議

6・18　6月定例会（於婦選会館）
「国内行動計画概案を検討する」公開討論会
回答者　久保田真苗（総理府婦人問題担当室長）
影山裕子（婦人問題企画推進本部参与）
湯沢雍彦（　同　　参　与）

19　「母性保護をめぐって」　報告者　影山裕子
＜労働＞

5・10　「働く婦人の相談室」案内ビラを女性グループ、市民運動グループへ送る＜労働＞

17　「かけこみ施設」について都民生局の説明会（7団体参加）に参席＜離婚＞

27　第1回主婦問題講座「主婦の自立と経済力」
＜主婦＞
「イギリスの女性解放運動について」　報告者
イギリス人ジャーナリスト　スー・ウッドマン
＜労働＞

28　第3次公開質問状を総合雑誌婦人生活誌29誌の編集人宛に発送＜公開質問状＞

29　教科書発行会社（開隆堂、東京書籍、学校図書、光村図書、日本書籍）を招き教科書の中の性差別を指摘＜教育＞

6・10　労働省婦人少年局主催「男女の平等と婦人の社会参加」をテーマとする婦人会議に託児施設が設けられなかったことに関して婦人少年局に抗議、要望書提出＜主婦＞

14　第2回主婦問題講座「家事労働をどう評価するか」＜主婦＞

15　「駆け込み施設」の内部構造について都民生局と

7・3～13 「北欧の男女平等の源をさぐる女たちの旅」
（会員有志が参加）

16 7月定例会（於千駄ヶ谷区民会館）
「スウェーデンの福祉見学報告」
＊スウェーデンへの旅から帰国した会員の印象報告
＊司法研修所における女性差別発言に抗議することを決定

7・21 司法研修所女性差別発言に対する連続5日間の抗議行動開始
「女の人権を無視する裁判官に裁かれるのはごめんだ!!」
東京地裁前にて座り込み、ビラまき

22 最高裁前にて座り込み、ビラまき、最高裁秘書課長と会見

23 司法研修所前にて座り込み、ビラまき

24 ロッキード集会（於坂本本町公園）にてビラまき
日比谷公園まで一緒にデモ

25 新宿歩行者天国にてビラまき
（女性の人権を無視する司法界を弾劾する会）

8・4 NHK放送センターに出向き「となりの芝生」再放送をディレクターに抗議

8 夏合宿　五日市にて

意見交換〈離婚〉

7・4 第3回主婦問題講座「主婦と福祉」〈主婦〉

6 「古典原稿料雇」解雇撤回闘争について小学館労組書記長と会見〈労働〉

7 6月6日日付毎日新聞家庭面「男の気持」欄の見出し「浮気…あなたは？」「意外？当然？リブの波」について、新聞社に抗議〈性〉

12 家庭科共修問題を話し合う
報告者　影山裕子、奥山えみ子
（この時、教育課程審議会答申が女のみ必修に落ちつきそうだという情報が入る）〈教育〉

15 家庭科の女の子のみ必修に抗議するハガキ投函開始〈教育〉
「かけ込み施設」の青写真について都民生局と意見交換〈離婚〉

21 第四回主婦問題講座「主婦と子育て」〈主婦〉

24 学習会「売春を考える」
講師　日本キリスト教矯風会　高橋喜久江
〈離婚〉

8・12 「賃金論」　報告者　総評賃金対策部　高橋宏
〈労働〉

29 第5回主婦問題講座「再就職」〈主婦〉

10～ 「性を語ろう」

9・6 司法研修所4裁判官の訴追請求に参加を呼びかける（差別裁判官訴追実行委員会）

11 シンポジウム「家庭科はいつまで女だけ？」
発言者　前田武彦・吉武輝子・和田典子ほか
全会一致で「家庭科の女子のみ必修に反対し、男女共修の実現を求める」要望書採択（他12団体と共催）

13 9月定例会（於千駄ケ谷区民会館）
「スウェーデンにおける男女平等の源」
報告者　ヤンソン由美子

25 1年目の記録「女の分断を連帯に」発行

28 「家庭科の女の子のみ必修に反対する連絡会」発足
訴追委員会に差別裁判官訴追請求第一次申し立て（一六二九名）　（差別裁判官訴追実行委員会）

10・8 10月定例会（於千駄ケ谷区会館）
「司法界の女性差別を告発する」
経過報告　淡谷まり子
実際の裁判は裁判官の価値観、女性観によって判決が決まることを明らかにし、法の番人たる裁判官の女性差別意識を許さないことを確認、全会一致で宣言文を採択した
（行動する女たちの会・訴追実行委員会共催）

9・2 文部省、婦人問題企画推進本部、同企画推進会議宛に「家庭科の男女共修」に関する要望書を送付〈教育〉

10 「戦後日本の労働力政策」　（報告者　柴山恵美子）及び「小学館原稿料雇撤回闘争について」（報告者　森田弘子）〈労働〉

14 第6回主婦問題講座「国内行動計画について」〈主婦〉

23 討論会「性の言葉を洗おう」〈性〉

25 学習会「婦人相談所の現状」
講師　兼松佐知子（東京都婦人相談員）〈離婚〉

10・18 「就業における男女平等について」に対する意見書を総理府婦人問題企画推進本部宛に提出〈労働〉

23 学習会「スウェーデンの婚姻法と離婚法」
講師　淡谷まり子（弁護士）〈離婚〉

10 「国内行動計画概案」に対する「意見書」を婦人問題企画推進本部と総理府婦人問題担当室宛に提出

18 「国内行動計画成案に対する提言」を婦人問題企画推進本部と総理府婦人問題担当室宛に提出

24 「ボクもワタシも作る人食る人…」のビラまきを高校・大学前で開始（家庭科の女子のみ必修に反対する連絡会）

30 文部省前で抗議行動及び署名活動

（家庭科の女子のみ必修に反対する連絡会）

11・5 差別裁判官訴追請求第二次申し立てを行なう

（差別裁判官訴追実行委員会）

6 「家庭科の女子のみ必修」抗議集会（於婦選会館）

発言者　俵萠子、中山千夏、山根英之（マン・リブ）、増野潔、女子高校生ほか

（家庭科の女子のみ必修に反対する連絡会）

15 11月定例会（於千駄ケ谷区民会館）

賃金問題シンポジウム「女が食えない賃金のからくり」

職場の実例から賃金のからくりを知り、女にとって望ましい賃金のあり方を検討する

※ 一九七七年一月以降の活動については、三年目の記録集に掲載いたします。

女たちが期待できる政党は？

―各政党に男女平等政策をきく―

私たち女が一票を投じるとき、各政党、各立候補者がいかなる男女平等政策をもっているか、女性問題をどうとらえているかが重要な決め手となる。

そこで、女たちが期待できる政党はどこかと、去る四月十六日に開いた「各政党に男女平等政策をきく会」の概要をあらためてここに紹介しよう。

主催は「国際婦人年をきっかけとして行動を起こす女たちの会」政治分科会。同会では、あらかじめ質問状を作り、出席依頼と共に、自民、社会、公明、民社、新自由クラブ、共産の各政党と、その段階で女性の立候補者を立てると発表していた新しい連動を求める人々の会ならびに日本女性党に送付した。自民党と新自由クラブからは出席が得られず、当日は他の四党の代表と日本女性党、連動する会の吉武輝子氏を迎えて行なわれ、まず質問に対する回答をきき、続いて討論に移った。

出席者（発言順）

公明党	鈴木　勝氏
民社党	新井田佳子氏
日本社会党	田中寿美子氏
新しい連動を求める人々の会	吉武　輝子氏
日本共産党	榊　利夫氏
日本女性党	佐々木洋子氏

（122）

＜質問＞

1　男女差別をなくすために

(イ)世界行動計画の中に男女差別は罪悪であるとありますが、この考え方に同意しますか。

＜回答＞

公明　素直に同意する。

民社　全くその通りである。

社会　男女差別は罪悪。

吉武　女性差別はすべての差別の根源になっていると考えている。

共産　当然。半世紀前からこうした考えをもっている。

女性　私たちは女性優位の考え方である。

＜質問＞

(ロ)各国では国内行動計画のため実行機関づくりがすすめられていますが、日本においても実行機関を作るつもりがありますか。

＜回答＞

公明　当然作るべきだが、はじめから国でというのはむずかしいので、まず地方自治体の段階で作り、下から盛り上げていく。

民社　作るべきである。

社会　現在の企画推進本部をもっと強力にするためには、総理府の中ではなく、内閣直属にしたほうがよいのではないか。

吉武　作っていかなくてはならない。具体案は検討中。

共産　企画推進本部が十分役割を果たしていけるようにする。

女性　実行機関を作るつもりはない。

＜質問＞

2　政策決定について

(イ)政策決定機関に多くの女性を登用するために、どのような措置を講じたらよいと思いますか。

＜回答＞

公明　基本的には婦人議員をふやし、各種の審議会のメンバーにも婦人を登用していきたい。

民社　各種審議会の中の女性の比率が、現在は二・六％であるが一割まで当面ふやしたい。

社会　審議会内の女性の増員はすぐできる。雇用平等法を提出しているが、その中でも中央と地方の委員会の三分の一以上は女としたい。

吉武　国政、地方行政レベルに女性をどんどん出していく。会では無党派候補を立てる。

共産　審議会委員のうち、女性が一割を占めるようにすると政府は述べていたが、まず各種審議会を民主化し、女性に深い関係のある審議会には多数の女性を送る。

女性　女性雇用促進法を作り、社長、重役に女性が半数以上いなければ税金徴収をする。

＜質問＞

3　教育について

(イ)先搬出された国内行動計画の中に、従来の男女の役割分業意識にとらわれない教育訓練を推進するとありますが、具体的にはどのようなものだとお考えですか。

＜回答＞

公明　一個の人間として、その能力、才能を最大に発揮できるようにする。家庭での男子優先をなおすべきだ。

民社　性別役割分業を廃し、意欲と能力ある女性を積極的に受け入れるよう社会の体制をととのえる。

社会　幼児から大学まで共学にし、教育の機会を均等にし、教科書の内容を変える。

吉武　5、6、7を実現させること。

共産　教科書検定をなくし、憲法、教育基本法に基づいた教育をする。

女性　必要なことである。

〈質問〉

(ロ)教育課程審議会は、再び女子のみの家庭科を答申しましたが、これをどう考えますか。

〈回答〉

公明　中学の技術、家庭科の一元化、高校のあり方も含めて共修の方向を目指したい。

民社　現在の家庭科は技術的内容に傾いている。家庭生活の基本を教え男女共修にする。

社会　現段階では共修にすべきである。

吉武　家庭科は技術のみを学ぶ教科ではなく、生活についての理念を学ぶ学科であるので、小中高一貫して共修にするのがよい。

共産　民主的な家庭生活に必要な知識は男女共に教えていくのが当然。

女性　女子は選択、男子が必修。

〈質問〉

(ハ)男女別学の公立校がかなりありますが、これをどう考えますか。

〈回答〉

公明　共学のメリット、デメリットもあろうが、人格の完成、相互の理解のためにも共学が必要。

民社　公立高校は原則として共学がよいが、地域の特殊性や父母の要求の強い所では共学でなくてもよい。

社会　共学にすべきである。

吉武　当然すべてを共学とする。

共産　公立校は基本的に男女共学にすべき。

女性　男女共学がのぞましい。

〈質問〉

(ニ)教科書等の教材は男子中心に記述されていますが、これをどう考えますか。

〈回答〉

公明　小学校国語教科書の主人公の男女、著者の男女比をみても男子中心で、女性の立場が反映されていないのは改めるべきである。

民社　検討して正すべきである。

社会　教科書が男子中心に作られていることは直していかなくてはならないが、教育の企業化が進み、こういう意識にぶらさがっている人たちにも大きな問題である。

吉武　性差別を温存する教科書をなくすために、国家の検定制度をなくし、小地域で自主的に選択することによって、こうした教科書をなくしていくことができる。

共産　不公平な男女の役割を固定化する教科書を改め、学習指導要領の押付けを排除した教科書を民主的に採択することによって改まる。

女性　けしからんことだと思う。

〈質問〉

4　労働について

(イ)労働における男女平等をはかるために、労働基準法の三、四条の改正及び総合的な男女平等法の制定をするつもりはありますか。

また、その準備のための委員会はありますか。

〈回答〉

公明　三条の中に性別を入れる。採用時の待遇の均等をはかる。社会労働委員会や、婦人問題特別委員会で「公正平等法」の立案を考えている。

民社　労基法を改正する。

社会　三条の中に性別を入れるべきだと考えてきたが、そうすると四条が消えてしまう恐れがあるので、三条はそのままにしておいて、四条に雇用、その他の労働条件を入れることなどを検討中。

吉武　雇用平等法を制定する。募集の時、男のみ、女のみを廃止し、その他すべての条件が平等になるようにする。そしてこれに違反した場合は罰則の権限をもつ救済機関を作る。

共産　四条の中に労働条件その他を入れて提案している。

女性　労働についても男女平等ということについては考えていないので、そのための立法措置は考えていない。

〈質問〉

(ロ)女性が働きつづけるために産休の延長、その間の所得保障など母性保障の基準のひきあげと産休あけ保育の促進、保育所等の充足についてどのような施策をお持ちですか。

〈回答〉

公明　産前、産後、十週の有給保証。出産費を健保の現物給付で、保育所設置のため国が地方自治体に財政援助する必要あり。

民社　母性保障基本法を一刻も早く制定すること。国会に何回も提案している。

社会　産前産後十週間とするよう労基法の改正を提案している。六〇%の所得保障をする。ＩＬＯ一〇二号条約はすでに批准されているので当然出産費は公費でまかなわれるべき。そのため健保法の改正、母子保健法の改正を今国会に提出。

吉武　完全に実施。ＩＬＯ条約に決められたように母性保障はひきあげねばならない。

共産　産前産後八週間。健保から出ている出産手当は現在六割だが、これを八割にする。0歳児保育所をふやしていく。

女性　産休も、保育所も女性の職場進出のためには必要であるので、どんどん作っていきたい。

〈質問〉

(ハ)現在、労働基準法上の時間外、深夜、危険有害業務の就業制限を撤廃することが平等を実現することになると思いますか。弊害があるとは思いませんか。また、男性の無制限な深夜労働や時間外労働についてどうお考えですか。

〈回答〉

公明　母性保護規定を変える気持は毛頭ない。母性に社会で守り、これを差別の理由にさせない。

民社　保護規定が不平等の原因になっている現実はあるが、撤廃が平等につながるとは言えない。母性機能を保障することを条件としてそれに関係のない法的保護を緩和する。

社会　制限を撤廃したからと言って女子が登用されるわけではない。男女共に深夜業は良くない。

吉武　性別役割分業をそのままにして、保護規定をはずすことは、職場では従来の男並に働き、家に帰ってきてまた家事育児をするということになるので、これについては男が家庭人として生きる姿勢をまず作ってからでな

くてはだめだ。

共産　保護規定は権利として確保すべきであって、なくすことが平等実現にはならない。男女平等は既得権の後退なしに進めるべきで、男の労働条件も改善すべき。

女性　深夜労働なども女性が選択するものであって法律で決めるものではない。危険有害業務については女性があえて進んでやる必要もなし。

〈質問〉

5　社会保障等について

(イ)家事、育児の社会化をすすめるために、どのような施策をお持ちですか。

〈回答〉

公明　男が家事をやっても当然という慣習が必要。労働時間の短縮、労働条件の改善が必要。

民社　（質問状発送の手違いにより回答なし）

社会　母と子のそして保育労働者の権利を守る保育がたいせつ。保育所緊急措置法を提出。

吉武　保育所の充足、保育者の労働条件をあげていく。家事は男女共業にする。

共産　保育所の増設、充実に努力したい。

女性　家事、育児の社会化も必要だが、男性がどんどんやることだから、そのための教育も考えている。子どもの教育は男がやるべきものではないだろうか。

〈質問〉

(ロ)老人、身障者、病人の介護は誰がどのようにすべきだと思いますか。それに対する社会保障はどのようにすべきだと思いますか。

〈回答〉

公明　国、自治体の社会保障施設の拡充、保健婦の派遣、介護手当の増額、緊急一時保護制度、緊急に家政婦を派遣すること。

民社　（前項に同じ）

社会　ヘルパーをもっと多くする。

吉武　介護が女性という考え方を撤廃し、さまざまな介護の選択が出来るようにする。

共産　現在は多くの主婦の肩にかかっているが、社会施設をふやし、ホームヘルパーや介護人をふやしていきたい。地域社会の民主的発展もたいせつ。

女性　今はこうした仕事がほとんど女性にまわってきているが、けしからんことである。それに対して社会的保障が必要。

〈質問〉

(ハ)女性が離婚した際、年金権を喪失しますが、これをどうお考えですか。

〈回答〉

公明　国民基本年金法を作りたい。

民社　（前項に同じ）

社会　年金制度の改正、最低限一人六万円。

吉武　個人単位の年金制度の確立。

共産　年金権をすべての人に確立する。離婚の自由を制限するような現行法を改め、妻の年金権を保障する。

女性　けしからんことである。

〈質問〉

(ニ)独身女性の税金は何ら控除されていませんが、その上にほとんど施策がなされていません。例えば

・中高年の独身女性の住宅確保をどのようにお考えですか。

・現行の厚生年金、または国民年金による老後保障では、過去の低賃金に比例

して年金額も少なく、生活を維持することはむずかしいのですが、これに対する保障をどのようにお考えですか。

〈回答〉

公明　生活費に課税しないなどの税の公平化の中で考えたい。今国会に住宅基本法の改善を提案、国民年金法第七条をすすめていきたい。

民社　国や地方自治体の責任で中高年独身女性が、公営住宅に安心して入れるようにする。年金については賃金や、加入期間の長短にかかわらず、すべての人が一律五万円もらえるようにする。

社会　独身女性という差別的な名称で自らを呼ばなくてもよいように、誰でも最低の生活費を与えられるべきである。

吉武　独身女性の方々に集まっていただいて検討中なので詳細は後ほどに。

共産　安くて住みよい住宅をたくさん作り、独身者用も一定枠確保する。貸付けも不利にならないようにする。年金は積立て方式から付課方式にする。

女性　女性の税金については、お茶汲み控除として一千万円の控除を考えている。また妻の立場の人は奥さま控除として、三百万円まで控除する。

〈質問〉

6　性について

(イ)売春につながるトルコ風呂の規制をどのようにするお考えでしょうか。

〈回答〉

公明　四党で公衆浴場法改正案を出す。

民社　規制の強化、今国会で公衆浴場法の一部改正案を出す。

社会　全野党で公衆浴場法の改正案を出したが廃案になった。

吉武　トルコ風呂に限らず、女の性が商品化されることをなくしていきたい。女が経済的に自立できる道を作るしかない。

共産　公衆浴場法の一部を改正する。

女性　売春の仕組みを変えるには、女性の職場進出を考えるしかない。

〈質問〉

(ロ)優生保護法の改正を再上程するつもりはおありでしょうか。

〈回答〉

公明　改正反対。

民社　ありません。母性保障基本法の制定を何よりも優先させる。

社会　優生保護法の改正反対。刑法の中の堕胎罪の削除。

吉武　なし、堕胎罪の削除の要求。

共産　優生保護法には反対。婦人は好んで中絶をするのではない。計画出産が望ましい。

女性　やる気はない。もしこんなことをしたらただではすませない。

〈質問〉

(ハ)避妊は現在女性の側の負担が多くなっていますが、男性側の避妊の開発についてどう思われますか。

〈回答〉

公明　その通り、男の避妊の開発は必要。

民社　男女の区別なく開発する。

社会　ピルも女の側が使うだけだが、男の側の避妊をもっと考えるべきである。

吉武　男性側の避妊を促進させていく。女は出産などに生命をかけている。避妊も女だけでは差別が広がるばかりである。

共産　当然必要なこと。保健所が啓蒙してい

くこと。

女性　避妊、出産については国が無料で提供すべきである。女性が自分の身体のことをよく知ることはたいせつ。男性の避妊についてもどんどん開発すべきである。

〈質問〉

7　婚姻について

(イ)婚姻の際の別姓を認めることについてはどう思われますか。

〈回答〉

公明　別姓の認められる方向が望ましい。

民社　子どもが父の名を名乗るか母の名を名乗るかによって、かえって男女の不平等が助長されることがあるので別姓には反対。

社会　自由選択にすべきである。

吉武　民法七五〇条を改正して別姓がとれるようにする。

共産　外国にも例があるので検討したい。

女性　結婚するとき、選択すべきである。

〈質問〉

8　マス・メディアについて

(イ)世界行動計画では、マス・メディアを通じて男女の役割分業の固定化をなくしていくよう、うたっていますが、具体的にどのようにしたらよいとお考えですか。

〈回答〉

公明　根本は男性支配と経営側の考え方が問題だ。啓発によって経営側を変えていく。

民社　政府、自治体、各種婦人団体がテレビや新聞広告を通じて男女の役割分業を変えていくことが必要。

社会　日本のマス・メディアが役割分業を宣伝しているのは困ったものだ。どしどし抗議をすることが必要。

吉武　性別役割分業の番組を作るな、と政府が言うことは言論の弾圧になるので運動で変えていきたい。

共産　婦人蔑視の番組に抗議をしたり、ＮＨＫの番組審議会に女性をふやす。

女性　マス・メディアを女性たちが独自に持つべきであるが、今はそうなっていないので、まあしようがなく利用するしかないが、将来的には独自のメディアを持ちたい。

〈質問〉

(ロ)マス・メディアの中で働く女性をふやすためには、どのような具体的な方法があるとお考えですか。

〈回答〉

公明　公共性の業種については雇用上の平等のために、一定の枠が必要。

民社　マス・メディアの経営者、管理者に女性の進出の重要性を認識させ、マス・メディアで婦人問題を多く扱うようにさせる。

社会　雇用平等法などで男女差別はどういうものかを具体的に示し、女性労働者の枠をもうける。

吉武　雇用平等法が採択されることによってメディアの男女数が平等になっていく。

共産　マス・メディアの中の労働条件を変えて婦人が働きやすいようにする。

討論

質問Ａ　各政党内の議員の男女比と婦人問題が党政策に取り入れられるプロセスについて伺いたい。

社会　党員中、女性は一〇%以下、婦人対策委員会では男性も参加して討議が行なわれる。現在雇用平等法を国会に上程することを

進めている。女性がまだ少ないので、地方議員にも女性をふやしていきたい。

公明　国、地方議員は三〇名、比率は一％にすぎない。今後は婦人議員を開発したい。

共産　衆参議員三九名中女性は七名、二割。地方議員も二割程度と思う。党員も半分、議員も半分を目標にしたい。

民社　女性議員は一名で、組織局に青年婦人対策部があり、登用をはかっている。

吉武　女性をふやすために運動している。

共産　党の機関で働く女性は多く、賃金は男女平等でやっている。

質問B　男女別学の問題に対して、民社が「地域の特殊性、父母の希望云々」と言われたがどういうことか。共産の「基本的には共学」とは言下に別学を認めるように聞こえたが説明してほしい。

民社　仙台で地域産業との関連で現実にそのような例があると聞いているが、詳しく知らないので、党に帰り検討したい。

共産　「基本的には」と言ったのは、共学にもってゆく方向だが、過渡的期間を設けるという意味である。

質問C　国内行動計画の実行機関づくりのために、国会の場で立法的措置を考えているか。私は国会内に女性特別委員会の設置の必要があると思うが、どうか。

社会　実行していくために地方でも討議され、実が結びつつある。企画推進本部強化をするために、権限をもたせ、財政的裏づけを持たせる必要がある。

公明　推進本部が男だけで構成されているのは疑問だ。過渡的には総理府に婦人局を設け、各省の婦人対策部を集中するのがいい。国会内に設置することについては党内の意見が調整されていない。

共産　昨年行動計画について申し入れをした。行動の提起については党としてはまだまだだが、政府には期待が持てないので是正していくために国会内外で運動を繰り広げる必要がある。

民社　国会内で婦人議員が超党派で取り組んでいる。党としてはまだ進んでいない。

質問D　男女平等実行委員会のようなものを設置し、実行、計画する機関の具体案はどの党も考えていないのか。立法措置をぜひとってほしい。

共産　政府の責任を果たせとせまっていく必要がある。

質問C　現在の本部は法的権限がないので、各省庁の審議会の方が優先されてしまう。それではどうしようもないのだ。

公明　各省の婦人対策を一つにまとめることが党で決議されている。国会内に設置機関を作ることを党に報告する。

社会　社労部会でも男を含めて話し合う必要もあるので、婦人委員会のあり方について早急に党で検討したい。

司会　実際には企画推進本部というものがありながら、法的裏付けがないため、男女平等が思うように進まない。ぜひ各党に持ち帰って検討をお願いしたい。

質問E　社会党では雇用平等法案を具体的に出しているが、他の党ではどうか。特に共産党は女性議員が多いとのことだが、具体的にはどうするのか伺いたい。

共産　昨年七月に母性保護法強化の立法の際に男女平等原則の確立をうたい、労働基準法第四条の改正を提案した。現段階ではこれ以

上は考えていない。

質問E　公明党は男女平等法案が具体的にあるとのことだが、いつ上程する予定か。

公明　公正平等法というもので、男女差別だけでなく、年齢差別も含めて考えたが、両方一緒にすることは問題があるので、とりあえず男女差別だけでも国会に出したいという方向づけが昨日なされた。社会党案に協賛する者も多いので共同提起することも考えている。

社会　全労働者の問題として全国一律最低賃金制、男子を含めた雇用保障と並んで男女雇用平等法を考えている。できれば超党派で取り組んでいきたい。先ほどの平等法の説明に付け加えると、企業内の職業訓練における男女差別をなくすことを明確に打ち出した。これは国会に提出する予定だが、恐らく現状では廃案にされる可能性が強いので、各党並びに大衆レベルでの運動を起こしてもらいたい。

質問F　主婦の家事労働の経済的評価についてどう考えるか。

社会　一般家庭での妻の家事労働評価は検討課題であると共に、家事は女といった考えを打破していきたい。児童手当は中学まで出す。また自営業、農業では妻の働き分をきちんと控除すべきだ。妻の働き分をきちんと共働きでは税金が不当に高いが保育料を必要経費として控除すべきだ。

公明　具体的にはないが今後検討したい。

共産　家事労働の価値論の面からいろいろ議論はあるが、当然評価されるべき。また家事労働の社会化が必要。

民社　社会的に評価すべきだ。財産上では二分の一を妻の財産として認めるよう民法の改正をはかっている。厚生年金を月額一二万円くらいに上げ、遺族年金は五万円としたい。基本給の五〇％を八〇％にしたい。母子世帯について、住宅の確保、年金の引き上げ、特別児童手当などを考えている。パートで働く婦人の収入がふえると控除の対象外となるので控除額を引き上げ、また乳幼児を抱える共働きに三六万円の育児控除を考えている。

女性　離婚時には財産は二分の一を妻のものとすることが、妻の家事労働の評価となる。未亡人になった場合は全部と考える。

社会　相続は二分の一を妻のものとし、相続税は無税とするよう考えている。

吉武　生命の営みにかかわる仕事はあらゆる社会的仕事に優先されるべきで、主婦のというように性別分業的に特別に保障する考えはない。年金の個別制、労働権の確立などにより、自立の道を切り開くことで両性が共業できるよう考えていきたい。

質問E　共産党は先ほど進んだ労働組合では家事労働を賃金計算に入れていると言ったがどういう意味か。

共産　実際には家事労働の上に内職までやらなければ生活できない主婦がいるので、内職をしないでも食べていけるような賃金体系を作っていかなければいけない。

司会　内職をしなくてもいいというのは女の人が働かないで家にいて食べていけるということか。

吉武　共産党が女性の労働権をどう考えているのか疑問を感じたので聞かせてほしい。

共産　男女共に労働権はある。中小企業レベルでは多くの労働者は経済的に追いつめられ

ても主婦の内職に頼らざるを得ない実状を考えると、労働者が正当に働けば主婦が働かなくてもいいようにしなければいけない。主婦が働くことは自発性に基づいて進出していくのはいい。

吉武　男が働くのが当然、女は自由選択というのは女性の労働権の確立を認めないことになる。

司会　労働権は男女共に確保されなければならないというのがここに集まった人たちの考えなのですね。

共産　それについては同感です。

質問G　吉武さんの「生命の営みにかかわる仕事」とは家事労働とよばれていることと考えていいのか。

吉武　そうではない。女の賃金の差別は家事労働評価云々ではなく、本来男の賃金で女が養われるのだという分業制に基づいているところからと考え、それをいかに是正していくかということを主眼にしていきたい。

質問H　社会党の雇用平等法に他の党は賛同するのかどうか。

共産　出てきてから検討する。

民社　党の基本政策にのっとって審議に参加したい。

司会　多くの党が一緒にやるほうが強力だと思うのでお願いします。

質問I　堕胎罪についてどう思うか。

社、公、共、民、削除すべきだ。

質問I　女性党は男性側のピル使用についてどう考えるか。

女性　男のピルも開発すべきで、男に開発させたい。

質問I　マスコミでは女性の性が商品化されている。その上で映倫という存在がある訳だが問題が多い。各党はどう思うか。

共産　性の商品化は女性の人権にかかわる問題。国民的討論のもとで合意をつくり是正したい。

社会　商業主義に支配されているのは問題。しかし、表現の自由弾圧の口実に使われる危険がある。

民社　放置できないが、表現、営業の自由との兼ねあいがあるので難しい。

司会　女性党に、女性優位の社会について詳しい展望を聞きたい。

女性　今は男女平等と言いながらも男性社会だ。一度女性優位の社会を作らなければ男女平等社会はありえない。原始社会は女性社会として始まり、男性社会は短かい期間続いているに過ぎない。女性は避妊ができず、子どもを産む時期を選べなかったので一時停滞しなければならなかったが、それを乗り超える条件が現在はあるので、女性社会が来るのは当然だ。私たちはその時期を早めようとしているに過ぎない。

質問D　女性社会にもどるのは当然なのだというのはナチの考えにも共通する危険がある。男女、民族、貧富にかかわりなく平等の社会を築くことが必要だという考えからはずれている。

女性　階級闘争ととらえているので、男と手をつないで男女平等を実現することはできない。男が自ら進んで既得権を半分女性に譲ろうとはしない。闘争の中で振り子を大きく逆の方向に向ける必要がある。

司会　議論は今後もつきないと思うが、時間がきたので閉会にします。

政策報告、討論をきいて

　国政レベルに参加している婦人議員は、衆参合わせて三%強というのが日本の現状である。残る九六%強の男性が考える男女平等政策はまことにお粗末と言うほかはない。

　今回の会合では、出席者全員、一応それぞれの立場でまじめに回答を報告し、考えを述べてくれた。社会党の男女雇用平等法案の具体的な説明と、それに対して公明党から超党派で提出することも考えたいという前向きの姿勢が示されるなど、一応評価できる面もいくつかあった。しかしながら、質問が具体的になると、しばしば問題の理解の不充分さや男性本位の本音が露見される場面も少なからずあり、やはり、女の痛みを理解させることの困難さを痛感した次第である。

　たとえば、男女共学の問題に対しての民社、共産の歯切れの悪い回答、保護と平等の問題、さらには主婦の家事労働評価に対する基本的姿勢には失望せざるを得ない場面があった。もちろん、これらの問題は、たしかに議論、検討の余地の多いものではあるが、せめてもう少しと期待をもった女の心はあまり晴れなかったのではないだろうか。

　さらに、行動計画の実行機関づくりに関して納得のいく対策、施策があまり聞かれなかったし、中には私たちの要望を全く理解できずにいる党もあったようだ。

　いずれにしても、表向きの施策もさることながら、言葉の端にのぞく男女平等への熱意、理解のあり方から各政党、各人の基本姿勢が読みとれた点は、一つの収穫と言えよう。その上、各党が私たち女の側の要望、姿勢について理解を深めるきっかけになったことも有意義であったと思われる。（文責・編集部スタッフ）

第四次公開質問状全回答

議員さんはまだまだ！

公開質問状グループ

公開質問状グループでは、去る一月十日、第四次公開質問（第一次＝首相をはじめ政治・経済・労働・教育・宗教など各界のトップ、第二次＝新聞・放送関係各社の社長、第三次＝総合雑誌・婦人・生活誌の編集長を対象）として昨一九七六年十二月に就任した各省大臣と、同じく十二月の選挙で初当選した衆議院議員全員に質問状を発送した。

今回の目的は、女性問題の施策に大きな影響をもつ政党、政治家が女の問題をどの程度理解しているかを知ると同時に、この質問状をきっかけとして、より一層の理解を深めてもらおうというもの。

発送数は大臣宛二一通、議員一二四通で、三月一日の締切りまでに寄せられた回答は五七通。各大臣からは個別の回答はなく、代わりに総理府総務長官から手紙が届いた。

ここに、質問状、ならびに寄せられた回答全文と各党別に集計した表、図、および寸評を付記して掲載する。（回答文は明らかに誤字、誤記と判るもの以外は原文のまま）

（133）

質問

問1　今、日本では男女は平等になっているでしょうか。（イ～ニのどれかに○をつけた上、その理由をお書き下さい）

イ完全に平等になっている　ロ大体平等になっている　ハ平等になっていない　ニ何とも言えない

〔理由〕

問2　「男は仕事、女は家庭」という考え方についてどうお思いになりますか。

イ賛成　ロ反対　ハどちらとも言えない

〔理由〕

（注）問2～9については、イ～ハのどれかに○をつけた上、下にその理由をお書き下さい。

問3　『求人広告に「男子」「女子」ということばを入れてはいけない』という主張についてどうお思いになりますか。

イ賛成　ロ反対　ハどちらとも言えない

〔理由〕

問4　「女性に対する労働保護は、男女平等を妨げる」という意見についてどうお思いになりますか。

イ賛成　ロ反対　ハどちらとも言えない

〔理由〕

問5　「夫婦の財産は共有にせよ」という主張についてどうお思いになりますか。

イ賛成　ロ反対　ハどちらとも言えない

〔理由〕

問6　「夫婦別姓を認めよ」という主張についてどうお思いになりますか。

イ賛成　ロ反対　ハどちらとも言えない

〔理由〕

問7　「中学の家庭科を男女共修にせよ」という主張についてどうお思いになりますか。

イ賛成　ロ反対　ハどちらとも言えない

〔理由〕

問8　「トルコ風呂における売春を取締れ」という主張についてどうお思いになりますか。

イ賛成　ロ反対　ハどちらとも言えない

〔理由〕

問9　「婦人問題担当大臣が必要だ」という意見についてどうお思いになりますか。

イ賛成　ロ反対　ハどちらとも言えない

〔理由〕

問10　一昨年、国際婦人年世界会議で採択された「世界行動計画」をお読みになりましたか。（イ～ハに○をつけた上、お読みになった方は下にご感想をお書き下さい）

イ全部読んだ　ロ一部読んだ　ハ読んでいない

〔ご感想〕

問11　女性の問題に関して、先生がこれから特に力を入れたいと思っていらっしゃることは、どんなことですか。

回答

自民党

逢沢英雄

問1　平等になっていない

問2　反対

理由：不自然である。

問3　どちらとも言えない

理由：仕事の内容に依る。

問4　反対

問5　賛成

理由：当然と思う。

問6　（記入なし）

問7　賛成

理由：生活（人生）の基本として有意義である。

問8　賛成

問9　どちらとも言えない

問10　読んでいない

問11　都市、農村を問はず、働く婦人、働こうとする婦人が働き易い様な社会の仕組、環境（施設）づくりが必要と思う。

石橋一弥

問1　大体平等になっている

問2　賛成

理由：性が異なると同じように、人間の本質が異なるから。

問3　反対

理由：職種によって女子でなければ出来ない仕事があるから。

問4　反対

理由：本質的に保護すべきである。但、過度にわたらないこと。

問5　賛成

理由：家庭を形成する核だから。

但し、相続分は別。

問6　反対

理由：日本的家族制度の美風だから。

問7　反対

理由：問2と同じ

問8　賛成

理由：問のようなことがあるとすれば当然。

問9　反対

理由：現行行政制度で考えるべきである。この問、そのものが差別の上に立っている。

問10　読んでいない

問11　（記入なし）

井上裕

問1　平等になっていない

理由：教育条件についてはほぼ平等だが、雇用条件、家事労働の負担、社会的地位、経済的役割、家族形態における婦人の権利などを考えるとき、いまだ、平等とはいいがたい。

問2　反対

理由：既定してしまうことには反対だが、夫婦の場合、相互が納得のうえで仕事と家庭の場を分担し合うことはごく自然なことだ。

問3　反対

理由：現時点では、区分されているほうが、転職を希望する人には見やすい。問題は雇用者側にあり男女の差別なく雇用することが望しいが、これは職種によりどうか――。

問4　反対

理由：婦人労働者の機会と待遇の平等は、婦人の権利の保証と考えてよく、それなりに女性の労働保護は必要でしょう。

問5　賛成

理由：ごく当然のことです。

問6　どちらとも言えない

理由：夫婦別姓にこだわらないが、わが国の場合、現行の実施は混乱をまねくのではないか。別姓の趣旨には反対する理由はない。

問7　どちらとも言えない

理由：家庭科という科目を必修科目にしているところに問題があり、これは男女共修の選択科目でよいのではないか。

問8　賛成

理由：売防法の精神に則り賛成。

問9　賛成

理由：婦人の地位向上のために暫定的措置として賛成。

問10　全部読んだ

感想：卒直なところ、新鮮さに欠けるが、それだけに問題は切実と考える。特にマスコミ対策の必要性と国際平和デーの設置には賛成。

問11　地位差別の改善と解消。私の選挙区は農業人口が多い。このため「農業部門での婦人の地位がこの二重の不利を負ってい

る」という世界行動の指摘は考えさせられる課題だ。

宇野　亨

問1　平等になっていない
理由：歴史が浅くて自からのものになっていない。旧来の日本の民族意識にとらわれて居る。

問2　どちらとも言えない
理由：夫婦の場合と普通男女では異るのでその家庭により差があると思ふ。

問3　反対
理由：仕事の内容によってはっきりすべきであり、労使の均等性が正しく表れない。

問4　反対
理由：女性でなければ出来ない性質がある。

問5　賛成
理由：同左の通り。

問6　反対
理由：夫婦は一心同体を旨としている以上一つでよい。

問7　どちらとも言えない
理由：研修は非常に良いし必要であるが、総てを家庭科と云ふ事で必修させると言ふ事は考へるべきと思ふ。

問8　賛成

問9　どちらとも言えない。
理由：婦人の大臣と言ふ特別の型を置くより、巾広い女性の対策を皆で考へて行く機関をもち度い。

問10　読んでいない

問11　女性の方々の自分の時間を取れる様な環境を作り度い。生活の中に、勉強の取れる様な社会構想の研究。

川田正則

問1　大体平等になっている
理由：給与等の面からみれば、大体平等になってきているように思うが、然し仕事の内容からみると、まだ一般的に差があるように思う。

問2　どちらとも言えない
理由：その女性自身の性格、ものの考え方、或は現実的な問題（例えば育児等）からいって、どちらとも言えない。

問3　どちらとも言えない。
理由：求人側の仕事の内容からいって、むき、ふむきがあると思うので。

問4　反対
理由：女性に対する労働保護は当然だから。

問5　賛成
理由：共有賛成

問6　反対
理由：日本人的ものの考え方からかも知れませんが……。

問7　賛成
理由：女性を理解すると共に男性としても或る程度の知識は必要と思う。

問8　賛成
理由：当然です。

問9　どちらとも言えない
理由：時期尚早と思います。

問10　読んでいない

問11　1母子家庭対策の強化　2希望者に対する職業訓練　3地方議会に婦人議員の数をふやす

谷川寛三

問1　何とも言えない
理由：社会の中に女性に対する先入観念が強く働いている結果、女性の活動分野に目に見えないワクがある。一方、女性にもある種の甘えと覇気に欠ける点がある。

問2　どちらとも言えない
理由：適性と充足感の問題であり、平等論だけの問題ではない。

問3　反対
理由：必要に応じ入れて何らさしつかえない。

問4　どちらとも言えない
理由：肉体の特性上、耐久力などの物理的要因についての保護は平等に影響を及ぼさないが、これに紙一重の甘えが出てくると問題。

問5　賛成
理由：財産は夫の労働だけで得られるにあらず、例え夫の収入であっても妻の見えざる手は正当に評価されるべきである。
問6　どちらとも言えない
理由：認めたからといって平等に関し、どういうメリットがあるのか。
問7　どちらとも言えない
問8　（記入なし）
問9　賛成
理由：婦人問題は社会や政治のサブタイトル、サブテーマではなく、メインタイトル、メインテーマの一つである。
問10　一部読んだ
感想：一方的、感情的性急さも目についた。尚、「本計画」資料ご送付下されば幸甚です。㊟
問11　女性がしっかり地域社会に根をおろすこと、婦人の社会復帰。

㊟——「世界行動計画」送付しました。

塚原俊平
問1　大体平等になっている
理由：現実を見てのとおりである。
問2　どちらとも言えない
理由：人それぞれに適性というものがあるはずである。
問3　どちらとも言えない
理由：求人する側の事情もあるだろうから。
問4　反対
理由：体の構造が違うのだからやむおえない。
問5　どちらとも言えない
理由：それぞれの夫婦間で解決すべきである。
問6　反対
理由：姓は同じくした方が結婚した実感があっていいのではないか。
問7　賛成
理由：時間が許す限り同じ事を学ばすべきである。
問8　賛成
理由：当然の事である。
問9　どちらとも言えない
理由：その場合は男性担当大臣もおかなければならない。あまり大臣は増やさない方がいい。
問10　読んでいない
問11　女性であるがゆえに、生きていく上において不便があるとすればその解決の為に一生懸命努力していきたい。

中島　衛
問1　大体平等になっている
問2　どちらとも言えない
問3　反対
問4　反対
問5　どちらとも言えない
問6　どちらとも言えない
問7　反対
問8　賛成
問9　反対
問10　一部読んだ
問11　女性の職場の門戸をより一層解放、ならびに職場での地位の向上をはかりたい。最近では著るしく緩和はされてきたが、やはり女性であるが故に、職場での責任的立場になるということが少ないように感じられる。あくまでも男女差をつけずに能力というものをより重視して、女性にどんどん責任ある立場を、男性同様に持ってもらうように力を入れたい。

中西啓介
問1　平等になっていない
理由：賃金……同じ質、量の仕事をしていても、同一賃金でない。
問2　どちらとも言えない
理由：能力、力、等の点において、女性より男性の方が強いと思うので、この考え方も一般的には良いと思うが、しかし、例外の女性も男性も多いので、一がいに言えない。

問3　どちらとも言えない
理由：雇主が、まだ女性の才能、力に疑問を持っていると思うので。
問4　賛成
理由：残業、深夜就業等、女性が出来ないために能力のある女性が、損をする。
問5　賛成
理由：現状では、女性は外に働きにゆけないため、財産をつくるわけにはいかない。
問6　どちらとも言えない
理由：その人、その人の好みの問題。
問7　賛成
理由：男子も、家庭科をならっておいて、自分の事は自分でやれるように。人間として、自分の身の回りの事位できて当り前。
問8　賛成
問9　賛成
問10　読んでいない
問11　(記入なし)

中村喜四郎
問1　大体平等になっている
問2　反対
問3　反対
問4　どちらとも言えない
問5　賛成
問6　反対
理由：世を混乱させる
問7　賛成
問8　賛成
問9　反対
問10　読んでいない
問11　女性の家庭における質的向上を求める。

西田　司
問1　大体平等になっている
理由：法の下では完全な平等であるが、社会運営上随所に不平等な点がみられる。
問2　どちらとも言えない
理由：おおむね賛成であるが個々の適正も考えなければならない。
問3　反対
理由：それぞれ向き向きの求人をしているのだから男女の別があって差支えはない。
問4　反対
理由：男女の身体上の相異がある以上労働保護は必要。その事が女性の過保護とは思われない。
問5　賛成
理由：当然
問6　反対
理由：現状でよい。
問7　どちらとも言えない
理由：男には家庭科は必要ないと考えるが、家庭科というものを理解する為には必要かもしれない。
問8　賛成
理由：現状下では当然のことであるが、法を改正し国の管理下における機関を設けるべきだ。
問9　反対
理由：大臣とは偏ったものではなく、より一般的なものであるが、現状を考えると、そのような機関が必要かと思う。
問10　読んでいない
問11　女性に限らず、男は男らしく、女は女らしくあるよう望む。

水平豊彦
問1　平等になっていない
問2　反対
問3　反対
理由：男子、女子、夫々の適性に合った仕事かどうかの分類によるもので、男女不平等の思想につながるとは思われない。
問4　反対
理由：肉体的に差異があるので或る程度の保護は当然あってよい。
問5　賛成
問6　反対
理由：家族、家庭というものが促えにくい。子供の姓はどう

あるべきかも問題になるから。

問7　賛成

理由：家庭生活を共に築いてゆくべきであるから。

問8　賛成

問9　賛成

問10　一部読んだ

問11　職域の拡大、保育施設の増設、育児教育の充実。

村上茂利

問1　大体平等になっている

理由：法の前の平等は実現されている。社会慣行としては戦後格段の前進があった。

問2　どちらとも言えない

問3　どちらとも言えない

理由：求人の内容は求人者が自由に決定できる。法的にも規制はない。職業の内容によって男女に適否の問題がある。この問は一般論としてはなりたたない。

問4　反対

理由：労働基準法等現行法を前提にした場合。

問5　どちらとも言えない

問6　どちらとも言えない

問7　反対

理由：必要性から判断し、教育時間の不足の状態で無理に行う程の緊要度は認め難い。

問8　賛成

問9　どちらとも言えない

問10　一部読んだ

感想：社会進歩のため有益。

問11　1、働らく婦人の保護

2、未亡人の就職促進

山崎武三郎

問1　大体平等になっている

理由：法律上は大体平等といえるが、実際はそうともいえない。

問2　反対

理由：人により能力の差あり。それをいかす上にもこの考え方は、女性の能力を封じ込める。

問3　どちらとも言えない

理由：原則として賛成だが、職種によっては入れる場合もあるだろう。

問4　反対

理由：権利としての平等を確保する上からも場合によっては必要であろう。

問5　賛成

理由：本来そうであるべきだから。

問6　どちらとも言えない

理由：同一家族である以上は同姓が原則であろう。しかし、別姓そのものに価値ある場合は例外あってもよい場合があるであろう。

問7　反対

理由：現在のままでよい。家庭科をとりたてて云々するより、もっと他にやるべきことが沢山あるのではないか。

問8　賛成

理由：売春禁止法ある以上当然の事ではないか。

問9　反対

理由：大臣をおいたからといって問題が解決されるとは思わない。女性が沢山大臣になる事だ。

問10　読んでいない

問11　①働く婦人の為の子供の保護施設の拡充　②妻の相続権を現行の$\frac{1}{3}$から$\frac{1}{2}$にせよ　③責任ある仕事に女性がどしどし参加する様、社会、教育、男性の意識転換を図るべし。（せめてスウェーデン、デンマーク並みに）

社会党

安島友義

問1　何とも言えない

問2　賛成

理由：子供の教育、躾などからも区別が必要。

問3　賛成

理由：仕事の内容によって異るので当然。

問4　どちらとも言えない
問5　賛成
理由：夫婦それぞれの仕事をしているので当然共有にするのはよい事だと思う。
問6　どちらとも言えない
問7　反対
問8　賛成
問9　賛成
問10　読んでいない
問11　社会保障関係（年金など）

池端清一

問1　平等になっていない
理由：賃金、雇用、職種等。
問2　反対
理由：人間としての基本的権利である、労働権の確立。
問3　どちらとも言えない
理由：ケース・バイ・ケース。
問4　反対
理由：女性の肉体的保護は（労働保護）当然のことである。
問5　賛成
問6　賛成
理由：人間としての尊重。
問7　賛成
理由：当然である。（性別分業変革のため必要）
問8　賛成
問9　賛成
理由：国の半分は女性が支えているという観点から。
問10　全部読んだ
感想…政府の婦人問題に対する遅れを痛感した。
問11　○雇用における性差別の撤廃
○女性に対する労働保護の徹底
○既婚女性のための職場の確保

伊藤　茂

問1　平等になっていない
理由：職場、家庭ともにまだ平等になっていません。職場においては雇用をはじめ多くの面での平等を保障する努力を、主婦については多くの面での平等の地位保障の努力をしなければなりません。
問2　反対
理由：平等の社会的活動を保障することが当然だと思います。
問3　賛成
理由：仕事について、最初から男女の差をつけるのはよくないと思います。
問4　反対
理由：女性が平等の地位をもち、活動するために必要な措置をとるのは当然でしょう。
問5　賛成
理由：夫婦共同の努力で家庭は築かれている、という考えから言って正しいと思います。
問6　（記入なし）
理由：もっと勉強してみないと、よくわかりません。
問7　賛成
理由：原則的には同じ扱いをすべきです。そのために教科内容（男女別内容になる）もよく検討する必要があるでしょう。
問8　賛成
理由：極めて当然のことでしょう。
問9　賛成
理由：今日の日本の状況——多くの不平等がのこされている点から言っても、婦人の地位向上のためにも、そういうポストが必要と思う。
問10　全部読んだ
感想：日本で出された「行動計画」とくらべてよんでみて、日本での一層の努力がのぞまれていると思いました。より一層研究したいと思います。
問11　はじめての選挙運動を通じて、婦人の切実な要求の重さを痛感しました。
社会党としても育児休業法をはじめ当面する重点課題をかかげていますが、経済、社会、政治のすべてにわたって、婦人の要求解決のために努力することが

政治を変える焦点となると思います。

小川仁一

問1　平等になっていない。

理由：社会的状況、特に相続権、女性家庭労働を評価しない。姓の不平等など。

問2　反対

理由：人間の能力は、性によってわけられるべきではない。そして、「女は家庭」の考えのなかに女性への男性従属性を感じられる。

問3　どちらとも言えない

理由：仕事の種類によって必要な場合がある。しかし、固定しての考えなら、いらない。

問4　反対

理由：人類の将来のため、母体保護を含めて当然のことと思う。

問5　賛成

理由：当然のこと。

問6　賛成

理由：姓の変更は女性の従属性の単的な表現。

問7　賛成

理由：当然のこととして。

問8　賛成

理由：どこでも売春は取り締るべきです。

問9　どちらとも言えない

理由：特別の対策として、恩恵的におかれる傾向があります。その枠のなかに入ると婦人問題は、そこで終るとゆう形になることを恐れるからです。

問10　一部読んだ

問11　国会において、法案などでたたかうことも大切ですが、多くの女性と一緒に行動をおこすことです。同時に男性の言葉だけの女性尊重を実際に行動に移すためのねばり強い話し合を必要とするでしょう。

・女性問題の「話し合いの集い」「学習会」を初めてゆきたいと考えています。

川本敏美

問1　平等になっていない

理由：就職、賃金、労働条件、家庭生活など全て平等でない。

問2　反対

理由：女性も男女平等に働らく能力をもっている。

問3　賛成

理由：区別をするのは差別している。

問4　反対

理由：女性の生理的に保護さるべきであるので妨げにはならない。

問5　賛成

理由：当然。

問6　どちらとも言えない

理由：目下勉強中。

問7　賛成

問8　賛成

問9　賛成

問10　一部読んだ

問11　真の男女平等の実現のための活動

沢田　広

問1　平等になっていない

理由：社会慣行上、まだまだ平等とは言えない。

例えば：労働条件etc

問2　反対

理由：女性が働くのは当然である。

問3　賛成

理由：原則的には賛成であるが、現状の中ではまだまだむずかしい問題がある。

問4　反対

理由：子供を生む性の保護を差別と考えることに問題がある。

問5　賛成

問6　賛成

問7　賛成

理由：日常生活を営む上での初歩的な知識は、男女共に必要である。

問8　賛成

理由：個室付トルコ風呂は売春につながるものとして党としても法律案を提出している。

問9　賛成

理由：単なるポーズとしてではなく積極的に婦人政策の場を持つことには賛成である。それによって子を生む性の社会的問題が正面から取り組まれることを望む。

問10　一部読んだ

問11　一、男女平等法律案成立
　一、寡婦年金の最低7割の支給

清水　勇

問1　平等になっていない

理由：法律の建前は平等を規定していますが、就学、就職、婚姻、育児、等々、現実は平等性を欠いています。ことに社会環境も保育施設一つとってみても婦人労働の障害になっています。

問2　反対

理由：しばしば、「婦人の幸わせは家庭にある」という者がいます。この思想は、かつての娘は親に従い、嫁しては夫に従い、老いては子に従え、という三従の教えをつうじ、女は男の従属物であるという発想の延長線上のもので許せません。

問3　どちらとも言えない

理由：正直のところ、この主張を余り耳にしませんので、直ぐに判断しかねます。ただ、雇う側が、いぜんとして女は結婚までの腰掛的就職といった見方をもって差別取扱いをしている状況は克服すべきです！。また、中国、ソ連など外国では、ほぼ職種にかかわりなく女も平等に取扱われていることを参考にすべきでしょう。いづれにせよ、この点は宿題として考えさせて下さい。

問4　反対

理由：こうした意見は、主として経営者側から出ています。過度な保護があって労働貢献度に差異がある以上、賃金等に差別があるのは当然とする考えで、女性の出産など、国と社会の将来にとって欠かせない母性保護を否定し、そうした観点での要求を抑止する狙いのものですから。

問5　賛成

理由：法制上の問題、共働きをしているとか、いないとかといった夫婦関係など、とり立てれば複雑に問題がからんできましょうが、そうした点をおいても、共有は当然という社会的風潮を助長していくべきだと思います。

現状の夫の遺産相続において、妻が子の権利以下に抑えられている状態は、先に述べた旧い思想の反映です。

問6　どちらとも言えない

理由：例えば、離婚後の姓を本人の自由選択にさせる、という問題と異なり、初めから姓を別にするという主張を、私は余り聞いていません。むろん中国や朝鮮などの実情はよく知っています。理論的にいって、婚姻は両性の対等の立場でなされるべきものですから、嫁ぎ先の姓を否応なしに名のることは平等性を欠くことになりますが、この点も少し考えさせて下さい。

問7　賛成

理由：私の県などでは、中学で共修しているケースは少くないと思います。うちの男の子も、かつて針仕事をしていましたが、微笑ましいものでした。いいじゃないですか。

問8　賛成

理由：当然です。ただでさえ売防法がザル法だといわれているのですから。長野県では、婦人団体、労働団体、福祉団体が相呼応して反対の一大県

民運動をつうじて、いまだに一軒のトルコ風呂も作らせていません。

問9　賛成

理由：将来、名実ともに男女平等の社会を迎えた場合はともかく、現状の如く未解決の婦人問題が山積しているとき、婦人問題専任の国務大臣をおくだけでも、その行政的ウエイトを増幅し、意義のあることだと考えます。

問10　おととし、長野県下で数多くの集会や行動がもたれ、私もあいさつする機会が多かったので、斜め読みの感はありますが、一通り目を通しました。

感想：さて、卒直にいって先進国にも未解決の問題が多く、制度と実態＝建前と本音の合一の多難さを感じました。とにかく、この計画を婦人だけのもの〈行動〉にとどめるのではなく、国、自治体、あらゆる機関（むろん党、労組、経営者団体もふくめ）の責任を遂行しなければダメだと思いました。

問11　（記入なし）

鈴木　強

問1　平等になっていない

問2　反対

問3　賛成

問4　反対

問5　賛成

問6　賛成

問7　賛成

問8　賛成

問9　賛成

問10　読んでいない

問11　女性の母体保護について

梅野泰二

問1　平等になっていない

理由：日常の社会生活、家庭生活の中に憲法が定着していない。

問2　反対

理由：「男女平等」とは相容れない考え方だから。但し、この考え方の払拭は新家庭をもつ若い人から実行すればよい。現にこの考え方がしみこんでいる中年以上の夫婦にいきなり、やめろといっても無理。

問3　どちらとも言えない

理由：1、この種の主張の内容を熟知していない。

2、業種によっては、男、女、を明示して求人するのが妥当なばあいがある。

問4　反対

理由：肉体的な男女の差異については十分配慮し、女性に特別保護を与えるのは当然。

問5　反対

理由：単独所有と共有部分にわけた方が合理的。

問6　賛成

理由：特に反対する理由がないから。但し、子の姓をどうするかなど戸籍法技術上やっかいな問題がありそうです。

問7　どちらとも言えない

理由：家庭科の履修内容をよく知らない。

問8　賛成

理由：当然のこと。

問9　反対

理由：それこそ逆差別、婦人がどしどし大臣になったらよい。

問10　読んでいない

問11　雇用関係における差別の撤廃

馬場猪太郎

問1　平等になっていない

理由：日本国憲法で保障し（抽象的）、また、憲法が予想した通りの男女間平等は現在でもみられない。社会的権利、労働者としての権利など具象的不平等、差別のほかに、人間の意識のなかにさえ（この問題の方が基本的に重要で、改革しなければならない問題だと思いますが）男女間の差

別、女性に対する〃あなどり〃などが潜在しているのではないのか。

問2　反対

理由：個としての人間性に根ざした生産者、生活者（市民といってもよいと思いますが）として独立した人間の立場を築くことが必要ではないのか。女性は単なる消費者であってはならない。

問3　賛成

問4　反対

理由：女性労働者が出産などに際しては、母体の保護を充分に考えることは当然のことである。ただし、育児休暇を労働保護のなかにふくめるとしたら、当然男性にも同一の条件のもとに育児休暇制度を認めるべきである。

問5　賛成

理由：夫婦の離婚によってもたらされる女性の地位と利益を保護することのほか、夫の財産を相続する時の相続権を正当に保護する立場から財産共有を認めるべきである。

問6　賛成

理由：社会的に通用している「姓」については希望する「姓」を認めることに賛成です。強制的にあるいは法的に「姓」の通用を変更させることによって、不利益を強いるべきでない。

問7　賛成

理由：家庭のなかで要求される活動、行動については、生活者としての男性も修学することは当然なことです。

問8　賛成

問9　賛成

理由：政治、経済、文化、資本など各分野の中央集中、集権型の構造を改革することなしに、婦人問題担当大臣を置くことは、婦人問題が中央集権的発想のもとに処理され、問題の解決にはならないのではないか。その結果、婦人問題が中央志向システムのなかに組みこまれるという婦人問題にとっては、不幸な出発になることが予想されます。

現在の行政から独立した、自治と分権が保障される婦人問題担当大臣には大いに賛成です。

問10　一部読んだ

問11　（記入なし）

山花貞夫

問1　平等になっていない

理由：雇用の機会、労働条件に多くの不平等が現存しています。職場では、賃金、昇給、昇格などについての差別的取扱いがむしろ常識となっています。

問2　反対

理由：男女不平等の考え方の「中身」ともいうべきだと考えます。

問3　賛成

理由：就職の不平等を排する一つの手だてとして、必要なことだと考えます。

問4　反対

理由：現実の社会制度として残っている男女不平等に目をつむった主張というべきです。

問5　賛成

理由：法律的にも明記すべき、当然の結論です。

問6　どちらとも言えない

理由：夫婦の選択にまかせてよいのではないかと思いみす。

問7　賛成

理由：内容については、充分検討をしたうえで、実現すべきだと考えます。

問8　賛成

理由：売春防止法の精神からいって当然です。

問9　どちらとも言えない

理由：将来の課題であり、その前に制度化すべき事項がなお多くあるのではないでしょうか。

問10　全部読んだ
感想：諸計画の国内実現には、多くの困難があるものと思いますが、その一つ一つの実現が歴史の前進だといえるでしょう。
問11　1、採用、昇格、昇進、定年など労働条件の男女差別をなくすとともに、母性保護を強めるための労働基準法改正
2、現在、日本社会党内でも検討が進んでいる「雇用平等委員会法」の制定
3、主婦の年一回無料健康診断制度の確立。

矢山有作

問1　平等になっていない
問2　反対
問3　どちらとも言えない
問4　反対
問5　賛成
問6　賛成
問7　賛成
問8　賛成
問9　賛成
問10　読んでいない
感想：議員でなかったから資料が手に入らなかった。
問11　雇用平等、労働保護について。

渡部行雄

問1　大体平等になっている
理由：法制上は平等になっているが実態はまだまだ不平等の面がある。
問2　どちらとも言えない
理由：このような問題は初めから決めてかかる問題ではなく、それぞれの生活実態に合せて男女間の調和をとるべきである。
問3　反対
理由：求人者側の必要性が「男子」であるか「女子」であるか、「どちらでもよい」かによって決めるべきもので、これまで決めてならないというなら自然条件を無視することになる。
問4　反対
理由：身体的条件が違う。
問5　どちらも言えない
理由：財産の所有権は元来強制すべきものではない。従って共有にしようと、単独名義にしようと自由であるべきだ。つまり、ケース・バイ・ケースである。
問6　どちらとも言えない
理由：どちらの姓を名乗ろうとも、また夫々別々に名乗っても、夫婦の本質を変えるものでない、自由にすべきである。ただ戸籍事務の取扱や社会通念を変えるのに多少の問題はあると思う。
問7　反対
理由：そんなことは、わざわざ学校で教えなくとも必要に迫られると修得するものである。今の受験地獄のもとで、そんなことを考えるより、家庭教師をつけたりその他持別教育をしたりしていることを止めさせる方が先決だ。
問8　賛成
理由：売春が悪なら当り前のことである。
問9　反対
理由：その考えこそ男女平等の思想に反する。
問10　読んでいない
問11　人間としての権利は、男女の性別によって区別されてはならない。だが権利を主張するあまり、自然の本性を否定するようなことがあってはならない。男女は互に平等に反発することではなく、最高に尊重し合い、愛し合うとき、始めて思想的平等が本物になるのである。自然の原理に立って、両性の「しあわせ」のために政策を考えてゆきたい。

公明党

飯田忠雄

問1　何とも言えない
理由：法制上形の上では平等が確保されているが、現実の問題となると不平等な事態が多い。(例、婦人の雇傭条件、労働条件にみられる差別)
問2　どちらとも言えない
理由：個人差の問題、生活環境の問題、等具体的条件を考慮に入れる必要があるから。
問3　反対
理由：男子でなければならない仕事あり、女子でなければならない仕事がある。求人広告に必要な性別を記入するは当然。
問4　反対
理由：「女性に対する労働保護」の意味が不明確である。女性に対する労働を女性がする場合と男性がする場合とがあるが、労働をうける対象は同一なのだから、これを保護しても労働する側の男女に差別があることにはならない。
問5　どちらとも言えない
理由：夫婦にも千差万別な事情があるから、一律に夫婦だから財産共有ときめるのは適切でない。夫婦といえども別人格であり、その財産を独立して所有することを禁ずるのは正しくない。
問6　どちらとも言えない
理由：夫婦がいづれの姓を名のるかは、個人の自由であるが、家族感情、夫婦であることの確認手段が社会的にも必要である場合もあるから、夫婦別姓を認めてよいが、それを絶対的にすることには疑問がある。
問7　どちらとも言えない
理由：家庭科を男女学生に強制共修することは必ずしも、適正に従うものでない。選択共修がいいのではないか。
問8　賛成
理由：売春防止法が立法されていることから当然の主張である。
問9　反対
理由：差別観に立つものである。男女同権の法理に反する。
問10　読んでいない
感想：世界行動計画の存在することは何かのもので読みましたが、実物を読んだことがありません。読んでみたいと思います。入手することができませうか。
問11　法制上、社会機構上、または具体的事態において実質的に男女の平等が保障されるよう努力する。女性なるが故に泣かねばならない事態が生じないよう全力を捧げたい。

池田克也

問1　(記入なし)
理由：法制上は平等を志向しているが、婦人の意識はまだ平等になっていない。
問2　どちらとも言えない
理由：女性は家庭における仕事に適正をもっている。しかしだからといってこれを固定概念とすることは出来ない。
問3　どちらとも言えない
理由：求人については企業の意志の表明であり、応募側にとって採用者の意向を正確に知っておくことは必要ともいえる。しかし業種によって特に指定することを必要としないものもあり一概にはいえないと思う。
問4　反対
理由：生命尊重の上から母性の保護は大前提である。その上で平等をはかるべきだと思う。
問5　どちらとも言えない
問6　反対
理由：我国の永年にわたる慣行としてとくにこれを改める必要はないと思う。離婚した場合、どちらの姓を名乗ってもよいことになったし、今の段階で別姓にすることはいらな

い。

問7　どちらとも言えない
理由：中学での共修は賛成である。高校は不要。

問8　賛成
理由：売春禁止法によりしっかり取締まるべきである。

問9　反対
理由：婦人問題はあらゆる分野にわたるものであり、とくに役所を新設し大臣を設けると、そこへ、すべてが集約され他の省に於ける婦人への配慮が薄められると思う。

問10　一部読んだ

問11　地域総合婦人センターの設置、婦人の（特に家庭）健康保持の問題。

市川雄一

問1　平等になっていない
理由：憲法をはじめ、法制上は形のうえでほぼ平等が保障されているように見えるが、社会的権利、例えば労働の面に多く見受けられ、雇用・労働条件の差別は歴然としている。

問2　どちらとも言えない
理由：固定的に考えることは誤りである。個人が自由に選択していいのではないか。しかし、特性的機能は尊重されなければならず、そのためには、個人の選択が自由にできるような雇用・労働条件での差制をなくさなくてはならない。

問3　反対
理由：男女平等ということは基本的な人権としての保障であり、実際の職場で、同じ仕事を分担するときもあれば、あるいは、男女の特性に応じて仕事の分担が違ってもいいのではないか。

問4　反対
理由：女性の特性を保護することが、平等を侵すとは考えない。今日の男性優位の社会機構の中での労働保護を云々するのではなく、女性個人の適性、能力を尊重し、就労の機会と待遇の均等化をめざす、労働法を考えるということが、大事なのではないか。

問5　どちらとも言えない
理由：基本的には賛成であるが、相続税等の問題、さらには働く婦人の立場の問題等もあり、十分に検討すべき内容で。

問6　どちらとも言えない
理由：このテーマをとくに深く考えたことはないので……。社会主義の中国では、夫婦別姓になっているが、日本は日本でよく議論して考えていけばいいのではないか。夫婦別姓でないから、男女平等でないというのも、すこし短絡的な発想に思う。

問7　賛成
理由：家庭生活の分業化、協業化は男女平等の立場からとらえ直しをすると、同時に現在の家庭が核家族化し、旧来の家庭生活のあり方では、やって行けなくなっていることからも学校教育内容を設定すべきであります。尚家庭科の教育内容を改善し男女共通のものとして再編成することも否定できません。

問8　賛成
理由：売春防止法に基づき、取締ることは当然のことである。

問9　どちらとも言えない
理由：婦人問題の積極的な解決に寄与するとは思うが、一方、殊更に差別感を助長するのではないかとの危惧もある。

問10　読んでいない

問11　雇用・労働条件での差別をなくすこと。

長田武士

問1　何とも言えない

理由：憲法をはじめ、法制上は形の上では、ほぼ平等が確保されているように見えるが、社会的権利、例えば労働の面に多く見受けられる雇用・労働条件の差別は歴然としている。

問2　どちらとも言えない

理由：固定的に考えることは誤りであることはいうまでもないが、婦人の出産育児という特性的機能は尊重されなければならず、社会活動と育児など、家事労働の調和問題の解決が前提だと思う。

問3　どちらとも言えない

理由：これらの表現を使うことが女性を蔑視し、差別することに連動するものであるならば使うべきでないと考える。

問4　反対

理由：女性の特性を保護することが平等を侵すとは考えない。今日の男性優位の社会機構の中での労働保護を云々するのではなく、女性個人の適性能力を尊重し、就労の機会と待遇の均等化をめざす労働法を考えるということが大事なのではないか。

問5　どちらとも言えない

理由：基本的には賛成であるが、相続税等の問題、さらには働く婦人の立場の問題等もあり、十分に検討すべき内容である。

問6　どちらとも言えない

理由：上記の主張については当然尊重していくべきであると考えます。

問7　賛成

理由：家庭生活の分業化・協業化は男女平等の立場からとらえ直しをすると同時に、現在の家庭が核家族化し、旧来の家庭生活のあり方では、やっていけなくなることからも、学校教育内容を設定すべきであります。なお、家庭科の教育内容を改善し、男女共通のものとして再編成することも否定できません。

問8　賛成

理由：売春防止法に基づき、取締ることは当然のことである。

問9　どちらとも言えない

理由：婦人問題の積極的な解決に寄与するとは思うが、一方、ことさら差別感を助長するのではないかとの危惧もある。

問10　全部読んだ

感想：既にその水準に達しているものもあり、今後解決すべき課題もある。未解決の問題については、実情を明らかにし、しかるべき措置がとられるべきであると思った。

問11　戦後、女性の地位は向上したとはいえ、決して満足できるものではない。私はすべての女性が独立した人格として、実質的な平等を実現していくために、下記の点に力を入れていきます。①すべての女性に対するあらゆる不当な差別を取り除くこと。②積極的に女性の権利を拡大し、地位向上をめざす。③女性が広範な社会運動に参加できるようにします。④婦人が自分の子供を安心して産み育て、しかも婦人を家庭にとじこめることなく、社会的労働に携れることができ、しかも、働く喜びを見い出すために、さまざまな条件を整えます。

鍛治清

問1　何とも言えない

理由：法の上では、一応の平等はうたわれていますが、残念ながら、社会において、実際面で不平等が多く見受けられることは事実と思います。

問2　どちらとも言えない

理由：男・女、それぞれ特性がありますので、これは生かし、尊重すべきです。男は仕事、女は家庭というような、

固定的な考えはできないと思います。

問3　反対

理由：男と女の特性によって、求人の内容も、男か女か、また、年令的なものも定められると思います。従って、形だけ男子、女子と入れずにおいても、実際に男は採用できないとか、女は採用できないとかあると思います。その点明示した方が、親切で、人権尊重になると思います。

問4　反対

理由：女性の特性を保護することは、平等を侵すことにはならぬと思う。むしろ尊重することが、平等ではないでしょうか。ただ過保護になってはならぬと思います。

問5　どちらとも言えない

理由：原則的には、賛成ですが、実際社会面を考えると、問題が多いと思います。特に財産には、借金もあることを、常に念頭においておく必要がありましょう。

問6　どちらとも言えない。

理由：やはり夫婦は、同姓がよいと思います。しかし、同姓といっても、夫の姓を名乗るか、妻の姓を名乗るかは、まったく自由にしてもよいと思う。この意味でハとします。

問7　賛成

理由：今回当選して、単独上京し議員宿舎に落着いて、女性の大切さを改めて、再認識いたしました。針と糸をにぎって、三十数年ぶりに、針仕事もいたしました。共修大いにやるべしです。社会に出て、男・女、どういう世界で生活するようになるか、わかりませんが、経験は大切です。

問8　賛成

問9　どちらとも言えない

理由：メリット、デメリットがあると思いますので、どちらともいえません。

問10　読んでいない

感想：この質問をいただいた時点では、大変申しわけないことですが、読んでいませんでした。必ず読んで、私どもで、やらねばならぬことは、是非お手伝いしたいと思っています。

問11　1、女性のもつ特性について、本質的なものを深く勉強したいと思います。

2、現在の日本の教育のあり方は、根本から変える必要があります。この分野での女性の占める位置は重大です。一緒になって、新しい体制づくりをやりたいと思います。

草川昭三

問1　何とも言えない

理由：憲法上は平等だが職場の具体的な労働条件等では差別が明らかである。

問2　どちらとも言えない

理由：封建的な割り切り方に反対。しかし、女性の特性である新しい生命を育てる母親の役割は尊重されなければならない。婦人が家庭を守り育んでいくことは大切だが、閉じた家庭でなく社会に目を開いた生きいきした家庭が大切である。

問3　どちらとも言えない

理由：男・女の差別をなくすこと、重筋労働、有害事務等、性別による労働の質の違いは別であるからいちがいに言えない。

問4　反対

理由：現在は男性を中心とした就労構造が中心である。しかし今後技術革新の進行で産業構造も多様化する。永い労働運動の経験からすると単なる労働保護の思想は差別の拡大につながる。

問5　どちらとも言えない

理由：基本的には賛成の方向である。しかし、どこから始め

て行くか具体的には問題が多いので十分な検討が必要。

（新家屋の登記などは当然）

問6　（記入なし）

理由：特に考えたことがない

問7　賛成

理由：国際婦人年の世界行動計画の中で近代社会における家庭問題がとり上げられています。男女不平等の根源である役割分担についても固定的な従来の意識にとらわれないことが大切である。しかし、家庭科教育の男女共修の方向はあいまいなままで現実は女子のみが必修である。しかし、現在の教育内容は改善すべきと思う。

問8　賛成

理由：賛成よりも当然

問9　どちらとも言えない

理由：中小企業省を設置しようという発想と同じなら反対です。このような設問の発想に抵抗を感じます。

問10　全部読んだ

感想：男は仕事、女は家庭という従来の固定観念を打ち破れというのが一貫した流れと思う。政府の出した婦人の十年国内行動計画は、平等参加の促進というが格差は大きく、問題というより反発も多と思う。

問11　(1)核家族化が増え、また生活苦から共稼ぎが増大している。パートタイム、或いは下請危険作業に女性労働者が増えている。これらの組織化、基準法の順守を徹底化したい。(2)交通遺児家庭の母親に対する就労対策（寡婦雇傭促進法案に関連して）。(3)両親を失くした身障者、精薄者、なかんずく女性の就労対策。(4)社会労働委員会に所属しますので、社会的弱者の立場に立って諸問題をとりあげて闘いたい。

権藤恒夫

問1　何とも言えない

理由：憲法及び法的にはほぼ男女平等が保障されているが、社会的権利等、例えば労働の面に多く見られる雇用・労働条件の差別はいぜんとしてある様に思われる。

問2　どちらとも言えない

理由：固定的に考える事は誤りであるが、婦人の特質、（例えば出産・育児）は尊重されなければならない。そう言う面で社会活動との調和問題の解決が前提だと思う。

問3　どちらとも言えない

理由：敢えてことばを入れるのも差別ととられないでもないが、一方雇用側の事情を良心的に解した場合、ことばを入れてもよいではないかとも思われる。

問4　反対

理由：女性の特性を保護することが平等を侵すとは考えない。今日の男性優位の社会機構の中での労働保護を云々するのではなく、女性個人の適性能力を尊重し、就労の機会と均等化をめざす労働法を考えると言うことが大事だと思う。

問5　どちらとも言えない

理由：基本的には賛成であるが、相続税等の問題、又働く婦人の立場等の問題もあり、十分に今後検討すべき内容である。

問6　賛成

理由：結婚したことによって、姓が変わり、それによって社会的不利益をこうむることがない様との主張だと思うが、戸籍上の問題もあるので検討を要する。しかし原則的に賛成である。

問7　賛成

理由：現在の家庭が核家族化し、旧来の家庭生活のあり方ではもはや、やっていけなくなっているから、教育内容を

設定すべきである。

問8　賛成

理由：売春防止法に基き当然である。

問9　どちらとも言えない

理由：婦人問題の積極的な解決に寄与するとは思うが、一方殊更に差別感を助長するのではないかとの危惧もある。

問10　全部読んだ

感想：既にその水準に達しているものもあり、今後、解決するべき課題もある。尚未解決の問題については実情を明かにして、しかるべき措置がとられるべきと思った。

問11　・労働条件問題

・遺族年金問題

竹内勝彦

問1　何とも言えない

理由：憲法等法制上においてはほぼ平等がうたわれているが、労働条件や雇用面にあっては歴然としている。

問2　どちらとも言えない

理由：女性の出産・育児という重要な特性は無視できないし、同時に社会活動との調和を考えねばならない。固定的に考えることが良くないのはいうまでもない。

問3　賛成

理由：職場における男女のクロスオーバーは最近とみに多くなっており、男子でなければ、又女子でなければという職種は減少している。

問4　反対

理由：現在の社会構造は男性優位となっており、均等化をめざす為の労働保護は決して平等を侵すものとは考えられない。

問5　どちらとも言えない

理由：基本的には賛成だが、さらに検討すべき問題。

問6：反対

理由：戸籍の問題もありすぐには賛成しかねる。

問7　賛成

理由：家庭生活における分担・協調を再度とらえ直すことが必要。パートナーシップを相互理解する意味からも好ましいことである。

問8　賛成

理由：当然のことである。

問9　どちらとも言えない

理由：婦人問題に対する積極的な取り組は当然大切ではあるが、逆に差別感を助長するようにも思われる。

問10　全部読んだ

感想：今後解決すべき問題に対し、しかるべき措置がすみやかに取られるべきであると考える。

問11　（記入なし）

武田一夫

問1　何とも言えない

理由：戦後新憲法によって形の上では平等が確保されたとはいえ、雇用労働条件等社会的権利面での差別が歴然として残っている。

問2　反対

理由：そのような考え方にはすでに根底に差別観があるといえよう。但し、婦人の出産、育児などその生理的・肉体的特性機能を尊重した上で社会活動と家事労働の調和を図る必要があり、その上での女性の社会参加は積極的に推進すべきである。

問3　どちらとも言えない

理由：求人広告は、就職希望者の選択を誤らせるような偽瞞や拡大広告を排除する意味でも、そこまで主張すべきかどうかについては疑問がある。

問4　反対

理由：女性の特性を無視した無責任な意見といわざるをえない。女性の特性を保護することは平等を妨げるものではなく、むしろ女性・男性の特性を尊重した上での社会活動の

平等化を考えるべきである。

問5　賛成

問6　どちらとも言えない

理由：夫婦別姓を認めることは、国民総背番号制導入の口実を作る危険もあり、慎重に考えるべきだ。

問7　賛成

問8　賛成

理由：売春防止法に基づき取締りをすることは当然。

問9　どちらとも言えない

問10　全部読んだ

問11　1、職業婦人の社会的地位の向上（労働条件ｅｔｃ）

2、女性に対しての労働市場の開放。

谷口是巨

問1　何とも言えない

理由：形の上では、平等がほぼ保証されているが、現実面に於ては差別がはっきりしている。

労働条件、賃金の差とか、年金問題等にそれが見られる。

問2　どちらとも言えない

理由：婦人の出産、育児という機能は尊重されねばならず、社会的行動と家事との調和が前提になると思う。賛成、反対の固定した結論はむつかしい。

問3　反対

理由：男女の性別による仕事には自ら差が出てくると思うから入れたがよい。

問4　反対

理由：女性の個性、能力を尊重し、就労の機会均等、待遇問題の均等化をめざすことが大切と思う。

問5　どちらとも言えない

理由：基本的には賛成。相続税、職業婦人等の立場等もあり、十分に検討する必要がある。

問6　反対

理由：日本古来からのやりかたに別に不都合は感じない。

問7　賛成

問8　賛成

理由：法に基いて取締ることは当然である。

問9　どちらとも言えない

理由：積極性はプラスだが、差別感を助長するというマイナスがあることを恐れる。

問10　全部読んだ

感想：今後解決すべき問題もあれば、既に水準に達しているものもあると思う。未解決の問題も解決に努力すべきと思う。

問11　（記入なし）

玉城栄一

問1　何とも言えない

理由：法律の面では、殆んど平等が確保されていると思考する。労働条件から見られる様に雇用、賃金の差ははっきりした事実であり問題である。

問2　どちらとも言えない

理由：人間にはそれぞれ特質がある。男女老若、その立場立場で最高の特質を出して人生を欧歌する。それはすなわち、人間性豊かな真実の生き方である。とはいうものの、むづかしい問題である。

問3　（記入なし）

問4　反対

理由：老若男女、それぞれ労働の適不適、或は能力の優劣があるのはまぎれもない事実である。適材適所の労働の効率的な現代社会の人事管理機構は機械的な面が多々ある。そこでそれら特有の欠点を補う人間性尊重の労働条件ということで、青少年、婦人等に目が向けられることは当然の事であり、決して平等をそこなう事はない。

問5　どちらとも言えない

理由：主張としては共鳴をおぼえるが、我が国の現状はそれを直ちに受け入れられる状態ではないと思う。

もっと社会環境を整えてから検討すべき問題だと考える。

問6　反対

理由：認めればよいという問題ではない。卒直にいって、このような問題は国民のコンセンサスが大事であり、時間的にも慎重に運ばなければならない。それ故反対である。

問7　賛成

理由：男女平等という基本的な人間の条件からも、また人間性豊かな人間形成という教育の原点からも、さらに大きな視点から言えば二十一世紀の地球民族の当事者という自覚をうえつける意味からも賛成である。

問8　賛成

理由：当然の事、議論の余地なし。

問9　どちらとも言えない

理由：興味のある意見である。二律背反の恐れもあると思われるので充分検討を要する問題である。

問10　全部読んだ

感想：今すでに、その水準にとどいているものもあるし、今後解決すべき課題もある。いまだ解決されていない問題については実情を明らかにし、しかるべき措置がとられるべきではないかと思った。

問11　政治家として党の政策に挙げられている婦人問題は当然一生懸命やりますが、個人的に次の項目は全力を尽します。

一、母子世帯の福祉の充実
一、働く婦人の地位向上の問題
一、寡婦世帯の福祉の充実

野村光雄

問1　平等になっていない

理由：憲法上は平等が確認されているが、社会的環境はまだまだ旧体制の考え方が残っている様にみうけられる（特に農村地域に於いて顕著にみられる）。

問2　どちらとも言えない

理由：従来の習慣の延長線上では考えられない。婦人でなければならない特性を重視しながら、社会的活動、家事等については相互扶助の考え方でいくべきと思う。

問3　どちらとも言えない

理由：求人の内容によって異なってくるので何ともいえない。

問4　反対

理由：上記の様な意見が、平等を妨げるとは考えられない。問題は女性個人の特性を尊重し、労働上の待遇の改善を促進するものであるから。

問5　どちらとも言えない

理由：基本的には賛成である。関連する問題もあるので検討すべきである。

問6　反対

理由：従来のいき方がよいと考える。

問7　賛成

理由：核家族化している現状からいっても必要課目と考える。

問8　賛成

理由：上記の主張は当然と考える。

問9　どちらとも言えない

理由：婦人問題解決に貢献すると考えるが、反面、差別感を助長する面に対して心配する。

問10　読んでいない

問11　社会的地位の向上　労働条件の改善

長谷雄幸久

問1　何とも言えない

理由：憲法その他法律上では、平等化されているが、現実生活では必ずしもそうではない。

問2　どちらとも言えない

理由：女性の特性を尊重しながら、女性の社会的立場、家庭という問題を調和的に解決す

ることがのぞましい。

問3　どちらとも言えない

理由：職場の特性として、中には男女各別のものがある現実を否定できない。

問4　反対

理由：労基法を守るのは当然である。

問5　どちらとも言えない

理由：当面現行民法の規定（七五五条以下）にしたがう。

問6　反対

理由：当面現行民法の規定（七五〇条）にしたがう。賛成するには、別姓を認める社会慣行もしくはその意識の確立が前提となる。

問7　賛成

理由：核家族化の傾向と、これに伴う家庭生活の協業化が現実化している事実を尊重したい。

問8　賛成

理由：売春防止法は守るべきである。

問9　どちらとも言えない

理由：婦人問題の解決には役立つと思うが、必ずしも全部が解決されるかは疑問。

問10　読んでいない

問11　女性であることよりも、まず人間であるという共通の認識に立って、憲法で保障された基本的人権が十分に尊重されていく社会をめざすために努力していきたい。

春田重昭

問1　何とも言えない

理由：現在の法体系の中では男女の平等が確保されている様に見えるが、雇用面、或いは、役職の面では差別が見うけられる。

問2　どちらとも言えない

理由：固定的に考えることは誤りである。但し、女性には出産、育児という特性的機能があり、各々の家庭、立場において、調和のとれた生活というものを考えるべきであると思う。

問3　どちらとも言えない。

理由：男子・女子各々の特性、機能を考えた時、職種によっては、（例えば肉体労働等）必ずしも求人広告に男女の区別を入れてはいけないとは思わない。

問4　反対

理由：現在の男性優位の社会機構においては、必ずしも男女平等を妨げるとは思わない。それ以前に女性の適性、能力を尊重し、就労・待遇等の面で実質的男女平等を目指す労働法を考えることが大事であると思う。

問5　どちらとも言えない

理由：相続税、又、働らく婦人の立場等を考えた時、問題もあり、十分な検討が必要であると思う。

問6　どちらとも言えない

理由：夫婦同姓というのが、男性あるいは女性の優位性を示していると考えるのはあやまりであると思う。

問7　賛成

理由：男女平等の原則に立って現在の家庭生活をとらえ直すことが大事であり、家庭科の教育内容も、男女共通のものに改善する必要性があると思う。

問8　賛成

理由：売春行為というのは法的に見ても取締るのは当然である。

問9　どちらとも言えない

理由：婦人問題に対する積極的解決を目指すことは必要であるが、逆に、差別感を助長するのではないかということも考えられる。

問10　全部読んだ

感想：我国の現状より見て、未解決の問題も有り、実態を正確に把握し解決の方向づけを明確にすべきであろう。

問11　女性、或いは男性と区別する以前に人間として現在の状況の中で何をなすべきかを考えたい。その上に立って女性であるが故にに不条理な問題が出来た際には、その是正に全力を傾注したいと考える。

平石磨作太郎

問1　何とも言えない

理由：憲法法制上は平等が確立されているようであるが、労働面での雇用、労働条件等では必ずしも平等と云えない面が歴然としている。

問2　どちらとも言えない

理由：女性の社会進出が著しくなったことは喜ばしい。固定的に画一的に分りして考えることはないが、女性としての特性、育児、家事について尊重することも又必要であり家事そのものを低い又従属した仕事と位置づけることはない。両性の対等、平等で特性を生かしながら処理すべきだ。

問3　反対

理由：両性にそれぞれ向いた仕事がある筈だからそれに該当する職種と判断すれば入れてもよいと思う。

問4　反対

理由：本質的相違が体質的にあることを前提に女性の適正、能力を尊重した労働の機会待遇の均等化を図る必要あり。画一的に保護すると云う必要なし。

問5　どちらとも言えない

理由：基本的には賛成であるが、検討すべきでしょう。

問6　反対

理由：両性の婚姻と云う事実又両性の共同生活を考えると別姓は反対である。

問7　賛成

理由：核家族化の進行、女性の社会進出等から家庭生活においても男女平等協力が必要であり、教育内容の改善をすべきと思う。

問8　賛成

理由：当然である。

問9　反対

理由：特別につくる必要もないと考える。問題は各種政治行政の上での意識の改革、更にどう具現するかである。

問10　全部読んだ

感想：いろいろ提起された問題点を今後解決して行くべく普段の努力を積重ねて行くべきだ。

問11　女性が社会に進出し両性が平等に働ける機会と条件を整備して行くよう法制上、社会構造を改めることに力を注ぎたい。

伏屋修治

問1　何とも言えない

理由：形の上での平等は認められているようですがなお細部に亘っては満されていない。

（雇用、労働条件）

問2　どちらとも言えない

理由：固定的な考えを持つことは誤りであるが婦人の出産育児という特性は尊重されなければならず、社会活動と家事との調和が今後の解決されるべき問題である。

問3　（記入なし）

問4　反対

理由：女性の特性を保護することが平等を侵すとは考えない。男性優位の社会構造を改革し婦人の適性、能力が尊重される就労の機会と待遇の安定化を目指す労働法の見直しが大事である。

問5　どちらとも言えない

理由：基本的には賛成であるが相続税の問題等細部に亘って検討しなければならない問題が多い。

問6　（記入なし）

問7　賛成

理由：家庭生活の分業化協業化は男女平等の立場からとらえ直しをすると同時に、現在の

家庭が核家族化し旧来の家庭生活のあり方ではやっていけなくなっている現実からも新しい家庭づくりを目指す教科内容には賛成である。

問8　反対

理由：既にある売春防止法で取り締まるべきである。

問9　どちらとも言えない

理由：婦人問題の積極的解決には寄与すると思うが殊更に女性に限る必要は差別感を助長する様に思う。

問10　全部読んだ

感想：すでにその水準に達しているものもあり今後に残された課題もある。今後未解決問題の実状を明らかにし、しかるべき措置を考えていくべきである。

問11　（記入なし）

藪仲義彦

問1　何とも言えない

理由：法のうえでは平等とされているが、社会的諸条件にあってはまだ確立されてない面がうかがえる。

問2　どちらとも言えない

理由：封建的思想の落とし子的考え方といえる。固定した考え方をするのはあやまりといえよう。

問3　どちらとも言えない

理由：労働条件の内容にもよるが男・女差別はすべきでないが、職業そのもの自体によると思う。

問4　反対

理由：女性の特性を保護することが不平等とはいえない。女性個人の適性能力をのばし、就労の機会と待遇の均等化をめざすことが大事と考える。

問5　どちらとも言えない

理由：基本的には賛成であるが、十分に検討すべき問題が多かろう。

問6　どちらとも言えない

理由：夫婦同姓が何ら男女平等に対する侵害ではないとの基本的考え方であるが、女性の社会的主張の体制がこの方向であるならば良とすべきだろう。姓名に何らこだわる必要はないと思うが。

問7　賛成

理由：家庭科の内容を改善した上で賛成。家庭生活の分業ならびに協業化の上で男女平等を見直す。

問8　賛成

理由：売春防止法で取締るべきだ。

問9　どちらとも言えない

理由：婦人の諸問題の解決に必要であろう。

しかし混別感を招く危惧がある。

問10　全部読んだ

感想：未解決の問題があるが実情をあきらかにして、そしてその課題に対する措置を取るべきと考える。

問11　憲法の男女平等の具体的実現を目指し、生きがいのある福祉社会の建設。

民社党

青山丘

問1　平等になっていない

理由：制度的にも完全に平等というわけではないし、実質的にも、回教国や一部発展途上国と比較すれば、大部進んでいるとはいえ、欧米に比べれば、まだまだ遅れている。

問2　反対

理由：女性を家庭に閉込めておく、ということにはもちろん反対だし、男性もできる範囲で家庭の仕事をすべきである。

問3　反対

理由：男女間には本質的な能力の違いがあり、それぞれが分担すべき仕事というものがある。例えば、肉体労働などの、女子には無理が多い仕

事、その他本質的に女子に適した仕事などがある。そういうものを無視して、後でお互いに厄介な思いをするより、はっきり「男子」「女子」と入れてあった方が良いと思う。

問4　反対

理由：男性と女性は、身体的条件が異なるのだから、それに応じて、女性に対し労働上の適正な保護を行なうことは、何ら平等に反さない。

問5　賛成

理由：妻の座を確保する意味からも、夫婦の財産を共有にして、妻に$\frac{1}{2}$の権利を認めるべきである。

問6　どちらとも言えない

理由：共同生活を営む上で、姓は一つの方が便利である。しかし、別姓が必要かどうかは、基本的に国民意識がどう変わるかによることだ。

問7　賛成

理由：男性も一人暮しをする場合などには、身の回りのことを、全部自分でやらなくてはいけないのだから、家庭科の科目も修得しておく必要がある。

逆の意味で、女性も同様である。しかし、その教育内容は、もっと吟味すべきだ。

問8　賛成

理由：売春を禁止しているのだから取締ることは当然。

問9　反対

理由：大臣の頭数や役人の数をふやしても意味がない。

婦人問題は、そうした行政機構の拡大のみで解決されていくとは思えない。

むしろ、現在の行政の内容の充実、質の向上をはかるべきである。

問10　一部読んだ

感想：婦人の実質的な地位向上に、これから具体的な成果をあげてほしい、と考えた。

問11　党の主張している「母性保障基本法」や、「総合的婦人対策」の実現をめざし、努力していきたい。

大内啓伍

問1　平等になっていない

理由：憲法、労基法等、法的には男女平等が一応確立しているが、実際には雇用、賃金、昇格等で区別が存在する。

問2　どちらとも言えない

理由：男女夫々に特性があり、完全同一扱いにすることには無理がある。と言って、完全に区別することにも無理があり、夫々の特性を生かした方がよい。

問3　反対

理由：入れてはいけないというのが、進歩的とされているが、特性は生かされてよいと考える。

問4　反対

理由：女性には男性と異った肉体的条件があり、これを保護することは実質的に平等になる。

問5　賛成

理由：夫婦は夫々の分野でお互いに助け合い、補い合ってゆくもの、夫が仕事ができるのも、妻の助力があるからこそ。したがって財産も共有することは当然。

問6　賛成

理由：出来れば一しょの方がよいと思いますが、社会的に夫々の個性をあらわす必要があれば、別姓を認めることは当然。

問7　どちらとも言えない

理由：一しょの方が好ましいが、あまりこだわることもないと思う。

問8　賛成

理由：トルコ風呂は売春を行う場所ではない。

問9　賛成

理由：専門化すれば、検討と対策がそれだけ前進する。

問10　読んでいない。
感想：但し、新聞にのった程度のことは、殆んど目を通している。
問11　一、男女平等をあらゆる面で実現してゆくこと。
二、教育に対する母親の責任の自覚を促進すること。

神田厚

問1　平等になっていない
理由：雇用（例、労働条件）の不平等、母性保障対策不備
問2　反対
問3　賛成
理由：雇用の機会を平等にすべきであるから。
問4　反対
理由：男女平等を促進するためにも労働保護は必要である。
問5　賛成
理由：妻の「内助の功」を明らかにするため、民法を一部改正して夫婦共同財産における妻の座を法的に確立する必要がある。
問6　賛成
問7　どちらとも言えない
理由：まず家庭科を存続させるべきか否を検討する必要がある。
問8　賛成
理由：売春は全滅させるべきである。
問9　どちらとも言えない
理由：検討が必要である。
問10　読んでいない
問11　母性保障基本法の制定をはじめ、すべての男女間格差、差別を解消する様、総合的な婦人対策を推進してゆくこと。

高橋高望

問1　平等になっていない
理由：雇用条件、労働条件に差がある。
問2　どちらとも言えない
理由：一般的には「男は仕事、女は家庭」ということで大部分はうまく行われている点もあるが別に決めつけることもない。
問3　賛成
理由：男女平等というからには、雇用の機会も平等にすべきである。
問4　反対
理由：平等を促進するためにも労働保護は必要である。
問5　賛成
理由：現在迄、民法等では、夫婦が共同で財産を築いても、妻の寄与分は、十分に認められていないがこれは不平等である。
妻の「内助の功」を明らかにするため民法を一部改正して夫婦共同財産に於ける妻の座を法的に確立する必要がある。
問6　反対
理由：夫婦別姓を認めることが、人権を尊重することでもない。むしろ、夫婦別姓にすることにより多くの弊害が出るものと思う。
問7　どちらとも言えない
理由：家庭科を存続させるか否かについても検討する必要がある。
問8　賛成㊟
理由：売春は、社会道徳上からも絶対許されるべきものでない。
問9　どちらとも言えない
理由：検討が必要である。
問10　読んでいない
問11　母性保障基本法の制定をはじめ全ての男女間格差、差別を解消するよう総合的な婦人対策を推進して行きたい。
㊟――「反対」のところに○がついていたが、理由をみるとあきらかに「賛成」の意向である。

中野寛成

問1　平等になっていない
理由：憲法の上では男女平等になっているが、例えば、職場

において、女性は賃金に格差があるとか、単に補助的な役割しか与えられていないなどの差別が依然として残っている。

問2　反対

理由：家事の得意な男性もいれば、外で働く事が性にあっている女性もいる。いちがいに「男は仕事、女は家庭」とは決めつけるべきではない。

問3　反対

理由：職種によって男性でなければダメなものもあるので、一概には言えないと思う。ただし、現状では能力のある女性が活躍できる職場が十分に確保されておらず、この点をもっと改善していくべきである。

問4　反対

理由：女性は、子を生み、育てるという固有の機能、つまり母性を有するが故に、社会生活において男性に比して、不平等が余りにも多いのです。従って、こうした母性に伴なう各種のマイナス面を、社会的、制度的に保障することによって、初めて男女の実質的平等が実現されることになる。

問5　賛成

理由：夫婦がせっかく共同で築きあげた財産も現行法では妻の寄与分が十分に認められていない。だから、民法の一部改正をし、法的に妻の座を確立することによって、妻に原則としてその財産の$\frac{1}{2}$が譲渡されるようにしなければならない。

問6　反対

理由：特に「夫婦別姓」にする必要はないと考えます。

問7　賛成

理由：従来の中・高校の家庭科ではダメである。

女の人も男の人も生きていくうえで、あらゆる事を知る必要があります。生活科学科としての家庭科を男女共に学ぶべきと考えます。

問8　賛成

理由：法的に認められているだけでなく、犯罪の発生の原因となるし又、暴力団とも結びつきやすい。

問9　どちらとも言えない

理由：「婦人問題担当大臣が必要だ」とは、実際問題として種々の困難がともない、現時点では、実現の可能性が乏しい。それよりも、むしろ、婦人政策の拡充、強化、そして、実質的に婦人の社会的地位を向上させるという方策の方が、現実的である。

問10　全部読んだ

感想：去年の国際婦人年世界会議で採択された目標が「平等・発展・平和」であるように、婦人対策の重要課題は、女性の社会的地位の向上をはかり、実質的に男女の平等を実現する事にあると考えます。

問11　前述したように、財産上の妻の座を確立するための民法の一部改正、そして、「母性保障基本法」の制定に努力して、婦人の社会的地位の向上のため、男女の実質的な平等を促進するために努力します。

中村正雄

問1　大体平等になっている

理由：具体的な事例としては例外もあるが家庭に於て職場に於て平等になりつつある。

問2　どちらとも言えない

理由：各人の自由意思の問題と思う。

問3　どちらとも言えない

理由：求人者の自由意思と思う。

問4　反対

理由：肉体上の問題に限って保護を考へる。

問5　賛成

問6　どちらとも言えない
理由：基本的の問題ではない。
問7　どちらとも言えない
問8　賛成
理由：当然
問9　反対
問10　一部読んだ
問11　（記入なし）

山本悌二郎

問1　大体平等になっている
問2　賛成
問3　反対
問4　どちらとも言えない
問5　賛成
問6　反対
問7　反対
問8　賛成
問9　どちらとも言えない
問10　読んでいない
問11　（記入なし）

米沢隆

問1　何とも言えない
理由：社会制度、法律的にも問題があり、社会通念や個人的平等観（感）の相違があまりにも大きすぎて一言で問1の質問にいう〝平等〟という単語（言葉）を考えれば考える程難しいものだという感じがします。
問2　賛成
理由：いままでの私の一生の中でこの考え方を否定しなければならなかったり、問題にするようなことがありませんでしたから深く考えたことがないのが正直なところ。同時に今の職業をやっていくためには私にとってはこの方がいいと思います。わがままとはいわないで下さいよ。従って、私個人的には賛成ですが、例外があってもおかしくないのではないですか。
問3　反対
理由：そこまでおっしゃると観念論が強くですぎて嫌ですね。求人される方にも男子（or女子）でなければならない仕事もあるのですから。
問4　どちらとも言えない
理由：そういう経験をしたことはありますが、だからといって保護はなくても――といった極論には立てません。
母性保障基本法に一番真面目にとりくんでいるのは民社党です。
問5　賛成
理由：当り前のことですから。法的には難しい技術的な面が出て来るとは思いますが――。
問6　賛成
理由：こだわりません。
問7　賛成
理由：いいことです。
問8　どちらとも言えない
理由：正直いって㋑にしても㋺にしてもそれぞれ難しい問題がありますね。しかし、トルコ風呂における売春の実態は決していいことではありません。要は人間のmoralの問題です。
問9　どちらとも言えない
理由：パーキンソンの法則にいうように担当大臣が決まれば決まったで他の人々がそこにまかせきってしまって従来までの協力者がひっこんでしまう可能性があります。だから職務権限と仕事の遂行の内容如何でしょう。㋑に近い感覚はもっています。
問10　読んでいない
感想：すみません。ご送付下さい。㊟
問11　政府にあらゆる女性問題を審議する審議会をつくることです。
母性保障基本法の議員立法化の成功のためにがんばります。
乱筆にて失礼します
㊟――「世界行動計画」は郵送しました。

新自由クラブ

川合武

問1　大体平等になっている
理由：制度上は平等である。
問2　どちらとも言えない。
理由：そのことはいいと思うが、無理強いはいけない。
問3　反対
理由：女子向きの仕事があると思う。むしろ女子の方が立ち優ってる仕事もあると思う。
問4　反対
理由：現実遊離の意見と思う。
問5　賛成
理由：男女平等であるべきだから。
問6　反対
理由：行き過ぎの主張と思う。
問7　反対
理由：行き過ぎの主張と思う。
問8　賛成
理由：売春を取締るのは当然と思う。
問9　反対
理由：むしろ男女平等に反すると思う。
問10　読んでいない。
問11　おたずねの「女性の問題」といえるかどうか、ですが新自由クラブの中に女性の同志がふえ新自由クラブ所属の女性議員が輩出するようになればいいな、と思っています。

——なお、新自由クラブでは、「先生」ということばは使わないようにしています。今後は「貴下」とでもして下さい。おたずね以外のよけいなことをいって、すみません。

共産党

安藤巌

問1　平等になっていない
理由：民間会社の例をとってみても、初任給から昇給まで差別されている。
問2　反対
理由：婦人の能力を認めないで家庭にとじこめるもの、封建主義の残骸。
問3　どちらとも言えない
理由：男と女の能力をそれぞれ評価するという面もありうるので、一概に差別といえないのではないかと思います。
問4　反対
理由：現在の段階では保護する必要があるし、女性の身体的条件を考慮に入れれば、労働保護をすることにより真の平等となり得ると考えます。
問5　反対
理由：妻の権利を正しく認めるためには、財産上でも、キチッと妻の財産を認めるべきだと思います。
問6　賛成
理由：同姓にするかどうかは選択できるようにするのが望ましいことです。同一姓の強要は封建的な家族主義の名残りです。
問7　賛成
理由：妻の仕事、家庭における仕事に対する男の理解を深め、さらには家事を共同にするという夫婦円満の実現の上からも賛成。
問8　賛成
理由：話に聞くところではあるらしいですね。売春は如何なる場合においても取締るべきです。
問9　どちらとも言えない
理由：一応「必要」とも考えられますが、婦人問題はあらゆる部門、場所で実現すべきであり、それぞれの部門担当者が心懸けるべき問題でもあります。
問10　全部読んだ
感想：当時新聞に発表されたものを読みました。特に婦人の労働の権利、待遇の改善による平等を指摘していることに共鳴しました。問題はこの実施です。

問11　①職場における女性の差別をなくすこと。

②保育所、学童保育を重視し、これを充実させることが婦人の社会的活動を保障するという見地に立っていくこと。

③不幸にして夫婦が離婚するという場合妻の立場を法的に保護すること。

工藤晃

問1　平等になっていない

理由：女性の社会的進出は、まだまだ障害があり、また、進出しても賃金、仕事で差別されている。家事、育児の負担が社会的に保障されないと女性は解放されないが、そのような制度的保障が日本では不充分であり、女性の能力の社会的開花の障害になっている。

問2　反対

理由：女性が社会的に進出することが女性の社会的地位の向上に不可欠であり、女性を家庭にとじこめることは女性の人間的能力の全面的発達を妨げる。

問3　どちらとも言えない

理由：男女の格差、不平等、差別には長い歴史的経過があり、女性の社会的進出は促進されなければならないが、男女の能力や適性も画一的にその違いがただちに解消するものではないので、求人広告もケース・バイ・ケースで考えるべきである。

問4　反対

理由：母性保護をはじめ、女性に対する労働保障がなければ、現状ではむしろ男女不平等が拡大する。

問5　反対

理由：夫婦別産制が人類の社会的進歩の方向に合致しており、共有性は、どうしても、男性の所有権に不当な優位を与えがちである。

問6　賛成

理由：とくに、社会的進出をしている女性にとって、結婚したからといって姓を変えることが社会的に不都合なこともおこりうる。

基本的には別姓、同姓の選択の自由を認めるべきである。

問7　賛成

理由：家庭的負担は男性もわかちあい、社会的にも共に解決にあたるべきであり、中学では、家庭、技術などは共修にすべきで、高校でも「家庭一般」のような科目は男女生徒にかかわらず、希望者が選択できるようにし、又、技術の基本とその法則については、すべての生徒が履習できるようにすべきであると考えます。

問8　賛成

理由：トルコ風呂営業は売春禁止法に対する公然たる違反の例が少なくないところは、周知のとおりであり、女性の性を商品化するという資本主義の退廃現象であり、当然とりしまるべきである。

問9　どちらとも言えない

理由：問題は男女の差別、女性のための社会的施策を実施するかどうかという問題であり、大臣の必要か否かは別問題であると思う。

問10　全部読んだ

感想：男女の平等、女性の社会的解放なくして人類の最終的解放は、あり得ず、南北、東西を問わず、国際的な規模で婦人の代表が集まり、「世界行動計画」を採択した意義は歴史的に画期的なものであると思う。とくに発展途上国の代表と先進国の代表が共通の課題にとりくむところに、万国の労働者と、被抑圧民族の団結というわが党のスローガンと一致するものを感じる。

問11　一、婦人が希望する社会的

活動のあらゆる分野で、男女平等の立場を追求し、その能力を生かすことをすすめる。

二、婦人の法的、社会的権利を確立する。民法改正、遺産相続、離婚における「特別寄与分」制度の実施。

三、婦人労働者の権利を拡大し差別をなくす。男女、同一労働、同一賃金など。

四、母性保護を充実する。

五、婦人のための保健行政の充実と、出産費の無料化。

六、婦人の社会的、自主的な活動を発展させる。

社会教育の民主化。

社会活動、レクレーション、文化活動を保障すること。

安田純治

問1　平等になっていない

理由：賃金差別、婚姻解消の際の財産分与の実情、国籍法上の帰化条件、女子若年定年制の残存、昇進差別、その他例を挙げれば限りなし。

問2　反対

理由：家庭の維持は両性の共同責任である。女を仕事から締め出すのは、何等合理的根拠なし。

問3　どちらとも言えない

理由：労基法上、女子の従業が禁ぜられている労働もあり、これは、差別ではなく、合理的な区別であるものもあるから、どちらとも云えない。

問4　反対

理由：母体保護など合理的区別は差別にあらず、むしろ、差別主義者の口実にさせないように合理的区別の意味を周知徹底すべきである。

問5　反対

理由：わが民法の別産制には不徹底の点あり、そのために夫婦別産制が妻の無財産を招来するような実体があるが、それ故に共有制を主張することは、問題の解決にはならない。むしろ後退である。

問6　賛成

理由：婚姻による氏の変更は、変更する側の社会生活上に与える影響大きい。夫婦が婚姻前から独立の人格として社会生活の中に位置付けられていることを前提にすれば、氏の変更は全く合理的理由なく混乱を招くだけである。

問7　賛成

理由：中学の男子—技術・女子—家庭、となっているのは、「女子は家庭」という考え方である。家庭一般と技術の基本は共修とし、特別な技術については性別問わず選択することにすべきである。

問8　賛成

理由：売春自体に反対である。

問9　どちらとも言えない

理由：ポストの新設より、内容が問題である。

問10　全部読んだ

感想：非常に広範かつ詳細、具体的である。本気でこれを実行すれば、結局、社会は変革されざるを得ない。資本主義の命脈（が尽きていること）を改めて痛感する。

問11　①職場における賃金その他の差別の絶滅（とりあえず、あらゆる職場で労基法が守られるような、労働行政、商工行政）

②妻の財産権の確立（税法、家事審判法の改正等）

③女性の社会的活動を保障する条件の整備（保育所その他の整備など）

無所属

鳩山邦夫

問1　平等になっていない

理由：政治をふくめて、「男にまかせろ」といった分野がまだ多く、さらに、「英雄色を好む」ことを黙認する風潮が残っているなど多数の点で不平等。

問2　どちらとも言えない

理由：女性は「働く人」と「母」の両方になりうるし、その人その人によって選択が自由。

問3　反対

問4　どちらとも言えない

問5　賛成

問6　反対

問7　賛成

問8　賛成

問9　反対

理由：そのような大臣を置かねばならぬようでは、そもそもこの問題は解決しないはず。

問10　一部読んだ

問11　いたずらに男女平等を唱えるよりも、両性の相互尊重が大切である。

したがって日本男性すべてをフェミニストにする運動が必要と思う。

大　臣

——大臣への質問状に対しては、一人一人からの回答はなく、内閣総理大臣官房から次のような手紙が届いた——

時下ますます御清祥のこととお慶び申し上げます。

一月十日付けの各閣僚あての貴信に対し、閣僚を代表してお返事を差し上げます。

御承知のとおり、政府はこのたび婦人問題に関する国内行動計画を策定し、また、去る一月三十一日、国会開会に当たり内閣総理大臣の施政方針演説において、特に一項を設け、婦人の地位と福祉の向上に一層努力することをお約束しているところであります。

また、同計画は、二月一日の閣議においてその了解を得たものでありますから、今後全閣僚が一致して同計画の目標の達成に向って努力することは申すまでもありません。したがいまして、御質問の婦人の問題についての全閣僚の考え方は、同計画に示されているところによって御理解くださるようお願い申し上げます。

なお、同計画につきましては、各界各層の意見を広く徴し、それらを調整し立案したつもりでありますが、これについても種々御批判の点などもあると思いますが、今後はこれらを考検しながら施策の具体化に全力を挙げることとしておりますほか、今後十年間の社会情勢の変化を考慮し、前期五ケ年終了時にはこの計画の進捗状況を検討し、後期五ケ年の重点目標を改めて策定する事にしております。今後ともよろしく御協力の程をお願い申し上げます。

昭和五十二年二月九日

総理府総務長官　藤田正明㊞

国際婦人年をきっかけとして行動を起こす女たちの会

公開質問状グループ代表

小林みち子殿

集計

回答数及び率

	発送数	回答数	回答率
自民党	47	14	29.8%
社会党	28	13	46.4%
公明党	20	17	85.0%
民社党	11	8	72.7%
新自由クラブ	13	1	7.7%
共産党	4	3	75.0%
無所属	1	1	100 %
計	124	57	46 %

問1

	イ完全平等	ロ大体平等	ハ 不平等	ニ何ともいえない	無回答
	数（率）	数（率）	数（率）	数（率）	数（率）
自民党	0	8(57.1%)	5(35.7%)	1(7.1%)	0
社会党	0	1(7.7%)	11(84.6%)	1(7.7%)	0
公明党	0	0	2(11.8%)	14(82.4%)	1(5.9%)
民社党	0	2(25.0%)	5(62.5%)	1(12.5%)	0
新自由クラブ	0	1(100 %)	0	0	0
共産党	0	0	3(100 %)	0	0
無所属	0	0	1(100 %)	0	0
計	0	12(21.1%)	27(47.4%)	17(29.8%)	1(1.8%)

▲法の上では平等になっているが、労働の場、とくに賃金の面で不平等だという意見が多い。意識が問題だという回答も少なくない。

▼「どちらとも言えない」という回答が多いが、その理由は主に「男は仕事、女は家庭」という固定観念には反対だが、女性の特性は認めるべきだという点にある。

問2

	イ 賛成	ロ 反対	ハどちらともいえない	無回答
	数（率）	数（率）	数（率）	数（率）
自民党	1(7.1%)	5(35.7%)	8(57.1%)	0
社会党	1(7.7%)	11(84.6%)	1(7.7%)	0
公明党	0	1(5.9%)	16(94.1%)	0
民社党	2(25.0%)	3(37.5%)	3(37.5%)	0
新自由クラブ	0	0	1(100 %)	0
共産党	0	3(100 %)	0	0
無所属	0	0	1(100 %)	0
計	4(7.0%)	23(40.4%)	30(52.6%)	0

問3

	イ　賛　成	ロ　反　対	ハ どちらとも いえない	無　回　答
	数　(率)	数　(率)	数　(率)	数　(率)
自　民　党	0	8(57.1%)	6(42.8%)	0
社　会　党	7(53.8%)	1(7.7%)	5(38.5%)	0
公　明　党	1(5.9%)	5(29.4%)	9(52.9%)	2(11.8%)
民　社　党	2(25.0%)	5(62.5%)	1(12.5%)	0
新自由クラブ	0	1(100 %)	0	0
共　産　党	0	0	3(100 %)	0
無　所　属	0	1(100 %)	0	0
計	10(17.5%)	21(36.8%)	24(42.1%)	2(3.5%)

▼「この主張について聞いたことがない」という人など、質問の意味が理解できていない人が多いのが特徴。

ＩＬＯなどで求人に際して性別を条件とすることが問題にされているのに「賛成」が多いのは社会党だけである。男女の特性を認める意見のほか、求人側の自由だという意見が少なくない。

問 3　『求人広告に「男子」「女子」ということばを入れてはいけない』という主張についてどうお思いになりますか。

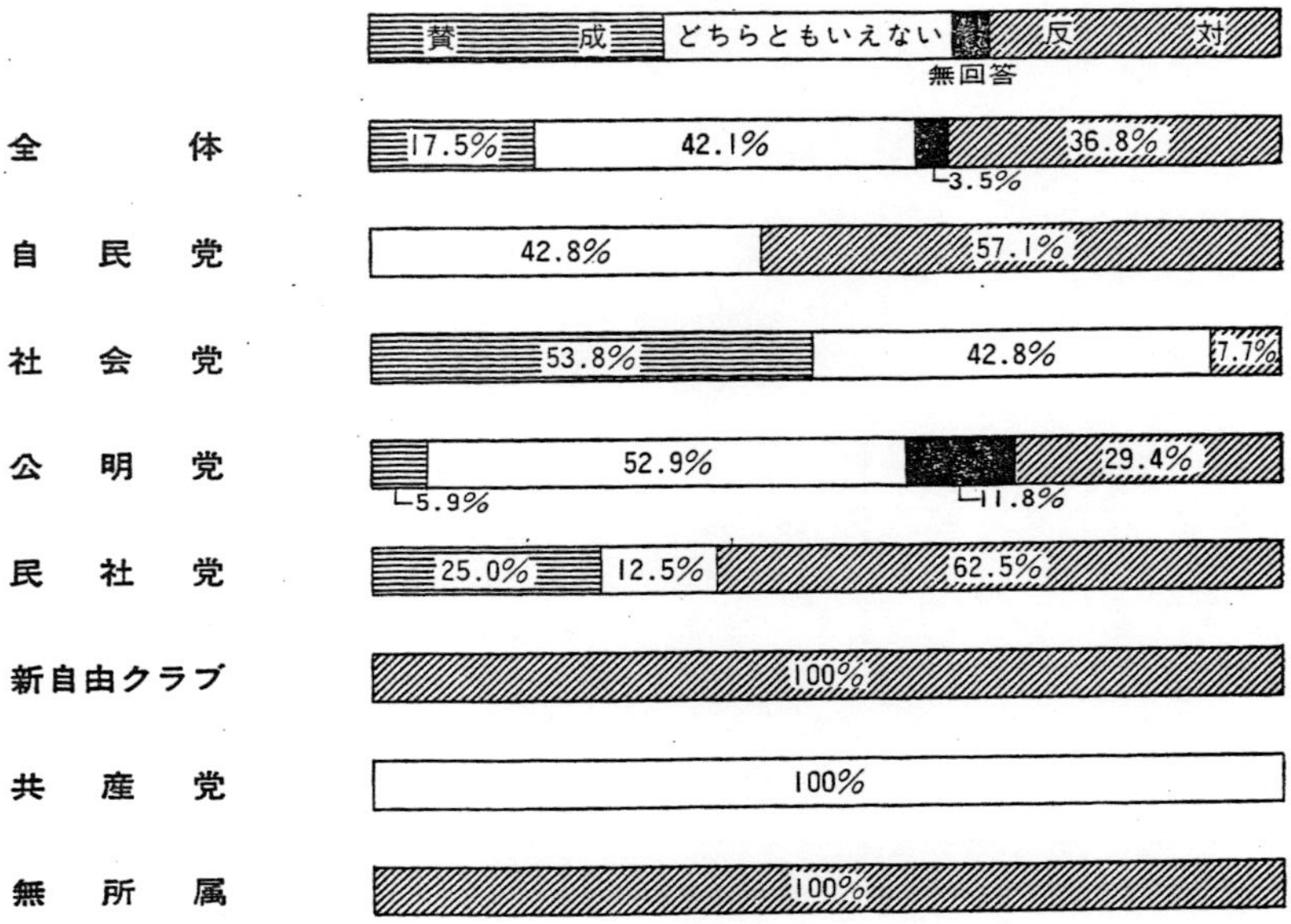

（166）

問4

	イ 賛成	ロ 反対	ハ どちらともいえない	無回答
	数（率）	数（率）	数（率）	数（率）
自民党	1(7.1%)	11(78.6%)	2(14.3%)	0
社会党		12(92.3%)	1(7.7%)	0
公明党		17(100 %)	0	0
民社党		6(75. %)	2(25.0%)	0
新自由クラブ		1(100 %)	0	0
共産党		3(100 %)	0	0
無所属		0	1(100 %)	0
計	1(1.8%)	50(87.7%)	6(10.5%)	0

▲女性の身体的特性から保護は当然とする回答が圧倒的に多いが、「現状では保護をはずした方が不平等が大きくなる」、あるいは「単なる労働保護の思想は差別の拡大につながる」といった本質的には「賛成」とみとめられる意見もある。

問5

	イ 賛成	ロ 反対	ハ どちらともいえない	無回答
	数（率）	数（率）	数（率）	数（率）
自民党	11(78.6%)	0	3(21.4%)	0
社会党	11(84.6%)	1(7.7%)	1(7.7%)	0
公明党	1(5.9%)	0	16(94.1%)	0
民社党	8(100 %)	0	0	0
新自由クラブ	1(100 %)	0	0	0
共産党	0	3(100 %)	0	0
無所属	1(100 %)	0	0	0
計	33(57.9%)	4(7.0%)	20(35.1%)	0

▲公明、共産以外は圧倒的に賛成が多く「当然」という言葉がよく使われている。「反対」の理由は「別産制の方が社会の進歩の方向に合っている」、「どちらとも言えない」の理由は主として「共働きの場合に問題がある」ということである。

問6

	イ 賛成	ロ 反対	ハ どちらともいえない	無回答
	数（率）	数（率）	数（率）	数（率）
自民党	0	7(50.0%)	6(42.8%)	1(7.1%)
社会党	7(53.8%)	0	5(38.5%)	1(7.7%)
公明党	1(5.9%)	7(41.2%)	7(41.2%)	2(11.8%)
民社党	3(37.5%)	3(37.5%)	2(25.0%)	0
新自由クラブ	0	1(100 %)	0	0
共産党	3(100 %)	0	0	0
無所属	0	1(100 %)	0	0
計	14(24.6%)	19(33.3%)	20(35.1%)	4(7.0%)

▲質問の意味が理解できていない人が多く、意見はまことに多様である。「姓は個人の好みによる」「例外があってもよい」としながら「ハ」に○をつけている人もある。

問5　「夫婦の財産は共有にせよ」という主張についてどうお思いになりますか。

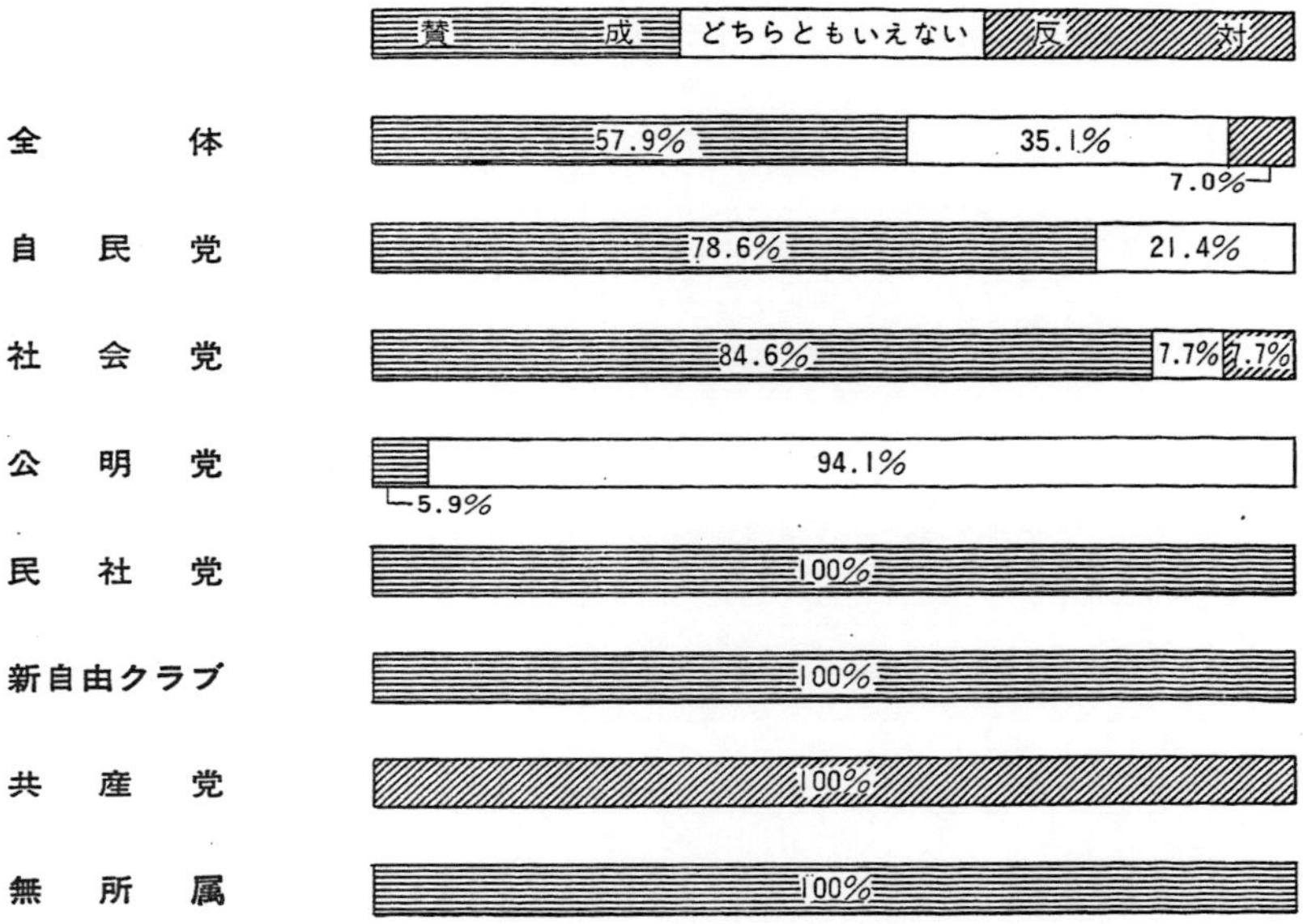

問7　「中学・高校の家庭科を男女共修にせよ」という主張についてどうお思いになりますか。

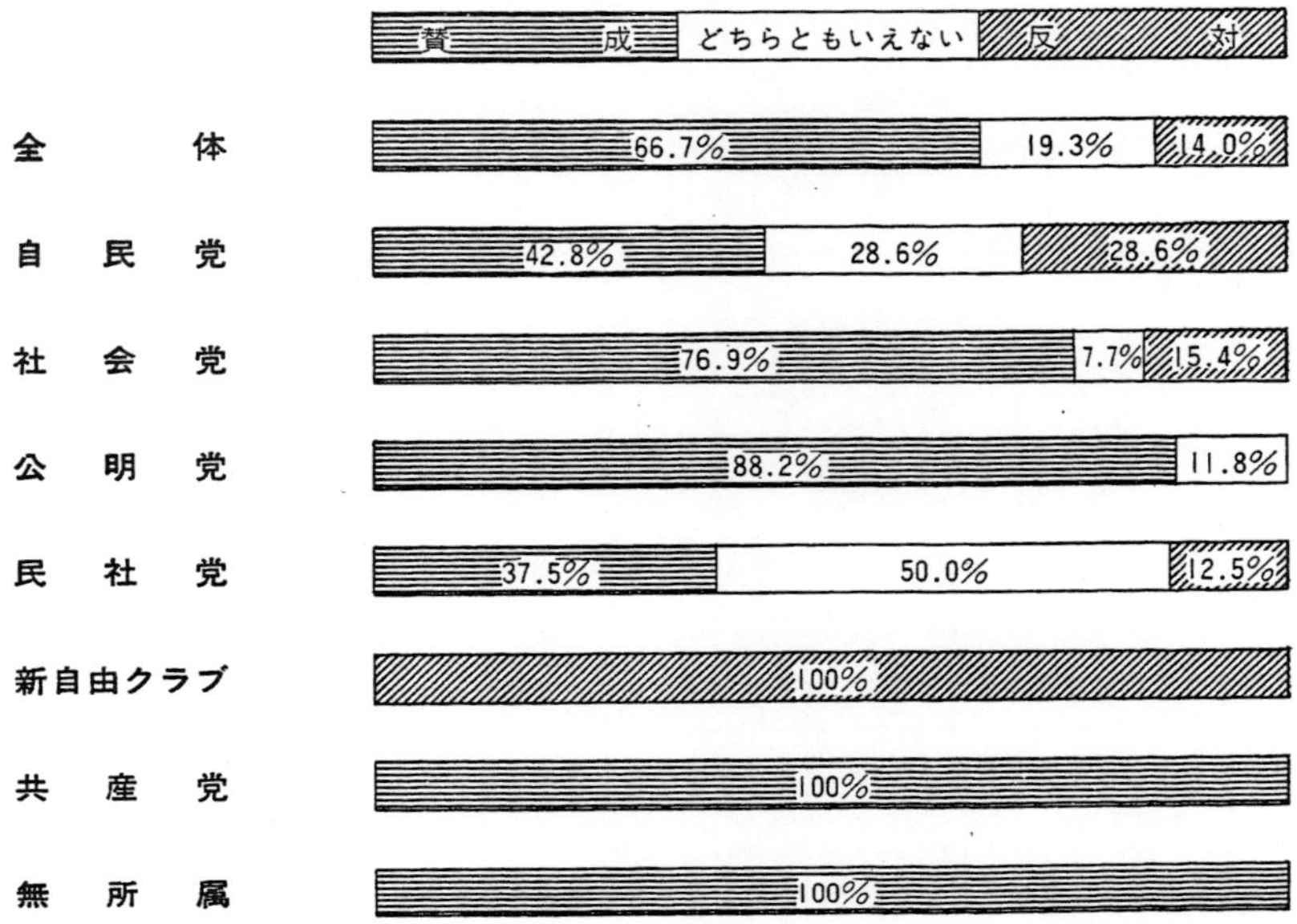

問7

	イ 賛成	ロ 反対	ハ どちらともいえない	無回答
	数（率）	数（率）	数（率）	数（率）
自民党	6(42.8%)	4(28.6%)	4(28.6%)	0
社会党	10(76.9%)	2(15.4%)	1(7.7%)	0
公明党	15(88.2%)	0	2(11.8%)	0
民社党	3(37.5%)	1(12.5%)	4(50.0%)	0
新自由クラブ	0	1(100 %)	0	0
共産党	3(100 %)	0	0	0
無所属	1(100 %)	0	0	0
計	38(66.7%)	8(14.0%)	11(19.3%)	0

▲新自由クラブ以外は各党とも「賛成」が「反対」よりも多数を占めている。「反対」「どちらとも言えない」という人の中で、女子の特性を理由に書いている人は一人で、内容を問題にしている人が多い。

問8

（注…反対に○をつけた人が二名あったが、理由をみると、明かに賛成の意向のため、賛成として集計した）

	イ 賛成	ロ 反対	ハ どちらともいえない	無回答
	数（率）	数（率）	数（率）	数（率）
自民党	13(92.9%)	0	0	1(7.1%)
社会党	13(100 %)	0	0	0
公明党	17(100 %)	0	0	0
民社党	7(87.5%)	0	1(12.5%)	0
新自由クラブ	1(100 %)	0	0	0
共産党	3(100 %)	0	0	0
無所属	1(100 %)	0	0	0
計	55(96.5%)	0	1(1.8%)	1(1.8%)

▲党派の別なく意見が一致した回答である。ただし、「現行法のもとでは賛成だが、法改制により公娼制度を復活すべし」という意見が自民党の中に一件ある。社会党は公衆浴場法の一部改正を提出したにもかかわらず、その点にふれた人は一名だけ。

問9

	イ 賛成	ロ 反対	ハ どちらともいえない	無回答
	数（率）	数（率）	数（率）	数（率）
自民党	4(28.6%)	5(35.7%)	5(35.7%)	0
社会党	9(69.2%)	2(15.4%)	2(15.4%)	0
公明党	0	3(17.6%)	14(82.4%)	0
民社党	1(12.5%)	2(25.0%)	5(62.5%)	0
新自由クラブ	0	1(100 %)	0	0
共産党	0	0	3(100 %)	0
無所属	0	1(100 %)	0	0
計	14(24.6%)	14(24.6%)	29(50.9%)	0

▲「賛成」「反対」が全く同数となった。「どちらとも言えない」という回答には、「婦人問題の解決には必要だが、差別観の助長になるのではないか」という意見がかなりある。

問10

	イ 全部読んだ	ロ 一部読んだ	ハ 読んでいない	無回答
	数（率）	数（率）	数（率）	数（率）
自民党	1（ 7.1%）	5（35.7%）	8（57.1%）	0
社会党	4（30.8%）	4（30.8%）	5（38.5%）	0
公明党	11（64.7%）	1（ 5.9%）	5（29.4%）	0
民社党	1（12.5%）	2（25.0%）	5（62.5%）	0
新自由クラブ	0	0	1（100 %）	0
共産党	3（100 %）	0	0	0
無所属	0	1（100 %）	0	0
計	20（35.1%）	13（22.8%）	24（42.1%）	0

▶抽象的、常識的な感想が多い。

▼**問11**

「平等の実現」「地位の向上」といった抽象的な表現が非常に多い。

▼労働の問題が一番多く挙げられているが、ここでも具体的な対策はあまり書かれていない。

▼民社党では労働問題を挙げた人はなく、八人のうち五人が「母性保障基本法」、三人が「総合的婦人対策」を挙げたのが特徴的。

社会党では二人が「雇用平等法」（一人は「男女平等法」と表現）を挙げ、保護の問題に触れた回答が多い。

公明党は福祉の問題を多く挙げ、共産党は保育施設など具体的。自民党は全くばらばら。

▼「男は男らしく、女は女らしく」という伝統的立ち場からの回答もあった。

回答文を読んで

▼回答率だけで言えば、四六%とこれまでの最高を記録したが、今回の質問対象者の立ち場、性格と、電話での直接依頼などの諸条件を考え合わせると、いい回答率とは言いがたい数字である。中でも婦人議員が二名とも無回答であったことは残念というほかない。また、自民党代議士の中に、催促の電話に対して「党の方針がわからないので出せない」と言う返事をした人があったが、女性問題に対する個人の考え方も党の方針によらねばならないのだろうか。

▼次に内容についてだが、全体を通じて我々の期待に応えてくれるような回答は一通もなかった。ただ全般に飾り気のない素朴な回答が多く、正直にまじめに答えてくれているという感じはする。しかしながら、女性問題について根本的に考えていこうという姿勢はみられず、古い常識、これまでの通念にとらわれ、そこから一歩も出ようとしない人が多く、解答の端々にそうした姿勢が伺える。

たとえば、問2に対して、はっきり「賛成」としている人は少ないが、原則としては「女は家庭」と思っている人が圧倒的に多い。また問7の賛成者のうち、「役割分業を否定するため」という人も少しはいるが、どちらかと言えば「女が家事を分担すべきだが、男もその女の仕事を理解したほうがよい」といった賛成論となっている。

▼今回の質問にとりあげた内容は現在、社会的にかなり問題となっている事項であるにもかかわらず、これらの問題への認識が全くない人が多いことに失望させられた。それについては問3、6に示された回答がいい例であるし、問4についても論争の本質をとらえていない感がある。

さらに、全体を通して言えるこ

とは、女性の問題に対して、切実感をもっていないという点。その表われが問9の答えに表われていると思う。

▼これらを党派別にみると、多少建前論のきらいはあるが、比較的理解を示しているのが共産党。ただし、回答者全員が全部同じ答えを出している点は興味のあるところ。逆に自民党は個人差が目立ち、これも比較するとおもしろい。「どちらとも言えない」の項に○印の多いのが公明党。そして、一見進歩的とみられる社会党もまだまだの感がある。新自由クラブは回答者一名という低回答率のため、党としての傾向はつかみがたい。

▼総じて個性的な発想がみられない。既成概念、社会通念にとらわれ、しかもそれを是としている人が多い点は、我々に前途の多難さを思わせ、それだけになお一層の努力の念を新たにさせるものがある。

私たちは行動を起こします

憲法によって男女平等がうたわれて、ほぼ三十年になります。けれども伝統的な男尊女卑の意識は根強く、職場に家庭に教育に、社会のあらゆる分野にいぜんとして女に対する大きな差別が続いています。最近では差別をますます大きくするような動きさえあり、私たちは強い怒りを感じます。

社会は男と女によって構成されているにもかかわらず、社会のしくみは男中心に組み立てられ、女の生き方は、はなはだしく制約されています。

私たちは新しい生命を生む性が社会的に尊重され、保障されるとともに社会のあらゆる営みに女が積極的に参加する道が開かれることを望みます。そのためには、家事育児を女のみの責任とする考えを改め性の違いにかかわらず、同じ意志に対して同じ機会、同じ結果に対して同じ評価が与えられる必要があります。そして、男も女も一人一人の意志と個性に従って自分の人生を選びとれるような社会をつくり、新しい文化を創造することをめざします。

この願いの上に立って、私たちは国際婦人年をきっかけとして具体的な行動を起こし、完全な実現までやむことなくその行動をつづける決意です。

国際婦人年をきっかけとして行動を起こす女たちの会
事務局　〒160　東京都新宿区新宿一の三十一の四の三〇二
中島法律事務所内
TEL三五二―七〇一〇

編集を終えて

◆二年目の記録集〝行動する女たちが明日をひらく〟をお届けします。悩み、考えているだけではダメなのですね。〝行動〟しなくては――。

◆すばらしい執筆者が揃いました。たくさんの女たちと連帯することのすばらしさがしみじみ判りますね。

◆二年目として、いろいろなことがありました。でも、座談会でも出されましたが、私たちの行動はけして後退などしていません。

◆その具体例として、反動的な動きに対してはたじろぎませんでした。差別裁判官訴追、家庭科の女子のみ必修、したたかに戦いました。

◆わたしからあなたへ――たくさんの原稿をいただき感謝・感激。しかし、誌面の関係でカットせざるを得なくなりました。ゴメンナサイ。

◆〝女と政治〟公職選挙法との関係で、全面削除になりました。別刷となっています。一部百円で、事務局にあります。

◆社会党の雇用平等法案、今国会では上程されなくなりました。ああ、前途道遠し！

◆甘くほろ苦い夜明けのコーヒーのおいしかったこと。徹夜の編集会議で〝夜明け前は一番暗い〟ことがよくわかりました。巻き返しが多かったけれど〝闇が深ければ深いほどあかつきは近い〟ことを信じて、がんばりましょう。

◆二年目の記録集についての感想・御意見をふるってお寄せ下さい。ヨロシクオネガイシマス。

＊　＊　＊

編集スタッフ

駒野陽子、金谷千都子、村上節子、三井マリ子、川名千秋、高木アイ子　（順不同）

＊　＊　＊

発行所　国際婦人年をきっかけとして行動を起こす女たちの会
東京都新宿区新宿一の三一の四の三〇二　リブル葵
中島法律事務所内
電話・東京〇三―三五二―七〇一〇
定価　六〇〇円（送料一四〇円）

これは男女差別反対を訴えるシンボルマークです。

「なくせ性差別」――女の解放は男の解放――という言葉を、私たちの合い言葉としました。

ステッカーとして、手のひらの大きさと切手の大きさで七月から販売します。

くわしいことは国際分科会に問い合わせて下さい。

国際婦人年をきっかけとして行動を起こす女たちの会

女と政治

昨年十二月、二年目の総括集会の時に、「政治を変えなくては女性解放は実現できない。私たちの願いを政治に反映してくれる女性の議員を一人でも多く国会に送りたい」というアピールが拍手で認められた。

これまでも男女平等推進のために、精力的に国会の中で活躍してくれている女性議員の姿は目にしてきた。しかし、いかんせん少数すぎる。国会ばかりでなく地方議会でも、男女議員の数が同数になるのは何十年後のことだろう。ともかく、七月の参院選に向けて、女たちが大きなゆさぶりをかけよう、というムードが盛り上がり、政治分科会ができた。各政党に男女平等政策を聞く会も企画した。

すでに田中寿美子さんの立候補は確定していたが、その後、小沢遼子さんが無所属地方議員や、市民・住民運動の仲間と手をつないでつくった「新しい連動を求める人びとの会」の強力なすすめで、吉武輝子さんも全国区出馬を決意。続いて、マスコミ関係の有力者が集まってつくった「革新自由連合」から俵萠子さんの東京地方区立候補が決まった。会員の中から三人が戦うことになったわけだ。私たちの会は推せん母体ではないが、二年間、性差別徹廃の旗印をかかげて共に戦ってきた三人の仲間をぜひとも揃って国会に送りたい。ここに「女と政治」の特集を組んで、各候補者の考えを寄せていただいた。（立候補確定順）

女性の投票は革新に向かう

田中寿美子

女性は政治に不向きだなんて!

私は女性と政治との関係を考えるときにきまって思いうかべる言葉がある。それは「女の敵」とも言うべきオットー・ワイニンゲルの言葉である。

彼は女を徹底的に軽蔑した歴史上の代表選手である。そして彼がナチスドイツのファッシズム哲学でヒットラーにサービスした人であることも忘れてはならない。女を三K(教会、台所、こども)に押しこめよと叱汰激励したナチスには彼は大拍手をうけた人である。彼は「性と気質」という著書の中で言う。「女は非論理的というより無論理的であり、非道徳的というよりは、無道徳的である。女には思想もなく人格もない。女は男性の反映物にすぎな

い……」などなど。中でも女に最も不向きなものは政治であるとしている。政治は男のものであり、女はこの世界に立入り禁止だというのである。ここまでくると敵ながら天晴れという他ない。彼は狂気じみていてとうとう二五歳(?)ぐらいの若さで自殺してしまった。この世に男と女としかいないのにこうまで女性を蔑視したのでは生きていかれないはずである。

オットー・ワイニンゲルまでいかなくとも、政治は男の世界だと考えている男性は――そして女性も相当あると思う。日本は、そして大ていの外国でも政治は圧倒的に男性の世界であった。ということは言いかえれば政治が生活とかけはなれていたこともある。第一次大戦後の一九二〇年代に欧米諸国ではほとんど婦人参政権をあたえており、女性の政治参加が積極的になるにつれて政治は生活とむすび

(1)

つけられ、「おんなこども」に近づいてきたのである。政治が何かふつうの大衆とかけはなれた議事堂の中で男たちの論議の場であった時代は終ったのである。

それでもなお圧倒的に政治のプロは男性である。とくに日本においてはそうである。婦人参政権がようやく一九四五年、敗戦後に与えられたのだから西欧諸国より二、三〇年おくれているばかりでなく、日本独特の封建的な慣行や思想が今もある。「政治は女に不向きだ」なんて堂々と政治評論家という人たちが放言するのだから、政治というものを大衆のものと考えていない証拠である。

夫唱婦随の投票から平和投票へ

私がかつて労働省婦人少年局に勤めていたころ、政治意識の調査資料をあつめたことがあった。ちょうど女性が投票しはじめて間もない一九四八年（昭二三年）のころの調査では大多数の女性が夫の意見に同調して投票していた。歴史上はじめての一九四六年四月十日の女性の投票では女性の衆議院議員が三九人も出て目を見はらせたが、あれは戦争直後の変革の雰囲気を反映していたし、選挙法ももっと自由で大選挙区だった。それに二名連記制だった。お金もかからなかった。だから無名の新人や女性候補がどんどん立ったのである。あのままだったらもっと女性の政治への進出はすすんでいただろう。

しかし間もなく中国の解放で共産主義の脅威を感じた米占領軍は政策を転換し、戦犯として追放していた「大物」を解除し、平和憲法を改悪し、再軍備に向かわせた。そして選挙制度も初期の自由なやりかたを規制し、現在の中選挙区制を採用し、単記制にした。政党の編成で、政党の中に歴史をもたない女性が進出しにくくなったのは当然だろう。いわゆる「逆コース」がすすみ、家族制度復活すら叫ばれるようになって、せっかく伸びようとした女性の政治への芽が摘まれていった。

もちろん、一度法制上の「解放」を知った女性の側では抵抗運動がさかんになった。そしてサンフランシスコ講和条約（一九五一年）で占領が終わった後日本の平和運動はセキを切ったように火の手をあげた。一九五二年（昭和二七年）第二五回総選挙は女たちが平和投票をした選挙として記憶すべきだと思う。私の属する日本社会党は平和憲法を高くかざしていたが、このころ最も意気さかんであったと思う。ちょうど一九五一年（二六年）に党首となった鈴木茂三郎委員長が、あの有名なことば

（２）

「青年よ再び銃をとるな
　母親よ、息子を戦場に送るな」

を叫んで女性の共感を呼んだ。そして一九五二年、五三年、五五年とつづいた総選挙では、社会党が大勝利したのである。当時の意識調査によると大都会でとくに、婦人有権者が平和を主張し、再軍備反対の革新候補への投票が男性を上まわっていた。当時の日本人大衆の平和への感情は実に強烈なものがあった。その感情をむすんだのが初期の原水禁運動となり、母親大会となったものである。

女は女へという投票について

その後女性の投票は保守的だとしばしば伝えられるようになった。毎回の衆参両院の選挙で投票率も女の方が低く、投票傾向も革新より保守が多かった。

一九六五年（昭四〇年）に九大のグループが「都市婦人の政治意識の調査」というのを発表したが、そこでは一般に女性の政治意識はキハクで、消極的で、浮動票的傾向をもち、「感情的次元ではしばしば革新的側面を」もちながら、投票では全体的に保守的である。だから女はネラワレルと評している。

これはたしかに一面の真理をもつだろう。けれどもその二、三年前（一九六三年？）に婦人有権者同盟が中心になって、東京都内の婦人有権者の投票傾向を調べたことがある。私もこれに協力したが、その結果として「女は女へ」という投票が、教育程度の高い女性の間に出ていることが報告された。私はその理由をこう考えた。戦後の「婦人解放」で男女が平等になったはずなのに、職場に出てみ、社会に出てみるといつまでも性差別が残っており、女性の能力を発揮する場が狭い、だから女性の候補が立っているところではその女性に自分の不満と夢を託して投票したのだ――と。だからそれは単純な「女は女へ」という投票ではない。

実際女性でなければ女性のもつ問題を感じていないし、意識していない。そういう意識と感覚のないところに問題解決の方向は見出されない。だから女性の立候補者が少なすぎる。もっともっと女性にチャンスを与えるために立候補してほしいと思ったものである。自分の選挙区に女の候補者がいなければ投票しようにも投票できない。この点で各政党とも女性を出すことに熱意が不足している。ある程度ワクでも設ける必要があるとすら考える。

女性の投票は革新に向かう

けれども最近婦人有権者同盟その他の意識調査によるとここ数回の選挙で、女性の投票は男性より投票率も高く、革新への投票が多いと報道されているのは喜ばしい。私は全国各地を歩いていて、農家はほとんど兼業農家なので農業の主な担い手は女であり、商家では夫と同等の働きである。職場についている婦人の数が二〇〇〇万近いし、パートや臨時で働く女性も多い。経済の担い手となってみると、女性の自主性も育つし、また社会の仕組みの矛盾に気がついてくる。だから現状への批判を強めるのは当然だと思う。

　だから右の意識調査が都市で行なわれたとしても都市の女たちの傾向をあらわしているだけではない。農林水産業で主な労働力となっている女性たちは一度目ざめれば革新の支持者になる可能性を十分にもっている。私はだからこれからの女性の投票は有権者として男性より数が多く、投票率も高く、革新性が高くなると信じている。またそのように私は女性に呼びかけたいと思う。そしてもっともっと女性が政治の場へ、中央でも地方でも出るよう意欲をもとうと呼びかけたい。

ツケを女たちにまわすな

吉武輝子

人間にはそれぞれ個有の人生があるけれど、しかし、その個有の人生も決して一人でつくり上げるものではなく、むしろ実に多くの人々によってつくり上げられていくものだということを、わたしはズッシリとした重味の中で実感しつづけています。

　いつの日か立候補するだろうなどとは一度も考えたこと

はなく、だから当然、今後の人生の予定表にも書きこまれていなかっただけに、女性解放運動・市民運動を通して知り合った人々から、是非にという話しがあったときは、まるで違う銀河系からメッセージが届いたようなおどろきととまどいを感じたものでした。

そのわたしが何度かの話し合いの末、ついに立候補にふみ切ったのは、たんにその人たちの熱意に圧倒されたからではなく、わたし自身が、力ある者が力のないものに、盛大にかつ残酷にツケをまわすというかたちで行われる政治のありように、フツフツとした怒りをもえたぎらせていたからです。その怒りが、わたしを立候補にふみ切らせたと言ってよいでしょう。

力学によって支えられた政治が、いかに力なきものにたいして後片づけという名のツケをまわしつづけてきたか、いや、まわしつづけているか、その事実をイヤッというほどみせつけられたのは、女の戦後史をまとめるために聞き書きをしてまわっているときでした。

かつては軍神の母よ、神風特攻隊の妻よ、あるいは大陸の花嫁よ、ともてはやされた数多くの女たちは、戦後三〇年たった今日もなお、いやされぬ心の傷をひきずりつつ、はてしない戦後を生きつづけているのです。

過日、わたしは、里帰りした中国人妻の一人が羽田から旅立つのを見送りました。

わたしが彼女のもとを訪れたとき、彼女はまる一昼夜ねもやらず、自分の心の奥底にしまいこんでいた思いを語りつづけたものでした。

彼女が満蒙開拓団の団員である夫とともにくらしたのはわずか三カ月。夫が現地召集されて二カ月後、ソビエト軍が国境をこえてなだれ込んだという報せを受けとったときの開拓団には、女・子ども・老人合わせて一六〇人余が残っているだけでした。生きはじさらすよりはいさぎよく全員自決をの命令がくだり、団長代理のもと軍医の手によってつぎつぎに射殺されていったのですが、幸か不幸か彼女一人が弾の位置がはずれたためか息を吹きかえし、傷の痛みとうえとかわきに苦しみつつ、さすらっているところを満人にすくわれ、その息子と結婚、四人の子どもを生み育ててきたのです。

ことばの話せぬ彼女は、三〇年の年月の大半をもの言わぬ人としてすごしてきました。生活も決してゆたかとは言えない状況の中で、それでも彼女は、日本は敗けたのだ、だからこうした苦しみと悲しみの日々を送るのは自分一人だけではない、日本人のすべてがそうなのだという思いに

(5)

支えられて生きつづけてきたのです。

しかし、ひとたび日本の地をふんだそのしゅん間、彼女は自分の思いちがいに気づいたのです。もう日本は敗戦の傷あとはどこへやら、ともかく表面的には富める国日本の威容をほこっていたからです。実家のくらしぶりも彼女が思いえがいていたものとはまったく違っていました。カラーテレビがある、冷ゾー庫がある、電気洗濯機がある、掃除機もある、車もある、それに白い米、ゆたかな食料、信じられぬほどのぜいたくな服装………。日本は敗けたのだ。敗けた国の人々は生きる場こそ違え、みな同じ苦しみと嘆きとまずしさを背負っているのだと思いつづけ、それを支えにすらして生きていたことが、全部ひっくり返えされてしまったとき、逆に彼女の口から出たことばは、

〝ナゼ自分だけがこんな人生を生きねばならぬのか。あなたたちはわたしをフンヅケた上で、ゆたかなくらしをたのしんでいるのではないか〟

という恨みつらみの数かずであったのです。彼女は帰国の日を一日のばしにのばしつづけました。

最初の間は同じ血をわけあった人間の無事な姿をみたことに喜びをかんじていた家族の人々も、糸のように吐き出される彼女の恨みつらみのことばの数かずにウンザリしはじめると同時に、このまま居つかれてはかなわぬという防衛本能がたかまっていったのでしょう。文字通り詰め腹をきらせるというかたちで、彼女に帰国の日をきめさせてしまったのです。

羽田から飛び立つ寸前まで、彼女は日本にとどまることをねがいつづけていました。カウンターに必死になってすがりつく彼女の指の一本一本をひきはがすようにして、税関の入口に追い立てた家族の人々。今はせんかたないと思いあきらめた彼女は、呆然と立ちすくむわたしに、

「サヨナラ吉武さん、わたしのことを忘れないで」

ふりむきざま叫びました。そのときの彼女の怒りと悲しみと絶望に打ちひしがれた表情をわたしは、今も忘れることは出来ません。こうした表情をみせたのは、なにも彼女一人ではありません。聞き書きをさせていただいた人たちすべてのそれは共通の表情であったのです。

でもまだ、まがりなりにも社会的に評価されている妻の座をえている女たちは、社会的に評価されているというギリギリの支えがあります。戦争のために余儀なく結婚出来なかった独身女性の場合は、生きるということの戦いの上にさらに二重、三重の差別と偏見との戦いが加わり、身も心もつかれはてて病床に横たわっている人もすくなくはな

（ 6 ）

いのです。

年老いた実母をみとった後、生きることの戦いの日々につかれはて、カリエスにかかって病床にふしていた一人の女性はいいました。

「吉武さん、戦後は力の強いもの順に終るんですね。力なきものの戦後は、その人が生きつづけている間中つづくというのに……」

力学に支えられた政治がいかに弱いものへ、力なきものへとツケをまわしていくか、その残酷さをものの見ごとに表現したことばだと、わたくしはシンとした思いで彼女のことばを受け止めたものでした。

考えてもみて下さい。戦前の女たちは参政権を与えられてはいなかった。女は政治にムエンのものだとされていたのです。ムエンなものだといいながら、実はその女たちをいやおうなしに政治にまきこみ、個々の女たちの上にまきちらした悲劇を、まるで政治とはかかわりのないところで起きた個人的な悲劇であるかのようによそおい、女たちの個人的努力というかたちで平然として後片づけをさせているのです。

女たちが参政権をえた今日でも、力ある者が力なきものに後片づけという名のツケをまわしていくという政治構造のありようにはいささかも変化はありません。

高度成長政策のかけごえによって利益をえた人たちは力あるものたちだけです。いささかの物質的なゆたかさにまどわされ、自分もまた、なにがしかの恩恵を受けているかのような錯覚にとらわれたのも束の間、水も空気もそして食べもの、今やいのちをはぐくむものではなく、いのちをそこねる異物と化し、そのツケはもっとも弱い立場にある女、子ども、老人、身障者にまわされています。

あまりにも奇型であるためにこの世に生まれ出ることの出来なかった胎児の死産リツは年々たかまり、また無事出産したあとで、体の一部に欠かんがあることを知らされる人たちの数もウナギ上りに上昇しています。

子どもは女が育てるものとのカケ声が、低成長時代に入ったとたん、ニワカにたかまりはじめている現状では、福祉足らざるは女がかかえ込むの歴史にピリオドをうつわけもなく、むしろ、なおいっそう家庭の中で起きるさまざまな事情を女が必死になってかかえ込みつつ生きねばならなくなることは、絶望的なまでに確実なことになってきました。

農薬や食品添加物や洗剤のもたらす害におびえ、子どもの生きる未来への不安を抱きながら日常のくらしを担っている女たち。そして職場の中においても、好不況のクッシ

ョンがわりに女を使っていこうとする資本の意志に押しつぶされ、あえぎながら生きる女たち。

生きる場こそちがえ、どの女も、実は故意に力をうばいとることによって政治の後始末をさせるべき役割をふりあてられているのです。

長い間、女性解放運動・市民運動にたずさわってきたわたしには、保守政党はダメだが革新政党ならイイという図式的な発想は、もはやもてなくなってしまいました。

同じ捲きこまれるなら捲きかえしていこう、そうした思いを持つ女たちが、くらしに密着した地方行政の中に、生活者である女を入れていこうという地道な運動に、いつも助っ人というかたちでかかわってきたわたしは、そうした女たちの運動を叩きつぶしにかかってくるのが、保守政党ではなくむしろ、革新を名のる政党であることの事実をまのあたりにしているからです。

小っちゃなうごめきを力でおしつぶそうとする革新を名のる政党のごうまんさをみせつけられるたびごとに、たとえ保守が革新にかわろうとも、弱いものにツケをまわす政治構造の変化は望むべくもないことを思いしらされてきました。

もうわたしは後始末の出来ない政治家の、後始末をさせられることにウンザリです。いいえ、人生をもって、いのちをもってそのツケをはらわされるなんてことはマッピラです。

そうした政治のありようを少しでもましなものにするためにわたしはたたかいつづけていくつもりです。

新しい連動を求めて

小沢遼子

いくら「政界再編」と言ってみても、単に派閥の組合わせを変えてみただけのことであったり、また無党派への呼びかけが大事だと言い、あるいは見せかけをいくら新しくしてみても、今までの政治のあり方に対する根本的な反省なくしては、それは単なる「看板のぬりかえ」に終るだろう。

既成のわくを取り払い、政党に属さずにたたかってきた人々、各地で市民・住民運動をになってきた人々、政党の圧力に屈せず革新無所属議員として活躍している人々の中にこそ、ほんとうの「無党派」の声がある、とわたしたちは考える。

これらの人々の中から手をつなぎ、互いに助け合おう、という動きが出てきたとき、それは本当の力になるはずだ。

「新しい連動を求める人びとの会」は、そのための場を提供するものとして生まれた。

参院選を前にして、私たちの声を国会に反映させるために、吉武輝子を推し出すことが決まった。

なぜ吉武輝子を推し出したかを、ひと口に言えと言われれば、女だからと答えるのがもっとも正直だと思う。そのときの女ということばにはさまざまな思いが含まれている。陽の部分をを言えば、六〇年代後半から徐々に広がりつつある女の意識変革を代表しうる政治家が必要だということになるだろう。これまでの女の政治家は母、主婦、妻などの相対的人格を強調することで登場してきた。そのいずれにも分類されない場合は政党人であったり、清潔な女をセールスポイントにするもので、生身の女にはほど遠い。女というものは、たとえ公的に活動していようとも、世間は私

生活への介入をやめようとはしないし、むしろ徹底してそちらを売りまくることを求めるものだ。政治という「男の世界」に乗りこむ女は一番嫌われるし、それを防ぐ唯一の方法は、さきほどのべたような相対的人格を前面に出して、すでに女としては圏外へ去ったと表明しておくことなのである。金も性も、権力もまとめて手にする資格があるのは男だけで、女が首をつっこんできた場合、部分をちょいとばかり与えて済まそうとし、力を持ったとしてもそれはうしろについている男のおかげであると考えて安心する。男の安堵感を脅やかさないことが最大の防御法と、女は心得ておかなければならないのである。まっこうからそうした男の価値観に逆らって成功した女の政治家はこれまで存在しない。男のペットか、聖なる女か、どちらかでなければ両性から袋叩きにされるからだ。そのような男社会と、その中の女の位置を、六〇年代後半からまき起こった女解放の運動はえぐり出して来た。状況のわかる女を送り出したい。わたしが吉武輝子を担ぎ出した最大の理由はそこにある。彼女がマスコミの中で辛うじて守りつづけてきた逆らう女のイメージが、どこまで支持を受けているのかも知りたいし、何よりも彼女を支持する女たちの存在をこちら側から打ち出したかったのである。

参院全国区へ吉武輝子を、と言い出したときの男たちの反応はほぼ一様であった。何をやっている人か知らない、知名度がない、である。知名度の点で言えば確かに小田実や野坂昭如には及ぶまい。しかし、吉武輝子が何をやっているか知らないということは、彼女が身を置いてきた女たちの運動がほとんど男たちの眼の中に入っていなかったということだろう。それが男の怠慢か女の責任かはどうでもいい。

◇　◇　◇

ただ、男たち、とりわけ何らかの運動に関わっている男たちの反応の中に、どうしても軽悔の感じを見出してしまうのである。運動をするに当っての大義名分は、女だけの運動の中には見出し難いと男たちは思っているのであろうか。現在の「女の手で女の政治家を」という考えは、昔あった女権拡張とはまったくちがう。しかし、その動きを知ったとき、男はあっさり、女性解放運動には興味も関心もないと言い放つ。たとえ電気料金不払いであれNHK受信料拒否であれ、たちまち大状況と関連づけて参加し「評価」する男たちが、女の解放運動という、まさに人類の半

分を占める部分の叫びを、あっさり無視してはばからない。無視にさらされてきた女の陰の部分を、わたしは吉武輝子の中にまざまざと見てしまうのである。彼女の発言者としてのフィールドは女の世界である。結婚・育児・性などについて、女の側からの発言者が必要だと男たちが判断する範囲内で、吉武輝子の存在理由はあった。女子供の世界など男たちは眼もくれないできたし、その中で動き回っている女の思想など、思想とも認めずに来たのである。女たちの間にどのようなコミュニケーションができ上っていようと、男たちの関知するところではない。

半端者扱いをされたもののうらみは、たとえ端から見ればテレビという日の当るところにいたとしても、いや一見はなやかであるほど深く吉武輝子の中に影を落している。（女たちとの間に強いきずなが作られれば作られるだけ、女の世界を疎外している男の意識構造は逆照射されて見えるものだ。女同士のコミュニケーションを強めるほど男たちから遠ざかるし、男社会は男に敵意を持つ女の正当性は決して認めない。男会社の中で生きる女にとって、これは当然とはいえ、誇り高く生きようとする力を削ぎ取るほどの圧力である。吉武輝子を見るたび、削ぎ落そうとする力が彼女に刻みこんだ時間の長さを思い、口惜しさをまじえた複雑な感慨を持ってしまう。彼女が強さそのもの、明るさそのもの、そして男たちともこの上なくうまくやって行くことのできる女であったら、わたしは彼女のために動こうとは思わなかっただろう。これは決して同情ではない。

◇　◇　◇

少しばかり早く前に出てしまった女の軌跡を、あとに続く女たちはたどっているのであり、彼女がまさしくわたしに歩き易さを提供してくれたことはまぎれもない。彼女のたたかいに献げる一りんの花を、いまわたしは手にしているだけのことである。国会議員に当選させるというよりも、ひとつの時代を息せき切って走った女を、息苦しさぬきに、さらに走りつづけさせたいという願いがむしろより困難だと予想される場所へ押し出す結果になったことは責められるべきことだろうか。正直を言えば、そこにいく分かの迷いがないわけではない。しかし吉武輝子自身が踏み切った。わたしよりもはるかに修羅を越えてきた彼女がGOのサインを出した以上、ためらうことはない。勝つか負けるか、ひとは単に当落で決めるかもしれない。だが、ひとが何と言おうとこめた思いの熱さ、重さだけは思いを抱

いた人間だけのものである。それが女同士ならばもう言うことはあるまい。

光の部分を、気嫌よく歩んできただけではない女が、阿鼻叫喚の日々に顔をつき合わせて、最後まで笑っていられるのかどうか、わたしには自信がない。弱い部分をさらけ出して傷つき合うことになるかもしれない。選挙だから、かついだから、かつがれたからというわけではない。他人同士が志をひとつにしてコトをなすについての経験が少ない女たちだから、意を決すれば決するほど、非妥協的になり見当ちがいの正当論でがんじがらめになるかもしれない。男たちのように、うまく許し合ったフリをすることはできないだろう。

◇　◇　◇

吉武輝子の選挙本部ほど女が主体になっているところは他にないことだけははっきりしている。

あるときはヌシ、あるときは使い走り、ひとりひとりの役割は固定化しているわけではない。おのずから主役となった場合も上下の関係もなく、したがってエライ人、命令する人される人の区別もない。仕事をする上での男と女の関係もこれ以上のものは見当らないにちがいない。

吉武輝子を全国区へ、の初期の話し合いのころ、出席した若い男たちは、男中心の会合とのちがいにひどく打たれたらしい。こういう世界があったのか、男の知らないところでかくも女たちはイキイキと考え、発言し、行動しているのか。それに生活者であることの自信、彼らはこの感想をカルチュア・ショックと呼んでいる。女たちが、男たちから学ぶものがあるとすれば、社会的関係の作りかたのうまさだけだろう。しかし、男たちは、女からは新鮮な感情のゆき交いまで学ぶことができるというわけだ。女が職場に少ない。運動の中にもほんの少しという状態は男たちにとっても不幸なことである。性関係を作ることだけではなく、いま男と女の間に必要なことは「異文化交流」なのだが、男たちはこれにほとんど気づいていない。吉武輝子の選挙本部のように、いささか数の上では劣勢という状態になってはじめて、男は、女もなかなかやるものだと思い、なんとなくちがうなと思い、やがて、これが当りまえとなってゆく。この過程を通ってゆく若者たちを見ていると次の世代への信頼がたしかなものとなって、ゆったり、ほのぼのした思いにみたされる。

疲れれば罵り合いも起こる。責任追及もあり、何よりも

学生のころから親しい若者だった。わたしへの電話をかけたあと自首した彼のために急行列車で差し入れに行き帰ってくれば、事態を知った事務局の人たちは今日は早く帰って休んで下さい、と果てしなくやさしい。そして又今日、別のことで捕われた若者をめぐって電話が鳴りつづける。選挙運動とは異質のそれらがとびこんで来ても動じる人はひとりもいない。

論理や戦略にふり回されることのない人間の息づかいに、わたしたちの事務所はみちみちている。それにしても金がない。人手も足りない。何よりも時間がない。吉武輝子を国会へ送り出そうという熱いこころは実るだろうか。実らせたい。実らせたいのだ。

金のやりくりでアタマが痛い。しかし、手弁当交通費自分持ちという辛い毎日をつづけながら、全員そろってカンパの集まり具合を心配し、郵便料を立て替え、金のなる木がないことは百も承知だ。もし借金が残ったらどうせすぐには支払えないとして、一生の負債として一千万くらい背負いこむ覚悟がありマス、などと、びっくりするようなことをいう若い人がいる。女子どもの選挙と最初に言った通りになった。手づくりの選挙、手づくりの運動しか知らない人間ばかりが集まって全国規模の選挙と運動を、たった三カ月でやってしまおうというのだから、そうそう何もかもうまく行くことはないだろう。そのことを一番よく知っているのは、これまでにも全国の無党派議員、立候補者のために駆けずり回ってきた吉武輝子自身だとわたしは思っている。「気の小さい候補者と、情緒不安定な参謀を抱えた事務局の身になってみろ」などと小言を言われながら、フーフー肩で息をついているテイタラク。山屋光子事務局長のもとにはやたらに信頼が集まっているのは何たることか。選挙をやったが何もかも失ったということにはしたくない。これもひとつの貴重な出会いとして、あとあとまで信頼できる人間関係を残したい。

三日前、若い父親が生まれたばかりの障害児を殺した。

(13)

男では結局ダメだった

俵　萠子

この間、日本にやってきたサッチャーさんは、日本プレス・クラブの記者会見で、

「私は、女性だけを代表する政治家ではありません。男も、女も代表しています」

といった意味の発言をしておられた。手元に切り抜きがないので、正確な言葉づかいはわからないが、確かそういう内容の発言だった。

日本の男性の政治家も、よく似たようなことをおっしゃる。映画俳優のお兄さんで、姿形は確かに女好きのする、ある保守党の代議議士は、ほとんど女性の票で当選したという噂もある。彼がマーケットで女性たちの手を握り、

「ぼくは、あなたたちのために働きます」

といったかどうか。私は、見にいって確かめたわけではないから知らない。が、少くとも握られた方の女たちは（あの人なら、きっと私たちの気持をわかってくれるにちがいない）と思って、たった一票しかない自分の権利を彼に託したことだろう。

どの男の人も、どの政治家も、立候補する時は、きまっておっしゃる。

「ぼくは女性の味方です。女の気持がわかります。台所を守ります。福祉をやります。子育てを守ります」

戦後の一時期、女性はいまよりたくさん政治家を志した。投票する側の女性も、女の候補者に一票を託す傾向があった。ものの十年もしないうちに、この傾向は消えていった。

「女だから、女に投票するとは限らないよ」

「日本の女は、かえって政治になんか出ていこうとする〝出しゃばり女〟はきらいなのサ」

「同性ならだれでもいいというわけにはゆきません。お粗末な女もいます。お粗末な女よりは、立派な男の方がまだましです」

「政治家というものは、性別を越えて人間を代表する者でなくてはならない」

「性別よりも、イデオロギーこそ問題です」

いろいろなことがいわれて女性の政治家が減った。女性は女性の代表を選ぶという傾向は崩れ去ったようである。

☆　☆　☆

そうして、二十数年がたった。

その結果、日本が女にとって住み心地のよい国になったというなら、私はこれらの言葉を信じてもいい。

ところが、事実はまったくそうではなかった。

私は、昭和二十八年に、大学を出て就職した。終戦後八年目のことであった。そのころ、私たち女子大生にはほんとうに就職口がなかった。男子学生も狭き門であったが、女子学生の就職難といったら、男子の比ではなかった。忘れもしないが、あの時、私の学部に〝女子も可〟という求人は、民間会社ではたったの三社しかなかった。あとは、教師の口だけであった。〝これでは困る〟というと、まわりの人たちは、寄ってたかって

「女はええやんか。早うエエ人見つけて結婚したらええネン」といった。

あれから、二十四年たっている。いまはどうか。

何が、どう変わったというのだろうか。日付けをはずせば、そのまま私の経験は、〝いまの話〟になるだろう。

私の初任給は、男子と同じだった。

この点は、むしろ二十四年たってダメになったのではないか。女子大卒が多くなって、企業の側がよりどり見どりになったから、かえって悪くなった。

一年たって昇給の時、私は同期入社二十九人の中で、二十八番目という〝悪い成績〟だった。二十七人は男子で、女が二人。下位の二人は女で独占したというわけである。

「どうしてでしょうか。女が二人、揃いも揃って、すべての男子より劣るということなのでしょうか」

と部長にききにいった。

「決まってるやないか。きみらは女やないか。徹夜もでけへんし、泊りもでけへん」

と部長はいった。

二十三年たって、いまはどうだろうか。

女性の賃金は、平均すると男性の半分。女は三十近くなると、目に見えて昇給カーブが鈍ってくる。それどころか

新憲法になって、三十二年たつというのに、定年さえ男と同一でないという会社がゴマンとある。

私は、保育所がなくて苦しんだ。病児保育がなくて途方に暮れた。家事・育事が、私だけの肩にかかって倒れそうになった。通勤時間が長くて辛かった。家が狭くて赤ん坊を踏みつぶしそうになった。家賃が高くて大変だった。

その問題が解決されましたか。

いまでも、私はあのころのことを思い出すと、胸にこみ上げてくるものがある。何度、二人のこどもを抱きしめて「もうダメだ。あすは辞表を出そう。でも、ママが仕事を続けたいと思うことはいけないことなんだろうか。間違ったことなんだろうか」

自問自答したことか。

骨身にしみて経験したことだから、このことは一生忘れない。いつもいつも、そのことが頭の中にある。男の人でこういう経験をした人はたぶんいないことだろう。

その問題が、あれから十七年たって解決されましたか。

☆　☆　☆

三十二年たって、いったい何が変わったのか。

女がいちばん苦しんでいる問題は、何ひとつ根本的に解決されていないではないか。そう思った時、私の胸には明確になってくるものがある。

「やっぱり、男だけに政治をやらせておいてはダメだったんだ」

「男の中に女がチラホラということでは、すぐれた女性の政治家でさえ力を発揮できない。束になって、数になって、彼女たちを助けなくては……」

「それにしても、なぜ、女性は束になって政治の世界に進出できなかったのか」

「最大の原因は、子育てをすべて女が一人背負いこんでいるからだ」

「やっぱり、いまの性別分業社会では女にしか経験できない感情があって、男たちはそれを代弁することはできなかった」

「もちろん、一部に男の後押しで、ひょいひょいと政界に出た女はいる。その人たちの大部分は、女なのになぜか女の問題がわかっていない。女にも、さまざまな立場、さまざまな考え方、さまざまな質があるのは当然だが、ならばたくさんの女が立候補して、女の中での取捨選択が行なわれなければならない。それだけの数がいま揃っているのか」

「政治は戦後三十二年金がかかるようになる一方だった。それゆえ、金と権力に縁のない女はますます出られなくな

った。それは、逆にいうと、女性もたくさん出せる政治は、きたない金がかからない政治、組織ではなく個人が尊重される政治ということになるのではないか」

まだ、いろいろなことが明確になってくるのだが、スペースの関係で省かせていただく。

私の政治的心象風景の、いちばん古い、いちばん最初の光景は、十七、八歳の時にさかのぼる。戦後の飢えの時代がやっとしずまりはじめたある日のことだった。私は母と二人でいて、何からそんな話になったのか記憶がない。

「お母さんはやね、何かというと、戦争でひどい目にあったいう話ばっかりするけれど、お母さんはその時おとなやったやないの。おとなやったら、モノを考える力があるんやから、なんで、あの戦争に反対せえへんかったん」

その時、母はすごいほど私を睨みつけた。

「そんなこと、できるわけないでしょッ」

「なんで。なんでよ。牢屋にはいってもいい、体を八つ裂きにされてもいい。なんで頑張らへんかった」

母の目はますますけわしくなった。

「バカ。あんたはそんなこともわからへんのか。お母さんには選挙権もなかった。選挙権もない人間がおとなといえるか。バカ」

あの時の母の目を私は忘れない。この会話は、いつまでも私の胸の中に残りつづけて、ときには忘れ、ときには眠っていても折にふれ、よみがえる。

二人のこどもたちが、日に日に批判力を増していく姿を見るようになった時、あの日の会話は、まるで、バック・グラウンド・ミュージックのように、絶えず私の耳元で鳴り響くようになった。(お前もいつか、こどもたちから、お前が母親にきいたと同じことをきかれる立場になる。お前には、お前の母のように〝私には選挙権もなかった〟といういいわけはない。いいわけは、ないのだ)

正直いって私はこわい。私はもう、歴史を創る側の人間だということが。その責任の重さを肩に感じる。それは同時に、(男社会がいけない。女が再就職できないのも、離婚の自由がないのも、駆け込み寺が一つしか出来ないのも、みんな男社会のせいなのよ)といういいわけを自分に許さないことでもある。

私はもう四十六歳。どんなに逃げ回っても、立派に〝おとな〟といわれる年齢になってしまった。責任を持たなければならない年齢になってしまった。自分が、向いているかどうかはわからない。が、責任は果たされなければならない。

(17)

国際婦人年をきっかけとして
行動を起こす女たちの会
新宿区新宿１－９－４　御苑Ｇハイツ806
中島法律事務所 内

●──編集委員紹介

高木澄子（たかき・すみこ）
一九七六〜一九九六年会員

中嶋里美（なかじま・さとみ）
一九七五〜一九九六年会員

三井マリ子（みつい・まりこ）
一九七五〜一九九六年会員

山口智美（やまぐち・ともみ）
一九九六年　解散直前に行動する女たちの会に入会

山田滿枝（やまだ・みつえ）
一九七五〜一九八五年会員

編集復刻版
行動《こうどう》する女《おんな》たちの会《かい》 資料集成《しりょうしゅうせい》 第3巻　ISBN978-4-905421-88-7
第2回配本［第3巻～第5巻］分売不可　セットコード ISBN978-4-905421-87-0
2015年12月11日　発行
2018年2月28日　第二刷発行＊
揃定価　本体60,000円＋税
編集・発行　高木澄子・中嶋里美・三井マリ子
山口智美・山田満枝
発売　六花出版
〒101-0051　東京都千代田区神田神保町1-28
電話 03-3293-8787　ファクシミリ 03-3293-8788
e-mail : info@rikka-press.jp

組版　昴印刷
印刷所　栄光
製本所　青木製本
装丁　臼井弘志
乱丁・落丁はお取り替えいたします。Printed in Japan
＊第二刷はPOD（オンデマンド印刷）すなわち乾式トナーを使用し低温印字する印刷によるものです。